Friedrich Winter
Propst Siegfried Ringhandt (1906–1991)

Friedrich Winter

Bekenner
Propst Siegfried Ringhandt
(1906–1991)
in zwei Diktaturen

Wichern-Verlag

*Friedrich Winter, Dr. theol., geboren 1927, Studentenpfarrer, Superinten-
dent, Dozent für Praktische Theologie, folgte 1973 Siegfried Ringhandt in
das Propstamt der Evangelischen Kirche Berlin-Brandenburg (Region Ost).
Bis zu seinem Ruhestand war er Präsident der Kirchenkanzlei der EKU
(Bereich DDR), unter anderem ist er Autor zahlreicher praktisch-theolo-
gischer und zeitgeschichtlicher Veröffentlichungen.*

© Wichern-Verlag GmbH, Berlin 2007

Umschlag: wichern-design, Dietmar Silber unter Verwendung eines ELAB
NL Fotos
Bildnachweis: Seite 16: ELAB NL Schulzeit; Seite 24: Horst Greulich; Seite 31:
ELAB NL Theologiestudium (1927–1934); Seite 39: ELAB NL Reichenow;
Seite 43: Matthias Schüler, Seelow; Seite 44, 52: Christian Kohler, Haselberg;
Seite 56: Andreas Schutzka; Landesgeschichtliche Vereinigung für die Mark
Brandenburg e. V., Archiv (Aufnahme: Zimmaß, Erfurt); Seite 69: Wolfgang
Scholz; Seite 71: ELAB NL Illmersdorf; Seite 72, 90: ELAB NL Fotos;
Seite 97: Roland Kühne; Seite 102: ELAB NL Seelow; Seite 105, 106, 107,
108: Roland Kühne; Seite 110: ELAB NL Fotos; Seite 119: Brigitte Grell;
Seite 135, 143, 146, 154, 157: ELAB NL Fotos.
Satz: NagelSatz, Reutlingen
Druck und Verarbeitung: docupoint GmbH, Magdeburg
ISBN 978-3-88981-234-6

Inhalt

Anhang

Geleitwort

„Gedenkt an eure Lehrer, die euch das Wort Gottes gesagt haben; ihr Ende schaut an und folgt ihrem Glauben nach", schreibt der Autor des Hebräer-Briefs (13,7). Deswegen ist es Friedrich Winter sehr zu danken, dass er in diesem Buch den spannenden Lebensweg seines Vorgängers im Propstamt, Siegfried Ringhandt, nachzeichnet. Das ist ein wichtiger Dienst für seine Kirche, die Evangelische Kirche in Berlin-Brandenburg, aber auch für die kirchengeschichtliche Forschung. Denn Siegfried Ringhandt hat nicht nur als Pfarrer, Superintendent und Propst den Weg seiner Kirche in den ersten Jahrzehnten nach dem Zweiten Weltkrieg entscheidend mitgeprägt; er gehört auch zu den kirchlichen Persönlichkeiten, die sich in zwei Diktaturen als Christen und Kirchenleute zu bewähren hatten. Was sonst in der Forschung getrennt untersucht wird – das Verhalten der Kirche im Kirchenkampf der Nazi-Zeit einerseits und in der DDR andererseits –, das kommt im Leben von Siegfried Ringhandt zusammen. Ein sprechendes Zeichen ist, dass Ringhandt zweimal im selben Gefängnis, ja in derselben Zelle gelandet ist, einmal zur Zeit des Nationalsozialismus, ein zweites Mal zur Zeit des Stalinismus, beide Male aber als Folge seines eigenständigen Denkens und seines unerschrockenen Auftretens gegenüber den herrschenden Meinungen und Amtspersonen. Diese eigenständige Haltung wird auch bei seinem kirchenpolitischen Reden und Handeln deutlich: Er ließ sich nicht für kirchenpolitische Fronten unkritisch vereinnahmen, sondern blieb ein oft unbequemer Querdenker. So zog er sich aus dem Weißenseer Arbeitskreis, den er mitbegründet hatte, zurück, als ihm die Linie zu staatsnah wurde.

Die Darstellungen von Ringhandts Engagement im Kirchenkampf und seiner politischen und kirchenpolitischen Haltung in der DDR-Zeit sind interessant und werden durch den hilfreichen Dokumentenanhang besonders anschaulich (so z.B. im Protokoll des Ordinationsgesprächs mit dem DC-Propst Eckert oder im Tagebuch der Gefängniszeit 1937, und dann nach Kriegsende 1945 im Referat auf der Synode der Bekennenden Kirche Brandenburg mit seiner scharfen Auseinandersetzung mit Otto Dibelius). Aber die Bedeutung des Buches geht deutlich darüber hinaus. Bemerkenswert ist zum Beispiel das Kapitel über die Zeit im Oderbruch (mit einem dazu gehörenden Lagebericht Ringhandts im Anhang), wenn es die Nachkriegs-Situation in dieser durch die Kämpfe so zerstörten Region schildert und die Aufbauarbeit in Gesellschaft und Kirche würdigt, die zu leisten war und um die sich Ringhandt so verdient gemacht hat. Es ist ganz wichtig, dass hier jüngeren Generationen ein Eindruck davon vermittelt wird, unter welchen Bedingungen damals Gemeinden und Pfarrer lebten.

Bemerkenswert ist aber auch die Darstellung der Bedeutung Ringhandts für den Aufbau der Seelsorgearbeit und -Ausbildung in der Ost-Region der Berlin-Brandenburgischen Kirche. Es ist ungewöhnlich, dass jemand, der so intensiv wie Ringhandt in die politischen und kirchenpolitischen Auseinandersetzungen involviert war, am Schluss seines Wirkens die Bedeutung der Seelsorge und die Notwendigkeit qualifizierter, humanwissenschaftlich unterstützter Ausbildung entdeckt. Selbst wenn dieses Engagement durch besondere Interessen im Studium vorbereitet ist, passt dieses Detail in das Bild eines Mannes, der in seinem Leben immer für Überraschungen gut war. Er war offenbar sehr sensibel, besaß aber, um es im Fachjargon der Berater und Seelsorger zu sagen, in starkem Maße auch die Fähigkeit zur Konfrontation. Meine eigene erste Begegnung mit ihm passt gut zu dem Bild, das Friedrich Winter von seiner Persönlichkeit malt: Er hatte mich, den für die Theologenausbildung zuständigen Dezernenten im West-Berliner Konsistorium, in den 80-er Jahren aufgesucht, um mir einen sächsischen Vikar ans Herz zu legen, der verhaftet und dann aus dem Gefängnis in den Westen abgeschoben worden war. Und er begann das Gespräch mit einer ungewöhnlichen Selbst-Vorstellung: Er, Ringhandt, sei ein besonderer Kauz, der schon an vielen Stellen, auch in seiner Kirche, angeeckt sei.

So ist dies ein Buch über eine besondere Phase in der Geschichte der Evangelischen Kirche in Berlin-Brandenburg, mit großen Herausforderungen und Anfechtungen, aber auch ein Buch über eine besondere Persönlichkeit. Bei der Prägung dieser Persönlichkeit spielen sicher Herkunft und persönliche Gaben eine große Rolle; aber gewiss kann man hier auch studieren, wie einer durch seinen evangelischen Glauben und durch die Bindung an die Heilige Schrift zum „freien Christenmenschen" wird.

Propst i. R. Karl-Heinrich Lütcke
Vorsitzender der Arbeitsgemeinschaft
für Berlin-Brandenburgische Kirchengeschichte

Vorwort

In dieser Biographie versuche ich, der Generation von Christen und Theologen gerecht zu werden, die vor uns im 20. Jahrhundert in die harten Wandlungen beruflichen, persönlichen und kirchlichen Lebens hinein gezogen wurden. Siegfried Ringhandt hat gelebt und gelitten in der Zeit des Nationalsozialismus, aber dann auch an dem Sozialismus, wie er im Osten Deutschlands unter sowjetischer Kontrolle eingeführt wurde. Dabei lebte er mit seiner Frau in bescheidenen, nicht-elitären Verhältnissen, über lange Zeit in brandenburgischen Dörfern und Kleinstädten. Die Welt in zwei Diktaturen war nicht dazu angetan, von der Wiege bis zur Bahre selbstgewiss und mit eisernem Gesicht schon immer und instinktiv das jeweils Ideale zu wissen und zu tun. In diesem Sinne war er kein „Held". Vielmehr hat er im Rahmen geistlicher und kirchlicher Bindung viel gesucht, kritisiert, angeregt, ausprobiert und durchgesetzt. Klare Haltung, aber auch Kompromisse, Gefängnis, Verhöre, Ausweisung und Erklärung zum Staatsfeind der DDR waren die Folge. Dabei behielt er seinen Humor, den Viele an ihm schätzen gelernt haben.

Ich habe Vielen zu danken. Horst Berger hat Näheres von der Seelsorgearbeit des Ruheständlers berichtet. Weiter haben meine Arbeit viele Zeitzeugen unterstützt, deren Namen sich am Ende des Buches befinden. Landeskirchenarchivar Dr. Wolfgang G. Krogel eröffnete mir die Möglichkeit, den Nachlass von Siegfried Ringhandt gründlich auszuwerten. Praktisch war mir dazu Klaus Vogel unermüdlich zur Seite. Peter Weingart vom Evangelischen Konsistorium, die Mitarbeiter von Konsistorialbibliothek und ehemaliger Bibliothek der Union Evangelischer Kirchen in der Berliner Jebensstraße gaben mir Auskünfte. Ebenso empfing ich, wie schon so oft, von Landeskirchenarchivrat i.R. Max-Ottokar Kunzendorf viele Hinweise. Verschiedene Institutionen und Pfarrer stellten mir Fotos zur Verfügung. Frau Marianne Manske und Frau Annekathrin Arter schrieben Dokumente ab.

Der Druck war nicht ohne finanzielle Zuschüsse möglich. Einen herzlichen Dank habe ich auszusprechen dem Vergabeausschuss der Evangelischen Kirche Berlin-Brandenburg-schlesische Oberlausitz, der ehemaligen Kanzlei der Union Evangelischer Kirchen, der Friedrich Ebert Stiftung und seinem Historischen Forschungszentrum Sozial- und Zeitgeschichte, der Reformierten Gemeinde Berlin-Köpenick, dem Reformierten Kirchenkreis unserer Landeskirche und der Kirchengemeinde Seelow.

Juli 2007   *Friedrich Winter*

Zur Einführung

Wer war Siegfried Ringhandt? Als ihn der Rektor des Kirchlichen Oberseminars in Naumburg 1976 bat, zur Verabschiedung des Freundes und Dozenten für Praktische Theologie Johannes Hamel eine Rede zu halten, lehnte Ringhandt das ab und schrieb: „Er (nämlich Johannes Hamel) und ich sind u.a. durch die tiefe Überzeugung verbunden, dass es in unserem Leben nichts zu rühmen gibt. Was wir versäumten, wiegt schwerer als das, was gelang. Und wenn andere Gewinn hatten, war es Gnade und nicht ‚Erfolg‘ und Leistung. Ich selbst habe alle ‚Abschiede‘ ehrender Art vermeiden können."[1] Erst zu seinem achtzigsten Geburtstag gelang es Bischof Gottfried Forck, Konsistorialpräsident Manfred Stolpe und mir durch eine konzertierte Aktion, Siegfried Ringhandt dazu zu bewegen, in einem offiziellen Beisammensein von Freunden und Kollegen mit ihm ein Kolloquium über die Bedeutung der Barmer Theologischen Erklärung von 1934 abzuhalten. Einige von uns sagten ihm dabei Worte persönlicher Verbundenheit und versuchten, alles Würdigende zu unterlassen.[2] Am meisten wich Bischof Kurt Scharf von dieser Regel ab und rühmte den Freund in seiner menschlichen Tiefe und geistlichen Weisheit.

Wer war Siegfried Ringhandt? Verschiedene seiner Zeitgenossen habe ich befragt. Sie haben von ihm berichtet.[3] Es bestand eine gewisse Neigung, Anekdoten und Bonmots von ihm zu erzählen. Man nannte ihn „Landsknecht Gottes"[4], der „väterliche Freund"[5], der „fürsorgliche Vorgesetzte"[6], ein „Raubein"[7], ein „verletzender Grobian und zugleich von hoher Sensibilität"[8], er war „eine Stachelschweinnatur nach außen und eine ganz zarte Seele im Innern"[9], der „Provokateur"[10], der „Mahner", ja, der „Prophet"[11].

Wer war Siegfried Ringhandt für mich? Ich selbst begegnete ihm zum ersten Mal 1958 auf einer Tagung in Berlin.[12] Seitdem kreuzten sich unsere Wege öfters. Als ich 1973 seine Nachfolge im Konsistorium antrat, besuchte er mich dort. Ich machte ihn darauf aufmerksam, er habe einen Aschenbecher, auf dem ein metallener Fuchs befestigt war, stehen gelassen. Den brauche ich nicht. Da meinte er: „Den will ich nicht wieder haben. Wer sich im Propstamt behaupten will, muss auch ein Fuchs sein." Als Anfänger begegnete ich ihm mit Respekt, ja Angst; aber im Laufe der Zeit entspann sich ein herzliches Verhältnis miteinander. Wir halfen uns nicht nur persönlich, sondern auch durch dienstliche Unterstützung.

Neben den persönlichen Austausch trat nach seinem Tod die Sorge um seinen Nachlass. Als seine zweite Frau Christa Ringhandt, geborene Köhler, 1998 verstarb, habe ich seinen Nachlass für das Landeskirchliche Archiv sichergestellt. Ringhandt war ein Sammler und behielt viele Unterlagen bei

13

sich. Bis etwa 1945 fand er Muße, seine Akten geordnet abzulegen. Danach ließ er sich weniger Zeit, seine persönlichen Akten, Vorträge, Predigten und halb amtlichen Unterlagen zu ordnen. Dazu habe ich 1995 seine sieben Bände von Akten, die das Ministerium für Staatssicherheit der DDR über ihn angelegt hat, durchgesehen und zum Teil kopieren lassen. Die Kirchliche Zeitgeschichte hat sich bisher für Ringhandt nur wenig interessiert. Nur wenige Autoren erwähnen ihn. Das ist schade, hängt aber damit zusammen, dass er nur wenig Schriftliches hinterlassen hat. Er arbeitete in vielen kirchlichen Gruppen mit, doch ohne dass sein Name deshalb auftaucht. Er hielt sich zurück und legte keinen Wert darauf, als einsamer Stern zu glänzen. Wer war Siegfried Ringhandt für uns? Selten ist mir ein Mensch mit so vielfältigen Gaben begegnet, der so unterschiedliche Wege, auch im Leiden, hat gehen müssen, immer neu vom Evangelium geleitet. Er war dabei „kein ausgeklügelt Buch. Er war ein Mensch mit seinem Widerspruch" (Conrad Ferdinand Meyer)! Zugleich ging er seinen Weg, ohne zu zögern und mit Entschiedenheit, wenn es darauf ankam.

Anmerkungen

1 Anfrage von Rektor Martin Seils, Naumburg, vom 20.5.1976. Antwort von Siegfried Ringhandt am 18.6.1976. In: Evangelisches Landeskirchliches Archiv Berlin-Brandenburg-schlesische Oberlausitz (ELAB) Nachlass Siegfried Ringhandt (NL) Ruhestand.

2 Ingeborg Mayer, Christsein ist gelebte Antwort auf Gottes Anrede in Christus. Treffen zum 80. Geburtstag von D. Ringhandt. In: Die Kirche vom 29.6.1986.

3 Aufgrund meiner Anfragen in den Jahren 2005 und 2006 erhielt ich schriftliche Berichte und mündliche Hinweise. In: ELAB NL Zeitzeugenberichte. Vgl. auch das Literaturverzeichnis S. 226.

4 Heinrich Vogel, laut Günter Kuhn.

5 Reinhard Becker, Klaus Zebe.

6 Robert Koll.

7 Rudolf Weckerling.

8 Günter Knecht.

9 Günter Jacob, in: Die Kirche vom 29.6.1986, S. 5.

10 Hans-Otto Furian.

11 Roswitha Wogenstein, in: Die Kirche, Nr. 15 vom 12.4.1992, S. 3.

12 1958 lud er zu einem Treffen aller Bruderschaften aus der DDR ein, zu dem ich mit einigen pommerschen Pfarrern kam. Meine Familie zog 1964 in das Marienhaus Rüdersdorf, eine diakonische Einrichtung, wo Ringhandt bisher gewohnt hatte. Er war Vorsitzender des Kuratoriums des Sprachenkonvikts, als ich dort Rektor war.

I. Der Berliner Junge (1906–1927)

Die politische Umwelt

Als der Älteste von vier Geschwistern kam Max Johannes Siegfried Ringhandt am 23. Mai 1906 in Charlottenburg, damals noch bei Berlin, zur Welt. Am 17. Juni 1906 wurde er im frisch erbauten Berliner Dom getauft. Bereits ein Jahr nach seiner Geburt zogen die Eltern in das am östlichen Stadtrand gelegene Karlshorst um, wo Ringhandt bis zum Beginn seines kirchlichen Dienstes eine Heimat besaß.

Bis zum zwölften Lebensjahr erlebte er noch das Kaiserreich Wilhelms II. Der Vater musste mit dem Beginn des Ersten Weltkrieges Sanitätssoldat werden, so dass Siegfried ihn über lange Jahre vermissen musste. In Briefen aus Frankreich kümmerte sich der erkrankte Vater um das Wohl des Jungen: „Also Französisch macht Dir Spaß. Na, wenn ich dann auf Urlaub komme, können wir uns ja Französisch unterhalten. Aber Du kannst jedenfalls doch schon mehr als ich. Nun, lieber Siegfried, ehe ich auf Urlaub kommen kann, wird noch einige Zeit vergehen, aber einmal wird es schon kommen. Wenn der Heiland mich gesund gemacht hat. Dann werden wir uns Vielerlei zu erzählen haben."[1]

Die Familie erlebte daheim die Schwierigkeiten der Ernährung: „Früh vor Tau und Tag, im Winter bei grimmiger Kälte, stellten wir uns nach Milch, Butter, Fleisch, nach allem, was es gab, in endloser Reihe an und lösten uns alle Stunden ab. So vergingen drei Jahre, bis zu dem bekannten ‚Kohlrüben-Winter' 1917/18. So genannt, weil alle Nahrungsmittel aus Kohlrüben hergestellt waren. Kaffee, Mus, Brot, Kuchen usw. In der Schule wurde natürlich nicht viel geleistet … Als ich in Quarta saß, fehlte ich ein Vierteljahr … In diesem Vierteljahr war ich verschickt nach Westpreußen. Gerhard und ich kamen auf einen großen Gutshof in der Nähe von Marienburg. Wir hatten Freiheit, Luft, Licht und – Essen. Dort wurde ich zum ersten Mal bekannt mit dem Leben eines Landmanns."[2]

Der Zwölf- bis Vierzehnjährige sah um das Ende des Ersten Weltkrieges Demonstrationen und heimkehrende Soldaten. Er hörte von Straßenkämpfen im Stadtzentrum. Als die Inflation gefährliche Züge annahm, wirkte sich das bis an den Stadtrand von Berlin aus. „Gestern traten viele Betriebe in den Streik ein aus Geldmangel. Die Reichsbank stellte ihre Zahlungen ein und entließ ihre Beamten … Im Norden soll es bereits gestern zu Unruhen gekommen sein und hier in Karlshorst hat die Schutzpolizei … Vorräte (Brot, Fleisch), … Maschinengewehre und Matratzen abgeladen auf der Wache und bald danach soll noch ein Lastauto mit Gewehren gekommen sein."[3]

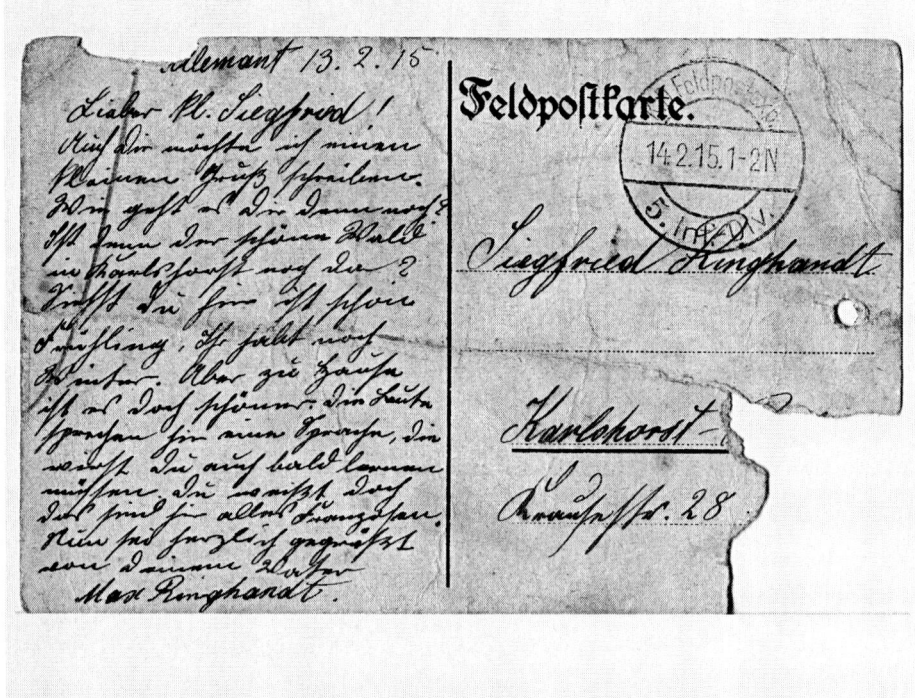

„Auch dir möchte ich einen kleinen Gruß schreiben." Postkarte von Soldat Max Ringhandt an seinen achtjährigen Sohn 1915

Die Eltern waren deutsch-national eingestellt. Auch wenn sich der Heranwachsende zu politischen Fragen in seinem Tagebuch nur wenig äußert, klingt
diese Prägung auch bei ihm durch. „Gestern war der erste große Volkstrauer-
tag für die im Felde Gefallenen. Hoffentlich ist die Zeit bald heran, wo wir
wieder ausziehen gegen unsere Erbfeinde, aber siegreich zurückkehren."[4] Im
Tagebuch erwähnt der Achtzehnjährige den Tod des Reichspräsidenten Friedrich Ebert (1925). Man spürt eine gewisse Reserve: „Heute Vormittag verstarb
unser lieber Reichsvater und Landesvater, Herr Reichspräsident Ebert ... Aber
da ich mich noch nicht eingehend mit Ebert und seiner Politik beschäftigt
habe ... so will ich an dieser Stelle lieber schweigen ... Früh um 8 Uhr war
Trauerfeier in der Schule. Nachmittags waren (der Freund) Mauke und ich in
Berlin, wo wir zwei Stunden im dicksten Gedränge standen, um den Parade-
marsch zu sehen und den Leichenzug."[5] Dann fand die Wahl des neuen
Reichspräsidenten Paul von Hindenburg statt. „Hoffentlich hat mit dem gestri-
gen Wahltage eine neue aufsteigende Ära für unser deutsches Vaterland
(begonnen)."[6] Skeptisch hatte er noch 1923 gemeint: „Aber soviel auch von

Seiten der Menschen gemacht wird zum Wiederaufbau Deutschlands, so bin ich doch der Überzeugung geworden, dass alles nutzlos ist, wenn Gott dabei aus dem Spiel gelassen wird."[7]

Die Eltern

Der Vater Max Ringhandt (1877–1965) entstammte einer Familie Berliner Porzellanmaler. Auch er erlernte diesen Beruf, wurde aber dann Kunstmaler, der es zeitlebens schwer hatte, über kleinere Kreise hinaus anerkannt zu werden. Darum war er nicht immer in der Lage, seine Familie ausreichend zu ernähren, so dass er etwa 1936 zwischendurch als Technischer Zeichner tätig wurde. Nur selten konnte die Familie an die See oder in die Berge in Urlaub fahren, wo der Vater dann malte und Bilder verkaufen konnte. Während eines Ferienaufenthaltes in Büsum an der Nordsee fuhren Vater und Sohn in ein Nachbardorf, Arkebek, „um zu sehen, ob er nicht etwas zum Malen findet ... aber erst nach 9 Uhr gelang es Vater, etwas zu finden, was einigermaßen ‚malwürdig' war ... Die Bekanntschaft des Herrn D. ..., für den Vater schon ein Bild gemacht hat, machten wir auch schon ... Ich mache die Landarbeit feste mit, reite, fahre, lade Heu auf und ab und esse, was das Zeug hält ... Den ganzen Tag freue ich mich auf den Abend, denn dann werden die Pferde zur Koppel geritten und ich reite auch immer auf ... einer schönen rotbraunen Fuchsstute."[8] Bis weit über das Kriegsende hinaus war Schmalhans Küchenmeister. Finanziell erging es der kinderreichen Familie oft schlecht, zumal wenn Krankheit in der Familie herrschte.

Die Mutter Helene, geborene Wegener, wurde schon in Berlin geboren (1883–1945). Ihre Eltern stammten aus Bauernfamilien in Liepe am Finowkanal und waren nach Berlin gezogen. Ursprünglich war sie Verkäuferin, arbeitete jedoch mit dem Ausbruch des Ersten Weltkrieges als Angestellte in der Finanzabteilung des Berliner Magistrates, um die Familie mit zu ernähren. Es war damals noch ungewöhnlich, dass eine verheiratete, zumal kinderreiche Mutter berufstätig war. Offenbar hielt sie in ihrer tüchtigen Art den Haushalt und das Zusammenleben in der Familie in fester Hand. Die junge Mutter „hegte und pflegte ihr erstes Kind mit aller Liebe, deren nur eine Mutter fähig ist, und als er erst größer war und im Kinderwagen fahren konnte, da durfte er im Schatten des Tiergartens den Sommer genießen. Er war ein kleiner Genießer."[9]

Als der Vater im Kriege war, waren die Kinder sich oft selbst überlassen. „Wir besorgten uns zum größten Teil selbst, halfen uns gegenseitig ... Sämtliche Koch-, Wisch- und Wascharbeiten gingen uns von der Hand."[10] Mit seinen drei jüngeren Geschwistern musste Siegfried einen engen Kontakt halten, der sich auch nach dem Verlassen des Elternhauses nicht verlor. Er entwickelte als der Älteste die Fähigkeit, sich für jüngere und schwächere Menschen einzusetzen, was die Geschwister mit Dank anerkannten. Als Student verdiente Siegfried Geld, um der Familie dadurch zu helfen. Besonders herzlich stand er sich mit seinem fast gleichaltrigen Bruder Gerhard. Mit vierzehn Jahren berichtete dieser seinem Bruder von einer Schlägerei, in die er als einziger mit einer Gruppe hineingeriet: „Ich möchte Dir hier noch mein Herz ausschütten; Mutter, Vater soll(en) davon aber nichts wissen, daher eine extra Seite. Ich habe nämlich gestern eine Keilerei gehabt mit der ganzen Ecke."[11] „Dieses Zusammengehen zwischen den beiden Brüdern erwies sich oft als so stark, dass der eine krank wurde und nicht mehr essen mochte, wenn der andere fehlte ... Gerhard blieb der Anlehnungsbedürftige."[12] Während die beiden jüngeren Brüder vor Siegfried starben, überlebte ihn die energische Schwester Esther, die Studiendirektorin in Hannover geworden war.

Frommer Lebensstil in der Familie

Die Eltern lernten sich in einer „christlichen Gemeinschaft innerhalb der Landeskirche"[13] kennen. Diese Gemeinschaft war 1908 von drei beherzten und frommen Wäscherinnen in Köpenick ins Leben gerufen worden. Sie hatten in der Heimat dem ostpreußischen Gebetsverein angehört und fühlten sich in der Kirchengemeinde ebenso fremd wie bei den Baptisten. Die Gemeinschaft erlangte schon vor dem Ersten Weltkrieg einen großen Mitgliederbestand mit einem kleinen Gemeindezentrum, einem fest angestellten Prediger, einem Gemischten und einem Posaunenchor. Eine große missionarische Kraft ging von dieser Gemeinschaft aus.

Davon waren die Eltern erfasst worden. Sie hielten auf einen entsprechenden frommen Lebensstil in der Familie. 1915 schrieb der Vater aus Frankreich: „... wünsche ich dir zu deinem Geburtstag das, was man von Jesus auch sagte: Luc. 2, Vers 52 (Und Jesus nahm zu an Weisheit, Alter und Gnade bei Gott und den Menschen) ... Aber wir wollen beide Gott bitten, das Er uns wieder zusammenführt."[14]

Immer wieder, auch noch dem Theologiestudenten, schrieben die Eltern fromme Briefe, in denen sie auch moralische Vorhaltungen machten. Das führte zu schwierigen inneren Ablösungskonflikten. Freilich wirkte der gutmütige Vater dabei nicht so bedrängend wie die Mutter auf den heranwachsenden Jungen ein, so dass dieser mit seinem Vater in nicht so starke Auseinandersetzungen geriet. Später kann er von ihm sagen, er habe ihn mit seiner nüchternen Frömmigkeit vor „schwärmerischen Abwegen und müder Verzweiflung"[15] bewahrt.

Die leicht ängstliche und überbesorgte Mutter verhielt sich anders. Gewiss war sie für ihren Sohn auch liebevoll da. Als sich Siegfried während eines Ferienaufenthaltes das Bein brach, schrieb sie: „Ich war sehr traurig, als ich es las. Doch jetzt bin ich schon ruhig geworden, weiß ich doch, dass

Jesus sagte, ohne den Willen Gottes fällt kein Haar von unserem Haupte, so ist auch dieses nicht ohne seinen Willen passiert. Sei geduldig, mein Junge und vertraue deinem Herrn, dass er keine Fehler macht ... Gewiss wirst Du später ihm noch einmal danken für diese Trübsal."[16] Später wurde das Verhältnis zur Mutter immer wieder getrübt. Der achtzehnjährige Obersekundaner schreibt: „Ich weiß es bestimmt, dass ich mich mit meiner Mutter nie verstehen werde. Ich frage mich immer, was ich dazu tun kann, aber ich kann mich dem Gedanken nicht wehren, dass sie auch zum großen Teil schuld daran ist. Ihre Erziehung und ihre eingesaugten, für die heutige Zeit zu einseitigen Anschauungen ihres ersten Predigers ... sind jedenfalls diejenigen, die meine Opposition im stärksten herausfordern. Wie schnell entsteht zwischen uns eine Meinungsverschiedenheit ... Nun kommt noch ihr Herzleiden hinzu, dass sie sich schnell erregen lässt, so ist der tiefste Streit da. Wenn ich aber schweige, ist es auch nicht recht und sie hält mich für einen verstockten Sünder.[17] Der heranwachsende Sohn stritt sich immer wieder laut oder leise mit ihr, weil sie ihn einengen wollte. Es gefiel ihr etwa nicht, dass er zu einer Aufführung von „Der Biberpelz" von Gerhart Hauptmann ins Theater gehen wollte.[18] Durch Diskussionen hielt die Mutter ihn so lange fest, dass die Zeit zum pünktlichen Aufbruch darüber verstrich und er zu Hause bleiben musste. Als sie dann später das Stück in der Schule aufführten und Siegfried eine wichtige Rolle übernommen hatte, berichtet er: „Gestern endlich ist die Aufführung ... gestiegen. Sie hat glänzend geklappt. Nur meine Eltern waren natürlich abgestoßen worden."[19]

Komplizierte Schulzeit

Eine Vorschule für das Realgymnasium besuchte der Junge zuerst in Karlshorst. „In der Schule ging es leidlich. Ich war nicht übermäßig fleißig, hatte aber einen Riesenrespekt vor meinem Lehrer."[20] Er lernte Lehrer kennen, die der kleine Junge verehrte und mit denen er über die Schulzeit hinaus in Verbindung blieb. „Im zweiten Schuljahr lernte ich meinen Lehrer lieben und dieser war lange Zeit, jahrelang der einzige, für den ich durchs Feuer gegangen wäre."[21] Aber auch das Gegenteil war der Fall. Der Vater schreibt: „Dass Du nun einen grässlichen Lehrer hast, das soll wohl öfter vorkommen. Ich habe auch solche gehabt. Aber wir müssen auch mit grässlichen Menschen auskommen, besonders wenn dieselben unsere Lehrer sind, denn wir haben ja nachher nur den Nachteil, wenn wir nichts gelernt haben."[22]

Die gleiche Erfahrung setzte sich für den Gymnasiasten fort, als er das Realgymnasium in Oberschöneweide bis zur Obersekunda besuchte. Manche Lehrer rieben sich an dem offenen und an sich begabten Jungen, der sich stets im letzten Viertel der Klasse aufhielt und sich schulisch nicht überanstrengte, sondern mehr seinen eigenen Interessen nachging. Mit dreizehn Jahren geriet er in eine erste Krise, weil er sich Mitschülern anschloss, die ihn nicht nur schulisch, sondern auch seelisch herabzogen. „Das hatte seinen Grund z. T. in den Zuständen während des Krieges, die uns einem unbeaufsichtigten Dasein überließen, während meine Mutter in der Abwesenheit des im Felde weilenden Vaters zum Broterwerb gezwungen war."[23] „... dass ich betreffs der Leistungen ebenso schlecht wurde wie sie. Diese Jungen waren aber trotz ihrer Jugend auch schon moralisch verseucht ... Auch bei meinen neuen Kameraden stand das Poussieren in der höchsten Blüte, und dabei hatten sie es faustdick hinter den Ohren. Ihre Schlechtigkeit war die im Sumpf der Großstadt gezüchtete ... Trotzdem ich den größten Abscheu vor einer derartigen moralischen Tiefe hatte ... konnte ich nicht von ihnen los kommen ... Wie anders lernte ich hier die Mädchen ansehen."[24] Ein drohendes Sitzenbleiben konnte allerdings verhindert werden, weil er sich endlich von diesen Mitschülern löste und wieder anfing zu lernen. Endgültig riss die Verbindung ab, als er krank wurde. Die seelischen Wunden vernarbten.

Nachdem er älter geworden war, hatte er so viele außerschulische Interessen, dass er über ein mittelmäßiges Zeugnis nie hinaus kam, im Gegenteil. Die Mittlere Reife schloss er zwar im Übergang zur Obersekunda mit Erfolg ab; aber im Übergang zur Prima sollte er mit 14 anderen Klassenkameraden sitzen bleiben. Die energische Mutter sorgte jedoch durch eine Beschwerde beim Provinzialschul-Kollegium dafür, dass Siegfried doch noch in die Unterprima kam. „Die Sache wird immer verworrener ... Schulz hat falsche Aussagen gemacht ... Heute war der Schulrat in der Penne. Ich wurde verhört und berichtete der Wahrheit gemäß, wie alles war und kam. Danach fand eine Konferenz statt ... Das war schon die fünfte Konferenz, die meinetwegen stattfand ... Man hat mich also doch noch versetzt."[25] Einigen Mitschülern, aber nicht allen, erging es ebenso.

Freilich war nun die schulische Atmosphäre vergiftet. „So hatte denn der Zwiespalt zwischen ihm und seinen Lehrern solche Formen angenommen, dass sie ihm ihr Missfallen an seiner Geradheit bei der Versetzung nach Unterprima zum Ausdruck brachten ... Seines Bleibens war nun natürlich nicht mehr auf dieser Schule."[26] Um dem Grimm seiner bisherigen Lehrer zu entgehen, absolvierte Siegfried die letzten beiden Schuljahre am „Reformrealgymnasium mit Gemeinschaftserziehung Königs Wusterhausen". Er wohnte dort in Pension und kam nur zum Wochenende nach Hause. Es folgten für ihn anderthalb relativ glückliche Jahre, auch wenn er mit einigen Lehrern manchen Strauß zu bestehen hatte. Er legte dort das Abitur ab, das er mit Zensuren zwischen Zwei und Drei bestand.[27]

Bitter urteilt der weltkritische Neunzehnjährige über das Schulwesen: „... denn worin besteht das ganze Verhältnis? Der Pauker ist Herr, der Schüler Untertan, Sklave. Seele, Innenleben, kennt man nicht in dieser Institution ... Sage mir niemand, dass das deutsche Schulwesen ein Vorbild für die Welt sein kann."[28]

20

Die lange Krankheit

Als er Abitur machte, war Siegfried Ringhandt einundzwanzig Jahre alt geworden. Dieses überdurchschnittlich hohe Alter hatte er erreicht, weil ihn ein langwieriges Leiden zwei Schuljahre gekostet hatte. Mit fünfzehn Jahren bekam er 1921 eine schwere Nierenentzündung, die zu einem „chronischen Nierenbeckenkatarrh"[29] führte. Monatelang musste er das Bett hüten und wurde erst nach verschiedenen Kuren 1923 wieder völlig gesund. Ein Freund wollte ihm helfen und arbeitete mit ihm zu Hause versuchsweise Schularbeiten nach; aber das führte nicht dazu, den Schulunterricht völlig zu ersetzen. Besonders wohl tat dem Patienten ein Kuraufenthalt in Bad Wildungen. Weil die Eltern mitten in der Inflation dafür keine eigenen Mittel aufbringen konnten, gelang es der rührigen Mutter, die nötigen Gelder zu besorgen. In der Biographie spricht der Neunzehnjährige von seiner nächtlichen Bahnfahrt nach Bad Wildungen: „Aber man konnte es ihm ansehen, dass er irgendwie leidend war. Schon seine Größe ließ vermuten, dass seine Gesundheit nicht gerade die beste war ... Er dachte an all die Versuche, die schon gemacht worden waren ... Keiner der Ärzte hatte gewusst, was er mit ihm anfangen sollte, bis ihm der letzte geraten hatte, nach Bad Wildungen zu reisen ... Fremde Menschen waren es, die ihn aus reiner Christenliebe in W. aufnehmen wollten. Das Pfarrhaus von Alt-Wildungen sollte für einige Wochen seine Heimat werden und er war den Menschen ganz fremd – und ein bisschen schüchtern war er auch ... Als S. aus dem Bahnhofsgebäude heraustrat, suchte er über die Köpfe hinweg nach einem alten Herrn, dem man den Pfarrer ansehen mochte. Doch den Erwarteten fand er nicht. Stattdessen sah er einen Herrn etwa Anfang des dritten Jahrzehnts ... Siegmund staunte. Also doch kein alter Mann ... die Augen des Pfarrherrn ... hatten ihn gleich so freundlich angesehen, dass er tat, was er selten machte, er vertraute hier ganz bedenkenlos; diese großen blauen Augen waren so klar und freundlich, dass man sich ihnen nicht entziehen konnte. So erzählte S. denn auf dem Wege zum Pfarrhaus, wie es ihm ergangen und was er erhoffe."[30] Pfarrer Gotthard von Haller sollte in Siegfrieds Leben noch eine besondere Rolle spielen. Die Kur schlug an. Durch zwei weitere Kuraufenthalte wurde er dann völlig gesund, ohne dass bleibende Schäden zurückblieben.

Vielseitige Begabung

Nach seiner Gesundung entwickelte sich Siegfried zu einem vielseitigen jungen Mann, der innerhalb und außerhalb der Schule seine Gaben zeigte oder auch nicht. Zeitweise war er Klassensprecher und leitete darum für die Primaner einen Kommers als Präside, wonach er sich in keiner Weise riss, weil er keinen Alkohol mochte. „Heute Abend ist Kommers von unserer Klasse. Ich bin leider Präside und habe da für mich ein schweres Amt zu verwalten. Wie nahe liegt doch die Freude und Begeisterung oft beisammen und wie verschieden ist dabei das Objekt derselben. Gestern Freude am Schönen, heute Freude ... am Mittelmäßigen ... Wie manches Mal auch Freude am Gemeinen, Niedrigen."[31] Literarisch beschäftigte er sich mit der Gegenwartsliteratur und setzte sich dabei auch mit seiner engen pietistischen Bildung daheim auseinander. So las er Gottfried Kellers „Grünen Heinrich" und erfuhr von dessen Atheismus. Dadurch ließ er sich offenbar zum Schreiben seiner biographischen Fragmente anregen und verfasste auch eine Novelle.[32] In ihr stellte er das blasse Leben eines jungen reichen Industriellen, der sich unglücklich fühlte, dem Leben eines jungen Kantors gegenüber, der trotz seiner geringen Einkünfte ein glückliches Familienleben führt und im Einsatz für andere und für das kulturelle Leben der Stadt eine tiefe Befriedigung empfindet. Als Primaner beschäftigte er sich mit Sören Kierkegaards „Entweder – Oder" und empfand den Streit zwischen dem ästhetischen und dem ethischen Menschen in sich bestätigt, ohne schon eine Lösung zu finden. „Das Buch ist für mich sehr schwer zu verdauen, und es ist möglich, vielleicht aber auch überhaupt nicht, denn es wühlt mein Inneres auf und lässt so viele Fragen offen."[33]

Der junge Mann fing an, nicht nur seine eigenen Emotionen und inneren Impulse zu spüren, sondern auch zu reflektieren. Er schwärmte nicht nur für die Natur mit Sturm und Frühling, unternahm nicht nur weite Wanderungen zu Fuß und mit dem Fahrrad, sondern spürte auch seine eigene Einsamkeit und Sehnsüchte, seine Nähe und Ferne zu den Freunden und Autoritäten des Lebens. Das Tagebuch zeigt, wie die Pendel der Pubertät und der Adoleszenz weit ausschlagen. Inzwischen war der hagere junge Mann zu einem für die damalige Zeit überlangen Menschen von 1,90 Meter herangewachsen.

Die Lektüre von „Der Tor und der Tod" von Hugo von Hofmannsthal ließ ihn über das Sterben nachdenken. Ein Freund hatte ihm das Buch geschenkt. Das Thema des Todes geht ihm besonders nahe, als er an der Beerdigung eines Mädchens teilnimmt. „Der Vater, Anstaltspfarrer im Königin-Elisabeth-Hospital, hielt die Trauerfeier selbst. Es war ergreifend. Nur mit aller Macht unterdrückte ich die Tränen. Er ... wurde durch den Tod seines Kindes aufs tiefste getroffen. Aber es brachte ihn nicht von dem Glauben an Gottes Liebe und Güte ab ... Jedenfalls empfinde ich tief mit ihm, denn ich kannte sein kleines, kluges Mädchen. Wie oft hat sie im B. K. gesessen und zugehört."[34]

Seine Musikalität pflegte er und besuchte Theater und Konzerte. Dann schwärmte er von Anton Bruckner: „Mittwoch war ich in der Philharmonie und hörte ein Konzert von Bruckner. Die VII. Symphonie und das ‚Te deum laudamus' (Dich, Gott, loben wir). Es war derartig, dass mir ein Wonneschauer nach dem anderen den Rücken herunter lief und dass ich Zeit, Stunden, Menschen und Dinge um mich herum vergaß."[35] Später sah er in Johann Sebastian Bachs Werk die Krone aller Musik und verteidigte diese These gegenüber einer Mitschülerin, die Ludwig van Beethoven verehrte. Dann versuchte er es mit der Geige, übte freilich gründlicher und länger bis in die Zeit seines Studiums hinein an der Karlshorster Orgel, solange er die Orgelstunden finanzieren konnte.

Eine besondere Begabung entwickelte er beim Zeichnen. Die väterliche Kunst brach auch bei ihm durch. „Gestern und heute hatte ich mal eine richtige Malwut. Das Schloss habe ich mit der Feder gezeichnet und ein Landschaftsbild von Alt-Wildungen mit schwarzer Kreide."[36] Er bereitete sich zeitweise als Obersekundaner auf die Aufnahme in der Kunstakademie vor, wurde freilich bei einer Aufnahmeprüfung nicht genommen. Die Aufregungen in der Schule hatten ihn zu sehr abgelenkt, so dass er sich nicht intensiv genug vorbereitet hatte.

Dann brach auch ein sportliches Interesse durch und er hielt sich zu der Sportvereinigung „Wiking". „... Mittwoch Rudern. Seit einem Vierteljahr gehöre ich dem Wiking an und treibe nun wieder Sport. Es bekommt mir gut."[37]

Glaubensreifung

In seinen Tagebüchern kommen verschiedentlich Gebete vor, die zeigen, dass Siegfried Ringhandt sich immer wieder im Glauben mit Gott verbunden fühlte und ihn suchte. Aber mit persönlichen Bekenntnissen hielt er sich zurück.

Er kann Ende 1925 von sich sagen: „Früh schon hatten unsere Eltern uns von Gott und dem Jesuskindlein erzählt und mit uns gebetet. Aber ich verband mit Gott nur einen unbestimmbaren Begriff der Macht. Vollends das Christkind dachte ich als Kindlein in der Krippe. Ich kann nicht sagen, wie lange dies dauerte, damals als mein Vater ins Feld zog und ich 8 Jahre alt war, hatte ich doch schon einen ziemlich klaren Gottesbegriff." Als der Vater in den Krieg musste, „sagte er: ‚Kinder, ich weiß nicht, ob ich wiederkomme, das steht in Gottes Hand ... Bittet Gott, dass er bald wieder ein Ende macht mit dem Krieg ... Jungen, betet für euren Vater'."[38] Die Kinder erfüllten seinen Wunsch.

Selbstverständlich nahm der Schüler am schulischen Religionsunterricht teil. Seine Zeugnisse weisen das aus und enthalten Zensuren zwischen Mangelhaft (5) und Sehr gut (1). Am 26. März 1922, also mit fast sechzehn Jahren, wurde er konfirmiert; und zwar in der Reformierten Schloßkirche in Köpenick. Dort beteiligte er sich am Konfirmandenunterricht. Sein Konfirmator, Pfarrer Paul Dönitz, der sehr pietistisch eingestellt war und darum zur „Gemeinschaft" der Eltern Ringhandt zwei Häuser weiter engen Kontakt hielt, hatte auch später einen besonderen Einfluss auf ihn. Offenbar besuchte der Jugendliche oft den Gottesdienst in der Schlosskirche und hielt einen Gesprächskontakt zu seinem Konfirmator.

„Seid gehorsam euren Lehrern." Goldene Konfirmation 1972, vor der Reformierten Schlosskirche Köpenick

Er prüfte sich auch in Krisenzeiten. In der erwähnten Versetzungsschwierigkeit schreibt er: „Was nun, dachte ich, und war außerordentlich traurig. Ich schlug die Bibel auf und fand den Spruch: ‚Seid gehorsam euren Lehrern und folget ihnen, denn sie wachen über eure Seelen!'[39] Obgleich ich nun von meinen Lehrern nicht sagen kann, dass sie über meine Seele wachen, so entmutigte der Spruch mich doch, denn ich musste mir sagen, dass ich ihnen bei weitem nicht immer gehorcht habe. ... Fast schlaflos verbrachte ich die Nacht, ... nachdem alle meine Ideale durch meine Unvorsichtigkeit zerstört sind. Zerschlagen und unruhig, nachdem ich etwas Trost im Gebet gefunden hatte, ging ich zur Schule."[40] Dann scheut sich der Primaner auch nicht, in Königs Wusterhausen gegen die anzüglichen „Witzeleien" von Lehrern Stellung zu nehmen, während die Mehrheit der Jungen dazu feixte und die Mädchen rote Köpfe bekamen.[41]

Nacheinander besuchte er den „Christlichen Verein Junger Männer" (CVJM), dann den pietistisch ausgerichteten B.K., das „Bibelkränzchen" für Gymnasiasten. „Auch die B.K.-Arbeit macht mir viel Freude. Seitdem einige meiner Klassenkameraden mitgekommen sind, habe ich wieder neue Hoffnung geschöpft.“[42] Auch trat er dem „Weißen Kreuz“ bei, einer sozial und pietistisch ausgerichteten Vereinigung, die für die sexuelle „Reinheit“ im Umgang der Geschlechter eintrat und sich um „gestrandete“ junge Menschen kümmerte. So sehr er sich als Heranwachsender in der Welt umsah: Stets hatte er auch Kontakt zu einer oder mehreren christlichen Gruppen.

Freunde und Freundinnen

Im Laufe der Zeit wurden ihm Freundschaften mit Jungen wichtig, die mit ihm einer Gesinnung waren und mit denen er einen geistigen Austausch pflegen konnte. Mit ihnen verbrachte er viel Zeit, oft bis nach Mitternacht, um zu schwärmen und zu diskutieren. Oder er unternahm mit ihnen etwas, wofür es in der Großstadt Berlin viele Möglichkeiten gab. Theater, Konzerte und Tanzveranstaltungen besuchte er mit ihnen. „Wir waren in der Autoausstellung und haben viel neues Interessantes gesehen. Wenn ich viel Geld habe, kaufe ich mir einen ...“[43] Er lernte auch das damals erst neu aufkommende Radio kennen. „Heute hörte ich bei W. das erste Sendespiel ‚Wallensteins Lager‘ durch Radio.“[44]

Im B.K. hielt er einen Vortrag zum Thema „Der höhere Schüler und die Mädchen“. Er meinte, er habe „nach bestem Wissen und Gewissen in mühevoller Arbeit aus allen mir zur Verfügung stehenden Schriften herausgeholt, was mir gut erschien“[45]. Auf dringende Bitte seiner Eltern wurde er, wie bereits erwähnt, auch Mitglied im „Weißen Kreuz“, wodurch er während der Pubertät eine pietistische Geschlechtserziehung genoss. Einerseits erhielt er dort eine klare, aber dann doch auch enge Ausrichtung für den Umgang mit dem anderen Geschlecht. „Vormittags war Weihestunde vom Weißen Kreuz und einjährliche Mitgliederversammlung. Es war sehr schön.“[46] Aber er geriet auch wieder in eine Krise, wenn er spürte, wie die Wirklichkeit eine andere war. So beschäftigte er sich mit Johann Wolfgang von Goethe, der neben seiner Ehe auch andere Verbindungen zu Frauen unterhielt. Humorvoll fragt er sich: „Es ist vielleicht eine seltene Frage, aber ich möchte doch einmal wissen, wie Goethe über das Weiße Kreuz denken würde und ob er ihm beitreten könnte.“[47]

Erst in Königs Wusterhausen kam seine „Seele wieder zum Atmen, nachdem sie durch eine gewisse Art von Bibelstunden und Ansprachen von einer Bekehrung zur anderen gejagt worden war.“[48] In seinem Fragment zu einer Biographie schildert er eindrücklich seine Geistesfreundschaft mit der Tochter eines Königs Wusterhausener Rektors. Gegen die Meinung im Weißen Kreuz hielt er eine reine Geistes- und Seelenfreundschaft mit dem Mädchen Edda für möglich, auch wenn er eine feste Freundschaft mit einer anderen jungen Frau pflegte.[49]

Besonders wurde Siegfried durch die Liebe zu einem jungen Mädchen geprägt, die er 1923, also mit siebzehn Jahren, im Pfarrhaus von Bad Wildungen kennen gelernt hatte, Margarete Nolting (1904–1966). Diese war dort als „Haustochter", wie man damals sagte, also als gehobener Haushaltslehrling, stationiert und entstammte einer Landwirtschaft aus der reformierten Gemeinde Bentrup bei Bega/Lippe. Als er am ersten Tag der Kur das Esszimmer im Pfarrhaus betrat, „machte er eine etwas vorbei gelungene Verbeugung und als den Kopf wieder erhob, sah er mitten hinein in ein Paar große, dunkle Mädchenaugen. Er sah immer noch hinein, als der Pfarrer ihn bereits seiner Frau als den neuen Hausfreund vorgestellt hatte."[50] Er unterhielt sich in den Tagen der Kur kaum mit ihr. Aber als er nach Berlin zurückfuhr, begann eine Brieffreundschaft, die alle Stadien langsamer Annäherung durchlief. Erst nach Monaten erklärte sich sein „Gretchen" bereit, mit ihm eine Freundschaft zu beginnen. Längere Zeit danach erst boten sie sich an, sich mit „Du" anzureden. Für beide galt offenbar der damals verbreitete Grundsatz von Walter Flex: Rein bleiben und reif werden ist schwere, aber schönste Lebenskunst. Obwohl sie sich kaum sahen und nur korrespondierten, schrieb er im Tagebuch immer wieder, dass Margarete ihn trotz der räumlichen Ferne durch ihre Treue in schwierigen Lagen bewahrt und ihm Mut gemacht habe, ob es nun um die Schulprobleme ging oder um Annäherungsversuche anderer Mädchen. Beim Tanzen in Berlin verließ er den Raum, wenn ihm Mädchen zu nahe kommen wollten, weil er an seine Freundin dachte. Während seine Eltern ihm wegen der Versetzungsprobleme Vorwürfe machten, hat „sie mich gleich getröstet und mir Mut gemacht. Sie glaubt noch an mich ... Was mich aber am meisten freute, war der Satz: ‚Dass Sie letzten Endes wegen ihres Charakters nicht versetzt worden sind, glaube ich ja nun bestimmt nicht'. Ach, ich möchte ihr die Hand drücken können und sagen: ‚Ach, Gretchen, Du meine Freundin, habe Dank für dies Wort'."[51] Das Tagebuch ist voll von Tagträumen, voller Hoffnungen, Trauer und vielen Gedanken, die alle um Margarete kreisen. Sie blieb sein Ideal über die Jahre hinweg. Elf Jahre lang warteten die beiden aufeinander, bis er wohl bestallter Hilfsprediger geworden war, um dann zu heiraten.

Wer bin ich?

Als Sekundaner hielt Siegfried Ringhandt Zweierlei fest. Einerseits kann er von sich sagen: „Das größte Rätsel für mich bin ich selbst."[52] Zugleich äußert er den Vorsatz: Weil Gesellschaft und Politik nur durch die Rückbesinnung auf Gott gesunden können, „ist es mein ernstes Bestreben, so ein Mann zu werden, der vor allen Dingen Gott in den Vordergrund stellt und Gottes Wort zu seiner Richtschnur macht. Ein Mann, der vereint mit Bildung dieser Welt Herzensbildung Hand in Hand gehen lässt."[53] Mit diesen Vorsätzen, Gott und den

Menschen mit Herzensbildung zu dienen, wollte er auch politisch tätig werden. Vorbild war ihm dafür der berühmte Diakoniepfarrer Friedrich von Bodelschwingh der Ältere (1831–1910) aus Bethel bei Bielefeld.

Anmerkungen

1 Aus einem Brief des Vaters vom 14.10.1916. In: ELAB NL Schulzeit.
2 Fragment einer Biographie aus dem Jahre 1925, o.S. In: ELAB NL Schulzeit. – Das besondere Stilelement dieser Biographie ist, dass der junge Mann in der 3. Person spricht.
3 Tagebuch 1923–1925, 11.8.1923. In: ELAB NL Schulzeit.
4 Tagebuch 1923–1925, 2.3.1925. Ebd.
5 Tagebuch 1923–1925, 28.2. und 4.3.1925. Ebd.
6 Tagebuch 1923–1925, 27.4.1925. Ebd.
7 Tagebuch 1923–1925, 1.10.1923. Ebd.
8 Tagebuch 1923–1925, 11. und 23.7.1923. Ebd.
9 Fragment einer Biographie 1925 (wie Anm. 2), o.S.
10 Ebd.
11 Brief Gerhard an Siegfried vom 27.7.1922. In: ELAB NL Schulzeit.
12 Fragment einer Biographie 1925 (wie Anm. 2), o.S.
13 Lebenslauf zum Ersten Theologischen Examen. In: Personalakte beim Evangelischen Konsistorium Berlin-Brandenburg, Bd. 1. – Vgl. auch: Die Gründung der Christlichen Gemeinschaft Köpenick 1909. Vierzig Jahre Christliche Gemeinschaft Köpenick, ohne Verfasserangabe. Alle Hinweise verdanke ich Stadtmissionar Manfred Koloska, früher Berlin-Friedrichshagen.
14 Brief an den Sohn vom 16.5.1915. In: ELAB NL Schulzeit.
15 Lebenslauf (wie Anm. 13).
16 Brief vom Mai 1920. In. ELAB NL Schulzeit.
17 Tagebuch 1923–1925, 28.3.1925 (wie Anm. 3).
18 Tagebuch 1923–1925, 3.3.1925 (wie Anm. 3).
19 Tagebuch, 1923–1925, 1.2.1925. (wie Anm. 3).
20 Fragment einer Biographie 1925 (wie Anm. 2).
21 Ebd.
22 Brief des Vaters aus Frankreich vom 17.11.1916. In: ELAB NL Schulzeit.
23 Lebenslauf für eine Bewerbung beim CVJM vom 22.6.1932 betr. China-Mission, S. 2. In: ELAB NL Studium 1927–1934.
24 Fragment einer Biographie 1925, o.S. (wie Anm. 2).
25 Tagebuch 1923–1925, 22.4., 18.5. und 21.5.1925 (wie Anm. 3).
26 Fragment einer Biographie, o.S. (wie Anm. 2).
27 Bericht über die Abiturienten-Entlassungsfeier. In: Königs Wusterhausener Zeitung vom 10.3.1927.
28 Tagebuch 1923–1925, 22.4.1925 (wie Anm. 3).
29 Lebenslauf (wie Anm. 13).
30 Fragment einer Biographie 1925, Teil II, o.S. (wie Anm. 2). – Bei dem Pfarrer handelt es sich um Gotthard von Haller, Pfarrer in Bad Wildungen. In: Auskunft Kirchenbüro Bad W. vom 3.1.2007.
31 Tagebuch 1923–1925, 15.3.1924 (wie Anm. 3).
32 Geld allein macht auch nicht glücklich. Novelle von Siegfried Ringhandt, o.J. Handschriftlich in ELAB NL Schule.
33 Tagebuch 1923–1925, 29.3.1924 (wie. Anm. 3).

34 Tagebuch 1923–1925, 9.1.1925 (wie Anm. 3).
35 Tagebuch 1923–1925, 15.3.1924 (wie. Anm. 3).
36 Tagebuch 1923–1925, 2.7.1924.(wie Anm. 3).
37 Tagebuch 1923–1925, 12.12.1924 (wie Anm. 3). – Diese Sportgruppe darf nicht verwechselt werden mit dem „Bund Wiking", der im rechtsradikalen Milieu der Weimarer Republik anzusiedeln ist und für eine Militärdiktatur eintrat.
38 Fragment einer Biographie vom 30.12.1925, Teil I, o.S. (wie Anm. 2).
39 Hebräer 13, 7.
40 Tagebuch 1923–1925, 28.3.1925 (wie Anm. 3
41 Fragment einer Biographie vom 30.12.1925, Teil II, o.O. (wie Anm. 2).
42 Tagebuch 1923–1925, 24.2.1924 (wie Anm. 3).
43 Tagebuch 1923–1925, 14.12.1924 (wie Anm. 3).
44 Tagebuch 1923–1925, 3.1.1925 (wie Anm. 3).
45 Tagebuch 1923–1925, 24.2. und 6.3.1924 (wie Anm. 3).
46 Tagebuch 1923–1925, 4.1.1925 (wie Anm. 3).
47 Tagebuch 1923–1925, 9.1.1925 (wie Anm. 3).
48 Lebenslauf China-Mission 1932 (wie Anm. 23).
49 Fragment einer Biographie vom 30.12.1925, Teil II, o. S (wie Anm. 2)
50 Fragment einer Biographie 1925, o.S. (wie Anm. 2).
51 Tagebuch 1923–1925, 24.4.1925 (wie Anm. 3).
52 Tagebuch 1923–1925, 6.5.1924 (wie Anm. 3).
53 Tagebuch 1923–1925, 1.10.1923 (wie Anm. 3).

II. In der theologischen Ausbildung (1927–1934)

Der Berufswunsch

An sich wollte der Schüler nach dem Erwerb der Mittleren Reife Zeichenlehrer werden; aber neue Bestimmungen der preußischen Regierung verlangten plötzlich dafür das Abitur. Daraufhin entschloss er sich mit Murren, weiter die Schule zu besuchen. Er schwankte dann um die Zeit des Abiturs, ob er Förster, Maler oder Psychologe werden sollte. Doch dann fasste er den Entschluss, Theologie zu studieren. Dazu kam es durch seine Mitarbeit im B. K. und im CVJM. Eine ebenso große Rolle spielten die Gespräche mit seinem reformierten Konfirmator Dönitz und der Kontakt zu Pfarrer von Haller in Bad Wildungen. Dieser hatte ihm Hilfe gegeben, „dass ich nicht den Mut verlor"[1]. Durch sein Vorbild merkte er, wie wichtig die seelsorgerliche Arbeit eines Pfarrers ist.

Im Studium interessierten ihn, wie er später sagte, durchweg zwei Probleme, die mit seiner pietistischen Sozialisation zusammenhingen: „... so entschloss ich mich, ihretwegen zu studieren. Es handelte sich um die beiden Fragen nach dem Sinn des Leibes (im weiteren Sinn: der Natur) für den Christen und nach dem Wesen der Bibel (,Wort Gottes', Inspirationstheorie). Die erste Frage war mir vom Weißen Kreuz her mit radikaler Wucht gestellt ... Die zweite Frage ... war mir besonders durch die Verkündigung des Gemeinschaftspredigers gestellt, der meine Jugendgruppe leitete. Es gab für mich kein Ausweichen."[2]

Der Zugang zur Psychologie

Im Sommersemester 1927 ließ sich Ringhandt in der Theologischen Fakultät der Friedrich-Wilhelm-Universität Berlin einschreiben. Von Anfang an hörte er neben theologischen auch medizinische Vorlesungen, die ihn aber nicht befriedigten, so dass er zur Psychologie überging. „Indem ich die beiden Fragen verfolgte, gestaltete sich in den ersten Semestern mein Studium. Von der zweiten Frage ausgehend, kam ich über medizinische Anregungen zur Psychologie und modernen Psychotherapie. ... Bis jetzt ist das Gebiet der Heilseelsorge und Heilpädagogik sowie der Problemkreis zwischen Theologie und Medizin mein Hauptinteressensgebiet geblieben. Innerhalb der Universität förderte mich besonders Professor Werner Gruehn."[3] Der Theologe und

Religionspsychologe vermittelte ihm empirische Möglichkeiten zur Erfassung seelischer Vorgänge und beteiligte ihn an entsprechenden Studien.

Nach der Teilnahme an einem sexualethischen Seminar schrieb Ringhandt einen Aufsatz „Die Stellung der Kirche zur Empfängnisverhütung". Gruehn nahm ihn auch in eine „Arbeitsgemeinschaft von Berliner Psychologen mit, die an religionspsychologischen Fragen interessiert waren"[4].

Neben die Bemühungen um empirische Weite trat das Suchen nach psychologischer Tiefe. Besonders nahm ihn darum der Tiefenpsychologe Fritz Künkel[5] gefangen, dessen Seminare er besuchte und dessen Literatur er las. Er nahm an einer besonderen Arbeitsgemeinschaft teil und „... arbeitete bei ihm praktisch und machte einige selbständige Analysen"[6]. Dadurch konnte er auch einen persönlichen Kontakt aufbauen. Er studierte „mehr außerhalb der Universität" durch „Lektüre der modernen psychotherapeutischen Literatur aller Richtungen"[7], als dass er Vorlesungen besuchte.

Die Theologie

Während der Student also zu den Psychologen persönliche Verbindungen aufnehmen konnte, erging ihm das anders mit den Theologieprofessoren, zu denen er bei der hohen Zahl von Theologiestudenten keine tiefer gehende Beziehung aufbauen konnte. Um 1930 gab es einen Boom im Theologiestudium, so dass die Fülle der Studenten vom Lehrkörper in Berlin kaum zu bewältigen war.[8] Ringhandt ließ sich in die Probleme der „historisch-philologischen Exegese" und Kritik der Bibel einführen, besonders im Blick auf das Alte Testament. Im Neuen Testament war ihm wichtig, „die Fäden, die von Jesus zum modernen Judentum führen", zu studieren. Auch wurde er mit den Auseinandersetzungen um die „Wort-Gottes-Theologie" der damaligen Zeit bekannt; ebenso mit der Luther-Renaissance, einer Bewegung, die sich seit dem Ersten Weltkrieg mit den Reformatoren des 16. Jahrhunderts beschäftigte. Luthers Vorlesung zum Römerbrief, eine damals allgemein hoch geschätzte Lektüre, sowie Heinrich Böhmers Buch „Der junge Luther"[9] wurden ihm zum „religiösen Besitz". Dennoch stellte der junge Theologe kritisch fest: „Vom Katheder her verdanke ich den Theologieprofessoren wenig. Der einzige, den ich hier nennen kann und gern nenne, ist Wilhelm Lütgert."[10] Dieser versuchte, Fragestellungen der Moderne und des Idealismus mit der reformatorischen Theologie zu verbinden und war damit ein bekannter Vertreter des damals so genannten „Neuprotestantismus". Mit Karl Barths Dialektischer und kulturkritischer Theologie machte er erst später Bekanntschaft. Im Lebenslauf für den CVJM spricht er wesentlich kritischer von seinen Erfahrungen mit der Theologischen Fakultät als im Lebenslauf für das Erste Examen: „Ich geriet zunächst in die Öde der historisch-philologisch interessierten kritischen Forschung, in die relativierende Religionsgeschichte, in die

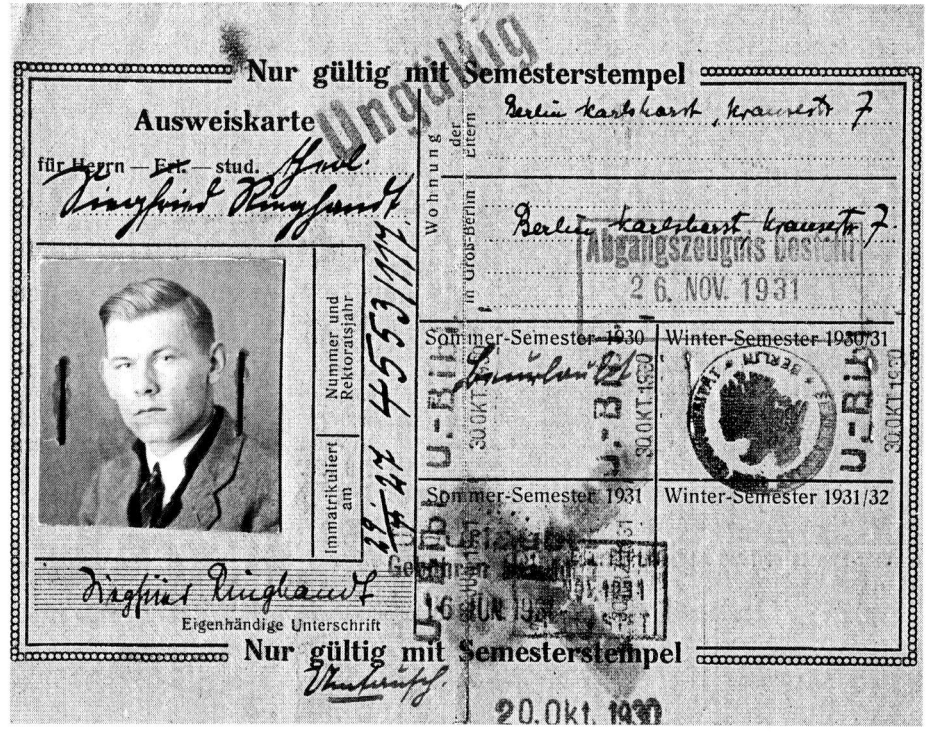

„Vom Katheder her verdanke ich den Theologieprofessoren wenig." Studentenausweis 1930

auf den deutschen Idealismus gegründete Systematik. Erst sehr spät, als ich fast schon verzweifeln wollte, ... entdeckte ich, dass meine Frage mitten hinein in die Debatte der modernen Theologie traf ..."[11]

Aus finanziellen Gründen musste er als Werkstudent in den Semesterferien arbeiten, weil von zu Hause keine Unterstützung zu erwarten war. Nach vier Semestern setzte er ein ganzes Jahr lang aus, um Geld zu verdienen und um nur wenige psychologische und theologische Vorlesungen als Gasthörer zu besuchen. Er arbeitete als „Transportarbeiter in einer der größten Berliner Maschinenfabriken, später als Wagenführer ... Ohne Schwierigkeiten konnte ich verbergen, dass ich Student der Theologie sei. Als ich mich nach zwei Monaten zu erkennen gab, erlebte ich zwei klare Fronten für und wider mein Verhalten. Durch die Gespräche, die ... immer um Religion und Kirche gingen, gewann ich einen größeren Einblick in die Gedankenwelt des Arbeiters ... Erweitert wurde dies Bild durch meine Arbeit auf dem größten Berliner Postamt ... Diesen Erlebnissen verdanke ich weit mehr für meine innere

Entwicklung als irgendeinem akademischen Lehrer."[12] Die knappen finanziellen Verhältnisse daheim, die psychotherapeutische Ausbildung und der Orgelunterricht, so führt er an, hätten es nicht zu einem Studium an einer anderen Universität kommen lassen.

Studentisches Leben

Trotz seiner vielseitigen Beschäftigung hatte der Student Zeit für studentische Geselligkeit. Anfangs leitete er einen Kreis von Schülern, die sich zum CVJM hielten. Dann half er sonntags zwei Semester lang in Oberschöneweide als Kindergottesdiensthelfer. Mehrere Semester arbeitete er in der „Studentischen Arbeitsgemeinschaft des Christlichen Vereins junger Männer" mit und wurde im Sommersemester 1930 Senior des Berliner Kreises. Er leitete auch einen Gebetskreis. Energisch versuchte er eine Klärung der Mitgliedschaft von passiven Mitgliedern herbeizuführen, die sich nicht mehr sehen ließen. Es ärgerte ihn, dass bisher aktive Mitglieder des Berliner Kreises nicht mehr am Dienstag in der 11-Uhr-Pause zu dem verpflichtenden „Ständerling" in die Universität kamen, um sich kurz zu sehen und Verabredungen zu treffen. Nun wollte er die Säumigen ausschließen; aber seine Freunde warnten ihn vor einem zu rigorosen Vorgehen.[13] Höhere Semester hätten nicht so viel Zeit wegen Studienverpflichtungen.

Zum Beginn des Studiums trat er auch dem „Wingolf" bei, einer nicht schlagenden christlichen studentischen Verbindung, wo er Glauben und gesellschaftlichen Schliff miteinander verbinden lernte. Er trug aber auch den dort üblichen „Wichs", das heißt traditionelle studentische Kleidung. Er schreibt seiner Freundin Margarete: „Der Wingolf ist eine studentische Verbindung, die der Burschenschaft nahe steht, aber nicht schlägt (also Schmisse kann ich nicht erwerben ...), ihre Farben sind schwarz-weiß-gold. Dazu weiße Mütze. Dieser Verbindung bin ich vor einiger Zeit beigetreten, um nicht zum Bücherwurm zu werden. ... Um der Gefahr des Einseitigwerdens aus dem Wege zu gehen, bin ich dieser Verbindung einstweilen beigetreten, die durch ihre Veranstaltungen geselliger und bildender Art eine großartige Ablenkung schafft ... Du kannst Dir also in Zukunft den langen Theologen Ringhandt mit Band und Mütze vorstellen. Meinen üppigen Schopf musste ich mir wegen der Mütze abnehmen lassen. Mein kurzer Scheitel erregte zu Haus ein allgemeines Entsetzen. Nun, da zu den Schlitzaugen und der Kolbennase noch die lang abstehenden Ohren und der ganz komisch geformte Hinterschädel sichtbar werden, ist meine Hässlichkeit um 100% gestiegen."[14] Die Übernahme seiner Verbindung in die entsprechenden nationalsozialistischen Organisationen nach 1933 sah er mit Ingrimm.

Erstes Theologisches Examen

Das Konsistorium erwies sich als großzügig und rechnete ihm die zwei Urlaubssemester als Werkstudent an, so dass er bereits Anfang 1932 sein Erstes Theologisches Examen beenden konnte. Er bestand das Examen mit „Im ganzen gut". Als herausragend wurden seine schriftliche Arbeit über Gustav Adolf von Schweden und seine Predigt mit „Recht gut" beurteilt. Er habe theologisch klar und zugleich „herzandringend" gepredigt.[15] Die Katechese gelang gut. Aber im Mündlichen zeigten sich Lücken, besonders im Alten Testament.

Der Abschluss des Studiums ließ es zu, dass Siegfried Ringhandt und Margarete Nolting sich Weihnachten 1931 offiziell verlobten. Im Elternhaus seiner Braut hatte er sich zeitweise auf das Examen vorbereiten können, so dass ihn dadurch auch seine Schwiegereltern näher kennen gelernt hatten.

Erstes Vikariat

Für zwei Monate im Winter 1931/32 wurde Ringhandt in Königs Wusterhausen Vikar, wo seine ersten Schritte in die Praxis positiv beurteilt wurden. „Bei aller Fröhlichkeit der Jugend ist er doch ein ernster Mensch, dem der geistliche Beruf Herzenssache ist."[16] Der Einsatz des Vikars erfolgte besonders in der Jugendarbeit.

Während dieser Zeit ergriff ihn eine Unruhe. Er wollte aus der Berlin-Brandenburgischen Provinzialkirche entweichen, um anderswo tätig zu werden. Aber es gelang nicht. Anträge auf Übernahme in die Landeskirchen Mecklenburg und Lippe wurden wegen der vorhandenen Theologenschwemme negativ beschieden.[17] Dann fragte der CVJM bei ihm im Frühjahr 1932 an, ob er China-Missionar werden wolle. Er sagte zu, stellte aber die Bedingung, dass er seine Braut dorthin mitnehmen dürfe. Zweifelnd fragte er freilich, ob er für diese Arbeit geeignet sei. Denn es ginge nicht, „dass wir anstatt der einheimischen Form nur einfach unsere aufzwingen, sondern dass aus der Art, wie der Chinese Christus erlebt und seinen Anspruch über sein Leben Gestalt werden lässt, die ihm entsprechende Form der Jungmännerarbeit erwachsen muss"[18]. Erich Stange, der bekannte „Reichswart der Evangelischen Jungmännerbünde Deutschlands" in Kassel,[19] musste allerdings nach einem anregenden Briefwechsel mitteilen, dass sich das Projekt eines deutschen Jugendpfarrers in China zerschlagen habe.[20] Daraufhin blieb der Vikar in seiner Heimat, obwohl es ihn in die Ferne gezogen hatte.

Für das Erste Examen und die Zeit danach war er verpflichtet, Examens- und Ausbildungsgebühren zu zahlen. Diese konnte er zum Teil in Raten abzahlen, bis ihm die Beträge gestundet wurden. Dazu beigetragen hatte ein Antrag des Vikars beim staatlichen Wohlfahrtsamt um eine Unterstützung.

Generalsuperintendent Ernst Vits schrieb ihm im Auftrag des Konsistoriums: „Es wird Ihnen demnächst eine Beihilfe ... zugehen. Ich erwarte allerdings, dass Sie den Antrag auf Wohlfahrtsunterstützung sofort zurückziehen ... Ein solcher Antrag ist mit der Standesehre eines Predigtamtskandidaten nicht wohl vereinbar."[21]

Predigerseminar

Inzwischen war er zum 1. April 1932 zur weiteren praktischen Ausbildung ins Predigerseminar Frankfurt/Oder eingewiesen worden. Hier hat er wohl die erste nähere Bekanntschaft mit der Theologie Karl Barths gemacht. Ringhandt hielt ein Referat über die Ehe, eine komplizierte Predigt und eine sehr gute Katechese. Er bekennt später, dass er erst dort die entscheidenden Impulse für den Sinn theologischer Arbeit und einen geistlich verantworteten Dienst im Pfarramt empfangen habe.[22] Der Direktor Wolfgang Staemmler[23] hatte einen besonders starken Einfluss auf ihn und hielt ihn für das Pfarramt für „besonders geeignet". Er verschwieg jedoch auch nicht, dass er anfangs „etwas schroff" aufgetreten sei. Er „verdeckte dadurch sein Innerstes". Er habe freilich noch eine „Wendung zur Verinnerlichung" vollzogen.[24] Im August 1932 unternahm das Predigerseminar eine „Grenzlandfahrt", die es auch in die Grenzmark Posen/Westpreußen führte, unter anderem in die Kirchengemeinde Betsche, die für Ringhandt knapp zehn Jahre später von Bedeutung werden sollte.[25] Mit Wolfgang Staemmler blieb der Kandidat bis in die Kriegszeit hinein in brieflicher Verbindung, zumal dieser als Mitglied der Bekennenden Kirche ein ähnliches Schicksal wie sein Kandidat erlitt.

Prädikant in Zagelsdorf

Vom April bis zum November 1933 wurde Ringhandt als Prädikant, das heißt als selbständig eingesetzter Vikar, zum Freiwilligen Arbeitsdienst (FAD) in den Kirchenkreis Dahme als kirchlicher Unterrichtsführer entsandt. Die Ordnung kannte die Möglichkeit, während der praktischen Ausbildung auch einen kirchlichen Sonderdienst zu übernehmen.[26] Dieser Arbeitsdienst war noch nicht vom nationalsozialistischen Reichsarbeitsdienst (RAD) übernommen, sondern wurde vom Berliner Johannesstift aus als kirchlich-diakonischer Beitrag zur Beschäftigung junger Arbeitsloser betrieben.[27] Er fand sich dort bald zurecht[28] und gewann das Vertrauen der 40 Arbeitsmänner in Zagelsdorf bei Dahme, die er abends zu Gesprächen über Glaubens- und Lebensfragen zusammenholte. Ihm dienten ausgearbeitete Themenpläne zur Anregung für diese Gespräche,[29] er musste aber den Stoff selbständig erarbeiten. Dass er Vikar war, war den jungen Leuten uninteressant. „Langsam, ganz langsam lernen sie begreifen, dass ein Pastor kein besonderer, wirklichkeitsfremder Mensch ist ... Ich wohne und esse mit ihnen zusammen unter oft sehr primitiven Verhältnissen ... Echte Frommheit steht mitten in der Wirklichkeit ... Dann fragen wir mitten aus der Beschäftigung mit der Geschichte, mit staats- und nationalpolitischen Fragen oder mit dem Putzen und Flicken der Sachen heraus nach den ewigen Kräften ..."[30] Als er die Arbeitsmänner einen Lebenslauf schreiben ließ, kam es zu offenen Bekenntnissen von persönlichen Irrwegen, die der Vikar mit ihnen auswertete. Bald wurde er auch zur geistlichen Begleitung eines weiblichen Arbeitsdienstlagers herangezogen, wo die dort stationierten Arbeitsmaiden ihn sehr verehrten.

Leider geriet die kirchliche Arbeit unter politischen Druck, so dass das Johannesstift seine Verantwortung für das Arbeitslager an den „Stahlhelm", die paramilitärische Organisation der Deutsch-Nationalen Volkspartei, abgab, um den Anschluss an den RAD zu verhindern. Der frühere Leiter des Lagers, ein kirchlich gesonnener Diplom-Ingenieur, mit dem Ringhandt gemeinsam die Bibel gelesen hatte, ging fort und wurde durch einen recht militärisch und geistlich wie menschlich schlichteren ehemaligen Unteroffizier der Reichswehr ersetzt. Der militärische Drill nahm zu. Unter neuer Flagge musste Ringhandt in Feldgrau zum NS-Reichsparteitag nach Nürnberg mitfahren, wo sie von den braun gekleideten NS-Leuten klar abstachen.[31] Im Oktober 1933 übernahm dann doch der RAD das Lager, weil die Stahlhelm-Lager im Lande sich nicht mehr halten konnten. Der junge Theologe wurde zum 1. Dezember 1933 freundlich aus der Arbeit herauskomplimentiert. Kirchliche Begleiter waren von jetzt an unerwünscht.

Während der gesamten Zeit des Einsatzes hatte Ringhandt auch das Dorf Zagelsdorf geistlich zu betreuen. Hier oder da hielt er in Nachbarorten Gottesdienste, so auch in einem Filial der Kirchengemeinde Illmersdorf, so dass man ihn schon kannte, als er 1937 dort eingewiesen wurde.[32]

Die Gemeinde in Zagelsdorf nahm ihn bald als jungen Menschen und guten Prediger freundlich auf, zumal er auch Besuche machte. Für ihn bedeutete allerdings die volkskirchliche Schwerfälligkeit einer brandenburgischen Landgemeinde eine besonders belastende Erfahrung. Mit List schaffte er es, dass der konservative und sparsame Gemeindekirchenrat wenige neue Gesangbücher (1931) für die Arbeit mit den Jugendlichen in der Gemeinde anschaffen ließ. Freilich sammelte Ringhandt in einer besonderen Gruppe treue Helfer und bewährte Christen, die zu ihm standen.

Zum Streit kam es, als er sich in die Vorbereitung der Kirchenwahl vom 23. Juli 1933 einmischte. Ein Bauer war schnell den Deutschen Christen (DC) beigetreten, um als örtlicher Leiter der DC und Mitglied im Gemeindekirchenrat die Pacht eines Pfarrackers zu erreichen. Die Gemeinde wollte diesen Mann aber nicht und stand auf Ringhandts Seite, so dass die Deutschen Christen so gut wie nicht gewählt wurden. Stattdessen wurde in einer Einheitsliste der Gemeindekirchenrat als neutrale Gruppe gewählt. Aufgrund von Beschwerden des Kreisleiters der Deutschen Christen und weiterer Nazi-Größen über den Vikar bat Superintendent Ernst Zitzlaff in Dahme den Prädikanten um eine Stellungnahme. Dieser schilderte die wahren Hintergründe drastisch offen und meinte in seinem Bericht nicht ungeschickt, er beobachte zur Zeit die Tätigkeit der Deutschen Christen und habe mancherlei Äußerungen von ihnen gelesen. Es seien dort „verschiedene Geister am Werk". Es gäbe unter ihnen auch ernsthafte Theologen, die sich Jesus Christus und der Verkündigung seines Wortes verpflichtet fühlten und versuchten, dieses Zentrum des Glaubens in die Gegenwart hinein zu bezeugen. Dem „kann ich als Theologe nur mit ganzem Herzen zustimmen"[33]. Aber nicht alle Deutschen Christen gingen von diesem Zentrum der Verkündigung aus. Der Superintendent hielt den Bericht des Vikars für ausreichend und stellte sich gegenüber der Kreisleitung der NSDAP schützend vor ihn. Einen ersten Streit mit Vertretern der neuen Zeit hatte der Prädikant damit „siegreich" bestanden.

Zweite Theologische Prüfung

Um diese Zeit hatte der gerade noch zuständige Generalsuperintendent Otto Dibelius, der kurz darauf zwangspensioniert wurde, das Vikariatstagebuch gelesen, das zu führen war. Er lobte den Kandidaten wegen seiner Gewissenhaftigkeit, riet ihm aber, mit den Menschen rücksichtsvoller umzugehen: „... Folgen Sie Ihrem Gewissen und nicht irgendwelchen Nützlichkeitserwägungen, ... aber doch so, dass Sie mit liebevollem und taktvollem Verständnis von dem ausgehen, was Sie in der Gemeinde vorfinden, und unnötige Anstöße vermeiden. Aber das sind spätere Sorgen ..."[34]

Dann rückte das Zweite Examen näher, so dass der Vikar auch darum Zagelsdorf verlassen musste. Wiederum bereitete er sich in der Heimat seiner Braut in Lippe auf die Prüfungen vor. Dort bekam er aufgrund einer Furunkulose vorübergehend eine Sehstörung, so dass er erst mit Verspätung im April 1934 die Prüfung ablegen konnte. Er schloss sie mit einem guten Ergebnis ab. So wurde auch die wissenschaftliche Prüfungsarbeit beurteilt, in der es um die Frage ging, wie im Konfirmandenunterricht die sozialen Aufgaben der Gegenwart zu behandeln seien. Der Gutachter schreibt: „Von seinem theologischen Standpunkt aus kommt er zu dem Resultat, dass die Kirche gegenüber der Welt, die immer in der Not und unter dem Gericht Gottes stehe, sich um den ‚sozialen Menschen' zu mühen habe, der im Bewusstsein, aus Gottes Gnade zu leben, aber auch in der Kenntnis des Herrschaftsanspruches Gottes in größter Distanzierung von der Welt, aber doch in dienender Liebe aller sozialen Arbeit Grund und Halt gebe."[35] Fast vernimmt man aus diesem umständlichen Gutachten bereits Ringhandts spätere politisch ethischen Einlassungen, dass Distanz und soziale Nähe in Spannung bleiben müssen.

Es war deutlich, dass der Ausbildungsdezernent Martin Kegel den Vikar mit großem Wohlwollen begleitete. Das zeigte sich auch darin, dass wiederum die Examensgebühren niedergeschlagen wurden.[36]

Politische Orientierung

Inzwischen hatte sich Ringhandt am 12. Februar 1934 dem neu entstandenen „Pfarrernotbund" angeschlossen, der sich gegen die Übergriffe der Deutschen Christen wandte. Er gab eine Verpflichtungserklärung zur Mitarbeit ab, bat aber die Leitung des Notbundes zu bedenken, „wie weit eine Zurückhaltung meiner Unterschrift gegenüber der Behörde (das heißt dem Konsistorium) ein Gebot der Klugheit ist, da ich vor dem 2. Examen stehe ... Wenn es ernsthaft nötig ist, stehe ich auch als Kandidat mit allem zum Notbund."[37] Wenige Wochen vorher war Ringhandt vom Stahlhelm aus, dem er angehört hatte, als SA-Anwärter übernommen.[38] Er wollte nicht abseits stehen. Ob und wie lange er Anwärter oder gar Mitglied der SA wurde beziehungweise blieb oder wann er aus der SA ausgetreten ist, ließ sich aus den Unterlagen nicht ersehen.[39]

Es ergibt sich die Frage, ab wann er das neue System und den Nationalsozialismus abgelehnt hat. Hier sind nur zwei mündliche Hinweise von ihm erhalten. Erstens: Siegfried Ringhandt berichtete mir, er habe Adolf Hitler bei einer Kundgebung in der Hasenheide reden hören. Dessen primitive und demagogische Art habe ihn total abgestoßen. Seitdem habe er für die Nazis nicht mehr viel übrig gehabt. Sodann: Während dieser Zeit habe er Adolf Hitlers Buch „Mein Kampf" gelesen, das ihn negativ erschüttert habe.[40] Sie seien um diese Zeit zu fünf Freunden in der Umgebung von Berlin gewandert. Dabei habe er sehr klar seine ablehnende Haltung zu erkennen gegeben. Es sei daraufhin zu einer schrecklichen Diskussion gekommen. Seine vier Freunde, die etwas von Hitler hielten, hätten ihn nachts auf der Chaussee stehen lassen und sich so von ihm getrennt. Er selbst sei „heulend" und allein durch die Nacht nach Hause gewandert. Denn er habe seine Freunde verloren.

Der Streit mit dem Propst von Berlin

Es kam zu einem Eklat, als der Kandidat Ringhandt vom neuen deutsch-christlichen Propst Otto Eckert zum Ordinationsgespräch am 18. April 1934 einberufen wurde. Zusammen mit drei anderen Kandidaten mussten sie sich dessen Äußerungen anhören, ohne dass sich der Propst zu einem differenzierten Gespräch in der Lage sah: Sie hätten nicht der Gemeinde Jesu Christi zu dienen, sondern der empirischen Gemeinde mit ihren Bedürfnissen, in ihr auch den Deutschgläubigen. Der alttestamentliche Gott sei nicht mit dem Gott des Neuen Testamentes identisch. Die Zwei-Naturenlehre sei ein Produkt späterer

Dogmatik und habe im Neuen Testament keinen Anhalt. Nicht der Auferstandene, sondern der irdische Sittenprediger Jesus mit seinen hohen Forderungen sei zu predigen. Die Gebetsgemeinschaft junger Kandidaten sei nicht mehr als normal zu bezeichnen. Man solle sich in seiner Predigt auf die Synoptiker beschränken. Die Kandidaten beriefen sich in ihrer Kritik an diesen Äußerungen auf die reformatorische Theologie. Das wurde mit einer falschen Bindung an die Universitätsdogmatik abgetan. Eckert teilte dann noch mit, er werde nicht das agendarische Ordinationsgelübde verwenden, sondern ein eigenes „zusammenbauen".

Die Kandidaten fertigten einen gemeinsamen Bericht an und weigerten sich, unter diesen Voraussetzungen von Eckert ordiniert zu werden. Dieser Bericht gelangte in die damals sehr verbreitete Zeitschrift „Junge Kirche"[41]. Der Propst erklärte seinerseits, das Gespräch sei unrichtig wiedergegeben.[42] Er verlangte eine Entschuldigung, zu der sich die Kandidaten jedoch nicht in der Lage sahen. Der Ausbildungsdezernent Martin Kegel, der Ringhandt wohl wollte, schrieb ihm in einem persönlichen Brief: „Ich halte es für nötig, dass Sie mich umgehend aufsuchen, damit ich Ihnen Näheres mündlich sagen kann ... Ich bin bereit ... Sie in meiner Privatwohnung zu empfangen. Voraussichtlich wird die Ordination aufgeschoben. Mit deutsch-evangelischem Gruß."[43] Interessant ist an dem Schreiben die Grußformel, die nicht „Heil Hitler" heißt, wie es damals schon üblich war und dann 1935 für alle staatlichen und kirchlichen amtlichen Schreiben zur Pflicht gemacht wurde. Kegel verhielt sich damit gegenüber der neuen Zeit reserviert. Sodann ist das Angebot zu einer persönlichen Rücksprache bemerkenswert. Er schien Ringhandt zu schätzen. Sein fürsorgliches Bemühen um ihn blieb unverändert bis zum Kriegsende. Außerdem klang der Brief beruhigend, denn die Kandidaten hatten auch, wie ihr Briefwechsel untereinander zeigt,[44] mit einer Bestrafung oder einer Entfernung aus dem Vorbereitungsdienst gerechnet. Es gelang Kegel, Ringhandt vorerst ohne Ordination als Hilfsprediger in einen einjährigen Hilfsdienst zu entsenden.

Übergang in die Bekennende Kirche

Die Ordination wurde erst einmal abgesetzt. Zwei der Kandidaten ließen sich später von Propst Fritz Loerzer, dem deutsch-christlichen Kollegen Eckerts für Brandenburg, ordinieren. Zwei, darunter Siegfried Ringhandt, wurden von der Bekennenden Kirche ordiniert.

Der Eklat und seine Veröffentlichung hatten mit zur Folge, dass die Bekennende Kirche im Herbst 1934 beschloss, ihre Studenten und Kandidaten durch eine eigene Ausbildung laufen zu lassen. In einem Schreiben der Bekennenden Kirche vom 18. September 1934 wurden die Kandidaten, Vikare und Hilfsprediger Berlin-Brandenburgs aufgefordert, sich der BK anzuschließen

*Aus Glauben in
die Unsicherheit.*
Die berühmte
„Rote Karte" Nr. 1,
Zeichen der
Zugehörigkeit
zur BK

und einem „Bruderbund" beizutreten. Ringhandt unterschrieb die beigelegte „Verpflichtung". Er wolle den Auftrag der Verkündigung in der alleinigen Bindung an Schrift und Bekenntnisse wahrnehmen, sich der Bekenntnissynode Berlin-Brandenburg und ihrem Bruderrat unterstellen, keine Erklärung für das deutsch-christliche Kirchenregiment abgeben und Solidarität mit allen leidenden Brüdern üben und gemeinsam mit allen Brüdern handeln.[45]

Auch wenn er sich als Mitglied im Pfarrernotbund selbstverständlich zur Bekennenden Kirche hielt, als sich diese in Berlin-Brandenburg im März 1934 durch eine freie Synode bildete,[46] unterschrieb er am 10. September 1934 noch die berühmte „Rote Karte".[47]

Mit anderen wurde er am 9. Dezember 1934 durch Gerhard Jacobi, den Präses der Berliner Bekenntnissynode, in der Kaiser-Wilhelm-Gedächtnis-Kirche ordiniert.[48] Es war die erste Ordinationsfeier der Bekennenden Kirche in Berlin überhaupt. Jacobi predigte über Lukas 3,3–14: „Weil der Advent von einem Prediger redet, passt es gut, dass wir heute Ordination feiern. Sechs Kandidaten des Pfarramts werden in diesem Gottesdienst zu Pastoren ordiniert ... früher war Ordination ein Schritt in eine gewisse menschliche Sicherheit ... Diese sechs stellen sich aus Glauben in die Unsicherheit ... Aber eins sollen die Pfarrer: predigen, predigen auf Befehl Gottes ... Folglich hat der Pfarrer nicht eigene Ansichten zu bringen, nicht Meinungen von Menschen, auch nicht Ideen der Welt, und seien sie noch so groß und schön. Gottes Botschaft hat er zu bringen …"[49]

Anmerkungen

1 Lebenslauf zum 1. Theologischen Examen. In: ELAB NL, Personalunterlagen.
2 Lebenslauf China-Mission 1932, S. 3. In: ELAB NL Studium.
3 Ebd.
4 Ebd., S. 4.
5 Fritz Künkel (1889–1956), Anhänger der Individualpsychologie des Freud-Schülers Alfred Adler. Er war damals ein viel gelesener Buchautor, der für Laien verständlich schrieb.
6 Lebenslauf China-Mission, 1932 S. 4 (wie Anm. 2).
7 Ebd.
8 Ausgeschnittener Artikel „Die Theologenzahl wieder im Wachsen", ohne nähere Angaben. In: ELAB NL Studium 1927–1934.
9 Heinrich Böhmer, Der junge Luther, 2. Aufl., Gotha 1929.
10 Sämtliche Zitate stammen aus dem Lebenslauf China (wie Anm. 2). – Wilhelm Lütgert, Professor für Systematische Theologie (1867–1938).
11 Ebd., S. 4.
12 Ebd., S. 5.
13 Brief vom 28.5.1930. In: ELAB NL CVJM.
14 Brief an Margarete Nolting vom 14.12.1927. In: ELAB NL Studium 1927–1934.
15 Unterlagen zum 1. Theologischen Examen, Votum von Oberkonsistorialrat Lic. Martin Kegel. Dieser war Ausbildungsdezernent im Berliner Konsistorium. In: Personalakte Ringhandt, Konsistorium Berlin-Brandenburg.
16 Votum des Superintendenten Fritz Schumann für das Konsistorium. In: Prüfungsunterlagen zum 2. Examen beim Konsistorium Berlin-Brandenburg.
17 Vgl. Briefwechsel mit den genannten Landeskirchen vom März 1932. In: ELAB NL Studium.
18 Brief an Erich Stange vom 27.6.1932. In: ELAB NL Studium.
19 Erich Stange (1888–1971) war von 1921 bis 1954 Leiter des deutschen CVJM.
20 Die entsprechenden Korrespondenzen zwischen März und Dezember 1932 befinden sich in: ELAB NL Studium.
21 Schreiben vom 9.9.1932. In: ELAB NL Studium.
22 In: Personalakte Konsistorium, Prüfungsunterlagen 2. Theologisches Examen (wie Anm. 16).
23 Wolfgang Staemmler war von Hause aus Pfarrer in der Kirchenprovinz Sachsen, nach 1945 Propst von Wittenberg.
24 Votum von Wolfgang Staemmler. In: Personalakte Konsistorium, Prüfungsunterlagen 2. Theologisches Examen (wie Anm. 16).
25 Grenzlandfahrt des Evangelischen Predigerseminars Frankfurt (Oder) vom 8.8. bis 14.8.1933. Bericht. In: ELAB NL Studium. – Betr. Betsche vgl. S. 81.
26 Kirchengesetz betreffend Vorbildung und Anstellungsfähigkeit der Geistlichen. Vom 5.5.1927, § 8.
27 Vgl. Heinrich Grüber, Erinnerungen aus sieben Jahrzehnten, Köln/Berlin 1968, S. 76–84.
28 Es ist ein sehr instruktives „Tagebuch eines Vikars" erhalten geblieben, aus dem nun berichtet wird. Das Heft enthält 104 Seiten und ist nicht mit dem offiziellen Vikariatstagebuch identisch, von dem noch die Rede sein wird. In: ELAB NL Studium.

29 Unterricht und Freizeitgestaltung im FAD. Bearbeitet vom Evangelischen Bildungsdienst. In: ELAB NL Studium.
30 Vgl. Dokument 1, S. 161. Siegfried Ringhandt, Bericht im Vereinsblatt „Blätter der Parkaue", H. 2, 1933. In: ELAB NL Studium.
31 Aufmarschbefehl für Nürnberg vom 29.8.1933. Anweisung des „Stahlhelm" zum Auftreten in Nürnberg. In: ELAB NL Studium.
32 Vgl. S. 69.
33 Schreiben an den Superintendenten vom 18.8.1933. In: ELAB NL Studium.
34 Otto Dibelius (1880–1967). – Brief von Otto Dibelius vom 10.8.1933. In: ELAB NL Studium.
35 Unterlagen zur 2. Theologischen Prüfung. In: ELAB NL Studium.
36 In: ELAB NL Studium.
37 Brief vom 12.2.1934 an die Leitung des Notbundes. In: ELAB NL Studium.
38 Schreiben aus Dahme vom 8.12.1933. In: ELAB NL Studium.
39 Auf eine Nachfrage von Ringhandt in Dahme, ob er dorthin von Lippe aus überwiesen worden sei, wird ihm mitgeteilt, man wolle ihn nicht ohne Prüfung übernehmen. Man werde in Lippe nachfragen. Brief vom 8.5.1934. In: ELAB NL Studium. – Am 20.8.1934 setzt der Superintendent von Wriezen Ringhandts SA-Mitgliedschaft voraus. In: Brief an Propst Fritz Loerzer. In: ELAB NL Reichenow.
40 Das Gleiche hat Ringhandt auch anderen berichtet, so den Zeitzeugen Dieter und Helga Bräuer.
41 Vgl. Dokument 2, S. 162–163. In: Junge Kirche 2. Jg., S. 442f., Göttingen 1934.
42 Junge Kirche, ebd., S. 565.
43 Handschriftlicher Brief vom 16.6.1934. In: ELAB NL Studium.
44 Brief vom April 1934. In: ELAB NL Studium.
45 Brief vom 18.9.1934 und Verpflichtung mit Unterschrift von Ringhandt. In: ELAB NL Studium.
46 Vgl. Hartmut Ludwig, Die Entstehung der Bekennenden Kirche in Berlin. In: Beiträge zur Berliner Kirchengeschichte 1987, S. 264–301.
47 Das Original befindet sich in: ELAB NL Personalunterlagen.
48 Die Ordinationsurkunde befindet sich in: ELAB NL Personalunterlagen.
49 In: ELAB NL Personalunterlagen.

III. Der gejagte Bekenner. Oder: Der leidende Hilfsprediger (1934–1941)

Im Übergang

Parallel zum Eintritt in die BK heirateten Margarete Nolting und Siegfried Ringhandt am 26. September 1934 und schlossen damit den Bund für das Leben. Sie hatten sich an die alte Regel gehalten, dass ein Theologe erst heiratete, wenn die Pfarrstelle in Aussicht war: erst die Pfarre, dann die Quarre.

Ringhandt fragte beim brandenburgischen Präses des Bruderrates der BK, Kurt Scharf, an, ob er seine Eheschließung dem Konsistorium mitteilen solle. Der gab den Rat, es zu tun, „wie wir ... laufende Berichte, Kirchensteuerbeschlüsse usw. der Behörde einreichen"[1]. Aus diesem und späteren Vorgängen geht hervor, dass die BK in Berlin-Brandenburg immer wieder Kontakt mit dem Konsistorium hielt und nach einem modus vivendi mit ihm suchen musste, auch für den Hilfsprediger Ringhandt. Zu einer selbständigen Freikirche hat sich die Bekennende Kirche nie entwickelt.

Ringhandt genoss nicht den Vorteil seiner gleichaltrigen Theologenbrüder, wie etwa Günter Jacob, die bereits vor 1933 ordiniert und in einer Pfarrstelle fest eingeführt worden waren. Hilfsprediger lebten ungesicherter und materiell ärmer als die bereits fest angestellten Pfarrer. Kurt Scharf schrieb ihm, als Ringhandt ihn fragte, ob er ins Konsistorium gehen solle, wenn er in einer schwierigen Frage vorgeladen werden sollte: „Ihre Lage als Hilfsprediger ist eine ganz andere als unsere, die wir fest angestellt sind und es schon waren, bevor dieses Kirchenregiment (nämlich der Deutschen Christen) die Herrschaft annektiert hat."[2]

Zwischen 1934 und 1941 tat Ringhandt in fünf Gemeinden Dienst. Aus kirchenpolitischem Streit musste er so oft die Stelle wechseln und kam bis in den Zweiten Weltkrieg hinein, zusammen mit seiner Frau, nicht zur Ruhe.

Reichenow (1.5.1934–30.9.1935)

Im Hilfsdienst

Das Konsistorium hatte den Hilfsprediger zum 1. Mai 1934 in den Hilfsdienst nach Reichenow, Kirchenkreis Wriezen/Bad Freienwalde eingewiesen. Er musste ein Jahr lang abgeleistet werden, bevor eine Bewerbung um eine Pfarrstelle möglich war. Sein Vorgänger war wegen Verwaltungsunregelmäßigkeiten

Erst die Pfarre, dann die Quarre. Margarete und Siegfried Ringhandt, Hochzeitsbild September 1934

in den vorzeitigen Ruhestand versetzt worden und hatte sich den Deutschen Christen angeschlossen, offenbar um sich abzusichern. Ringhandt äußerte sich besorgt, „dass diese Arbeit in einem durch Personalgeschichten in zwei Teile gespaltenen Dorf (zwei Filialen gehören noch dazu), zumal für einen Anfänger, nicht gerade sehr genussreich zu werden verspricht"[3]. Weil das Pfarrhaus noch nicht geräumt worden war, musste der Neue vorerst im Schloss beim Patron, Julius Freiherr von Eckardtstein, wohnen. Hier wurde er freundlich aufgenommen, ebenso von der Gemeinde, die sich über den jungen Prediger freute. Um den Gemeindegliedern näher und auch unabhängiger vom Schloss und seiner Ordnung zu sein, suchte er sich nach einigen Wochen eine Wohnung im Filial Batzlow. Erst im August konnte er das Pfarrhaus beziehen.

Mit dem Konsistorium klärte er Bau- und Finanzfragen ab. Er bekam ein Dienstmotorrad, mit dem er die Entfernungen zwischen den Dörfern seiner Gemeinde gut überwinden konnte. Der Superintendent Friedrich Klein schätzte Ringhandts pastorale Gaben, beklagte jedoch in einem Schreiben an das Konsistorium, er verbreite Unruhe. „Ringhandt ist in seiner Gemeinde sehr eifrig tätig und hat es verstanden, das kirchliche Leben zu stärken. Er behauptet, Nationalsozialist zu sein. Jedoch ist er durch die Hetze des Pfarrernotbundes ohne jeden Zweifel in seiner Einstellung zum Dritten Reich

gespalten."[4] Schon vor diesem Votum hatte der Hilfsprediger die besondere Erlaubnis erhalten, auch ohne ordiniert zu sein, die Sakramente zu spenden.[5] Noch in einem Abschlussbericht an das Konsistorium kann Klein schreiben: „Ringhandt besitzt eine besondere Gabe, volkstümlich, klar, gewandt und in die Tiefe gehend zu predigen. Er versteht es ausgezeichnet, mit der Jugend umzugehen. In der Seelsorge ist er sehr fleißig. In der Verwaltung ist er auffallend geschickt und erfahren."[6]

Vertrauensmann der Bekennenden Kirche

Schwierigkeiten tauchten erst auf, als deutlich wurde, dass Ringhandt sich zur Bekennenden Kirche hielt. Im Übergang vom Pfarrernotbund zur Bekennenden Kirche (BK), der über ihre synodale Konstituierung hinaus noch Monate brauchte, musste sich der „Brüderrat"[7] der BK erst selbst finden. Es bedeutete dann einen großen Schritt nach vorn, als dieser begann, außer den Pfarrern und wenigen wachen Ältesten, ganze Bekenntnisgemeinden und -kreise zu bilden, die ein eigenständiges Leben neben der volkskirchlichen Struktur führen sollten. Das war auf dem flachen Land wesentlich schwieriger als in der Stadt. Wo Pfarrer ihre Gemeinden voll in der Hand hatten und sich örtlich kein Widerstand regte, kam es zu einer lockeren Überführung in die BK, die wenig Beschwer hervorrief. Das war aber für den Anfänger Ringhandt schwieriger, weil er trotz aller Zuneigung noch kaum festen Boden unter den Füßen hatte.

Im Juni wurde er vom Vorsitzenden des „Bruderrates des Pfarrer-Notbundes", Präses Kurt Scharf in Sachsenhausen, als „Vertrauensmann" des Kirchenkreises Wriezen angeschrieben, er möge eine Versammlung von „Amtsbrüdern, die nicht ausgesprochene DC sind", einberufen, um daraus eine Gruppe zu bilden, die bereit sei, sich der BK anzuschließen. Pfarrer Ernst Senf aus Lobetal werde ihm dabei helfen. Es sollte über die Bekenntnissynode in Barmen berichtet werden. Dann sollten die Richtlinien „für die Arbeit in Einzelgemeinde und Kirchenkreisen" mitgeteilt werden. Nüchtern stellte Scharf fest: „Wir wissen wohl, dass die Lage in der Provinz Brandenburg eine ungleich schwerere ist als im Rheinland und in Westfalen oder auch in Berlin." Dennoch müsse man handeln. „Wenn der Erfolg auch ein geringer sein wird, es muss sich in allen Gemeinden und Kreisen der Mark jetzt eine Kerngemeinde von Bekennern bilden, oder unsere Provinz bleibt aus der Gesamtentwicklung der bekennenden Deutschen Evangelischen Kirche ausgeschlossen." „Wir verkennen nicht die wirkliche Lage in unserer Provinz (Gleichgültigkeit und mangelnde Information der Amtsbrüder und ihrer Gemeinden weithin), handeln auch nicht in erster Begeisterung unter dem Eindruck der Barmer Tage, sondern sehen diese Aktion als das Gebot Gottes in dieser Stunde."[8] Dem neu gewählten Präses von Brandenburg, Kurt Scharf, schwebte nach diesen Ausführungen also die Bildung von „Kerngemeinden" vor.

Ringhandt teilte mit, er werde, wenn auch als blutiger Anfänger, einspringen, weil der bisher einzige Bekenntnispfarrer Johannes Schmudde in Neutrebbin verhaftet worden sei. Es gelang ihm dann wohl, fünf ihm bisher nicht weiter bekannte Pfarrer für die Versammlung im Wriezener „Goldenen Löwen" zu interessieren; aber es scheint so gekommen zu sein, dass sich keine Gemeinde weiter bereit erklärte, sich der BK anzuschließen.[9]

Dann wurde er gebeten, kommissarisch als Vertrauensmann im Kirchenkreis tätig zu sein. Er blieb es bis zum 7. Januar 1935.[10] Ringhandt war zunächst allein auf weiter Flur, bis Pfarrer Schmudde im Herbst aus der Haft entlassen und wieder aktiv wurde. Freilich ging dieser nach einigen Monaten fort. Wegen der geringen Zahl wurden die beiden Bekenntnisprediger zum 1. Januar 1935 dem „Kreissuperintendenten" für die Kirchenkreise Wriezen und Strausberg, Erich Andler aus Buckow, unterstellt.[11] Das war ein Glücksfall, weil dieser sich intensiv für seine, freilich wenigen, Pfarrer einsetzte. Rudolf Kehr, Pfarrer in Seelow, berichtet vom „Buckower Konvent": „Mit dem Fortschreiten der kirchlichen Separation wurde der Buckower Ortspfarrer Andler unser ‚Kreispfarrer' und damit unser wirklicher Superintendent. Andler war ein eindrucksvoller Prediger und ein ausgesprochener Seelsorger, großartig in seiner Kombination von Mut, Standfestigkeit und Seelenruhe. Er leitete die theologische Arbeit bei unseren ganztägigen Zusammenkünften ... Andler beriet mit uns jeweils die allgemeine Lage ...“[12] Schmudde blieb, solange er noch im Kirchenkreis war, „Vertrauensmann“, der nun eine mehr seelsorgerliche Tätigkeit ausüben sollte.[13]

Die Bekennende Gemeinde als Gemeindekern

Wesentlich schwieriger war es, im Laufe des Sommers 1934 in Reichenow eine bekennende Gemeinde zu sammeln. Ab August lud Ringhandt zu besonderen Gemeindeabenden ein, in denen er die kirchenpolitische Lage darstellte und aufforderte, sich zur Bekennenden Kirche zu halten. Wie viele Gemeindeglieder kamen, ist nicht zu ersehen. Jedenfalls waren es so viele, dass sich die Versammlungen am Dienstag der Woche lohnten. Freilich erschien nur ein kleinerer Teil aus der Gemeinde. Aber Ringhandt sammelte Gemeindeglieder und bekam Anhänger. Er hielt dann auch besondere Bekenntnisgottesdienste ab, führte aber zugleich das bisherige Gemeindeleben in Reichenow in voller Form weiter.

Schon seit dem Juni hatte der neue Hilfsprediger Ärger wegen seiner offenherzigen Predigten. Offensichtlich benutzte er die Gottesdienste, um auch immer wieder Lageberichte zum kirchlichen Leben zu geben und über die Behandlung von biblischen Texten hinaus die neuesten Entwicklungen im Leben der Kirche, nicht ohne jugendfrische Polemik, darzustellen. Es kam zu Beschwerden beim Superintendenten. Dieser war mit Ringhandt etwa zeitgleich ins Amt berufen worden und musste sich erst neu zurechtfinden. Besonders der Lehrer Johannes Krüger, tat sich mit seinen Beschwerden hervor, der sonntags die Orgel spielte, wie es bei Dorflehrern weithin üblich war. Krüger war auch Mitglied im Gemeindekirchenrat und Ortsgruppenleiter der NSDAP. Der neue Pastor habe behauptet, man könne in der Landeskirche nicht das Evangelium frei predigen. Der Reichsbischof und die Deutschen Christen hätten Machtmissbrauch betrieben und seien darum nicht anzuerkennen. Lehrer Krüger argumentierte konservativ und meinte, es ginge nicht an, so gegen die kirchliche Obrigkeit Stellung zu nehmen und sie zu missachten.[14]

Ringhandt verteidigte sich mit Briefen und in mündlichen Verhandlungen mit dem Superintendenten, der dann selbst unverhofft am Reichenower Gottesdienst vom 26. August teilnahm. Darin habe, so berichtete der Superintendent dem Konsistorium, Ringhandt die Gemeinde aufgefordert, wach zu werden, „um für das Evangelium zu kämpfen“. Die Nationalsynode „habe Unrecht für Recht erklärt ... Dem Evangelium werde Gewalt angetan. Pfarrer und Laien würden angetastet, die daran festhielten. Ein Mann, der die rechte Hand des Reichsbischofs gewesen sei, habe erklärt, die Erlösung durch Christi Blut sei ein Pfaffenmärchen." Die Kirche dürfe nicht zur Gewalt greifen. Aber die „Männer der Verantwortung" griffen zum „Gummiknüppel der Polizei". Die Lüge greife um sich. Auch in Reichenow sei die Lüge gegen ihn verwendet worden. „Das Schwert der Wahrheit ... Die Waffen der Liebe" blieben aus. Nun sei es an der Zeit, nicht zu schlafen, sondern zu wachen. „Des Menschen Sohn leidet und blutet auch heute." Es sei die ganze Predigt Ringhandts „ein schamloser Missbrauch des Gottesdienstes für kirchenpolitische Hetzereien" gewesen. Nach dem Gottesdienst habe er nicht mit sich reden lassen. „Ich bitte, ihn ... mit sofortiger Wirkung von Reichenow zu versetzen."[15]

Eingreifen der Gestapo

Noch schwieriger war, dass Ortsgruppenleiter Krüger die Partei und den Landrat eingeschaltet hatte. Ringhandt habe den Gauleiter im Land Brandenburg, Wilhelm Kube, beleidigt. Es ging unter anderem darum, dass dieser einen katholischen Pfarrer abgesetzt habe, wie die „Junge Kirche" berichtet hatte.[16] Außerdem hat Kube einen „Pfarrer wegen der Behauptung ins Konzentrationslager gebracht ... der Glaube komme nicht aus dem Blut"[17]. Der Hilfsprediger mische sich auch sonst in die Kirchenpolitik unstatthaft ein. Ringhandt verteidigte sich mündlich und schriftlich, denn es wurde für ihn gefährlich. Dennoch kam es am 24. August 1934 zu einem dreieinhalb Stunden dauernden Verhör durch die Geheime Staatspolizei[18] aus Potsdam im Gebäude des Amtes Schulzendorf, Kreis Oberbarnim. Offenbar konnte er die Anschuldigungen entkräften, zumal er erklärte, er sei „zu jeder Mitarbeit am und im neuen Staat im Rahmen der ihm in seinem Amt als Pfarrer gegebenen Möglichkeit bereit ... Das schließe eine völlige Bejahung des neuen Staates in sich"[19]. Ob es sich bei dieser weitgehenden Erklärung um eine Schutzbehauptung gehandelt hat, um einer möglichen Verhaftung zu entgehen, oder ob Ringhandt diese Überzeugung noch innerlich vertrat, muss offen bleiben.

Streit mit dem Konsistorium

Kurt Scharf riet Ringhandt zu, nach Berlin zu gehen, wenn er eine Vorladung ins Konsistorium erhielte.[20] Diese ließ nicht lange auf sich warten. So ging er am 28. August ins Konsistorium. Zwei Stunden dauerte ein von beiden Seiten heftig geführter Disput mit Propst Loerzer, der von Ringhandt beeindruckt schien, wie sich später herausstellte.[21] Daran schloss sich ein amtliches Verhör durch Konsistorialrat Walter Herrmann[22] an. Ringhandt verteidigte sich offenbar geschickt, verlangte die Beschwerdepunkte schriftlich und ging mündlich nicht weiter auf sie ein. Das Konsistorium beschloss am 31. August, den Auftrag für Reichenow aufzuheben „wegen verstärkten Ungehorsams".[23] Ringhandt wurde vom Konsistorium aus seinem Dienst abberufen. Dieser weigerte sich, das anzuerkennen.

Plötzlich schlug noch einmal das Pendel zu seinen Gunsten um, als die Abberufung im Dorf ruchbar wurde. Drei SA-Männer sammelten innerhalb von kürzester Zeit über 200 Unterschriften für einen Verbleib des jungen Pastors und fuhren mit der Liste zu Propst Loerzer ins Konsistorium. Ihr Hilfsprediger sei in der Gemeinde sehr geschätzt. Man wolle ihn unbedingt behalten. Inzwischen wollte der Ortsgruppenleiter Ringhandt jedoch weg haben. Denn er schaltete den Dorfpolizisten ein, der untersagte, Kinder zum Konfirmandenunterricht zu schicken. Ringhandt erhielt einen Brief vom 4. September 1934: „… Teile Ihnen mit, dass gestern der Landjägermeister aus Prötzel bei Herrn Lehrer Heinrich gewesen ist. Er soll den Kindern sagen, sie sollen nicht zum Konfirmandenunterricht gehen, es ist verboten. Den Kindern tut es sehr leid, denn sie gehen gern zum Unterricht …"[24]

Dann erhielt der Superintendent den Auftrag vom Konsistorium, die Angelegenheit noch einmal vor Ort zu verhandeln, zumal auch der Patron von Eckardtstein darum bat. Das geschah am 7. September 1934 im Schloss Reichenow. Um der dringenden Bitte der Ältesten willen, weil man ihn behalten wollte, unterschrieb Ringhandt im Ergebnis eines längeren Gespräches ein Protokoll, dass „er sich unter der Voraussetzung, dass er ungehindert das Evangelium lauter und rein verkündigen könne, der kirchlichen Ordnung unterwerfe, soweit es das Ordinationsgelübde bestimmt"[25].

Als das Konsistorium zusätzlich von ihm schriftlich verlangte, den so genannten „Maulkorberlass" einzuhalten, das heißt in Zukunft nicht mehr politisch zu predigen und sich zu betätigen, lehnte er das ab. Es handelte sich um die Einhaltung der Verordnung des Reichsbischofs vom 4. Januar 1934, dass sich die Pfarrer politischer Äußerungen von der Kanzel zu enthalten hätten.[26] In einem Gespräch mit dem Superintendenten am 12. September 1934 legte Ringhandt klar, er sei von Teilen der Predigthörer politisch missverstanden worden. Politische Äußerungen hätten ihm in seinen Predigten fern gelegen. Schon vor der Geheimen Staatspolizei habe er seine Bejahung des neuen Staates bekundet. Aber eine weitere schriftliche Erklärung sei er nicht bereit zu geben.[27] Das berichtete der Superintendent nach Berlin.

Darauf entschied das Konsistorium, dass Ringhandt bleiben könne. „Es wurde mir am 14. September mitgeteilt, dass mir bis auf weiteres die Ausübung des pfarramtlichen Dienstes in Reichenow gestattet ist."[28] Er bekam also keinen neuen behördlichen Auftrag als Hilfsprediger, sondern nur einen Brief des Superintendenten „im Auftrag des Herrn Propstes".[29] Das Konsistorium lenkte in dieser zurückhaltenden Weise ein, als es Ringhandts Erklärung vor dem Superintendenten zur Kenntnis genommen hatte. Vermutlich hatten die Aktivitäten aus der Gemeinde und Ringhandts diplomatische Formulierung von „Missverständnissen" einen Erfolg gehabt.

Die Gründung einer eigenen Bekenntnisgemeinde

Für kurze Zeit trat eine gewisse Entspannung ein, zumal Ringhandt Urlaub nahm und heiratete. Seine Frau zog nun mit in das Pfarrhaus ein, um dessen Renovierung er sich bemüht hatte. Sie blieb dort, bis das Ehepaar zum 1. Juli 1935 nach Batzlow in eine Privatwohnung umziehen musste. In diesem „Stahlhelm-Dorf", wo die Gemeindeglieder dem Hilfsprediger von Anfang an besonders zugetan waren, hatte das Ehepaar die meisten Anhänger. Leider wurde Margarete Ringhandt im Spätherbst für mehrere Wochen krank und konnte erst kurz vor Weihnachten wieder heimkommen.

Der Schein trog, dass es über dem Urlaub Ringhandts ruhig geworden sei. Bereits am 19. September schrieb der sture und den Pfarrer ablehnende Ortsgruppenleiter Krüger wieder einen Denunziationsbrief, dieses Mal an den Gau- und an den Kreisleiter der NSDAP. Ringhandt werde von Stahlhelm-Angehörigen verteidigt, die auf diese Weise der NSDAP schaden wollten. Außerdem habe er doch politische Beleidigungen in die Welt gesetzt, die sich sonst keiner erlauben dürfe. Der junge Pastor müsse versetzt werden.[30]

Nach seiner Heimkehr aus dem Hochzeitsurlaub bemühte Ringhandt sich um Teilnehmer an den Dienstagabenden durch Einladungen. Er hielt im Herbst und Winter Versammlungen ab, gab dort weiter die Verlautbarungen der BK bekannt und teilte die inzwischen üblich gewordenen „Roten Karten" aus, kommentierte die kirchenpolitische Entwicklung in der Predigt offenbar auch weiterhin recht deutlich, sammelte Kollekten für die BK und betete für verhaftete Pfarrer. Im November entstand als Ergebnis seiner Bemühungen eine Bekenntnisgemeinde mit einem „Bruderrat der Bekenntnisgemeinde Reichenow"[31]. Diese hielt in der Adventszeit einen Bekenntnisgottesdienst in der Tochtergemeinde Möglin ab, zu dem Ringhandt mit starken Worten einlud: „Angesichts der Not und Gefahr, in der sich unsere Kirche befindet, will sich die Gemeinde dort zu Gott als dem alleinigen Herrn und der Bibel als seinem alleinigen Wort an uns Menschen bekennen und den Ring mit den Gemeinden schließen, die dem Irrglauben und der Lüge in der Kirche den entschlossenen Kampf angesagt haben."[32] Die Kirche war voll besetzt. Eine eigene Bekenntnisgemeinde war gegründet worden. Ihren Mitgliedern versandte Ringhandt in den folgenden Monaten nicht nur Briefe mit Informationen zur kirchlichen Lage, sondern er versuchte auch, geistliche Anregungen zu geben. Im Februar 1935 schrieb er etwa einen Brief mit Anleitungen zum Lesen der Bibel.[33]

Zugleich versah Ringhandt selbstverständlich auch seinen übrigen Dienst im gesamten Pfarrsprengel, ohne dass er daran gehindert wurde. So gab es in der großen volkskirchlichen Gemeinde eine „Kerngemeinde", wie es Kurt Scharf formuliert hatte, und zwei Leitungsgremien, den Gemeindekirchenrat und den Bruderrat.

Die Streitereien und Beschwerden über den Pfarrer hörten nicht auf. Sie zu schildern, würde zu weit führen. Ringhandt stritt sich, besonders schriftlich in längeren Briefen, mit dem schwachen Superintendenten, dem in regelmäßigen Abständen wieder Beschwerden, ja Denunziationen vor allem vom Ortsgruppenleiter zugesandt wurden. Ob es günstig war, darauf brieflich ausführlich zu reagieren, wie es Ringhandt mit seiner flüssigen, aber spitzen Feder tat, ist zu fragen. Für schlichtere Landmenschen damaligen Zuschnittes war zu viel Schriftliches suspekt. Freilich waren Versuche, mündliche Gespräche zu führen, oft noch schwieriger. Das zeigt eine Notiz Ringhandts vom 27. November 1934 über ein kurzes Gespräch mit Lehrer Krüger,[34] der nicht mit sich reden ließ.

Für die Situation in Reichenow wurden nun auch die Beschlüsse der Bekenntnissynode von Dahlem vom 14. Oktober 1934 wirksam. Danach trennte sich die Bekennende Kirche vom deutsch-christlichen Kirchenregiment und versuchte, eine eigene kirchliche Leitung und Verwaltung aufzubauen.[35] Ringhandt unterstellte sich endgültig der Leitung der BK und ging darum seit dem November 1934 nicht mehr zum Pfarrkonvent nach Wriezen. Mit dem Jahresende fing er an, auch den Superintendenten zu ignorieren, nachdem dieser ihm am 3. Dezember 1934 mitgeteilt hatte: „Ich entziehe Ihnen ... den Auftrag, bis auf weiteres den Vorsitz in den Gemeindekirchenräten der Parochie Reichenow auszuüben."[36] Die Verwaltung war damit offiziell Ringhandt aus der Hand genommen. Als Echo darauf, um den Superintendenten zu bremsen, wurden am 18. Dezember 1934 im Ort noch einmal über 330 Unterschriften gesammelt mit folgendem Text: „Die unterzeichneten Gemeindeglieder der Kirchengemeinde Reichenow bekunden durch ihre Unterschrift ihr volles Vertrauen zu Herrn Pastor Ringhandt und bitten, ihn weiter als Pastor für unsere Gemeinde zu belassen."[37]

Vergebliche Bewerbung

Ob er sich wegen der Unterstützung durch Gemeindegruppen sicher fühlte oder klare Verhältnisse herbeiführen wollte, nachdem er am 9. Dezember 1934 ordiniert worden war, muss dahin gestellt bleiben. Jedenfalls bewarb sich Siegfried Ringhandt am 8. Januar 1935 um die Pfarrstelle Reichenow. Er richtete die Bewerbung an den Patron von Eckardtstein, für dessen Wohlwollen sich der Bewerber bei der Gelegenheit bedankte. So hatte dieser die Renovierung des Pfarrhauses unterstützt. Der Bewerber markierte freilich auch sehr deutlich seine kirchenpolitische Haltung und schloss seinen Lebenslauf, den er beigefügt hatte, mit dem Satz: „Im Dezember 1934 wurde ich durch die Leitung der Bekennenden Kirche der Mark Brandenburg, der ich mich von Beginn ihrer Existenz an unterstellt hatte, ordiniert. Sie ... erkenne ich als meine maßgebliche, in der Deutschen Ev. Kirche rechtmäßige Kirchenleitung an."[38]

Der Patron erkundigte sich nach allen Seiten, auch beim Superintendenten in Wriezen. Ob das Konsistorium von ihm befragt wurde oder der Rat der

Bekennenden Kirche, ist nicht ersichtlich. Auch Ringhandt tat sich weiter ausführlich in der Gemeinde um und suchte das Gespräch mit allen Ältesten, auch ehemaligen, um für sein Verständnis des Dienstes im Auftrag der Bekennenden Kirche zu werben. Er schrieb einen Brief und machte seine Wahl davon abhängig, ob die Ältesten bereit seien, sich der BK anzuschließen. Er erhielt auf seinen Brief manches positives Echo. Gemeindeglieder unterzeichneten die „Rote Karte". Aber es gab auch Absagen. Interessant ist, dass Ringhandt auf fromme und verständige Christen in der Gemeinde stieß, die sich seinem Weg verschlossen. Sie meinten, ihren eigenen Weg gehen zu sollen, auch wenn sie die Deutschen Christen ablehnten. Ein Gemeindeglied schrieb, dass die Gemeindeglieder auf dem Lande die Linie der BK gar nicht verstünden. „In einer religiösen Wüstenei, wie sie unsere Parochie darstellt, ist es besser, gewissermaßen als Missionar zu kommen, nicht aber gleichzeitig den Kampf gegen andere Kirchenrichtungen zu verkünden. Die Leute sind dazu nicht reif. Sie werden Ihnen, der Sie ihr Herz gewonnen haben, glauben und den Begriff Bekenntniskirche mit Ihrer Person gleichsetzen. Gelegentliche Unterhaltungen haben mir gezeigt, dass in den Köpfen und vielleicht auch in den Herzen ein furchtbares Durcheinander herrscht. Einer sagte mir, der Reichsbischof wollte uns katholisch machen, und diese Meinung oder vielmehr dieses Schlagwort ist stark verbreitet. Verwechseln Sie nicht, was Sie sich in hartem Gewissenskampf errungen haben mit den sehr verschwommenen Vorstellungen, die in diesen Köpfen schlummern."[39]

Nachdem der Gemeindekirchenrat sich erkundigt hatte, behandelte er die Bewerbung und lehnte sie überraschend Ende Februar 1935 ab; und zwar mit acht Gegenstimmen und nur einer für Ringhandt. Fünf Älteste waren nicht erschienen. Dazu gehörten vermutlich die Anhänger der BK. Die ablehnenden Kräfte in der Gemeinde, die besonders nationalsozialistisch eingebunden waren und vor allem im Gutsdorf Reichenow saßen, hatten gesiegt. Der Gemeindekirchenrat, in ihm der Ortsgruppenleiter Krüger, forderte außerdem beim Konsistorium Ringhandts Abberufung. Das trat sehr schnell ein. Zum 1. März 1935 wurde ein Pastor Hellmut Hühn nach Reichenow versetzt, wurde freilich nicht tätig. Statt seiner kam im April ein Vikar Karl Steinborn.

Kurzer Dienst in der Bekennenden Gemeinde

Der Superintendent wollte mit Ringhandt Anfang März wegen der Räumung des Pfarrhauses verhandeln; aber dieser setzte ihn vor die Tür.[40] Mit Hilfe eines Gerichtsverfahrens in Wriezen wurde er daraufhin im März vom Gemeindekirchenrat zur Räumung des Pfarrhauses aufgefordert. Unter Verweis auf Formfehler konnte Ringhandt das Verfahren noch in die Länge ziehen, musste aber dann doch weichen. Er zog mit seiner Frau zum 1. Juli 1935 in eine Privatwohnung im Filial Batzlow.[41] Bei dem Beschluss des Gemeindekirchenrates zur

Musste das Pfarrhaus räumen. Kirche von Batzlow, wo die BK-Gemeinde am stärksten war.

Räumung des Pfarrhauses hatte ein Mitglied der Bekennenden Gemeinde aus Versehen dafür gestimmt. Ringhandt berief daraufhin eine BK-Gemeindeversammlung ein und schrieb, nun sei ernsthaft zu überlegen, wie es überhaupt mit der BK-Gemeinde weitergehen könne: „Die Stunde ist da, wo Gott uns prüfen wird, ob wir mit Einsatz unserer Person zu dieser Bekennenden Kirche stehen werden. Möchte Gott Ihnen und mir Einsicht und Kraft geben, dass wir nicht in falschem menschlichem Zorn und Eifer, sondern in klarem nüchternen und gläubigen Gehorsam gegen seinen Befehl den Platz halten und behaupten, an dem wir, seine Zeugen, ihm zur Ehre sein sollen. Wer auf die Fahne des Herrn Jesus schwört, hat nichts mehr, was ihm selber gehört."[42]

In einer Gemeindeversammlung der BK wurde entschieden, man werde den Hilfsprediger in Batzlow aufnehmen. Die dortigen Bauern und „Stahlhelmer" hatten sich besonders zahlreich der BK angeschlossen. Ihm wurde kein Gehalt mehr vom Kirchenkreis überwiesen. Die Bekennende Kirche musste einspringen. Den Konfirmanden wurde wiederum untersagt, zu ihm in den Unterricht zu gehen.[43] Trotzdem kamen Viele zu Ringhandt. Er blieb auch dadurch über die Bekennende Gemeinde hinaus wirksam. Es hielten sich mehr Gemeindeglieder zu ihm, etwa bei Amtshandlungen, als zur BK gehörten. Andererseits musste er seine Gemeindeglieder ermahnen, doch regelmäßig zum Gottesdienst zu kommen und sich nicht zurückzuziehen. Es zeigte sich, dass die Gesamtgemeinde im Blick auf den Verbleib des Hilfspredigers gespalten war. Denn faktisch war der Versuch, die gesamte Kirchengemeinde Reichenow in eine Gemeinde der Bekennenden Kirche zu verwandeln, gescheitert.

In dieser fanden sich nun bekennende Christen zusammen, die mit ihrem Pastor Ringhandt mit den Gottesdiensten, solange es ging, in den Kirchen blieben, ihn dann aber auch in ihre Häuser aufnahmen oder sich in Gasthaussälen trafen. Zu einem Bekenntnisgottesdienst in Batzlow am 4. August 1935 konnte die Kirche nicht genutzt werde, so dass das „Parkgrundstück von Herrn Lau“[44] zum Treffpunkt gemacht wurde.

Alle Gemeindeglieder Reichenows waren daran interessiert, dass Ringhandt Konfirmator blieb. In einem Gespräch gestand der Superintendent zu, dass das möglich sei, wenn Ringhandt darum bitte. Eine Mutter bat ihn daraufhin, dass er sich überwinden und den Superintendent um Zustimmung bitten solle: „Wollen Sie, sehr geehrter Herr Pfarrer, nicht Ihre Gefühle mal hinten anstellen zu Gunsten der Kinder, denen der Einsegnungstag eine Erinnerung fürs Leben bedeutet? Wir alle verstehen, dass es Ihnen eine große Überwindung kosten wird, aber wollen Sie es nicht tun und damit der Kirche einen Dienst erweisen?“[45] Ob es zu einem Gespräch mit dem Superintendenten kam, ist nicht klar. Jedenfalls fand die Konfirmation am 31. März 1935 durch Ringhandt statt.

Erste Verhaftung

Um diese Zeit wurde er übrigens zum ersten Mal verhaftet, weil er an Märzsonntagen, auch am Konfirmationstag eine Verlautbarung des Bruderrates der Bekennenden Kirche der altpreußischen Union vom 5. März 1934 von der Kanzel verlesen hatte. Die Polizei hatte allen Pfarrern mit Verhaftung gedroht, wenn sie die Kanzelabkündigung der BK der ApU verlesen würden. Darin wandte sich die BK gegen das „Neuheidentum“.[46] Die Verlesung führte zu einer ersten Verhaftungswelle von hunderten Pfarrern über mehrere Tage. Auch Ringhandt war davon betroffen und saß in Potsdam seit dem 17. März 1935 ein. Schnell wurden die Verhafteten jedoch wieder freigelassen, um kein zu großes Aufsehen zu erregen.[47]

Versetzungspläne

Der Bekenntnissuperintendent Erich Andler, aber auch der Rat der BK verfolgten Ringhandts Weg mit großer Teilnahme, konnten ihm wohl raten, aber nicht direkt für ihn einstehen. Die handschriftlichen Briefe von Kurt Scharf an den jüngeren Bruder sind besonders herzlich gehalten. Auch wenn er sich nicht immer ganz genau unterrichtet zeigte, machte er doch Mut und lobte ihn für seinen Einsatz. „Sie haben sich, soweit ich das beurteilen kann, sehr richtig und äußerst geschickt verhalten."[48] Aber nicht immer konnte er selbst schreiben. Die Briefe des Rates trugen darum unterschiedliche Unterschriften. Man merkt, dass oft auf der Leitungsebene improvisiert werden musste, weil seine Mitglieder nebenamtlich tätig waren. Als übrigens Ende August 1934 die Schwierigkeiten mit der Entlassung aus der Hilfspredigerstelle begannen, wurden Ringhandt schon bald Angebote zum Wechseln gemacht. Fritz Müller vom Rat der ApU, an den er sich gewandt hatte, schrieb ihm, man müsse nun ohne das Konsistorium die Pfarrstellenbesetzung durch die BK selbständig in die Hand nehmen. Das habe der Rat der ApU gerade beschlossen. Er möge sich beim Rat Berlin-Brandenburg melden, wenn er wechseln wolle. Der würde ihm eine Stelle vermitteln.[49] Wiederum dürfte Ringhandt, wie bei der Ordinationsfrage, einer der Verursacher dieses Grundsatzbeschlusses gewesen sein.

Als nach mancherlei anderen Gemeinden, die im Gespräch gewesen waren, der brandenburgische Rat der BK ihn überraschend Anfang April 1935 durch einen Brief ohne Rücksprache nach Zorndorf versetzen wollte, beklagte er sich deutlich über die autoritäre Art des Verfahrens und verlangte ein brüderliches Gespräch vor einer Stellenbeauftragung.[50] Es sei auch nicht hinnehmbar, dass die BK-Gemeinde in Reichenow aufgegeben werden solle. Der Rat lenkte ein und versuchte, fortan mit Ringhandt Gespräche vor einer neuen Berufung zu führen. „Sie können darüber beruhigt sein, dass Sie von Ihrem Posten nicht abberufen werden, ohne dass Sie und Ihr Bruderrat nochmals gehört sind."[51] Ringhandt verschob seinen Weggang von Reichenow immer wieder, weil er seine kleine Bekennende Gemeinde nicht im Stich lassen wollte. Endlich kam es zu einem Angebot, das dem Ehepaar Ringhandt zusagte. Zum 1. Oktober 1935 zog es an einen neuen Ort im Kreis Friedeberg.

Netzbruch (1.10.1935–15.6.1936)

Die vorhandene Bekennende Gemeinde

Der erste Auftrag für Netzbruch im Kirchenkreis Friedeberg wurde nicht mehr vom Konsistorium, sondern nur noch vom Rat der Bekennenden Kirche ausgesprochen.[52] Vermutlich wird aber Präses Scharf diese Besetzung nicht ohne Fühlungnahme mit dem Konsistorium eingeleitet haben. Dieses erkennt seinen Dienst an, wenn es die örtliche Kirchenkasse am 2. November 1935 anweist, ihm ein Gehalt als Hilfsprediger auszuzahlen. Das erfolgte aufgrund eines Beschlusses des Landeskirchenausschusses vom 9. November 1936: „Soweit geistliche Hilfskräfte auf Grund eines nicht vom Konsistorium erteilten Auftrages amtieren, ist dieser Auftrag grundsätzlich zu bestätigen."[53]

Inzwischen war auf der Ebene der Gesamtkirche eine kirchenpolitische Veränderung eingetreten, weil die radikalen Deutschen Christen aus den zentralen Leitungsorganen ausgeschieden worden waren, einschließlich des Reichsbischofs Müller. Der neue Reichskirchenminister Hanns Kerrl versuchte, durch Zusammenführung von Vertretern der Deutschen Christen, der Bekennenden Kirche und von Neutralen in einer Kirchenleitung eine äußere „Befriedungsaktion" zwischen den Fronten einzuleiten. Für Brandenburg wurde Superintendent Richard Zimmermann im Oktober 1935 als Leiter des neuen „Kirchenausschusses" in Berlin-Brandenburg berufen. Er war Mitglied der Bekennenden Kirche, die seinen Schritt freilich mehrheitlich nicht für richtig hielt und ablehnte.[54] Dennoch kam es in der Folgezeit durch den Einfluss von Zimmermann im Konsistorium zu Erleichterungen im Kontakt zur BK und zu den Bekenntnisgemeinden. Davon zehrten auch Netzbruch und Ringhandt persönlich.

Superintendent Otto Riehl aus Crossen, der auch dem Kirchenausschuss angehörte, unterstützte die Besetzung von Netzbruch durch Ringhandt sehr offen. Im Kirchenkreis gab es nun mit Siegfried Ringhandt bis zu sieben Pfarrer, die sich mehr oder weniger klar zur BK hielten.[55] Vertrauensmann der BK für Friedeberg war Pfarrer Heinz Trebeljahr aus Wugarten, Kreispfarrer wurde Georg Gramlow aus dem Kirchenkreis Arnswalde. Wie Strausberg und Wriezen zusammengelegt worden waren, um die Wirksamkeit der Bekenntniskonvente zu erhöhen, wurden auch hier zwei Kirchenkreise zusammengelegt.

Am 5. September 1935, also vor Ringhandts Entsendung nach Netzbruch, hatte der dortige Gemeindekirchenrat mit 31 Ja-Stimmen und 8 Enthaltungen beschlossen, der Bekennenden Kirche beizutreten.[56] Man schätzte, dass 90 Prozent der Gemeindeglieder in Netzbruch selbst, je 50 Prozent in den Filialen Franzthal und Vorbruch diesen Schritt mit trugen und „Rote Karten" unterschrieben hatten. Die Zugehörigkeit zur BK verteilte sich also umgekehrt wie in Reichenow, wo die BK in den Filialdörfern stärker vertreten war als in der Mater Reichenow selbst. „Nach reiflicher Überlegung haben die kirchlichen Körperschaften des Pfarrsprengels Netzbruch in ordnungsgemäßer Sitzung den Beschluss gefasst, die durch sie vertretenen Kirchengemeinden Netzbruch, Vorbruch und Franzthal der BK anzuschließen und den Rat der BK in Brandenburg um Entsendung eines Hilfspredigers zu bitten. Sie waren sich dessen bewusst, mit diesem Beschluss die Linie der Arbeit ihres verstorbenen Seelsorgers inne zu halten ..."[57] In den drei Gemeinden waren die Gemeindekirchenräte zugleich Bruderräte. Angesichts dieser Ausgangslage war es selbstverständlich, dass der vom Bruderrat Brandenburg entsandte Ringhandt vom Gros der Gemeinde freundlich empfangen wurde. Ein BK-Pfarrer schrieb an Ringhandt einen brüderlich gehaltenen Gruß: „Soeben war ein junger Mensch aus Netzbruch hier, der sich sehr stolz und anerkennend über Sie aussprach. Die Gemeinden, kirchlicher und lebendiger als unsere, werden bald

Vernagelte Tür.
Kirche von Netzbruch

zu Ihnen stehen. Und wenn der Kampf auch hart werden sollte, umso größer die Gnade Gottes und der Segen daraus."[58]

Der erste Rundbrief an die Bekenntnisgemeinde vom 15. November 1935 ist vom neuen Hilfsprediger ganz auf eine geistliche Stärkung und Ansprache hin angelegt. Mit dem Anschluss an die Bekenntnisbewegung wollen die, die die Rote Karte unterzeichnet haben, sich sammeln, um die Evangelische Kirche „dem Glaubensbekenntnis der Väter gemäß zu erhalten" und die Gabe zu erfassen suchen, „die uns in Christus geschenkt wurde". Um ihn noch besser kennen zu lernen, „wollen wir uns in den Gottesdiensten und Bibelstunden um Gottes Wort sammeln". Mit Bibellese und Gebet wolle man ernst machen. In das Gebet schließe die Gemeinde auch ein die „Deutsche Evangelische Kirche … ebenso aber auch die Obrigkeit unseres Vaterlandes, den Führer und seine Mitarbeiter, dass Gott ihnen beistehe und sie seine Wege führt". Einige wollten diese gute Sache nicht verstehen. Die BK sei „weder gegen Staat und Partei noch überhaupt eine politische Sache". Ihre Aufgabe sei vielmehr eine positive, nämlich „die zu sammeln, die mit Ernst Christen sein wollen und die darum für die Geltung des reinen Evangelium in der Kirche eintreten". Ringhandt bat dann um eine freiwillige Gabe von monatlich 10 bis 20 Pfennig für Sonderkosten der Bekennenden Gemeinde. „Wir befehlen Gott unsere Sache und wollen als echte Gemeinde Jesu zusammenstehen in Gebet und Arbeit."[59] Zum Jahreswechsel 1935/36 rief Ringhandt die Bekennende Gemeinde zur regelmäßigen Bibellese daheim auf und teilte den „Bibelleseplan Januar 1936" sowie die nächsten Gottesdienstzeiten mit.[60] Man hat den Eindruck, dass er weniger als in Reichenow kirchenpolitische Themen behandelte, sondern mehr geistliche Themen in den Vordergrund rückte.

Totgeburt eines Sohnes

In die ersten Netzbrucher Wochen fiel für das Ehepaar Ringhandt ein lebensbedrohliches Ereignis. Margarete Ringhandt war schwanger geworden und war darum für einige Zeit in ihr Elternhaus gegangen, um den harten Streitigkeiten in Reichenow zu entgehen. Am 9. Oktober schrieb ihr Mann ihr aus Netzbruch, dass die Pfarrfrau seines verstorbenen Vorgängers erst zum 1. Dezember das Pfarrhaus räumen könne; aber sie stelle dem jungen Paar zwei Zimmer zur Verfügung. Ringhandt schrieb: „Wenn bis dahin nicht irgendeine gesetzliche Regelung bezüglich meines Wohnens im Pfarrhaus und meines Wirkens in der Gemeinde gefunden ist, riskiere ich wieder einen Rausschmiss. Es wird vorerst darum keinen Sinn haben, die Möbel hierher zu holen. Wir werden den Korb mit Winterkleidung herschaffen und über die Möbelfrage später befinden. Die Hauptsache ist, dass Du bald kommst ... Solange wir nicht zusammen sind, bin ich auch nur ein halber Mensch ... Ich habe das Gefühl, dass ich hier nicht alt werde."[61] In dem Brief kommt bis auf die Frage nach der Beschaffung eines Umstandskleides die Frage, wie das Ehepaar die Schwangerschaft bewältigten werde, nicht weiter vor. Margarete Ringhandt kam dann aus ihrer Heimat nach Netzbruch. In einer unbekannten Umgebung und in den dann aufbrechenden neuen Auseinandersetzungen musste die junge Frau, vielleicht auch aufgrund der vorherigen aufregenden Monate in Reichenow,[62] am 21. November 1935 die Totgeburt eines Jungen erleben. Die Tage, in denen Mutter und Kind lebensgefährlich bedroht waren und der Arzt sich für das Leben der Mutter entschied, musste Ringhandt zwischen dem Krankenhaus, dem Pfarrhaus mit Vorbereitungen und dem feiertäglichen Gemeindedienst verbringen. Der Buß- und Bettag wurde ebenso als Feiertag in Netzbruch sehr hoch gehalten wie das Totenfest Ende des Kirchenjahres, so dass um diese Zeit die Gottesdienste überfüllt waren und große Abendmahlsfeiern stattfanden. Die Spannung zwischen persönlicher Aufregung und Trauer einerseits und dem Zeugnis auf der Kanzel andererseits war unermesslich. Obwohl Margarete Ringhandt todkrank war, konnte sie gerettet werden. Sie brauchte allerdings viele Wochen, bis sie genas. Erst zum Weihnachtsfest kam sie wieder heim, blieb aber noch einige Zeit lang pflegebedürftig. Seit diesem Ereignis konnte das Ehepaar kein Kind mehr bekommen.[63] Viele nahmen daran Anteil, auch die Gemeindeglieder von Netzbruch.

Der Rat der Bekennenden Kirche sprach dem leidenden jungen Pfarrerehe-paar ebenso sein Beileid aus wie Martin Kegel vom Konsistorium.[64]

Sofortiger Streit

Sogleich nach Arbeitsaufnahme wurde vonseiten der deutsch-christlichen Minderheit im Verein mit staatlichen und Parteistellen gegen den neuen Pfar-rer der BK in aller Härte gestritten. Spiritus Rector war in diesem Fall der als Vakanzverwalter eingesetzte Pfarrer Paul Fink aus Trebitsch in der Nachbar-schaft, der ein fanatischer Deutscher Christ war. Er streute schon vor der Ankunft des BK-Pfarrers das Gerücht, Ringhandt sei ein Kommunist.[65] Bereits fünf Wochen nach seinem Dienstbeginn schrieb Ringhandt einen ersten zusammenfassenden Beschwerdebrief an den brandenburgischen Rat der BK, an das Konsistorium und an den Landrat des Kreises Friedeberg. Nachdem es Pastor Fink nicht gelungen sei, den Gemeindekirchenrat von Netzbruch, der sich zugleich als Bruderrat aufgestellt hatte, umzustimmen und von der Ver-bindung zur BK zu lassen, beginne er einen Kampf auf der ganzen Linie. Er ließ am 8. Oktober 1935 die Kirchtüren von Netzbruch „verbarrikadieren und vernageln", um die BK-Gottesdienste zu verhindern. In Vorbruch wurden die Kirchenschlüssel von Fink in Verwahrung genommen und nicht an die dorti-gen Kirchenältesten herausgegeben. Zum 26. Oktober 1935 holte Fink einen Berliner Konsistorialrat Walter Hoff zu einem Treffen von 40 Parteigenossen und Interessierten herbei, der im Parteilokal „als SA-Mann" gegen die BK und ihren Pastor „hetzerisch und verleumderisch" Stellung bezog, indem er zu „Tätlichkeiten" gegen die BK und P. Ringhandt aufgefordert habe.[66] Das wirk-te sich sogleich am folgenden Sonntag so aus, dass mehrere Männer, unter ihnen der Amtsvorsteher, vor der Kirche standen und mit Tätlichkeiten droh-ten. Ringhandt wählte einen anderen Weg, um in die Kirche zu gelangen. Am 3. November lud Fink zu einer öffentlichen Versammlung ein, um gegen den Bruderrat und die BK überhaupt zu reden. Das habe „teils Verwirrung, teils Empörung" hervorgerufen. Eine Beunruhigung trat in den Dörfern ein. Auch in Predigten kamen Sätze vor wie: „70% der BK suchen nicht Christus, son-dern suchen den Führer und das Dritte Reich zu stürzen." Ein Lehrer Brill wurde durch derartige Reden dazu angestiftet, in den Häusern zum Austritt aus der BK aufzufordern. Der Amtsvorsteher von Vorbruch erklärte, die BK werde demnächst verboten wie bereits der Stahlhelm. Die Amtshandlungen des Pastors Ringhandt seien ungültig, weil er keine richtige Ausbildung besit-ze. In Netzbruch weigerte sich der Standesbeamte Kühl, „ein Paar, das zur BK gehörte, zu trauen". „Lehrer, Amtsvorsteher, Bürgermeister und Parteistellen sind so, duldend oder aktiv, immer wieder dabei betroffen worden, dass sie sowohl die ... geltenden Neutralitätsvorschriften als auch die ... Verordnung des Herrn Reichsministers des Innern missachten, wonach der Kampf nicht in

öffentlichen Versammlungen ausgetragen werden darf." Der örtliche Bruderrat der BK habe sich gegenüber allen diesen Störungen „der größten Zurückhaltung befleißigt"[67].

Unterstützt wurde übrigens Fink im Hintergrund durch den amtierenden
Superintendenten Alfred Ninke in Friedeberg, der Deutscher Christ und Par-
teigenosse war. Ringhandt beklagte sich verschiedentlich über ihn. „In Netzbruch gibt es jedenfalls unter den kirchlichen Gemeindegliedern keinen, der
zu Herrn Ninke Vertrauen hätte."[68]

Erfolglose Absprachen

Der Landrat ließ sich nicht sprechen, so dass Ringhandt sich nur schriftlich bei
ihm beschweren konnte.[69] In Berlin wehte der Wind allerdings schon anders.
Präses Scharf hatte je bereits mit dem Berlin-Brandenburgischen Konsistorium
und mit dem Kirchenausschuss wegen Siegfried Ringhandt und der Netzbrucher BK-Gemeinde verhandelt. Auch Ringhandt, der sich den Dahlemer
Beschlüssen verpflichtet fühlte, nahm erst nach Rücksprache mit dem Provinzialbruderrat Verbindung zu Kirchenausschuss und Konsistorium auf. Darauf
kam am 9. Dezember 1935 die nochmalige Anweisung, ihm das übliche Gehalt aus der Pfarrkasse zu zahlen.[70] Außerdem sollten die Gemeinden der BK,
die damit anerkannt wurden, und die anderen Gemeinden vor Ort Absprachen
für ein geordnetes Mit- und Nebeneinander treffen, wie es die neuen Bestimmungen des Reichskirchenausschusses vorsahen.

Ringhandt hielt sich nach Rücksprache mit dem brandenburgischen Bruderrat daran. Aber dem sprunghaften, schreibfreudigen und ehrgeizigen
P. Fink fiel es schwer, mit der Aufwertung und der Respektierung der Bekennenden Gemeinde in Netzbruch durch die Kirchenausschüsse Tritt zu halten.
Es erschien Superintendent Riehl, Crossen, vom Kirchenausschuss, um die
Gemeindearbeit, besonders die Gottesdienste, zwischen Ringhandt und Fink
aufzuteilen. Auf Riehls Anweisung hin wurde entschieden: In Netzbruch sollte Fink nur noch einmal im Monat, in den Filialen vierzehntägig Gottesdienst
halten, während Ringhandt die übrigen Gottesdienste halten sollte. Nur bis
Weihnachten hielt sich Fink an die Absprachen. Am Ersten Weihnachtstag
1935 waren im BK-Gottesdienst in Netzbruch 250 Christen anwesend, zum
Gottesdienst von Fink nur 12. Er versuchte, einen Bekenntnisgottesdienst
am Zweiten Feiertag in Vorbruch, für den Ringhandt einen Vertreter gebeten
hatte, in einen DC-Gottesdienst umzufunktionieren und lud speziell seine
Gesinnungsgenossen dazu ein. Das verwirrte die Bekennende Gemeinde.
Darauf schrieb Ringhandt einen zornigen Brief, in dem er sich fortan die brüderliche Anrede durch Fink verbat.[71] Dieser strengte daraufhin eine Belei-
digungsklage beim Gericht an, die allerdings nach einiger Zeit von dort niedergeschlagen wurde.

Erneute Beschwerden

Um den 20. Januar schrieb Ringhandt noch einmal Beschwerden an den brandenburgischen Rat der BK sowie an den Kirchenausschuss und an das Konsistorium.[72] Er bekomme kein Gehalt ausgezahlt. Die Absprachen wegen der Gottesdienste würden nicht eingehalten. Die Kirchendiener würden von Fink angewiesen, für die BK-Gottesdienste nicht zu heizen oder andere Dienste zu tun; ebenso die Organisten. Dauernd überwache die Polizei die BK-Gottesdienste, um sich während der Predigt Notizen zu machen. In einem Bekenntnisgemeindeabend redete ein Polizist mit brennender Zigarre immer wieder dazwischen. Die Schrift „Die Staatskirche ist da" von Otto Dibelius sei bei ihm beschlagnahmt worden, bei anderen Pfarrern nicht. Einmal sei Ringhandt auf dem Weg ins Pfarrhaus im Dunkeln verprügelt worden. Fink versuche, ihm die Konfirmanden abspenstig zu machen. Nur seinen, aber nicht Ringhandts Konfirmanden gebe die Schule für den Unterricht frei. Fink erklärte, nur er könne sie konfirmieren. „Trotzdem ich mich von Anfang an auf den Boden des Erlasses des Reichskirchenausschusses gestellt habe, nach welchem beide Pfarrer ... die gottesdienstlichen und pfarramtlichen Funktionen ... zu teilen haben", habe Fink nicht aufgehört, ein friedliches Nebeneinander „durch einen regelrechten Hetzfeldzug gegen die BK und mich unmöglich zu machen. Die Partei mit ihren Gliederungen ... die Amtsvorsteher, die Polizei lassen sich von ihm einspannen. Man hat uns verklagt, angezeigt, verleumdet, unsere Gottesdienste mit Gewalt zu verhindern oder zu stören gesucht. Nichts hat man uns anhaben können. Wir haben uns nicht ein einziges Mal einen Akt der Disziplinlosigkeit zu schulden kommen lassen ... die Bekenntnisgemeinde ist gewachsen. Mit ihr die Niederträchtigkeit der Gegner. Das Stadium des Kampfes ist zur Zeit aber nun so, dass öffentliche Ordnung und Sicherheit gefährdet sind."[73]

Versuche zur Befriedung

Sämtliche Instanzen fanden das alles, was berichtet wurde, unerhört. Als Riehl wiederum im Auftrag des Brandenburgischen Kirchenausschusses am 27. Februar 1936 ein Befriedungsgespräch führte und gerade die Dienstverteilung zwischen Fink und Ringhandt neu geklärt hatte, wurde die Besprechung durch Finks Freunde gewaltsam gestört und schließlich sogar gesprengt.[74] Fink wurde auf Beschluss des Kirchenausschusses als Vorsitzender des Gemeindekirchenrates endlich abberufen. Die Gehaltsauszahlung für Ringhandt wurde sofort angeordnet, die Absprachepflicht für die Gottesdienste wiederholt. Kirchendiener und Kantoren wurden auf ihre Dienstpflicht schriftlich aufmerksam gemacht. Das Friedeberger Kreisblatt, das sich auf Hinweis von Fink geweigert hatte, die Gottesdienstzeiten der BK zu drucken, wurde vom Kirchenausschuss veranlasst, diese Sperre aufzuheben.

Der Rat der BK in Brandenburg, das Konsistorium und der Kirchenausschuss arbeiteten erstaunlich konform. Man merkt, dass sich hier eine flüssige Routine in der Zusammenarbeit entwickelt hatte. Besonders energische Briefe schrieb aus Berlin der Vorsitzende des Kirchenausschusses Richard Zimmermann. Hier die Kostprobe aus einem Schreiben an die beiden streikenden Kirchschullehrer in Franzthal und Vorbruch: „Hierdurch ordnen wir an, dass Sie bei den Gottesdiensten des von uns anerkannten Hilfspredigers Ringhandt in Netzbruch den Organistendienst wie üblich auszuüben haben."[75] Freilich brauchten alle klärenden Neuregelungen bis zu einem Vierteljahr, ehe sie durchgesetzt werden konnten. Besonders sträubte sich Fink, seinen Vorsitz abzugeben. Das gelang erst Mitte März, als Pfarrer Theodor Risch ihn übernahm. Ringhandt spürte Erleichterungen und schrieb an den neuen Vorsitzenden des Gemeindekirchenrates: „Es ist außerdem von Riehl gutgeheißen worden, dass Fink nicht mehr im Pfarrhaus unterrichtet. Ich habe mir monatelang eine nichtswürdige Behandlung durch seine Konfirmanden gefallen lassen müssen. Sie haben mir die Fensterscheiben eingeschlagen, sie haben vor meinen Ohren geschrieen: ‚Schießt ihn doch tot, schießt ihn doch tot'. Sie kommen regelmäßig 1 und ½ Stunde vor Beginn des Unterrichts und üben durch Krach und Frechheiten ein Gewaltregiment über das Pfarrhaus aus, das ich mir nicht länger gefallen lassen kann. Ich habe kein Kind geschlagen und habe mir in Geduld dies Schauspiel mit angesehen, um in der Gemeinde das Ärgernis nicht noch zu vergrößern."[76]

Kurt Scharf riet wegen der staatlichen Behinderungen und persönlichen Schikanen dazu, gegen die Polizei und andere Störenfriede gerichtlich vorzugehen, auch wenn nichts dabei herauskomme.[77]

Zwei anonyme Briefe

Es ereigneten sich seit dem Januar 1936 noch weitere staatliche und politische Übergriffe: Zwei verleumderische anonyme Briefe, die vermutlich von dem ehemaligen Reichenower Ortsgruppenleiter Krüger im Januar und Mai 1936 nach Netzbruch geschrieben worden waren, kursierten. Der erste wurde nur zum Teil bekannt durch eine Sitzung des Gemeindekirchenrates Netzbruch, in der er verlesen wurde. Er enthielt „allgemein gehaltene ... Vorwürfe der Staatsgefährlichkeit und des Volksverrates ... ‚Er (Ringhandt) ist zu klug, um Äußerungen zu tun, bei denen man ihn fassen kann'."[78] Ein zweiter Brief wurde am 10. Mai 1936 in Anschlagkästen des „Stürmer"[79] in Franzthal, dann auch in den anderen Gemeinden von den Nazis verbreitet. Darin wurde behauptet, Ringhandt sei ein religiöser Irrer, der in eine Anstalt gebracht werden müsse. Staatspolitisch gehöre er zu den „Feinden im Innern"[80]. Derartige öffentliche Beschuldigungen konnten zur Einweisung in ein Konzentrationslager führen. Es kam zu Auseinandersetzungen um die

Anschlagkästen. Gemeindeglieder, darunter auch Angehörige der Hitlerjugend, die zu Ringhandt hielten, entfernten die Anschläge. Er selbst ging zur Polizei. Diese „hat sich nicht für zuständig erklärt, als ich bat, für die Beseitigung dieser Briefe zu sorgen, die eine unglaubliche Verhetzung durch ihre Veröffentlichung hervorriefen. Als gar Privatleute daran gingen, den ersten Brief handschriftlich zu vervielfältigen und an Bäumen und Pfählen zu befestigen, waren die jungen Leute, die zu unserer Bekenntnisgemeinde gehören, nicht mehr zu bändigen. Mitglieder der Hitlerjugend rissen die Briefe an verschiedenen Stellen ab, im anderen Ort waren es SA-Männer, und brachten sie mir. Darauf wurden einige von ihnen, als sie des Abends vom Dienst kamen, überfallen und niedergeschlagen."[81]

Ringhandt wurde vom Rat der Bekennenden Kirche empfohlen, gegen Krüger, der inzwischen zum Rektor in Bad Freienwalde befördert worden war, einen Prozess anzustrengen. Dieser führte zu keinem Ergebnis. Trotz aller Indizienbeweise scheiterte das Verfahren daran, dass die beiden Verleumdungsbriefe vom Januar und Mai 1936 von einem „Unger", aber mit Krügers Adresse in Bad Freienwalde, unterzeichnet worden waren. Einen Mann namens Unger gab es aber dort nicht. Krüger erklärte, er habe mit den Briefen nichts zu tun. Ebenso erklärte der Empfänger, Ortsgruppenleiter Furchheim in Netzbruch, er habe die beiden Briefe nie empfangen. Nach langem Hinhalten wurde die Privatklage von Siegfried Ringhandt beim Kreisgericht Friedeberg erst nach über einem Jahr im August 1937 wegen Mangels an Beweisen abgewiesen.[82] Ringhandt musste die Prozess- und Rechtsanwaltskosten tragen. Sie wurden ihm freilich von der Bekennenden Kirche in Berlin ersetzt.

Übrigens erfuhr Ringhandt am 5. März 1936, dass man ihn bei der Oberstaatsanwaltschaft des Landgerichts Landsberg/Warthe „wegen Landfriedensbruch und Urkundenfälschung" angezeigt hatte. Doch schon das Vorverfahren wurde vom Gericht eingestellt. Der Staatsanwalt schrieb freilich, als er Näheres wissen wollte: „Zur Übersendung einer Abschrift der Anzeige sehe ich mich nicht in der Lage." Dadurch erfuhr Ringhandt offiziell noch nicht einmal, warum man und wer ihn angezeigt hatte.[83]

In den folgenden Monaten erhielt er die Mitteilung, dass man sich über ihn beim Regierungspräsidenten in Frankfurt/Oder beschwert habe, ja sogar bei Adolf Hitler.[84] Als Ringhandt danach befragt wurde, erklärte er, dass er das BDM-Mädchen, das sich bei Hitler beschwert hatte, gar nicht kenne. Der Inhalt der Beschwerde sei doch wohl von einem Erwachsenen hergestellt worden.[85]

Der Schlägertrupp

Am 3. März 1936 berichtete Ringhandt Superintendent Riehl: „Die Hetze gegen mich ... nimmt geradezu beunruhigende Formen an. Fink benutzt nun schon die Abkündigungen dazu, um seiner Wut Luft zu machen. Die Folge sind allerlei Pläne, die man sich macht, um mich hier zu vertreiben. Bis zum ‚Niederschießen' ist man unter der Führung des Amtsvorstehers schon gekommen, wenigstens in der Theorie. Praktisch wurde man gestern abends um etwa 10 Uhr, indem man mir durch die Fenster etliche Steine ins Zimmer warf. Ein faustgroßes Stück ging haarscharf an meinem Kopf vorbei, die Scherben spritzten mir um die Ohren."[86] Ringhandt hatte schon länger beobachtet, dass dunkle Gestalten in der Dämmerung öfters um sein Haus strichen. Das fiel besonders auf, weil das Pfarrhaus abgelegen vom Dorf für sich allein stand. Ihm wurde aus dem Dorf zugetragen, man habe verabredet, ihn zu einem angeblichen Krankenabendmahl zu locken, um ihn unterwegs zu überfallen.[87] Er vermutete mit Recht, dass es sich hier um die Angehörigen der bereits bekannten nazistischen Gruppe handelte, die auch bei Laiengliedern der BK zugeschlagen hatte. Als diese ihm auflauerte, wurde er gewarnt und fuhr einen anderen Weg. Gegenüber dieser Gruppe waren die unmittelbaren Vorgesetzten ebenso hilflos wie die Berliner Leitungsgremien, zumal die Polizei nicht eingriff.

Drohende Ausweisung und erneuter Wechsel

Als die Anfeindungen nicht aufhörten, Ringhandt immer wieder zur Zielscheibe tückischer Angriffe wurde und er selbst, auch im Blick auf seine Frau, nicht recht weiter wusste, fragte der Rat der BK an, ob er die Stelle noch einmal wechseln möchte: „Es ist die Frage erörtert worden, ob Sie nicht in einem ehrenvollen Abgang ihren Platz für einen anderen Bruder der BK einräumen, nachdem Sie das Recht der BK-Gemeinde auf einen bekenntnistreuen Seelsorger unter vollem Einsatz Ihrer Person erkämpft haben."[88] Kurz darauf schlug ihm auch der Provinzialkirchenausschuss einen Wechsel vor. „Ich halte es weder für die Gemeinde noch für Sie selbst und für Ihre Frau Gemahlin für möglich, dass Sie Ihre Tätigkeit dort fortsetzen. Wenn ein anderer bekenntnismäßig eingestellter Pfarrer, der nicht die Last der ungeheuerlichen politischen Diffamierung und des persönlichen Hasses zu tragen hat wie Sie, die Arbeit in Netzbruch übernimmt, wird er wohl sicher in größerem Segen arbeiten. Der Provinzialkirchenausschuss will Ihnen gern zu einer Pfarrstelle verhelfen."[89] Nach kurzem Zögern stimmte Ringhandt einem Wechsel zu. Darauf verabredete Scharf das auch mit dem Provinzialkirchenausschuss. Weil man so schnell keine Stelle fand und der Landrat drohte, man werde Ringhandt verhaften, weil seine Anwesenheit am Ort ein Ende haben müsse,[90] wurde sehr schnell der Pfarrer Theodor Jaenicke aus Buckow bei Beeskow für kurze Zeit in Netzbruch eingesetzt. Dieser gehörte zur BK und war ein nachdenklicher und stiller Vertreter seines Standes. Es fand daraufhin ein vorübergehender Austausch der Arbeitsplätze statt, jedoch keine reguläre und abschließende

Versetzung. Zum schnellen Wechsel schrieb Ringhandt: „Da kam plötzlich die Abberufung durch den Ausschuss. Man begründete sie damit, dass der Landrat mit meiner Verhaftung gedroht habe … Nun wäre das ja noch kein Grund zu gehen. Aber der hiesige und der Berliner Bruderrat wollen eine Verhaftung vermeiden, solange noch meine Wahl in N. nicht unmöglich ist."[91] Darum sei es besser, wenn er jetzt Netzbruch schnell verlasse.

Buckow bei Beeskow (16.7.1936–31.12.1936)

Theodor Jaenickes Nacharbeit in Netzbruch

Nachdem Theodor Jaenicke seinen Dienst in Netzbruch aufgenommen hatte, trat dort noch keine Ruhe ein. Dieselbe Prügelbande störte etwa eine Evangelisation in Franzthal und wurde gegenüber Besuchern tätlich. Als zehn ihrer Mitglieder aufgrund einer Anzeige je zu einer Geldstrafe von 30 Reichsmark verurteilt wurden, stellten die Nazis am Ort, mit ihnen Pastor Fink, bald den Antrag beim Kreisgericht in Friedeberg, die Geldstrafe niederzuschlagen. Ob es geschah, ließ sich nicht feststellen.[92]

Pfarrwahl in Netzbruch

Unter Zustimmung des örtlichen und des brandenburgischen Rates der BK hielt Ringhandt zu dem neu vom Staat berufenen Provinzialkirchenausschuss engen Kontakt. Das bedeutete nicht, dass er sich ihm „unterstellt"[93] hätte, sondern nur, dass er vom Rat der BK Brandenburgs autorisiert war, amtliche Gespräche mit ihm zu führen. Das hatte zur Folge, dass dessen Vorsitzender, Superintendent Zimmermann aus Berlin, nach Rücksprache mit Kurt Scharf als brandenburgischem Bruderratsvorsitzenden, am 2. Oktober 1936 nach Netzbruch kam, um die Wahl von Martin Schutzka zu erreichen. Aber märkische Älteste wissen, was sie wollen. Sie wählten mit zehn Stimmen, bei einer Enthaltung und zwei Stimmen für die beiden anderen Kandidaten, Siegfried Ringhandt zum Pfarrer von Netzbruch.[94] Präses Scharf und Zimmermann waren dadurch beunruhigt und baten Ringhandt dringend, die Wahl um des Friedens willen nicht anzunehmen. Der Krieg, der sich um seine Person entwickelt hätte, könnte eine Fortsetzung finden, weil Staat und Partei mit ihren Gliederungen das Wahlergebnis boykottieren würden. Dieser überlegte sich alles und schrieb dem Gemeindekirchenrat am 10. Oktober 1936, so sehr er sich über die Wahl freue, habe er doch eine Bitte: „Wählen Sie in kürzester Zeit einen andern Geistlichen Ihres Vertrauens, dessen Bestätigung nach menschlicher Voraussicht keine Schwierigkeit im Wege steht, und ich bin bereit, auf die mir durch meine Wahl zugefallenen

Rechte zu verzichten, um der Gemeinde einen zu befürchtenden langen Kampf um meine Bestätigung zu ersparen."[95] Die Tatsache, dass Frau Ringhandt das Klima in Netzbruch nicht vertrage, wie der Arzt gesagt habe, sollte für seine Entscheidung nicht ausschlaggebend sein. Der Bruder- und Gemeindekirchenrat war traurig, beschloss aber dann, den BK-Pfarrer Martin Schutzka zu wählen. Dieser war später etwa gleichzeitig wie Ringhandt Propst beim Konsistorium in Westberlin. Auf ihn hatten sich offenbar der Rat der BK und der Provinzialkirchenausschuss geeinigt. Daher wurde er auch sogleich von beiden bestätigt. Er galt gemäßigter als Ringhandt und verstand es, die Verhältnisse im Laufe der Zeit, wenn auch nicht völlig, so doch wesentlich mehr zu beruhigen.

Ruhe auf der Flucht

In Buckow selbst ging es Ringhandt gut. Zuerst einmal fiel die Last des Streites von ihm ab. Nur seine Frau fehlte ihm, die nicht mit nach Buckow gekommen war. Seit seiner Ankunft in Buckow „bin ich von einer Lethargie (lies: Faulheit) befallen, die sich kaum abschütteln lässt. Am liebsten schliefe ich den ganzen Tag ... Immerwährend denke ich an Netzbruch und an Dich ... Die schönste Ruhe, der stillste Urlaub ist sinnlos und leer, Du musst hier sein." Er wohnte als Gast im Pfarrhaus und wurde von Frau Jaenicke mit versorgt. „Frau Pfarrer Jaenicke bittet Dich herzlichst, doch keine Sorge zu haben über Dein Herkommen. Sie freut sich sehr, uns zu einem recht schönen Urlaub helfen zu können. Sie ist beschämt, dass es ihr so ‚unerhört gut' geht und darum will sie uns gern helfen."[96] Das Ehepaar sah sich nur kurze Zeit in Berlin und Buckow. Dann musste Margarete nach Bad Wildungen zur Kur fahren, um anschließend noch zur weiteren Erholung ihre lippische Heimat aufzusuchen. Auch wenn der Ehemann dorthin fuhr, um seine Frau für eine Woche zu sehen, ist es für ihn nicht leicht, ohne sie zu leben. Er hat Zeit zur Selbstbesinnung und meint: „Ich habe das Gefühl, dass unsere Trennung reinigend auf unser Verhältnis wirkt. Vor allem wird mir immer klarer, was mir neulich blitzartig aufzuckte im Gehirn: Ich habe Dich das letzte halbe Jahr sehr vernachlässigt, ich meine vor allem geistig. Ich selbst hatte keine Spannkraft mehr zu geistiger Übung, erst recht nicht, Dir Anregung zu geben."[97] Der Bruder Gerhard Ringhandt, der Landmesser war, bedauert das auf die Wanderung geschickte Paar und schreibt Anfang Oktober: „Arme Leutchen! Wenn man Landstreicher von Berufswegen ist wie ich, gewöhnt man sich ja daran, aber wenn man selbst aus liebgewordenen Stätten durch die Böswilligkeit unserer ‚herrlichen' Volksgenossen verdrängt wird, dieses ‚Opfer' schmerzt sehr. Na, ich wünsche Euch recht bald einen segensvollen und festen Wirkungskreis!"[98]

Selbstverständlich nahm Ringhandt seine Aufgaben zur Versorgung der Pfarrstelle wahr. Er berichtet von Gottesdiensten und Unterricht, auch von

Verwaltungsaufgaben. Darunter zählt er auf, dass er „alle Arier, alle Rechnungssachen, alle Anfragen"[99] erledigt habe. Es scheint ihm selbstverständlich zu sein, dass er die arischen Nachweise als Pfarramtsverwalter aus den Kirchenbüchern heraussucht, das heißt Urkunden über Vorfahren ausstellt, aus denen hervorgeht, dass sie nicht jüdisch verwandt sind. Indirekt hat so die Kirche zur Einhaltung des Arierparagraphen beigetragen. Dass man das damals tat, wird von heutigen Zeitgenossen gerügt.

Hilfsarbeiter beim Rat der BK in Berlin (1.1.1937–28.2.1937)

Ab Mitte Oktober war Ringhandt frei zu neuen Taten, weil er auf die Netzbrucher Stelle verzichtet hatte. Der Provinzialkirchenausschuss verhielt sich sehr großzügig. Er zahlte Ringhandt das Hilfspredigergehalt in Höhe von 150 Reichsmark noch weiter, damit er auf Stellensuche gehen konnte. Aber weil im Augenblick noch keine Stelle zu finden war und Ringhandt offenbar als wichtiger Vertreter der jungen Generation galt, wurde er beurlaubt und von der BK für kurze Zeit als „Hilfsarbeiter" in das Büro des Rates der Berlin-Brandenburgischen Kirche einberufen.[100] Er scheint bereits während der Aufenthalte in Buckow Hilfsdienste für den Rat der BK geleistet zu haben. Er lernte die Arbeit einer gesamtkirchlichen Dienststelle der BK kennen. Das Ehepaar bezog eine möblierte Wohnung in Karlshorst in der Nähe der Eltern. Was Ringhandt im Einzelnen beim Rat tat, ist nicht bekannt – bis auf eine wichtige Aufgabe. Er wurde als Kurier eingesetzt, um Post zu überbringen, die nicht über den Briefkasten verschickt werden sollte. Später hat er berichtet, er sei mit seinem Motorrad in vielen Gegenden der Landeskirche unterwegs gewesen.[101]

Altes Lager / Kloster Zinna (1.3.1937–30.6.1937)

Im Laufe des Februars 1937 kam der Rat der BK mit Konsistorium und Kirchenausschuss überein, dass Ringhandt in der Kirchengemeinde Dorf Zinna Dienst tun sollte. Dazu gehörte auch die Militär- und Angehörigenseelsorge im Alten Lager bei Jüterbog. Dort gab es den seit Generationen bekannten Artillerieschießplatz. Ringhandt lebte ab 1. März 1937 im Wohnbereich des Militärpersonals, wo ihm ohne weiteres eine Wohnung nachgewiesen wurde. Er sollte dort eine Kirche und ein Pfarrhaus bauen. Zusammen mit einem Standortpfarrer Hans von Hase hielt er Unterricht und Gottesdienste in militärischen Einrichtungen oder Privatwohnungen ab.

Sehr schnell wurde seine Wahl zum Pfarrer betrieben. Hier und in den anderen Orten, vor allem in Zinna, ging die Wahl zum Pfarrer der Gemeinde reibungslos bis Mitte April vonstatten. Dann musste die Bestätigung der Wahl durch die gesamtkirchlichen Gremien von BK und Landeskirche laufen. Auch das ging schnell vor sich. Das Konsistorium berief Ringhandt zum Pfarrer. Die Gemeinden freuten sich, einen Pfarrer zu bekommen. Ebenso war der Vakanzverwalter, der BK-Pfarrer Bruno Müntz aus Kloster Zinna, froh darüber, dass er die Vertretung wieder abgeben konnte.

Nun war vom Rat der BK beschlossen worden, dass Pfarrer von einem Beauftragten der BK eingeführt und vom Superintendenten des Kirchenkreises nur bestätigt wurden.[102] Als Vertreter in der Superintendentur des Kirchenkreises Luckenwalde, die nicht besetzt war, wirkte Pfarrer Koch aus Groß-Wolterdorf. Dieser bestand darauf, dass er und kein Beauftragter vom Bruderrat der BK die Einführung vornehmen sollte, in diesem Fall Pfarrer Heinrich Vogel aus Dobbrikow. Er berief sich auf die schriftliche Anweisung zur Einführung, die er vom Konsistorium erhalten habe. Vertreter des Konsistoriums und Superintendent Zimmermann vom Kirchenausschuss, auch Ringhandt selbst, schlugen vor, man könne doch die Einführung verschieben und zuerst einmal die Urkunde über die Berufung aus Anlass einer Gemeindekirchenratssitzung übergeben. Siegfried Ringhandt könne ja auch ohne Einführung seinen Dienst tun.

Der Gemeindekirchenrat war traditionell volkskirchlich eingestellt und wollte, dass die Einführung schon jetzt ohne viele Besonderheiten durchgeführt würde. Die Verhandlungen im Gemeindekirchenrat Zinna über die Art der Einführung, die die drei anwesenden Pfarrer Koch, Müntz und Ringhandt durch zähe Beiträge in die Länge zogen, führten dazu, dass einigen Laien der Kragen platzte und sie die Sitzung verließen: „,Was Sie drei, meine Herren, da im Protokoll schreiben, ist doch nur ein Theater'. Andere Älteste folgten ihm, die Versammlung verlor ihre Beschlussfähigkeit."[103]

Noch einmal bat Ringhandt beim Kirchenausschuss, man möge innerhalb von zwei Wochen eine Lösung herbeiführen und auf den Superintendenturverwalter entsprechend einwirken. Nun laufe sein Wahlverfahren schon seit dreieinhalb Monaten. Offenbar war es jedoch nicht möglich, die Regelung des Rates der brandenburgischen Bekennenden Kirche durchzusetzen. Denn nach zwei Wochen, am 25. Juni 1937, verzichtete Ringhandt „förmlich auf die Pfarrstelle Zinna, in welcher ich durch das Konsistorium der Mark Brandenburg bestätigt worden bin".[104]

An der Starrheit des Superintendenturverwalters scheiterte dessen Dienst in einer dritten Pfarrstelle. Ablehnung durch den Gemeindekirchenrat und unleidliche Auseinandersetzungen mit staatlichen Stellen und Partei in Reichenow, Wahl durch den Gemeindekirchenrat, aber brutale Blockade durch eine Minderheit von Deutschen Christen und Nazis in Netzbruch. Nach einem Parkaufenthalt in Buckow und beim Rat der Bekennenden Kirche kam es zum frustrierenden innerkirchlichen Streit um die Art der Einführung in Zinna. Das Ehepaar Ringhandt begab sich nach drei unruhigen Jahren, wohl oder übel, auf die weitere Suche nach einer neuen Stelle.

Illmersdorf (1.7.1937–30.3.1941)

Ein erstes Zuhause

Nun ließ sich Siegfried Ringhandt vom Konsistorium und der BK als Hilfsprediger in den Kirchengemeinden Illmersdorf, Ihlow, Rietdorf und Niendorf einsetzen. Das gelang ohne viel Auseinandersetzung auf der gesamtkirchlichen Ebene. Offenbar hatten auch die dezidierten Deutschen Christen im Konsistorium gemerkt, dass sie mit der BK maßvoll umzugehen hatten, wie sie es in der Ära des Kirchenausschusses lernen mussten. Inzwischen hatte sich so etwas wie eine fruchtbare „Routine" in den Verhandlungen zwischen dem Rat der BK sowie dem Kirchenausschuss und dem Konsistorium herausgebildet. Das blieb so, obwohl das Konsistorium ab Ende September 1937 von einem Juristen geleitet wurde, weil der Provinzialkirchenausschuss mit Zimmermann an der Spitze zurücktrat. Das Konsistorium wurde nun von einer eigens gebildeten „Finanzabteilung" abhängig, deren Leiter wiederum vom Preußischen Oberkirchenrat und vom Reichskirchenministerium streng beaufsichtigt wurde. Leiter der Finanzabteilung wurde vorübergehend der Jurist Hans von Arnim, der der BK nahe stand. Unter seiner Leitung blieb der bisherige Einklang bestehen.

Ringhandts Bezüge als Hilfsprediger betrugen wie bisher zuerst 150 RM. Nachdem er nach einigen Wochen die Verwaltung der Pfarrstelle übernahm,[105] also nicht nur die geistliche Versorgung der Gemeinde verantwortete, erhielt er das Anfangsgehalt eines fest angestellten Geistlichen in Höhe von 267,63 RM.[106] Wiederum musste das Ehepaar Ringhandt ein bescheidenes Leben führen. Nach dem Auszug seines Vorgängers, der erst nach einigen Monaten erfolgte, konnte das junge Pfarrersehepaar endlich seine Möbel aus Netzbruch holen, um im Pfarrhaus bis 1946 wohnen zu bleiben. Es war ein wohl empfundenes Geschenk, drei Jahre nach der Heirat in einem „Zuhause" angekommen zu sein. Dass Ringhandt in Illmersdorf bodenständig wurde, zeigt sich darin, dass er sich einen Jagdschein besorgte. Die dafür nötige Prüfung legte er ab, um nur, so war es seine Absicht, auf Einladung und begrenzt in anderen Revieren mit jagen zu können. Dabei handelte es sich vor allem um die Jagd bei seinen Verwandten in Lippe während des Urlaubs. Denn „ein jagender Pastor ist den Gliedern seiner Gemeinde – die ja verhältnismäßig selten Jäger ... sind – leicht ein Anstoß und Ärgernis, unter dem sein Amt leidet"[107].

Regulärer Dienst in der Gemeinde

Der Gemeindekirchenrat und die Gemeinde nahmen den jungen Pfarrer gern an, zumal eine nicht zu füllende Vakanz drohte, weil die Zahl der Absolven-

Ein Zuhause drei Jahre nach der Hochzeit.
Kirche in Illmersdorf

ten in der Theologie abnahm. Superintendent Ernst Zitzlaff in Dahme war ihm wohl gesonnen, denn er kannte Ringhandt aus seinem Vikariat in Zabelsdorf. Von dort aus hatte dieser schon einmal in Ihlow, der zweiten Gemeinde, die er nun übernahm, in Vertretung Gottesdienste gehalten.[108] Man kannte und schätzte also schon seine Predigtgabe. Zum Besitz der Kirchengemeinde gehörten Waldungen und Kirchenland, die zu verwalten waren. Darüber hinaus gab es an verschiedenen Orten Frauenhilfen, um die sich der Pfarrer kümmerte.

Illmersdorf war keine bekenntniskirchlich orientierte Gemeinde gewesen. Der Vorgänger hatte sich und seine Gemeinde aus dem Kirchenkampf herausgehalten. Im Unterschied zu seinen früheren Versuchen in Reichenow nahm der neue Pfarrer diese Ausgangssituation erst einmal an und versuchte nicht, sogleich eine abgegrenzte Bekenntnisgemeinde mit Roter Karte zu sammeln. Ein „Gemeindebruderrat" trat nicht an die Stelle der bestehenden Gemeindekirchenräte. Dass ihr neuer Pfarrer, wenn auch ruhiger als früher, Predigt und Fürbitte im Sinne der Bekennenden Kirche hielt, muss aber bald deutlich geworden sein. Dass er die Kollekten an den Bruderrat der BK abführte, muss dem Gemeindekirchenrat bewusst gewesen sein.

Die zweite Verhaftung

Wegen der Kollekten machte sich zwei Monate nach seinem Dienstantritt ein schrilles Signal bemerkbar. Im Sommer 1937 beschlossen zentrale staatliche Stellen, gegen die Pfarrer vorzugehen, die die Kollekten an die BK und nicht an das Konsistorium ablieferten.[109] Ringhandt wurde am 28. August 1937 durch einen Wachtmeister in Zivil arretiert und nach Potsdam ins Gefängnis geschafft. Er war angezeigt worden, dass er an zwei Sonntagen eine Kollekte für die BK gesammelt hatte. Im Gefängnis, wo er bereits 1935 gefangen gewesen war, saßen 37 Pfarrer aus dem Brandenburgischen.[110] In ganz Deutschland saßen mehrere hundert Pfarrer ein, so dass Hans Asmussen (1898–1968) von der Vorläufigen Kirchenleitung der BK Deutschlands in Berlin etwas hilflos schrieb: „Der Aufgabe ... mich um die zu kümmern, die selbst in Haft sind oder deren Angehörige in Haft sind, bin ich nicht mehr gewachsen." Er könne nur noch pauschale Rundbriefe verfassen.[111] Ringhandt beschrieb in einem Tagebuch seine Situation in einer Mischung von Humor und Ernst, Zuversicht, Fürsorge für andere und Sehnsucht nach seiner Frau, gemeinsamer Bibellese von Matthäus 10 (Trost für Verfolgte) und Lektüre von schöngeistiger Gefängnisliteratur, Müdigkeit und innerer Klage: „Mit dem alten Adam und dem neuen im Gefängnis. Oder ‚U 74'."[112] Zu den Gefangenen gehörte auch Heinrich Vogel aus Dobbrikow. Bei ihren täglichen Rundgängen im Gefängnishof „schiebt mir Pfarr einen Zettel in die Hand. ‚Vogels neueste Verse':

Wir schreiten kreisend unsern Gang,
Drei Schritte Abstand – Schweigen ...
Der Blick glitt an den Mauern lang,
Die Gitterlöcher zeigen.
Wir gingen, Herr, auf Dein Geheiß,
zu Deinem Dienst wir litten. –
Gott sei gelobt! Herr Christ, ich weiß,
Du bist mit uns geschritten."[113]

Margarete Ringhandt besuchte ihren Mann und kümmerte sich auch um andere Pfarrer und ihre Frauen. „Heute muss ich Dir einen kleinen ‚Liebesbrief' zustecken. Bisher habe ich's nicht gewagt, weil ich fürchtete, dass es Dir das Warten und Stillbleiben oder -werden noch schwerer macht, wenn ich Dir sage, dass ich mich so sehr nach Dir sehne, dass mir alles so zwecklos, so ohne Sinn erscheint, wenn Du nicht bei mir bist. Ich ... will gern weiter geduldig auf Dich warten, ich weine auch nur mal, wenn ich ganz allein bin ... Ich bin auch stolz, dass Du für unseren Herrn leiden darfst. Und Beten hilft, lässt einen nicht verzagen aber auch nicht hoffärtig werden. Denn es besteht doch jetzt auch die Gefahr, dass man sich zu sehr als ‚Held' fühlt, weil man etwas für Christus geben darf. Seit dem letzten Besuch bei Dir muss ich mich doppelt sorgen um Dich. Ich fand, Du sahst ein wenig so aus wie ein gefangenes,

gequältes Tier, das gar zu gern das Gitter, das es hält, durchbrechen möchte. Und ich will immer für Dich beten, und wenn Du nicht vergisst, für mich zu beten, dann können wir wohl weiter tapfer sein … Die Viertelstunden bei Dir sind immer der Höhepunkt der Woche. Und doch hat man sich nur halb."[114] Ihr gefangener Mann schrieb ihr auch auf einem kleinen Zettel liebe Antworten und Bestellungen für Kurt Scharf und persönliche Nachrichten. So bat er, der Rat möge sich besonders um einen Pfarrer kümmern, der nun bereits seit fünf Wochen gefangen sei. „Wir sollen, nachdem uns die Stapoleute vernommen haben, heute endlich vom Untersuchungsrichter vernommen werden. Wenn wir bei unserer Aussage blieben, dass wir weiterhin die Kollekte der BK abkündigen würden, sollte dieser einen weiteren Haftbefehl ausstellen … Außer der Freiheit vermisse ich nur Dich, sonst nichts."[115] Die Pfarrfrauen unterstützten sich gegenseitig im Besuch der Männer, wenn sie nicht von daheim fort konnten. Besonders setzte sich für die Gefangenen und ihre Angehörigen Frau Margarethe von Dietze aus Potsdam ein.[116]

Am 25. September 1937 wurde Ringhandt als einer der Letzten entlassen, vermutlich weil er beim Verhör vor der Gestapo erklärt hatte, er werde die Kollekten auch weiterhin an die BK abliefern.

Das Landgericht Potsdam, das sich für nicht zuständig erklärte, hatte bereits am 15. September einen Beschluss gefasst. Es sah in der Anklageschrift gegen die betroffenen Pfarrer Formfehler und legte die sofortige Entlassung fest, weil auch eine so lange Inhaftierung für ein kleines Kollektendelikt unstatthaft sei.[117] Es ist erstaunlich, wie hier ein Gericht, unabhängig von Direktiven der Partei, einen nüchternen Beschluss fasste. Der tüchtige Rechtsanwalt Dr. Clauder, der beim Rat der BK tätig war, verteidigte die angeklagten Pfarrer. Wegen Geringfügigkeit sollte das Verfahren weiter vom Amtsgericht in Luckenwalde bearbeitet werden. Dort blieb es liegen. Es wurde erst beim Landgericht dadurch zu Ende geführt, dass inzwischen ein Gesetz über Straffreiheit für kleinere Vergehen vom 30. April 1938 in Anwendung kam. Der Potsdamer Oberstaatsanwalt stellte die „Strafsache gegen den evangelischen Pfarrer Siegfried Ringhandt" ein.[118] Die zweite Verhaftungswelle, in die er geraten war, war damit beendet.

Vertrauensmann der Bekennenden Kirche

Am 25. Mai 1939 wurde Ringhandt zum Vertrauensmann der BK berufen und hielt fünf BK-Pfarrer geistlich zusammen, mit denen er sich zum Teil anfreundete. Es war eine kleine Gruppe, die aus den Kirchenkreisen Jüterbog, Luckenwalde und Baruth zur BK gehörte. Ringhandt musste Konflikte schlichten helfen und die Verbindung zum Rat der BK halten. Am 19. Dezember 1938 schrieben er und Pfarrer Joachim Kanitz, Hohenseefeld, ihren Kirchenältesten, dass sie den „Entwurf eines Fürbittegottesdienstes für den Frieden"[119] unterzeichnet hätten, den die Vorläufige Leitung der BK Deutschlands herausgegeben habe. Diese Unterschrift habe der Kirchenminister verboten. Nun sei mit ihrer Verhaftung zu rechnen, weil der Entwurf als „staatsfeindlich" angesehen werde. Beanstandet wurde speziell, dass „für des Volkes Sünde Buße getan und Vergebung gesucht wird; dass der Krieg als eine Strafe Gottes bezeichnet wird; dass doch auch das Land aller anderen in die Fürbitte mit eingeschlossen wurde, die der Krieg bedroht",[120] also auch der Feinde. Durch die Bibel seien diese drei Gebetsanliegen klar legitimiert. Von ihnen könnten die beiden Pfarrer darum nicht lassen. Sie baten ihre Ältesten, sich zu prüfen, ob sie zum „Entwurf" stehen möchten oder nicht. Wie die Reaktion der Ältesten war, ist nicht bekannt. Jedenfalls wurden die beiden Briefschreiber dann doch nicht verhaftet, obwohl das um diese Zeit häufig vorkam.

Im März 1939 wurden die Schreibmaschine und der Vervielfältigungsapparat beschlagnahmt, mit deren Hilfe Ringhandt Verlautbarungen der BK kopiert und dann verbreitet hatte.[121]

Wieder politischer Kleinärger

Vor allem 1938 riss der Ärger nicht ab. Es gab Gemeindeglieder, die ihren Pfarrer denunzierten. Wenn der Pfarrer von der Gestapo verhört wurde, verlangte er grundsätzlich, dass ihm die Namen der Denunzianten gesagt würden. Außerdem solle eine Gegenüberstellung mit ihnen erfolgen. Als er angezeigt worden war, er habe sich als „Staatsfeind" bezeichnet, schrieb er: „Ich bin bereit, vor Gericht auszusagen, Auge in Auge mit dem, der mich angezeigt (hat). Denn es muss eine Möglichkeit der Verteidigung gegen solche Anwürfe geben, die er irgendwo aus niederträchtiger Gesinnung aus der Luft greift."[122] In der Regel wurden derartige Forderungen abgeschlagen.

Aus Notizzetteln[123] geht hervor, dass der Pfarrer angezeigt wurde, weil er nicht flaggen wollte. Er teilte mit, er habe dafür keine Anweisung der Behörde erhalten. Ebenso sei es mit der Weigerung, aus politischem Anlass[124] zu läuten: „Grundsätzlich liegt die Sache so, dass die Glocken jedenfalls die Aufgabe ... haben, zu Gottes Wort und Gebet zu rufen." Die Kerzen habe er am Heldengedenktag löschen lassen auf Anordnung der Kirchenleitung. „Das geschah als Zeichen der Anteilnahme und des Schmerzes der Kirche über den Ausgang des Prozesses Niemöller[125], der die Kirche in Trauer versetzt hat." Ein weiterer Vorwurf lautete: Als erste Vorboten des Krieges gab es bereits seit 1937 Luftschutzübungen. Am Tage der Luftschutzübung habe der Pastor die

Kirche hell erleuchtet. Dagegen Ringhandt: Am Tage der Luftschutzübung habe gar kein Gottesdienst stattgefunden. Er sei in Potsdam gewesen.

Keine Bestätigung zur Berufung in die Pfarrstelle

Diese und andere Anwürfe und Ereignisse führten dazu, dass die politischen Stellen seine Einsetzung ins Pfarramt ablehnten, als alle kirchlichen Instanzen, nämlich der Gemeindekirchenrat, der Superintendent, der Rat der BK und das Konsistorium ihm in Illmersdorf die Pfarrstelle übertragen wollten. Der Kreisleiter der NSDAP und Landrat des Kreises Jüterbog-Luckenwalde teilte freilich am 22. Juni 1938 mit, dass er aufgrund von Richtigstellungen durch Ringhandt wohl „in einem Punkt zu einer anderen Feststellung gekommen" sei. Dennoch könne er keine „Unbedenklichkeitsbescheinigung wegen Ihres weiteren Verhaltens"[126] ausstellen. Damit hatte Ringhandt nicht die Möglichkeit, in Illmersdorf auf Dauer zu bleiben und fest angestellter Pfarrer zu werden. Rat der BK und Konsistorium wiesen ihm andere Pfarrstellen nach. Aber Ringhandt ging nur zögernd darauf ein. Man merkt, dass er nicht gern aus Illmersdorf weichen wollte, zumal ihm ohne offizielle Berufung in die Stelle doch die volle Verwaltung der Pfarrstelle anvertraut worden war.

Anmerkungen

1 Antwort Kurt Scharf vom 16.8.1934. In: ELAB NL Reichenow.
2 Brief vom 20.8.1934, S. 2. In: ELAB NL Reichenow.
3 Brief an Superintendent Zitzlaff, Dahme, vom 24.4.1934. In: ELAB NL Reichenow.
4 Brief an Propst Loerzer vom 20.8.1934. In: ELAB NL Reichenow.
5 Auftrag des Superintendenten Wriezen/Bad Freienwalde vom 4.7.1934. In: NL Reichenow.
6 Zeugnis für P. Siegfried Ringhandt in Reichenow vom 28.5.1935. In: ELAB NL Reichenow.
7 Normalerweise nannten sich die Leitungsorgane der Bekennenden Kirche „Bruderrat". In der ersten Zeit heißt es auch mit Umlaut „Brüderrat". In Brandenburg und Berlin hieß der „Bruderrat" einfach „Rat der Bekennenden Kirche".
8 Schreiben des Brüderrates vom 15.6.1934. In: NL Reichenow.
9 Schreiben Ringhandts an P. Senf vom 26.6.1934. In: ELAB NL Reichenow.
10 Schreiben vom Bruderrat, Otto Dibelius, vom 7.1.1935. In: ELAB NL Reichenow.
11 Schreiben des Rates der BK vom 29.12.1934. In: ELAB NL Reichenow. – Später nannte man die Kreissuperintendenten einfach „Kreispfarrer". Die für Seelsorge und theologische Fragen zuständigen Pfarrer hießen „Vertrauenspfarrer".
12 Almuth Heym, Kirchenkampf in Seelow. Mit Erinnerungen und Dokumenten, o.J., S. 20f.
13 Brief vom 14.1.1934 an den Vertrauensmann, Pfarrer Schmudde. In: ELAB NL Reichenow.
14 Der Brief des Superintendenten Klein vom 20.8.1934 verweist auf zwei Meldungen aus der „Ortsgruppe" der NSDAP Reichenow, Ringhandt habe „unerhörte Entgleisungen" im Gottesdienst vom 5.8.1934 begangen.

15 Brief von Superintendent Friedrich Klein an das Konsistorium vom 26.8.1934. In: ELAB NL Reichenow.

16 Präses Scharf sekundierte Ringhandt: Er möge sich beim Verhör auf ihn berufen, wenn er nach Quellen für seine Aussagen über Wilhelm Kube befragt werde. Schreiben vom 20.8.1934. In: ELAB NL Reichenow.

17 Dieses geht aus einem Schreiben von Superintendent Klein an Ringhandt vom 11.10.1934 hervor. In: ELAB NL Reichenow.

18 Ringhandt spricht oft von der Stapo, meint aber die Geheime Staatspolizei (Gestapo), die für politische Fragen zuständig war und schon bald nach 1933 im Auftrag der SS arbeitete.

19 Zitiert nach einem Protokoll vom 12.9.1934. In: ELAB NL Reichenow.

20 Brief an Ringhandt vom 20.8.1934. In: ELAB NL Reichenow.

21 Im Brief Loerzers vom 8.9.1934 an Superintendent Klein, meinte er, er habe Ringhandt nicht demütigen wollen mit der Forderung zu versprechen, nicht mehr öffentlich kirchenpolitisch zu reden. Aber er habe gegenüber der Geheimen Staatspolizei für ihn bürgen müssen. ELAB NL Reichenow.

22 Der deutsche Christ Walter Herrmann kam aus dem Pfarramt in Spandau, wurde bereits 1937 wieder entlassen.

23 In: ELAB NL Reichenow.

24 Brief von Gemeindeglied August Göritz vom 4.9.1934, sprachlich leicht korrigiert. In: ELAB NL Reichenow.

25 Protokoll vom 7.9.1934. In: ELAB NL Reichenow.

26 Kurt Meier, Der Evangelische Kirchenkampf. Erster Band. Der Kampf um die Reichskirche, Halle 1984, S. 154.

27 Protokoll vom 12.9.1934. In: ELAB NL Reichenow.

28 Ringhandt hat dem Bruderrat Brandenburg einen genauen Bericht gegeben „über meine Suspendierung und deren Aufhebung", ohne Datum. In: ELAB NL Reichenow.

29 Brief von Superintendent Klein vom 14.9.1934. In: ELAB NL Reichenow.

30 Brief vom 19.9.1934. In: ELAB NL Reichenow.

31 Jedenfalls finden sich seit dem 29.11.1934 im Nachlass Briefe des örtlichen Bruderrates an Mitglieder der BK. In: NL Reichenow. Ein genaues Datum für die Gründung des Bruderrates ist aus dem Nachlass nicht zu ermitteln.

32 Brief von Pastor Ringhandt an alle Gemeindeglieder zum 7.12.1934. In: ELAB NL Reichenow.

33 Brief vom 13.2.1935. In: ELAB NL Reichenow.

34 Gesprächsgang zwischen Lehrer Krüger und P. Ringhandt. Aufgezeichnet am 27.11.1934. In: ELAB NL Reichenow.

35 Hartmut Ludwig, Die Entstehung der BK in Berlin, Berlin 1987, S. 263. 284.

36 Schreiben des Superintendenten an Ringhandt vom 3.12.1934. In: ELAB NL Reichenow.

37 In: ELAB NL Reichenow.

38 Bewerbung um die Pfarrstelle. Lebenslauf im Anhang. 8.1.1935. In: ELAB NL Reichenow. – In Berlin-Brandenburg entstanden erst Ende 1935 zwei eigenständige Bruderräte von Berlin (Präses Jacobi) und Brandenburg (Präses Scharf).

39 Brief vom 20.1.1935. In: ELAB NL Reichenow.

40 Brief des Superintendenten an Ringhandt vom 17.12.1934; Brief von Ringhandt an Kurt Scharf vom 13.3.1935. In: ELAB NL Reichenow.

41 Rundbrief Nr. 1, 22.6.1935. In: ELAB NL Reichenow.

42 Brief von Siegfried Ringhandt „An die Glieder der Bekenntnisgemeinde im Pfarrsprengel Reichenow" vom 8.4.1935. In: ELAB NL Reichenow.

43 Schreiben des Vikars Karl Steinborn an die Eltern vom 7.8.1935. Ebenso Schreiben vom 8.8.1935 von Ringhandt. In: ELAB NL Reichenow.

44 Brief der Bekenntnisgemeinde vom 1. August 1935. In: ELAB NL Reichenow.

45 Brief einer Mutter vom 18.3.1935 an Ringhandt. In: ELAB NL Reichenow.
46 Kurt Meier, Der Evangelische Kirchenkampf. Band 2, Halle 1984, S. 24–27.
47 Vgl. die entsprechende Fürbittenliste der BK. In: ELAB NL Reichenow.
48 Brief von K. Scharf an Ringhandt vom 15.9.1934. In: ELAB NL Reichenow.
49 Brief von Pfarrer Fritz Müller, Dahlem, aus der Rechtsabteilung der Bekenntnissynode der evangelischen Kirche der altpreußischen Union vom 8.9.1934. In: ELAB NL Reichenow.
50 Schreiben des Rates der BK vom 3.4.1935. In: ELAB NL Reichenow.
51 Schreiben des Rates der BK vom 20.4.1934. In: ELAB NL Reichenow.
52 Aus der Sicht des Evangelischen Oberkirchenrates der Evangelischen Kirche der altpreußischen Union finden sich ausführliche Mitteilungen in EZA, Best. 7/Pom. V 719–I.
53 Im Schreiben an das Konsistorium vom 19.1.1936 erinnert Ringhandt an diesen Beschluss. In: ELAB NL Netzbruch.
54 Näheres bei Wolf-Dieter Zimmermann, Gerechtigkeit für die Väter. Einsichten und Erfahrungen, Berlin 1983, S. 129–149.
55 In einem Brief von Pfarrer Gottfried Hermisson, Birkholz, heißt es am 11.10.1935: „Niemöller schenkte uns und fünf anderen Pfarrern des Kirchenkreises einen sehr ernsten Nachmittag." In: ELAB NL Netzbruch.
56 Brief Ringhandt an das Konsistorium vom 19.1.1936. In: ELAB NL Netzbruch.
57 EZA EO II. 3604–35. Bericht des Bruderrates des Pfarrsprengels Netzbruch. In: EZA EO II. 3604–35. – Siegfried Ringhandt hat sich nach Eintritt seines Ruhestandes Kopien aus dem EZA anfertigen lassen, die seinen Pfarrdienst in der nationalsozialistischen Zeit betreffen.
58 Brief von Pfarrer Hermisson, Birkholz, an Ringhandt vom 11.10.1935. In: ELAB NL Netzbruch.
59 Rundbrief Nr. 1 vom 15.11.1935. In: ELAB NL Netzbruch.
60 ELAB NL Netzbruch.
61 Brief von S. Ringhandt an seine Frau Margarete vom 9.10.1935. In: ELAB NL Netzbruch.
62 Einen ursächlichen Zusammenhang zwischen den Aufregungen des Reichenower Kirchenstreites und der Totgeburt kann man nach den vorliegenden Unterlagen nicht herstellen. Dennoch bedeutete der Dauerstreit in Reichenow für Margarete Ringhandt eine hohe seelische Belastung während des ersten Ehejahrs.
63 Personalakte Ringhandt im Konsistorium. – Es liegt ein klagender, meditativer Bericht des Vaters und Ehemannes vor, den er seiner Frau zuliebe und zur eigenen Erleichterung aufgeschrieben hat: Woche zwischen Bußtag und Totensonntag. In: ELAB NL Netzbruch.
64 Brief Kegel vom 28.12.1935; Brief Bruderrat Brandenburg, Pfarrer Seyler vom 7.1.1936. In: ELAB NL Netzbruch.
65 Notizen von Ringhandt über Mitteilungen von Gemeindegliedern. Die Verdächtigung wurde Mitte September 1935 von Fink ausgesprochen. In: ELAB NL Netzbruch.
66 Hoff stritt ab, dass es so gewesen sei. Ringhandt habe auf falsche Mitteilungen gehört. Er habe den „Wichtigtuer" Ringhandt nicht zum Märtyrer machen wollen, obwohl dieser „zu gewaltsamem Vorgehen fähig ist". Er habe nur seine „Parteigenossen" darauf hingewiesen, wenn sie sich durch die BK und Ringhandt terrorisiert fühlten, müssten „die Parteigenossen aus der Nachbarschaft ihnen gegen einen solchen Terror... zu Hilfe eilen". In: EZA EO 914–36 NL Netzbruch.
67 In: Bericht durch Ringhandt im Auftrag des Bruderrates Netzbruch vom 4.11.1935. ELAB Nl Netzbruch.
68 Schreiben an den Rat der BK. Material betr. Ninke, ohne Datum. In: ELAB NL Netzbruch.
69 Schreiben an Landrat Wuthenow vom 6.11.1935. In ELAB NL Netzbruch.
70 Verfügung der Finanzabteilung des Konsistoriums vom 9.12.1935. In: ELAB NL Netzbruch.
71 Brief vom 27.12.1935 an Herrn Fink. In: ELAB NL Netzbruch.

72 Brief vom 19.1.1936 an Superintendent Riehl, Kirchenausschuss; vom 20.1.1936 an Oberkonsistorialrat von Arnim; vom 24.1.1936 an Pfarrer Seyler vom Rat der BK Brandenburg. Die Beschwerden lauten im Einzelnen unterschiedlich, werden hier aber zusammengefasst. In: ELAB NL Netzbruch.

73 Brief an Superintendent Riehl vom 19.1.1936. In: ELAB NL Netzbruch.

74 Brief von Ringhandt an Riehl vom 29.2.1936. In: ELAB NL Netzbruch.

75 Schreiben vom Provinzialkirchenausschuss für die Kirchenprovinz Mark Brandenburg vom 7.5.1936. In: ELAB NL Netzbruch.

76 Brief von Ringhandt an P. Theodor Risch vom 9.3.1936. In: ELAB NL Netzbruch.

77 Brief von Scharf vom 1.2.1936. In: NL ELAB Netzbruch.

78 Der Brief liegt nicht vor. Obiger Hinweis ist enthalten in der Privatklage des Rechtsanwalts Horst Holstein gegen den Briefschreiber vom 3.8.1936. In: ELAB NL Netzbruch.

79 Der „Stürmer" war eine üble Hetzzeitung der SS.

80 Vgl. Dokument 3, S. 164. Brief vom 10.5.1936 eines Herrn „Unger" an Herrn Furchheim. In: ELAB NL Netzbruch.

81 Brief von Ringhandt an den juristischen Berater im Rat der BK, Dr. Clauder, vom 25.5.1936. In: ELAB NL Netzbruch.

82 Über diesen Prozess, der zwischen den Rechtsanwälten lief, finden sich beträchtliche Unterlagen in: ELAB NL Netzbruch.

83 Brief aus Landsberg vom 5.3.1936. In: ELAB NL Netzbruch.

84 Beschwerdeschreiben eines Vorbrucher BDM-Mädchens, Emma Gageike, vom 19.4.1936. In: ELAB NL Netzbruch.

85 Stellungnahme durch Ringhandt vom 7.7.1936. In: ELAB NL Netzbruch.

86 Brief von Ringhandt an Riehl vom 3.3.1936. In: ELAB NL Netzbruch.

87 Brief von Ringhandt vom 16.3.1936. Anzeige über Aussagen betreffend meine persönliche Sicherheit. In: ELAB NL Netzbruch.

88 Brief von Pfarrer Sayler vom Rat der BK vom 17.3.1936. In: ELAB NL Netzbruch.

89 Brief von Riehl vom 20.3.1936. In: ELAB NL Netzbruch.

90 Brief an den Kreispfarrer der BK, Georg Gramlow, vom 7.6.1936. In: ELAB NL Netzbruch.

91 Ebd.

92 Der korrekte Theodor Jaenicke, der sich wirklich nur als Vertreter von Ringhandt empfand, berichtete diesem in über zehn Briefen über den Stand der Gemeindearbeit, auch mit ihren Schwierigkeiten, weil die Minderheit keine Ruhe geben wollte. In: ELAB NL Netzbruch. – Fink war die Tätigkeit in Netzbruch endgültig vom Konsistorium untersagt worden. Dennoch führt er nun einen Kampf gegen die Pfarrer Jaenicke und Schutzka und beschäftigt damit den Evangelischen Oberkirchenrat, das Konsistorium und verschiedene staatliche Instanzen bis zum Reichskirchenministerium. Auf seine linientreuen Beteuerungen fallen die meist nicht informierten höheren Dienststellen herein. Das ist grotesk! – Ringhandt hat sich nach seiner Ruhesetzung 1971 die im EZA vorhandenen Unterlagen kopieren lassen. In: NL ELAB Netzbruch.

93 Am 18.4.1936 schreibt Zimmermann an das Reichskirchenministerium, das von den Unruhen in Netzbruch erfahren hatte, dass „der Provinzialkirchenausschuss beabsichtigt, mit tunlichster Beschleunigung einen neutralen Pfarrer nach Netzbruch zu entsenden und dann den Pastor Ringhandt, der sich übrigens dem Provinzialkirchenausschuss unterstellt hat, in eine ... andere Pfarrstelle von Netzbruch abzuberufen". In: EZA EO II. 1410/36. – In einem Gespräch im Konsistorium hatte Ringhandt sich dagegen gewehrt, dass man seine Gesprächsbereitschaft mit dem Provinzialkirchenausschuss als eine „Unterstellung" ansehen dürfe. In: Bericht über ein Gespräch mit den Konsistorialräten von Arnim und von Renesse am 18.2.1936. In: ELAB NL Netzbruch.

94 Briefe von Theodor Jaenicke vom 2. und 8.10.1936. In: ELAB NL Netzbruch.

95 Brief von Ringhandt vom 10. und 14.10.1936. In: ELAB NL Netzbruch.

96 Brief an Margarete Ringhandt vom 16.6.1936. In: ELAB NL Buckow.

97 Brief an Margarete Ringhandt vom 16.8.1936. In: ELAB NL Buckow.

98 Brief von Gerhard Ringhandt an das Ehepaar Ringhandt vom 7.10.1936. In: ELAB NL Buckow.

99 Brief von Siegfried an Margarete Ringhandt vom 27.8.1936. In: ELAB NL Buckow.

100 Der Titel „Hilfsarbeiter" stammte aus der konsistorialen Praxis und wurde gern für Theologen angewendet, die nebenamtlich im Konsistorium Verwaltungsvorgänge kennenlernen oder auch einfach wahrnehmen sollten.

101 Diese Tatsache hat Ringhandt Friedrich Winter berichtet.

102 Im Nachlass befindet sich ein Rechtsgutachten über die Besetzungspraxis der BK, in der vorausgesetzt wird, dass ein Vertreter der BK die Einführung abhält. In: ELAB NL Altes Lager.

103 Schreiben von Ringhandt an den Kirchenausschuss vom 14.6.1937. In: ELAB NL Altes Lager.

104 Schreiben von Ringhandt an das Konsistorium vom 25.5.1937. In: ELAB NL Altes Lager.

105 Am 20.5.1938 wurde Ringhandt mit Rückwirkung vom 7.8.1937 die Verwaltung der Kirchengemeinden übertragen. In: ELAB NL Illmersdorf.

106 Es handelt sich um einen Unterschiedsbetrag von monatlich ca. 130 RM, den Ringhandt bisher weniger an Gehalt bekommen hatte, weil er zur BK gehörte. Nach 1945 gab es keine „Opferverbände" wie nach 1989, die mit Erfolg Benachteiligungen in finanzieller Hinsicht eingeklagt haben. Nach dem Zweiten Weltkrieg kam niemand in der Evangelischen Kirche auf die Idee einer materiellen Wiedergutmachung, etwa auch für Hafttage.

107 Antrag auf Zulassung zu einer „jagdlichen Prüfung", die er am 16.7.1938 bestand. In: ELAB NL Personalunterlagen.

108 Vgl. S. 35.

109 Vgl. Erich Schuppan (Hg.), Bekenntnis in Not. Die Evangelische Kirche Berlin-Brandenburg im Konflikt mit dem totalen Staat (1933–1945), Berlin 2000, S. 256–258.

110 Brief von Pfarrer Hasse, Nowawes vom 5.12.1937. In: NL Illmersdorf.

111 Brief von Hans Asmussen vom 16.9.1937. In: ELAB NL Illmersdorf.

112 Vgl. Dokument 4.1, S. 164–176, U heißt „Untersuchungshäftling". In: ELAB NL Illmersdorf.

113 Tagebuch, S. 171.

114 Aus einem ihrem Mann zugesteckten Briefchen vom 21.9.1937. In: ELAB NL Illmersdorf.

115 Texte aus einem „Fletscher", das heißt einem heimlich zugesteckten Kleinzettel, der gefaltet 5 x 8 cm groß ist und beim Besuch Frau Ringhandt heimlich übergeben wurde. Ringhandt schrieb so klein, dass auf einen Zentimeter drei Zeilen passten. In: ELAB NL Illmersdorf.

116 Ihr Ehemann war der Professor, Widerstandskämpfer gegen Hitler und spätere Präses der EKD-Synode von 1955 bis 1961, Konstantin von Dietze. Sie besuchte jeden der 37 gefangenen Pfarrer und stellte, wo es nötig war, die Verbindung zu den Familien her. Vgl. Brief von Pfarrer Hasse, Nowawes, vom 5.12.1937. In: ELAB NL Illmersdorf.

117 Vgl. die Dokumente 4.2 und 4.3, S. 176, 177f.: Anklageschrift vom 5.9. und Beschluss des Gerichts vom 15.9.1937. Der Entlassungsschein ist auf den 25.9.1937 datiert. In: ELAB NL Illmersdorf.

118 Dokument 4.4, S. 178. Beschluss aufgrund einer Amnestieverordnung. In: ELAB NL Illmersdorf.

119 Gerhard Besier, Die Kirche der altpreußischen Union unter ideologischem und politischem Druck des Nationalsozialistischen Staates (1937–1939). In: Die Geschichte der EKU, Bd. 3, Leipzig 1999, S. 423–435.

120 Schreiben vom 19.12.1938. An die Herren Ältesten der Parochien Illmersdorf und Hohenseefeld. In: ELAB NL Illmerdorf.

121 Die Beschlagnahme erfolgte am 17.3.1939. In: ELAB NL Illmerdorf.

122 Nachtrag zu einer Aussage vom 24.5.1938. In: ELAB NL Illmersdorf.

123 Zwei Notizzettel mit Bleistift, ohne Datum, vermutlich vor dem Juni 1938. In: ELAB NL Illmersdorf.

124 Da die Zettel vom Frühjahr 1938 zu stammen scheinen, wird es sich um die Beflaggung öffentlicher Gebäude und das Glockenläuten handeln, die aus Anlass der Eingliederung Österreichs in das Großdeutsche Reich angeordnet worden waren. In: Gerhard Besier, Geschichte der EKU, Bd. 3, S. 419.

125 Martin Niemöller (1892–1984) wurde im Juli 1937 verhaftet, am 2.3.1938 zu sieben Monaten Festungshaft und 2000 RM Geldstrafe verurteilt. Am gleichen Tag wurde er ins Konzentrationslager Sachsenhausen eingeliefert.

126 Brief des Kreisleiters vom 22.6.1938. In: ELAB NL Illmersdorf.

IV. Der Pfarrer und Schirrmeister im Zweiten Weltkrieg (1941–1945)

Burgfrieden und neue Rassereligion

Das letzte Jahr vor dem Zweiten Weltkrieg war bereits durch die außenpolitischen Aktionen Adolf Hitlers so geprägt, dass die NSDAP und die Regierung weniger daran interessiert waren, sich ausführlich mit kirchenpolitischen Fragen zu befassen. Einerseits sollte Ruhe herrschen. Zum Beginn des Zweiten Weltkrieges verbot Hitler jede Aktion gegen die Katholische und Evangelische Kirche.[1] Das brachte auch für die bekennenden Gemeinden und Pfarrer eine gewisse Entlastung mit sich. Andererseits meinten auch die Berlin-Brandenburgischen Kirchenbehörden, sie müssten strenger gegenüber der BK auftreten. Sie wirkten unbeweglich. Vor allem der neue Präsident Johannes Heinrich (1895–1945) sorgte für einen schärferen Kurs. Hans von Arnim wurde von der Leitung der Finanzabteilung entbunden. So nimmt es nicht Wunder, dass laut einer Mitteilung der BK vom 7. Februar 1940 es im Bereich der Deutschen Evangelischen Kirche noch 125 Behinderungen im Amt, 5 Ausreiseverbote, 32 Aufenthaltsverbote, 103 Ausweisungen, 2 Verbannungen, 47 Redeverbote gab. 5 Pfarrer befanden sich im Konzentrationslager, 19 Männer und Frauen der Kirche in Haft.

Es wurde immer deutlicher, dass sich die Partei vom Christentum abwandte und eine Rassereligion für „Gottgläubige" proklamierte. Angehörige der Partei und Inhaber öffentlicher Ämter wurden verstärkt aufgefordert, aus der Kirche auszutreten. Diese Entwicklung brachte die Kirchenparteien trotz aller Auseinandersetzungen einander ein wenig näher, weil die Skepsis am Staat wuchs. Die Zahlen der radikalen Deutschen Christen und der radikalen Bekenner gingen zurück.

Die Leitungen der deutschen und der altpreußischen BK wandten sich zum Kriegsbeginn an die Kirchenbehörden mit der Forderung, die bekenntniskirchlichen Theologen in den Dienst der Landeskirchen zu übernehmen. Das gelang in den einzelnen Landeskirchen unterschiedlich.[2] In Berlin und Brandenburg wurde von den BK-Kandidaten verlangt: eine Nachprüfung sowie ein Revers, der die volle Anerkennung des Konsistoriums und der kirchenamtlichen Ordnungen, einschließlich der Kollekten und Fürbittenfrage verlangte. Dieser Revers wurde vom Rat der BK abgelehnt.[3] Nur ein Viertel der BK-Kandidaten beschritt den Weg, den Revers zu unterschreiben.

Betsche (1.4.1941–1945)

Streit um Arier-Nachweis und Eid auf Hitler

Am 31. Oktober 1938 bewarb sich Ringhandt über den Rat der BK Branden-burg um die Kirchengemeinde Betsche, Kreis Meseritz. Erst bei einer zwei-ten Bewerbung, nachdem seine erste Bewerbung übergangen worden war, wurde er von der Gemeinde und mit Zustimmung des ehemaligen Deutschen Christen und nun neutralen Superintendenten Wilhelm Dirksen zum Pfarrer gewählt. Der treue Kirchenälteste, Zimmermeister Hermann Gebauer, teilte am 4. August 1939 über den Rat der BK in Brandenburg mit: „Es fielen alle fünf Stimmen auf Ihnen. Sie sind somit einstimmig zum Pfarrer von Betsche gewählt worden."[4] Der Bewerber teilte umgehend mit, dass er die Wahl annehme. Damit schien die Berufung nach Betsche, soweit die Gemeinde und die Bekennende Kirche daran beteiligt waren, gesichert.

Es handelte sich bei Betsche um eine Gemeinde im altpreußischen Kir-chengebiet der Grenzmark Posen/Westpreußen mit dem Zentrum in Schnei-demühl, wo es ein eigenes Konsistorium gab.[5] Warum Ringhandt die Provin-zialkirche wechselte und dorthin ging, ist nicht klar. Vielleicht erinnerte er sich an die Grenzlandfahrt, die er vom Predigerseminar Frankfurt/O. aus dort-hin unternommen hatte.[6] Es kann auch sein, dass der Bekennenden Kirche daran gelegen war, einen erfahrenen Brandenburger mehr in der Grenzmark zu haben. Seit 1938 hatten die Bruderräte der BK von Brandenburg und Grenzmark ihre Zusammenarbeit beschlossen, auch weil die BK der Grenz-mark, die nicht klein war, wenig Nachwuchs hatte. Das Besondere an der Situation war, dass die BK das Konsistorium in Schneidemühl als legitime Behörde anerkannte. „Ein Totalboykott des Konsistoriums durch die BK-Pfar-rer wurde also abgelehnt, der Zusammenhalt mit den neutralen Pfarrern bewusst gesucht."[7] Darum musste Ringhandt seine Bewerbung, damit sie zum Zuge kam, auch beim Konsistorium in Schneidemühl einreichen.[8]

Vor der Wahl vor Ort kamen bereits zwei Anfragen aus Schneidemühl. Propst Johannes Grell, von Hause aus Deutscher Christ, konnte sich über die Zeit der Kirchenausschüsse durch gemäßigtes Einlenken hinweg halten und fragte bei Superintendent Richard Boelke in Baruth an, wie der Bewerber zum Konsistorium stehe, ob er den Dienstweg über den Superintendenten einhal-te, Kollekten ordentlich abführe und ob er Fürbitte für die Verhafteten halte. Boelke stand der BK nahe[9] und votierte nach einem Gespräch mit Ringhandt offenbar positiv. Am gleichen Tag fragte der Vorsitzende im Schneidemühler Konsistorium, der kleinliche und vorsichtige Oberkonsistorialrat Friedrich Ernst von Renesse, beim Konsistorium in Berlin an, ob Bedenken gegen Ring-handt vorlägen.[10] Seine Freunde im Konsistorium Berlin, von Arnim und Kegel, lobten seine Fähigkeiten, er sei auch besonnener geworden. Daraufhin beschloss man in Schneidemühl, Ringhandt „dem Gemeindekirchenrat daselbst ... zur Wahl vorzuschlagen"[11]. Dann fand, wie berichtet, die Wahl mit positivem Ausgang in Betsche statt.

Nun stellte sich heraus, dass die Behörde in Schneidemühl an den Gewählten noch Anforderungen stellte, die zu einer langen Verzögerung der endgültigen Berufung führte. Es wurde einmal der Arier-Nachweis vom Ehepaar Ringhandt, Pfarrer wie Pfarrfrau, verlangt. Das Schneidemühler Konsistorium berief sich dafür auf entsprechende Beschlüsse des EOK in Berlin. Zum anderen wurde aufgrund eines alten Beschlusses des Evangelischen Oberkirchenrates vom 20. April 1938 verlangt, dass Ringhandt den Eid auf Adolf Hitler ablegen müsse. Nachdem er sich weigerte, beide Forderungen zu erfüllen, führte das Konsistorium in Schneidemühl seine Berufung für Betsche nicht weiter durch.[12]

Als Ringhandt schon aufgeben und in Illmersdorf bleiben wollte, drang der Rat der BK Brandenburg darauf, dass er die Flinte nicht ins Korn werfen dürfe. „Ich glaube, Du musst doch eine Beschwerde loslassen, sonst triumphieren die Feinde zu früh."[13] Auch der Gemeindekirchenrat Betsche bat ihn, nicht aufzugeben, schlug freilich vor, er möge doch den Forderungen aus Berlin und Schneidemühl nachkommen. „Der Gemeindekirchenrat ist sich in seiner heutigen Zusammenkunft darüber klar geworden, dass er von Ihnen die Ablegung der beiden geforderten Verpflichtungen erwartet. Weder der Eid auf den Führer noch die Forderung der arischen Abstammung hat unseres Erachtens etwas mit der Ausübung des geistlichen Amtes als Seelsorger einer Gemeinde zu tun. Wir erwarten, dass Sie unserem Wunsche nachkommen, damit endlich Ihre Bestätigung und Einführung erfolgen kann."[14] Dieser Bitte kam nun allerdings Ringhandt nicht nach, so sehr ihn die Treue der Ältesten berührte. Also entschloss er sich, weiter zu kämpfen. Es folgte eine anderthalbjährige Auseinandersetzung zwischen Ringhandt, dem Rat der BK Brandenburg, dem Gemeindekirchenrat Betsche, den Konsistorien Berlin und Schneidemühl sowie dem Evangelischen Oberkirchenrat in Berlin. Diese Auseinandersetzung ging nun freilich von seiner Seite aus nicht ohne bittere Grobheiten ab. Als Beispiel sei die Reaktion auf die Absage der Berufung aus Schneidemühl zitiert. „Sie werden sich wohl schwerlich vorstellen können, welchen niederschmetternden Eindruck Ihr Schreiben, das unmittelbar vor Weihnachten in meine Hände kam, auf mich machen musste. Nicht so sehr deshalb, weil ich nun klar erkennen musste, dass das Konsistorium in Schneidemühl mich nicht anstellen will – ich habe sechs Jahre ohne Anstellung leben können ... –, sondern darum bin ich traurig, weil aus diesem Brief mit so schonungsloser Deutlichkeit der furchtbare Zustand unserer Kirche, ihre völlige Verfallenheit an weltliche und ungeistliche Methoden hervortritt. Denn wo stehen wir bereits, wenn Sie es nötig haben, in einer Sache, die nur im Gewissensgehorsam gegenüber den Weisungen der Schrift und der Bekenntnisse geregelt werden kann, mit einer Methode vorzugehen, die in der Welt schlechthin Gewalt und Erpressung genannt werden würde ... solches Vorgehen ... wird angewandt

... von Stellen, die beanspruchen, Leitung der Kirche Jesu Christi zu sein. Welche Folgen muss das haben! Nicht nur für die Seele der in dieser Sache verantwortlichen Männer, sondern für die Gemeinden und das Ansehen der kirchlichen Behörden."[15]

Zuerst beschwerte sich Ringhandt beim EOK und betonte, dass er wohl den Dienstweg über das Konsistorium einzuhalten gedenke, soweit sein theologisches Gewissen das zulasse. Er habe das ja auch schon positiv durch seine Arbeit in Illmersdorf unter Beweis gestellt; aber in Fragen des Eides und des Arier-Nachweises müsse er sich verweigern. Andere junge Theologen seien auch ohne diese Verpflichtungen ins Amt gekommen.[16] Mit Hilfe von Kurt Scharf konnte er entsprechende Namen nennen.[17] Darauf sah der EOK von einer an sich nötigen förmlichen Vorlage des Arier-Nachweises ab und hielt des Bewerbers Behauptung für ausreichend, „dass weder meine Frau noch ich solchen Nachweis zu fürchten hätten, dass ich ihn aber aus mancherlei Gründen nicht bringe"[18]. Das Konsistorium in Schneidemühl schloss sich dieser Entscheidung an.

Als er wiederum, auch in einem allgemeinen Schreiben des Berliner Konsistoriums, aufgefordert wurde, den Eid abzulegen, weigerte er sich, weil keine staatliche, sondern eine kirchliche Forderung an ihn herangetragen werde: „... werde ich aufgefordert mitzuteilen, ob ich zur Leistung des Eides auf den Führer bereit bin. Meine Antwort lautet, sofern die Behörde, die diesen Eid fordert, ihn auf Grund einer Anordnung dessen fordert, dem er gelten soll, bin ich gemäß den lutherischen Bekenntnisschriften gewiesen, dieser Forderung nachzukommen. Soweit ich aber die Auseinandersetzung ... kenne, ist lediglich sicher, dass von einer solchen staatlichen Eidesforderung nicht die Rede sein kann, wie es denn in dem bekannten Rundschreiben des Reichsleiters Bormann vom Juli 1938 heißt: ‚Die Kirchen haben diese Anordnung von sich aus erlassen, ohne die Entscheidung des Führers herbeizuführen ... Partei und Staat nehmen zu dieser Vereidigung als einer rein kirchlichen Angelegenheit keine Stellung.' Unter diesen Umständen sehe ich mich nicht in der Lage, meine Bereitschaft zur Eidesleistung zu erklären."[19] Mit diesem Schreiben, das im Laufe der Diskussion die beiden Konsistorien Berlin und Schneidemühl, aber auch den EOK erreichten, hielt sich Ringhandt an den Entwurf eines Rundschreibens des Rates der BK in der Mark Brandenburg.[20] In einer ersten Runde gaben die Behörden nicht nach. Der EOK wollte keinen Präzedenzfall und verfügte, dass Ringhandt doch einen Eid ablegen müsse. Daraufhin verzögerte sich die endgültige Berufung nach Betsche wiederum. Dass es doch noch zu einer positiven Klärung kam, lag an einer besonderen Idee, die Ringhandt sich einfallen ließ. Im Dezember 1940 schrieb er: „Ich bin heute in der Lage, dem Ev. Oberkirchenrat die Mitteilung zu machen, dass nunmehr in der Eidesfrage alle Schwierigkeiten beseitigt sind. Nachdem ich seit dem 4. d. Mts. zur Waffe eingezogen bin, habe ich vor acht Tagen den Eid auf den Führer und obersten Befehlshaber der Wehrmacht geleistet. Nachdem somit alle von der Kirchenbehörde geforderten Voraussetzungen zu meiner Bestätigung gegeben sind, bitte ich, dieselbe nicht länger verzögern zu wollen. Spätestens Ende Januar werde ich aus der Ausbildung entlassen und dann möglicherweise einem Feldtruppenteil zugewiesen. Dann möchte ich meine Frau in ihrer äußeren Existenz gern sichergestellt wissen."[21] Diese Art des Eides wurde vom EOK nach einigem Zögern als ausreichend angesehen. Das Schneidemühler Konsistorium wurde angewiesen, Ringhandts Berufung zu bestätigen. Daraufhin schrieb ihm Oberkonsistorialrat von Renesse am 27. März 1941, dass das Konsistorium nun seine Wahl in Betsche vom August 1939 bestätigte. Vier Tage vor Auflösung der Kirchenprovinz Grenzmark erfolgte die Bestätigung. Ringhandt konnte aufatmen. Und er gehörte dann in den Kirchenkreis Meseritz, der der Brandenburgischen Kirche ab 1. April 1941 zugeschlagen wurde.

Zwei Gründe dürften die Kirchenbehörden bei ihrer Entscheidung bestimmt haben. Einmal ist an die Bemühungen zwischen der BK und den Landeskirchlichen Behörden um Übernahme der BK-Kandidaten und -hilfsprediger zu erinnern.[22] Es kam zusätzlich zur Ermäßigung der beiden Forderungen, weil es eine Verfügung vom 19. März 1940 aus dem Reichskirchenministerium gab, nach der Pfarrer der BK, die sich im Kriegsdienst befänden, gegenüber den anderen Pfarrern nicht benachteiligt werden sollten, um ihren Wehrwillen nicht zu beeinträchtigen. „Der Chef des Oberkommandos der Wehrmacht und der Oberbefehlshaber des Heeres sind an mich herangetreten mit dem Wunsche, die obersten Kirchenbehörden möchten gegen Bekenntnisgeistliche, die zurzeit Dienst in der Wehrmacht tun sowie gegen deren Angehörige keinerlei Maßnahmen treffen, die geeignet sind, die Dienstfreudigkeit dieser Geistlichen im Heer zu mindern."[23] Disziplinarverfahren sollten eingestellt, illegale Pfarrstellen nicht besetzt, BK-Angehörige im Pfarrhaus nicht beengt, Gehaltszahlungen nicht eingestellt, Familienunterstützungen befürwortet werden.

Zum anderen spielte die Auflösung der Grenzmark Posen/Westpreußen eine Rolle, die nach 1919 deutsch gebliebene Kreise des ehemaligen Westpreußens zusammenfasste. 1938 war die Grenzmark bereits politisch aufgelöst worden, indem die politischen Kreise auf Brandenburg, Pommern oder Schlesien verteilt worden waren. Zögernd folgte dem die Kirche erst zum 1. April 1941. Wenn die Kirche sich den Veränderungen gegenüber weiter gesperrt hätte, so bestand die Sorge, dass einige Kreise kirchlich an den Warthegau angeschlossen werden könnten. Dort besaß die Evangelische Kirche nur noch einen stark eingeschränkten Vereinsstatus. Man sprach damals davon, dass hier ein Modell für die zukünftige Evangelische Kirche im gesamten Reichsgebiet ausprobiert werden sollte. Dem wollte man für die ehemaligen Kreise der Grenzmark dadurch zuvorkommen, dass sie an die drei Kirchenprovinzen der ApU: Brandenburg, Pommern und Schlesien, angeschlossen wurden. Es ging nicht um eine staatshörige Anpassung. sondern um eine kirchlich relevante

Vorsorgemaßnahme. Auch die BK teilte diese Sorge. Präses Kurt Scharf ließ Ringhandt ein düsteres Votum ausrichten: „Auch er hält eine Angliederung des Grenzmarkrestes an den Warthegau für wahrscheinlich. Wie sehr wir Sie bedauern würden, brauche ich nicht besonders zu betonen. Für Sie würde das auch eine erhebliche Erschwerung Ihrer Arbeit bedeuten, aber vielleicht dauert es nicht mehr lange, bis die Verhältnisse überall gleich liegen."[24] Der Kirchenkreis Meseritz wurde dann, wie gesagt, zum April in die Brandenburger Provinzialkirche eingegliedert, damit auch Betsche.

Nachdem die Hindernisse ausgeräumt waren, konnte der Bewerber eingeführt werden. Er war fünfunddreißig Jahre alt geworden, um endlich ein Pfarramt mit allen Rechten bekleiden zu können. Das geschah am 26. Mai 1941. Superintendent Dirksen überreichte in Gegenwart des Gemeindekirchenrates Siegfried Ringhandt die Einweisungsurkunde, wie es die BK erwartete. Denn die Einführung als geistlich-liturgischer Akt sollte nur ein Vertreter der BK vornehmen. Das sollte erst später erfolgen.[25] Nach zwei Jahren und einem Dreivierteljahr war die Bewerbung um Betsche vom Oktober 1938 doch noch positiv gelöst worden.

Es wurde über den Verhandlungen auch das Motiv deutlich, warum Ringhandt daran lag, Inhaber einer regulären Pfarrstelle zu sein. Er wollte für den Fall, dass er „fallen" sollte, wie man damals den Kriegstod nannte, dass seine Frau kirchlich versorgungsberechtigt war. Viele Vertreter der radikalen BK lehnten den Weg ab, den Ringhandt damit gegangen war.[26] Dennoch hat er diesen Weg nicht ohne den Rat der BK Brandenburg, ja mit seiner vollen Unterstützung, beschritten.

Dienst und Verbleib in Illmersdorf

Mit dem Ausbruch des Zweiten Weltkrieges änderte sich für Ringhandt zunächst einmal nichts. Denn er tat Dienst in Illmersdorf wie immer. Zwei Probleme beschäftigten ihn wie alle anderen Pfarrer. Das eine war die Frage eines möglichen Entzuges der Kraftfahrzeugerlaubnis. Schon vor dem Krieg hatte er ein Auto zur Überwindung der weiten Entfernungen zur Verfügung erhalten. Wenn man es noch weiter benutzen wollte, brauchte man mit Kriegsbeginn einen so genannten „Roten Winkel", der am Nummernschild angebracht wurde. Den erhielten nur noch wenige Autos. Darüber hinaus gab es nur wenige Benzinmarken, die regelmäßig beantragt werden mussten. Nach einiger Zeit durfte Ringhandt aus Gründen der Benzinersparnis nur noch ein Motorrad fahren. Aber auch das wurde ihm genommen, als er Ende 1940 zu den Landesschützen eingezogen wurde. Von da ab musste er mit dem Fahrrad fahren oder sich von Bauern mit einem Pferdefuhrwerk fahren lassen.

Dass er bis Ende 1940 nicht eingezogen wurde, lag daran, dass viele Vakanzen mit versorgt werden mussten. Um diesen anstrengenden Dienst

verrichten zu können, musste vierteljährlich eine „Reklamation" beim Wehrbezirkskommando eingereicht werden. In einem Rückstellungsantrag wird
aufgezählt, dass Ringhandt acht Kirchengemeinden zu versorgen habe mit Verwaltung, Unterricht, Gottesdiensten und Seelsorge. „Es sind also durch-
schnittlich 3–4 Gottesdienste am Sonntag zu halten und 6 Unterrichtsgruppen
in der Woche regelmäßig zu versorgen."[27] Standen solche Anträge auf Rück-
stellung auf des Messers Schneide, musste Otto Dibelius im Auftrag des Rates
der BK in Aktion treten. Er setzte sich etwa auch bei Oberst von Bismarck,
der das Wehrbezirkskommando II in Potsdam leitete, für die Freistellung
Ringhandts ein.[28]

Aus der Zeit höchster Vertretungsnöte stammt eine Thesenreihe von Ringhandt, in der er das Amt des „Vorlesers" favorisiert. Die alten Lehrer, die traditionell Lesegottesdienste gehalten hatten, sind vom Aussterben bedroht.
Wenn aber jüngere, aktive Gemeindeglieder den Dienst eines „Vorlesers" versehen, sind deren Gottesdienste gut besucht. Sie sind zu suchen und zu unter-
weisen. „Wenn das Amt des Vorlesers zum Ausgangspunkt für die Entwicklung und Ausrüstung eines Laienhelfertums in der Kirche gemacht wird – wie
nötig wäre das gerade auf dem Lande – … dann kann es, neu begründet …,
nicht nur den besonderen Anforderungen des Kriegsfalles genügen, sondern
darüber hinaus von nicht abzuschätzendem Segen für unsere Kirche werden."[29] So meinte er vorausschauend.

Kontakt nach Betsche

Was geschah nun, als Ringhandt ab 1. März 1941 nach Betsche berufen war?
Das Ehepaar Ringhandt rüstete sich für einen Umzug im Laufe des Sommers
1941. Als aber Ringhandt um diese Zeit endgültig zum Militär eingezogen
wurde, blieb das Ehepaar in Illmersdorf wohnen. Der Zuzug nach Betsche
drängte auch darum nicht, weil Blumenthal, ein Pfarrer im Ruhestand aus
dem Baltikum, als Umsiedler im Pfarrhaus wohnte und die Gemeinde versorgen konnte. Ringhandts kamen mit dem Gemeindekirchenrat überein, dass
sie vorerst nicht von Illmersdorf fortziehen würden.

Bekennende Kirche

Die Verbindung mit den Stellen der Bekennenden Kirche litt natürlich unter
der Überlastung; aber dennoch versuchten die wenigen Pfarrer der BK, die in
der Nähe wohnten, sich zu treffen und theologisch zu stärken. „Wir sind nur
noch fünf Brüder im Kreise, lasst uns darum umso enger zusammenrücken.
Da eine Teilnahme aller an den Bezirkskonventen[30] aus verkehrstechnischen
und zeitlichen Gründen immer schwieriger wird, müssen wir in unserem

Kreise zusammenkommen."[31] Zeitweise musste Ringhandt auch das Amt des Kreispfarrers der BK mit übernehmen, weil der eigentlich Beauftragte Soldat geworden war.[32]

Politischer Streit

In die Zeit des Kriegsbeginns fiel auch die von Partei und Schule angeordnete weitere Distanzierung von der Kirche. Die Lehrer, die entsprechend der alten Tradition sonntags die Orgel zu spielen gewohnt waren und den Nebenverdienst dafür gern für sich verbuchten, wurden genötigt, ihr Amt als Organisten aufzugeben. Sie taten es mit oder ohne Häme. Mancher Lehrer vergoss Tränen, mancher trat bei der Gelegenheit sogar aus der Kirche aus. Die oft Jahrzehnte alte Beteiligung am Verkündigungsdienst konnte manchen nicht davon abhalten. Auch Ringhandt hatte mit dieser Erscheinung zu tun. Nur wenige Lehrer widerstanden dem Druck des Kreisschulrates. War es bisher möglich, den Religions- und Konfirmandenunterricht ohne besondere Genehmigung in der Schule zu halten, musste nun ein Antrag an den Kreisschulrat gestellt werden mit der Bitte um Freigabe eines Schulraumes. Das wurde freilich wegen der Notsituation im Kriege in der Regel erlaubt. Aber man wollte einen Überblick haben. Die nach 1945 übliche Trennung von Kirchen- und Schulamt wurde bereits durch Zwangsmaßnahmen der Hitlerzeit vorbereitet und vollendet.

Ein Krach entstand am 6. Juli 1941, als Lehrer Wartenberg, der in Waltersdorf, Kirchenkreis Baruth/Dahme, die Orgel spielte, die Predigt über Lukas 6,36–42 störte. Als Ringhandt in der Einleitung beklagte, dass es heute an der Barmherzigkeit fehle, gab der Lehrer „deutliche Zeichen der Unruhe und Empörung von sich". Als der Prediger das auffangen wollte und ein Beispiel für fehlende Nächstenliebe zwischen den Generationen anbrachte, brüllte der Lehrer von der Orgel herab, „ich sollte solche unerhörten Äußerungen unterlassen". Offenbar war der Lehrer, der sich sonst in Gottesdiensten ruhig verhalten hatte, von „einer auch sonst von mir bemerkten Stimmungsmache unter den Lehrern und Parteigenossen der Gegend" erlegen. Die Gemeindeglieder und Ältesten nahmen an dem Beispiel, dass ein Jugendlicher sich nicht um eine ältere Frau gekümmert habe, keinen Anstoß. Ringhandt schrieb darum dem Lehrer, er möge dem nächsten Gottesdienst fernbleiben. Falls er doch komme, werde er keinen Gottesdienst halten, wenn der Lehrer nicht erkläre, er werde schweigen. Dieser antwortete, er werde kommen, weigerte sich aber dann, im Voraus ein Schweigegebot einzugehen. Als das am Sonntag auch eintrat, ließ Ringhandt den Gottesdienst ausfallen, zu dem auch nur wenige Gemeindeglieder gekommen waren. „Ich habe Anlass zu der Annahme, dass der Lehrer, der mir ausgesprochenermaßen ‚provokatorische Äußerungen' vorwarf, eine Anzeige gegen mich erstattet."[33] Es erfolgte aber nichts weiter, zumal Ringhandt wieder zum Militär eingezogen wurde. Zum zweiten Mal wurde er also vor weiteren politischen Unannehmlichkeiten bewahrt. Denn auch die an sich verbotene Fürbitte für den Frieden 1938 hatte keine Folgen gehabt.[34] Aber das war nicht immer der Fall.

Der Prozess vor dem Sondergericht III

Nach einem Vertretungsgottesdienst am 7. Juli 1940 in Wahlsdorf bei Luckenwalde kam es durch den Organisten und Lehrer Willy Willner zu einer Anzeige, die im August 1940 zu einem Verhör bei der Geheimen Staatspolizei in Potsdam führte. Durch Kriegsumstände, auch weil Ringhandt zum Wehrdienst eingezogen worden war, kam es erst ein Jahr später am 27. Juni 1941 vor dem Sondergericht III in Berlin zu einem Prozess. Das Potsdamer Landgericht hatte das Verfahren an das Gericht der Kommandantur Berlin abgegeben, weil Ringhandt Soldat geworden war. Dieses wiederum gab das Verfahren an das Sondergericht III ab, weil der Angeklagte wieder vom Militär entlassen worden war. So schrieb nun der Oberstaatsanwalt Wellmann die Anklage im Namen des Generalstaatsanwaltes beim Landgericht Berlin, der für die Sondergerichte zuständig war.[35] Der Prozess ging mit folgendem Urteil zu Ende: Der Pfarrer wurde zu einer Geldstrafe von 500 Mark verurteilt.[36]

In einer Predigt über Matthäus 7,13.14.21 vom schmalen und breiten Weg hatte der Prediger gesagt, dass alle Menschen Gottes letztem Urteil unterstünden. Darum dürften wir Menschen einander nicht richten. Das betreffe Jung oder Alt, Nachbarn oder Fremde, Juden oder Deutsche. Er wollte damit sagen: „Und wenn wir nicht das Recht haben ... Gottes Urteil vorwegzunehmen, indem wir das unsrige für seines ausgeben, so gilt das auch von unserem Urteilen über die Juden und jüdischen Urteilens über uns."[37] Daraus wurde ihm vom Staatsanwalt der Strick gedreht, er habe gehässig und hetzerisch gegen die staatliche Lösung der Judenfrage Stellung bezogen. Im Prozess in Berlin wurde ihm entsprechend ein Vergehen gegen das „Heimtückegesetz" angelastet. Er habe mit seiner Predigt „eine Kritik der Judenpolitik des Staates" vorgenommen und „das Vertrauen des Volkes zur politischen Führung untergraben ... und so zum Ausbruch von Unruhen führen"[38] wollen. Der Angeklagte bestritt die Vorwürfe, er habe rein religiös, nicht politisch geredet; aber diese Meinung wurde vom Gericht nicht anerkannt.

Eine Nebenfrage wurde im Urteil nicht berührt. Der Zeuge hatte auch angezeigt, dass Ringhandt in seiner Predigt den „Märtyrer" Martin Niemöller als Beispiel erwähnt habe, der drei Jahre im Konzentrationslager verbringen müsse. Der Angeklagte schrieb seinem Rechtsanwalt, er habe Martin Niemöller nicht als „Märtyrer" bezeichnet, sondern seinen Namen nur genannt als Beispiel für einen Menschen, der den „schmalen Weg" gegangen sei. Dieser sei immer ein Weg der Anfechtung und Einsamkeit, wo die Frage nach Gottes Willen besonders aufbreche.[39] Im Urteil des Gerichts wurde dieser letzte Anklagepunkt fallen gelassen. Es ging nur um den Hinweis auf die Juden. Im Ergebnis erhielt Ringhandt die oben bereits erwähnte Strafe, die vergleichsweise gering ausfiel. Die Geldstrafe wurde Ringhandt durch die Bekennende Kirche ersetzt.[40] Der Prozess fiel in eine Phase, in der die Judenverfolgung bereits voll in Gang war und die Beschlüsse der Wannsee-Konferenz vom Januar 1942 vorbereitet wurden. Daher war die nervöse Reaktion der Gestapo und der Staatsanwaltschaft offenbar entstanden. „Vier Stunden habe ich da als Angeklagter gestanden. An sich eine Bagatelle als Anlass. Aber ich hatte den Eindruck, dass der sehr unangenehme Staatsanwalt keinen Freispruch wollte – aus Abneigung gegen die BK –, und der Richter nicht konnte, weil er eben ein gebundener Mann war. Das Auftreten für den Zeugen war nicht gerade sehr ruhmvoll ... Na, auch ihm wird die Stunde schlagen, wo er sein Unrecht einsehen und die Schuld dafür zugeben muss. Dann möchte ich nicht in seiner und so vieler anderer Haut stecken."[41]

Als Ringhandt seitens des Rates der Bekennenden Kirche Vorwürfe gemacht wurden, er habe seinen Urlaub nicht angezeigt und sei nicht erreichbar gewesen, als es um seine Reklamation vom Wehrdienst ging,[42] beruhte das auf einem Irrtum. Denn er hatte beim Kreispfarrer und beim Superintendenten seinen Urlaub angezeigt. Empfindlich fügte er der Richtigstellung hinzu: Außerdem habe er zeit seines Dienstes jährlich höchstens 14 Tage im Jahr Urlaub gehabt. Manchmal habe er „Jahre hintereinander gar keinen Urlaub genommen. Dagegen habe ich immer irgendwie im Kampf der Kirche gestanden und zu den bestgehassten Leuten in den Landkreisen gehört, in denen ich Dienst tun durfte. Auch heute gehöre ich dazu, wahrlich nicht, weil ich silberne Löffel gestohlen habe. Die meisten Brüder meiner Umgebung sind mehr oder weniger der Parole vom ‚Burgfrieden während des Krieges' verfallen und es schelten mich viele von ihnen unvorsichtig. Sie haben weitaus größere Ruhe als ich."[43]

Der Soldat (1941–1945)

Die Nachrichten über die Teilnahme am Zweiten Weltkrieg sind für Siegfried Ringhandt spärlich.[44] Nachdem die deutsche Wehrmacht im Sommer 1940 halb Europa besetzt hielt, trat bis zum Krieg gegen die Sowjetunion im Juni 1941 eine Pause ein. Soldaten wurden vorübergehend entlassen, um in der Heimat Verwendung zu finden. Sie wurden ersetzt durch neue Kräfte, die eingezogen und für ein Vierteljahr eine Ausbildung als Soldaten erhielten. Zu ihnen gehörte Ringhandt. Anfang Dezember 1940 war es soweit. Reklamationen halfen nicht mehr. Er schrieb an Kurt Scharf: „Es hat mich also auch

erwischt! Am 4.12. muss ich bei den Preußen antreten. Allerdings soll ich den Sieg nur als Landesschütze vorerst von Strausberg aus erkämpfen helfen ... Wenn ich auch Anlass habe zu der Annahme, dass meine Einberufung zu den Landesschützen ein gewisses Entgegenkommen des Wehrbezirkskommandos bedeutet, weil eine Beurlaubung von dort relativ leichter ist als von einer für den Kampf bestimmten Formation, so werde ich ja wohl, vorausgesetzt, dass die Anforderungen an den Menscheneinsatz in diesem Krieg nicht noch erheblich stärker werden, wenigstens ein Vierteljahr doch fort sein."[45] Zu den Landesschützen wurden eigentlich nur über Vierzigjährige eingezogen, um „in der Heimat", wie man sagte, nicht an der Front, zum Einsatz zu gelangen, hauptsächlich als Wachsoldaten. Die Prognosen stimmten: Mitte März 1941[46] gelang es, Ringhandt für einige weitere Monate zu reklamieren. Aber nach dem Ausbruch des so genannten „Russlandfeldzuges" wurde er wieder eingezogen, dieses Mal zu einer Kraftfahrzeugeinheit. Von dort aus musste er seinen Prozess vom 27. Juni 1941 hinter sich bringen. Er blieb von jetzt ab Soldat bis über das Kriegsende hinaus.

Die einsame Pfarrfrau

Seine Frau musste fast vier Jahre auf ihn warten, hütete das Haus in Illmersdorf und half in der Gemeindearbeit mit, so gut sie es vermochte. Es kamen Vertreter, um die Pfarrstelle zu versorgen. Zu ihnen gehörte auch die Vikarin Johanna Reiffen, die in Hohenseefeld stationiert war.

Sodann hatte Margarete Ringhandt „Kriegshilfsdienst" zu leisten, in dem sie wöchentlich für das Militär in Dahme Strümpfe in Heimarbeit stopfen musste. „Ja, 80 kaputte Militärstrümpfe sind kein schöner Anblick; aber wenn ich dann 40 gestopft habe für fremde Männer, dann ist es ein Vergnügen, ein Paar für meinen Mann stopfen zu dürfen. Also: Schicke mir Deine Wäsche ohne Gewissensbisse. Heute habe ich die hellsten Stunden des Tags, vor und nach dem Mittagessen, für meine Arbeit benutzt."[47] Für eine längere Zeit nahm sie eine Hilfe suchende Jüdin bei sich auf.[48] Außerdem kamen ihre Schwiegereltern viel zu Besuch, um sich auf dem Lande besser verpflegen zu können; verstärkt dann auch, als Berlin in den Bombenkrieg einbezogen wurde. Margarete litt sehr unter der langjährigen Abwesenheit ihres Mannes, die nur durch kurze Urlaubszeiten unterbrochen wurde. „Und ich fange auch bald an, die Tage zu zählen, bis es sein kann, dass wir uns wieder sehen. Ach Du, Siegfried! Du hast recht: ‚Der Krieg dauert zu lange – der Urlaub ist zu kurz'. Viel zu kurz! Er müsste das ganze Leben dauern!"[49]

Der Spezialist für Kraftfahrzeuge

Ringhandt tat Kriegsdienst in verschiedenen Kraftfahrzeugeinheiten. Vom Dezember 1941 bis zum August 1942 war er beim Stab des XX. Armeekorps in der Sowjetunion im Mittelabschnitt als Kraftfahrer eingesetzt, vermutlich um Offiziere an die Front zu fahren. Er erhielt jedenfalls die so genannte „Ostmedaille", die verliehen wurde, wenn jemand länger als ein Vierteljahr im „russischen Winter" an der Front verbracht hatte.[50] Im Volksmund hieß diese Auszeichnung „Gefrierfleischorden".

Er qualifizierte sich nicht nur zu einem ausgezeichneten Chauffeur, sondern auch zu einem Kraftfahrzeugspezialisten. Er legte verschiedene Prüfungen ab, zum Beispiel als Fahrlehrer für Militärfahrzeuge in Grünau im Herbst 1942.[51] In Kulm/Westpreußen besuchte er im Herbst 1943 einen Spezialkurs für das Kraftfahrzeugwesen, um eine Kraftfahrzeugreparaturwerkstatt leiten zu können. Er musste dafür Vorträge halten, Arbeiten schreiben und mündliche Prüfungen ablegen.[52] Nebenher fand er noch Zeit, sonntags einmal zu predigen oder die Orgel im Gottesdienst zu spielen: „Nicht weniger freute es mich, dass Du einmal wieder predigen kannst ... Hoffentlich ... konntest Du den Orgeldienst übernehmen."[53] Im Sommer 1944 macht er noch eine Prüfung zum Fahren und Betreuen von Holzgasfahrzeugen, als das Benzin knapp wurde. Selbst Militärfahrzeuge mussten mit Holz befahren werden.[54] Bald wurde er „Schirrmeister", das heißt Verwalter einer militärischen Reparaturwerkstatt. Nachrichten über Einsätze, die in der Hauptsache im Osten erfolgten, sind gering.[55] Aus Erzählungen geht hervor, dass er im russischen Winter immer wieder unter Kraftfahrzeugen gelegen habe, um sie trotz Schnee und tiefem Frost wieder fahrtüchtig zu machen. „Er sprach davon, wie er im Winter 1942 ... nicht sehr weit von Moskau entfernt in Kälte und Schnee unter Fahrzeugen gelegen hat, um sie wieder flott zu machen."[56]

Gegen Ende hatte er es bis zum Unteroffizier gebracht, hatte aber wegen seiner Vergangenheit nicht Offizier werden müssen. Anfang April 1945 befand er sich noch in Prenzlau.[57] Dort sollte er mit seiner Einheit der SS unterstellt werden, was aber nicht mehr durchgeführt wurde. Später verbreitete das Ministerium der Staatssicherheit, um seinen Ruf zu schädigen, Ringhandt sei bei der SS gewesen.[58] Bevor er in britische Gefangenschaft ging, versenkte er seine gesamte Werkstattausrüstung in einem See.

Nach wenigen Monaten wurde er entlassen und schlug sich Ende Juli 1945 über die Grenze in die Sowjetische Besatzungszone nach Illmersdorf durch.[59] Ringhandt galt nach dem Krieg in der Kirche als vorzüglicher Kraftfahrzeugmechaniker, der auch die ältesten Autos wieder in Bewegung bringen konnte.

Anmerkungen

1 Wilhelm Hüffmeier, Die Zeit des Zweiten Weltkriegs. In: Die Geschichte der EKU, Bd. 3, S. 482.
2 Kurt Meier, Der Evangelische Kirchenkampf, Bd. 3, S. 101–104.
3 Brief der Räte der BK Berlin und Brandenburg vom 26.10.1939 an „die Hilfsprediger, Vikare und Vikarinnen mit nicht anerkanntem Examen". In: ELAB NL Illmerdorf.
4 Mitteilung des stellvertretenden Vorsitzenden des GKR Betsche vom 4.8.1939. In: ELAB NL Betsche.
5 Kurt Meier, Der evangelische Kirchenkampf, Bd. 3, S. 261–264.
6 Vgl. S. 34.
7 Kurt Meier, Der evangelische Kirchenkampf, Bd. 3, S. 262.
8 Bewerbung vom 25.1.1939. In: ELAB NL Betsche.
9 Er unterschrieb einen Brief vom 23.2.1939 an Ringhandt mit: Mit deutsch-evangelischem Gruß! In: ELAB NL Betsche.
10 Anfragen vom 26.4.1939. In: ELAB NL Betsche.
11 Schreiben des Konsistoriums der Grenzmark vom 4.7.1939. In: ELAB NL Betsche.
12 Schreiben aus Schneidemühl vom 15.1.1940. In: ELAB NL Betsche.
13 Schreiben von Erich Andler, Rat der BK, vom 25.1.1940. In: ELAB NL Betsche.
14 Schreiben des Gemeindekirchenrates vom 3.12.1939. In: ELAB NL Betsche.
15 Ringhandt an OKR von Renesse am 3.1.1949. In: ELAB NL Betsche.
16 Der Rat der BK in der Mark Brandenburg hatte am 21.8.1939 noch einmal auf die Debatte um den Arierparagraphen nach 1933 hingewiesen und die Verweigerung eines Nachweises für die Behörde empfohlen. Die DEK hatte vorher am 13.5.1939 die alten Bestimmungen zur Einreichung des Arier-Nachweises, auch für die Pfarrfrauen, erneuert. In: ELAB NL Illmersdorf.

17 Briefe von Kurt Scharf vom 2.9., 10.9. und 21.11.1940. In: ELAB NL Betsche.
18 Bericht an Kurt Scharf über den Bescheid des EOK vom 5.11.1940. In: ELAB NL Betsche.
19 Brief an das Berliner Konsistorium vom 4.11.1940. In: ELAB NL Illmersdorf.
20 Brief des Rates der BK in der Mark Brandenburg vom 17.1.1940. In: ELAB NL Illmersdorf.
21 Brief vom 20.12.1940 an den EOK. In: EZA 14 (Ev. Kons. BB) Nr. 20–108. – Zustimmung durch den EOK am 14.2.1941. In: EZA 14 Nr. 20–108.
22 Vgl. S. 80.
23 Abschrift eines Schreibens des Reichsministers für die kirchlichen Angelegenheiten vom 2.3.1940. In: ELAB NL Betsche.
24 Brief vom Rat der BK Brandenburg vom 20.5.1941. In: ELAB NL Betsche.
25 An der Frage, dass von der BK nur eine Einweisung toleriert wurde, aber keine Einführung, war die Besetzung der Gemeinde in Zinna gescheitert. Vgl. S. 66f.
26 Kurt Meier, Der Evangelische Kirchenkampf, Bd. 3, S. 243–245.
27 Rückstellungsantrag des Konsistoriums vom 5.6.1940 beim Wehrbezirkskommando Potsdam II. In: ELAB NL Illmersdorf.
28 Brief Otto Dibelius vom 7.8.1941 an S. Ringhandt mit Bericht über Gespräch im Wehrbezirkskommando. In: ELAB NL Illmersdorf. – Dazu negative Antwort von Bismarck an Otto Dibelius vom 6.8.1941. In: ELAB NL Illmersdorf.
29 Erfahrungen und Vorschläge hinsichtlich der Gestaltung von Lesegottesdiensten vom 11.2.1940. In: ELAB NL Illmersdorf.
30 Am 20.5.1940 lud der Rat der BK in der Mark Brandenburg zu Bezirkskonventen nach Frankfurt/Oder und nach Potsdam ein. In: ELAB NL Illmersdorf.
31 Brief von Ringhandt vom 20.5.1940. In: ELAB NL Illmersdorf.
32 Schreiben des Rates der BK in der Mark Brandenburg an Ringhandt vom 13.9.1940. In: ELAB NL Illmersdorf.
33 Bericht von drei Seiten über den Hergang für den zuständigen Pfarrer Wulf Thiel vom 20.7.1941. In: ELAB NL Illmersdorf.
34 Vgl. S. 73.
35 Dokument 5.1, S. 178–180, Abschrift der Anklage vom 28.5.1941 für das Sondergericht beim Landgericht Berlin. In: ELAB NL Illmersdorf.
36 Dokument 5.2, S. 180–182, Abschrift des Urteils vom 27.6.1941. In: ELAB NL Illmersdorf.
37 Brief von Ringhandt an seinen Verteidiger Dr. Horst Holstein vom 25.6.1941, S. 2. In: ELAB NL Illmersdorf.
38 Anklageschrift vom 28.5.1941; Brief an den Verteidiger vom 25.6.1941; Urteil des Sondergerichtes III vom 27.6.1941. In: ELAB NL Illmersdorf.
39 Brief an den Verteidiger vom 25.6.1941. Vgl. In: ELAB NL Illmersdorf.
40 Der Vater Max Ringhandt schickte seinem Sohn sogleich Geld, um ihm bei der Bezahlung zu helfen. Der Sohn Siegfried sandte es zurück: „Sei darum nicht erstaunt, wenn in den nächsten Tagen die 100 RM wieder angerollt kommen. Der Pfarrernotbund hat mir über den Rat den Bescheid zukommen lassen, dass er die Unkosten dieses Prozesses übernehmen wird." In: Brief von Ringhandt vom 15.7.1941. ELAB NL Illmersdorf.
41 Ebd.
42 Es handelte sich um den Besuch von Otto Dibelius beim Wehrbezirkskommando Potsdam II. Vgl. Anm. 28.
43 Brief an P. Wallmann beim Provinzialbruderrat vom 20.7.1941. In: ELAB NL Illmersdorf.
44 Vgl. „Deutsche Dienststelle für die Benachrichtigung der nächsten Angehörigen von Gefallenen der ehemaligen deutschen Wehrmacht", Schreiben vom 24.5.2007: In ihm finden sich nur unvollständige Angaben zum Einsatz von Ringhandt.
45 Brief von Ringhandt an Kurt Scharf vom 28.11.1940. In: ELAB NL Illmersdorf.
46 Der Entlassungsschein trägt als Datum den 13.3.1941. In: ELAB NL Illmersdorf.

47 Brief aus Illmersdorf vom 3.11.1943. In: ELAB NL Kriegsdienst.
48 Hinweis in einem Kondolenzbrief von Johannes Hamel (1911–2002) zu ihrem Tode 1966. In: ELAB NL Propst.
49 Brief aus Illmersdorf vom 1.11.1943. In: ELAB NL Kriegsdienst.
50 Abschrift vom 17.8.1942. In: ELAB NL Kriegsdienst.
51 Wehrmacht-Fahrlehrerschein vom 12.11.1942. In: ELAB NL Kriegsdienst.
52 Briefe von Margarete Ringhandt aus Illmerdorf vom 21.10. und 28.10.1943. In: ELAB NL Kriegsdienst.
53 Ebd., Briefe vom 6.10. und 1.11.1943. In: ELAB NL Kriegsdienst.
54 Betriebsberechtigungsschein zur Wartung und zum Fahren von Gasgeneratorenfahrzeugen vom 24.7.1944. In: ELAB NL Kriegsdienst.
55 Eigene Post von ihm ließ sich nicht finden, nur Briefe seiner Frau, die über seine Tätigkeiten wenige Bemerkungen enthalten.
56 Bericht Robert Koll vom 30.9.2005, S. 2. In: ELAB NL Zeitzeugenberichte.
57 Dort ließ er sich seinen Jagdschein für ein Jahr bis zum 6.4.1946 verlängern, scheint also dort auch gejagt zu haben. In: ELAB NL Kriegsdienst.
58 „In einem vertraulichen Gespräch äußerte Propst Ringhandt, dass die anonymen Briefe … so angelegt seien, dass man staatliche Organe in Verdacht haben könne. Ringhandt bezog sich dabei auf die Anschuldigung gegen seine SS-Zugehörigkeit. In den letzten Kriegsjahren sei die Einheit, der Ringhandt angehörte, der SS unterstellt worden, ohne dass die Angehörigen dieser Einheit Angehörige der SS waren … Er persönlich habe den Eindruck, dass er auf den Synoden unmöglich gemacht werden solle." In: MfS BStU 2492/75, Bd. 3, S. 211f. Treffbericht IM „Birke" vom 18.12.1970. – Im Schreiben, Anm. 44, gibt es keine Belege für einen SS-Einsatz.
59 Im Schreiben vom 24.5.2007, Anm. 44, wird der 26.6.1945 als Entlassungstag genannt. Nach dem Kriege erzählte Ringhandt, er sei in einem schwarzen Anzug, einem Holzkreuz auf der Brust und mit seinem Bart, also als orthodoxer Priester gekleidet, durch die russischen Posten an der Zonengrenze gegangen und habe auf Russisch gesagt: Christus ist auferstanden. Diese hätten ihn als „Popen" ohne weiteres passieren lassen. Zeitzeuge Dieter Bräuer, Berlin, am 2.5.2006.

V. Der „Held" im Oderbruch[1] (1946–1959)

Heimkehr

Für den Heimkehrer aus dem Krieg erwies es sich als günstig, dass seine Frau in Illmersdorf geblieben und nicht nach Betsche umgezogen war. Dann hätte sie von dort auf die Flucht gehen müssen. Auf diese Weise wurde auch der Hausstand gerettet. Ein Jahr lang hatte der Heimkehrer Zeit, sich familiär und amtlich wieder ins Zivilleben einzugewöhnen. Er wurde zum Pfarrer von Illmersdorf berufen,[1] weil die Pfarrstelle Betsche nicht mehr existierte. Weil das Ehepaar Ringhandt von 1937 bis 1946 in Illmersdorf, wenn auch mit Unterbrechung durch Kriegsdienst, bleiben konnte, war ein entsprechendes Vertrauen gewachsen, das sich bis in die Akten des Staatssicherheitsdienstes im Jahre 1964 hinein niederschlug. Auf Rückfrage wird aus Jüterbog nach Potsdam zur Bezirksverwaltung des MfS berichtet: „Sein Verhalten und seine Einstellung zum faschistischen Staat war nicht gut ... Der Leumund des R. war in der Gemeinde gut. Er war den Einwohnern gegenüber immer freundlich und zuvorkommend."[2]

Korreferent auf der Synode der BK Brandenburg

Vor der ersten Tagung der brandenburgischen Synode der BK vom 22. bis 24. Oktober 1945 wurde Siegfried Ringhandt aufgefordert, ein Korreferat zum Thema „Zur Neuordnung der Kirche" zu halten. Otto Dibelius hatte unter Anknüpfung an die Weimarer Verhältnisse aus eigener und weniger anderer Initiative die Ämter der Generalsuperintendenten wiederbelebt und den Titel des Bischofs neu entstehen lassen. Um sich hatte er eine Kirchenleitung aus neun Vertretern der BK und zwei früheren neutralen Pfarrern gesammelt. Diese Vorläufige Kirchenleitung hatte das Konsistorium von Deutschen Christen gereinigt, es aber sonst in traditioneller Weise weiter arbeiten lassen. Die Entwicklung seit dem Mai 1945, die auch die Zustimmung der BK gefunden hatte, wurde in einem Bericht dargestellt, den der Vertreter von Kurt Scharf, Günter Harder aus Fehrbellin, hielt: Zum Entwurf betr. Neuordnung der Kirche.[3]
In dem leidenschaftlichen und langen Korreferat[4] stellte Ringhandt diesen Weg von und mit Otto Dibelius radikal in Frage. Statt den Weg der BK zu gehen, habe dieser bei den kirchlichen Verhältnissen von und vor 1933 ange-

knüpft. Weil aber die BK rechtmäßige Kirche gewesen sei, habe ihr Bruderrat die Kirchenleitung ohne neutrale Kräfte zu stellen. Das Konsistorium mit seiner alten Bürokratie hätte man zuerst einmal ausschalten müssen. Dieser Synode der BK stehe die Neuordnung der Kirche unter voller Beachtung der Barmer Theologischen Erklärung von Barmen 1934 zu. Die Mitarbeiter im Konsistorium hätten Buße zu tun. Belastete Superintendenten und Pfarrer müssten von ihrem Amt enthoben werden. Das sei bisher völlig unvollständig geschehen. Die Beschlüsse des Notrechtes der BK seien in allgemein kirchliches Recht umzusetzen. Nun müsse erst einmal diese Synode entscheiden, wie der weitere Weg der Kirche auszusehen habe.

Wie weit sich das Korreferat[5] auf die Entschließung der Synode ausgewirkt hat, lässt sich nachträglich kaum erschließen. Jedenfalls fällt in ihr die Betonung der Geltung der Barmer Theologischen Erklärung für alle haupt- und ehrenamtlichen Mitarbeiter und Bereiche kirchlichen Lebens auf, wie sie Ringhandt unterstrichen hatte. Außerdem wurde die Notwendigkeit einer Überprüfung aller kirchlichen Gremien und Mitarbeiter im Blick auf ihre Vergangenheit betont. Martin Niemöller griff in seinem Abschiedswort als Einziger das Referat von Ringhandt auf: „... lassen Sie sich bitte das Schlusswort des zweiten Referenten gesagt sein, dass als tragbar die Mitnahme solcher alter Legalität nur zu rechtfertigen ist, wenn man das Neugebildete einwickelt in die Verantwortung der Bekennenden Kirche. Das scheint allerdings ein nötiger Gesichtspunkt zu sein."[6] Die Synode bestätigte nun allerdings den bisherigen Weg der Kirchenleitung, übergab die Vollmachten der Leitung an die bereits vorhandene Vorläufige Kirchenleitung ab und wollte, dass der Bruderrat in Zukunft nur die Funktion einer geistlichen und kritischen Begleitung dieser Kirchenleitung mit ihrem Konsistorium wahrnehmen solle. Das war nach der Vorstellung von Ringhandt zu wenig.

Das Korreferat wurde in dem offiziellen Synodenbericht nicht abgedruckt. Es wurde schlichtweg verschwiegen. Aber die darin geäußerte Kritik an der kirchlichen Neuordnung blieb der Sache nach noch über lange Jahre hinweg lebendig.

Mitglied der neuen Synode

Ringhandt wurde Synodaler der neuen Provinzialsynode, die aus den Vertretern der Gemeinde gewählt wurde und 1948 eine neue Grundordnung verabschiedete. Er versuchte als Mitglied des Verfassungs- und Hirtenausschusses seine Vorstellungen in die neue Grundordnung hineinzutragen. Im Plenum der Nachkriegssynoden trat er nicht so sehr in Erscheinung, weil er bereits in den Ausschüssen gewirkt hatte; aber als es um die Ämter von Pfarrer, Superintendent und Bischof ging, trat er dafür ein, dass diese in eine bruderschaftliche, synodale Verantwortung mit anderen eingebunden werden. Auch Älteste und

Am östlichen Rand.
Ehepaar Margarete
und Siegfried Ringhandt in
Seelow

Synodale haben Anteil am Hirtenamt.[7] Ihm schwebte mit Anlehnung an These IV der Barmer Theologischen Erklärung als Leitung das Ideal einer christokratischen Bruderschaft vor, wie sie die reformierte Tradition betonte. Es ging ihm um eine bruderschaftliche Leitungsstruktur in der Kirche.

Ein kümmerlicher Neuanfang in Seelow

1989 hat Ringhandt gemeint, er sei aufgrund seiner oppositionellen Haltung in die „Wüste geschickt (worden) ... an den östlichen Rand der kriegszerstörten Odergebiete"[8]. Zum 1. Juli 1946 wurde er Pfarrer und Superintendent in der zerstörten Stadt Seelow[9], wo er über lange Monate hinweg kümmerlich in einem Raum, zuerst im benachbarten Friedersdorf, dann in Seelow selbst, leben musste. Die Superintendentur war zerstört, das Pfarrhaus von den Sowjets beschlagnahmt. Seine Familie musste in Illmersdorf zurückbleiben. Nachdem die Mutter im Winter 1944/1945 verstorben war, blieb der Vater fast nur noch in Illmersdorf.

Vor dem Weihnachtsfest 1946 musste Ringhandt nach wenigen Tagen des Urlaubs wieder nach Seelow in sein Zimmer aufbrechen. Ins Tagebuch schreibt er in der Nacht vom 24. zum 25. Dezember 1946, also am Heilig-abend: „Äußerlich fehlt alles, was nun einmal zu den heutigen ‚Zeichen' der Weihnacht gehört, Baum und Lichterglanz ... Familie und Wärme. In meinem ‚Wohnloch' ist es kalt, unfreundlich, der Schreibtisch verwühlt, Restkrümel eines freudlosen Abendbrotes liegen zwischen den Büchern ... meine Familie feiert in Illmersdorf ... Uns trennen nicht nur 180 Kilometer, sondern auch eine zweitägige Reise in kalten Wagen mit den Strapazen eines unregelmäßi-gen, überlasteten Zugverkehrs. Uns trennt der Abschied ...“ Die Ehepartner hatten sich erst nach der jahrelangen Trennung wieder aneinander gewöhnen müssen. Und schon mussten sie wieder getrennt leben. „Ich habe bis jetzt über meiner Predigt gesessen. Ich kann es nicht lassen, bis zuletzt auf den Text zu hören ... ‚Freuet euch in dem Herrn allewege!'. Mein Gott, ich schreie zu dir um diese Freude, um ... Gewissheit ‚in dem Herrn'. Ach, wie sieht es aus in mir? Dass ich nur nicht anfange zu hadern ... An Weihnachten muss ja diese Freude zu Worte kommen.“[10]

Im Januar wollte er nach Berlin zum Superintendentenkonvent fahren; aber nach sechs Stunden des Wartens ist kein Zug oder ein anderes Fahrzeug gekommen. So bleibt er im verschneiten, tief kalten Seelow. „Den Frühzug habe ich nicht geschafft, weil die Nacht über einer Arbeit draufging, die die Russen verlangt haben ... (Daten über Pfarrer und Gemeinden) ... Was Beten heißt, ahnte ich nicht in den Feuern der Schlachten, in der Hitze äußerer Bedrängnis, im Dunkel schuldhafter Irrwege, in Einsamkeit der Gottesferne. Nein, jetzt erst, in der Ohnmacht vor einer großen Aufgabe, in dem Mangel angesichts eines großen Rufes ... da beginne ich zu ahnen, dass Beten Arbeit ist, Kampf, Gelassenheit, Bindung und Freiheit in einem. Der Herr legt uns eine Last auf, aber er hilft uns auch tragen.“[11]

Nachkriegszeit an der Oder

Das Oderbruch war die am meisten zerstörte Flächenlandschaft Restdeutsch-lands, weil aus ihm im April 1945 der sowjetische Angriff auf Berlin rück-sichtslos vorangetrieben worden war. Außerdem kam im Frühjahr 1947 ein Hochwasser aus der Oder über die gesamte Niederung des Oderbruchs hinzu. Die Dämme brachen. In zwei Berichten hat der neue Superintendent das ent-standene Elend und die daraus erwachsenden Aufgaben geschildert.[12]

Ende 1946 waren von den 27 Pfarrstellen wieder 14 besetzt. Von den 27 Pfarrhäusern waren allerdings nur fünf bewohnbar. „Von 25 Kirchen stehen noch vier, die anderen sind meist Opfer von Sprengungen durch die SS gewor-den.“[13] Kirchtürme waren bekanntlich als militärische Beobachtungsposten von deutschen und russischen Truppen gefürchtet.

Äußerer kirchlicher Wiederaufbau

In den nächsten zehn Jahren hat der Superintendent mit seinen Pfarrern und übrigen Mitarbeitern eine Aufbauarbeit ersten Ranges geleistet. Von politischer Seite wurden kirchliche Aufbauarbeiten wenig unterstützt. Sie wurden respektiert und förderten auch unter der Bevölkerung, besonders in den Dörfern, einen neuen Geist des Aufbruchs. Die Kirchengemeinden mussten sich selbst helfen. Hier haben die Pfarrer durch viel persönlichen und lebendigen Einsatz auch die Mitarbeit der Laien erweckt.

Neben der Selbsthilfe aus der verarmten Bevölkerung durch materielle und finanzielle Spenden, aber auch durch freiwillige Mitarbeit, besorgte Ringhandt aus Westberlin östliche und westliche deutsche Mark, um Handwerker zu bezahlen. Oder er beschaffte vom Evangelischen Hilfswerk in Westberlin Kleinmaterial wie Nägel oder Farben.

Pfarrer Hermann Grauel aus Friedersdorf, ein ehemaliger Vikar, trug zu vielen Anlässen Gedichte vor.[14] Darunter befand sich auch eines mit dem Titel:

„*Die Ballade von der Tasche*
Es war eine Tasche aus Leder, er trug sie jahraus und jahrein.
Die Tasche, es kannte sie jeder, doch was drin war, das kannten weder
die Pastoren noch die Grenzpolizeien.
Die Tasche trug manche Papiere aus Seelow und aus Berlin.
Aus Berlin schrieben höhere Tiere, aus Seelow mehr Volksgrenadiere
und Prophetinnen aus Letschin.
Nach Berlin trug sie Bitten und Gelder, um Farben, um Nägel und Zinn.
Zurück durch die Felder und Wälder Verfügungen und Gehälter,
Zurück war sie schwerer als hin.
Zurück trug sie manche Zigarre, er steckte sich nie eine an,
doch manchen verfahrenen Karren, den brachte er wieder zum Fahren,
er war ein geduldiger Mann ..."[15]

Auch ökumenische Spenden wurden eingeführt. Ökumenische Gäste wurden gern zu ihm geschickt. Der Leiter des Schweizer Hilfswerks, Pfarrer Heinrich Hellstern,[16] Bischof John Cullberg aus Schweden, selbst der Generalsekretär des Ökumenischen Rates, Willem Visser't Hooft, besuchten Seelow. Seinen ökumenischen Gästen zeigte er die Verhältnisse im Oderbruch auf, indem er sie bis in die letzten Dörfer an der Oder fuhr.

„Er war handwerklich sehr versiert und hatte eine gut ausgestattete Werkstatt im Hofgebäude des wieder errichteten Pfarrhauses."[17] Darum war er auch bereit, in den äußeren Fragen mit Hand an zu legen. Auch wenn er nicht überall sein konnte, half er doch vielerorts, um die örtlichen Kräfte zu stärken. „Ringhandts Grundsatz für die Oderbruchpastoren war: ‚Ich sorge erst einmal für einen trockenen und bewohnbaren Raum in eurer Pfarrhaus- oder Kirchenruine. Alles andere müsst ihr schon selbst weiter in Ordnung bringen (lassen).' Das ist dann auch mit seiner fachlichen und mit finanzieller Hilfe weithin ... geschehen."[18] 1953, als die größte Not beseitigt war, berichtete der Superintendent vor der Kreissynode: „Acht Jahre nach Kriegsende ist ein gewisser Abschnitt erreicht."[19] Seit 1945 seien 24 Häuser von Mitarbeitern, besonders Pfarrern, wieder hergestellt worden. Darüber hinaus könne in fast allen Gemeinden wieder Gottesdienst gehalten werden. Nicht alle Gebäude ließen sich wieder im ursprünglichen Zustand in Ordnung bringen. So wurden etwa in einer Kirchenruine eine Mitarbeiterwohnung und Gemeinderäume eingebaut. Soweit der Bericht. Alles in allem sind im ersten Jahrzehnt 48 kirchliche Gebäude wieder bewohnbar gemacht worden. 1958 berichtet Ringhandt dem Schweizer Hilfswerk: „Heute haben 43 von den 46 Gemeinden wieder eigene Versammlungsräume und von den 27 Pfarrhäusern sind 23 wieder hergestellt ... In einer Welt, die sich selbst als atheistische Gesellschaft versteht, gehen wir dem größten Abenteuer unserer Generation entgegen: Wie Gott mit dieser geringen Armee von armseligen Handlangern die Sammlung und Sendung seiner Gemeinde ... durchführen wird. Die Bausteine dazu kann nur Er liefern: 1. Etwas mehr Zutrauen zu seinem Weltregiment, das auch seine Feinde als Instrumente in Dienst nimmt, demgemäß etwas weniger Dämonenfurcht ... 2. Etwas mehr Zuversicht dazu, dass seine Gemeinde immer gerade jenen Fußbreit Raum erhalten wird, den sie zum Leben braucht ... 3. Endlich etwas mehr Bereitschaft, auf liebgewordene, überkommene Lebensformen und Gewohnheiten zu verzichten, dafür etwas mehr Humor in der Anpassung und freien Mut, an der Mitverantwortung für die Welt und die so genannten Feinde festzuhalten."[20]

Gemeindeaufbau

Mit den in Stand gesetzten Gebäuden wurden die Gemeinden wieder lebendiger. Ringhandt sagte: „So zäh, wie wir die Kirchen äußerlich aufbauen, so zäh haben wir auch den inneren Aufbau der Gemeinden zu treiben."[21] Das traditionelle kirchliche Leben kam wieder in Gang. Gottesdienste und Amtshandlungen fanden wieder statt. Kirchliche Organe, von Gemeindekirchenräten bis zur Kreissynode, wurden neu gebildet. Freilich war das auch 1953 noch nicht überall der Fall, dass die Kirchenältesten aktiv am Gemeindeleben mitwirkten. „Es gibt immer noch Fälle, in denen jedes Verständnis für die große Bedeutung des Ältestenamtes einfach fehlt ... Nun aber stehen wir an einer Schaltstelle. Der hinter uns liegende Kirchenkampf hat die geistlichen Kräfte sich verdichten lassen und das Wachstum der Gemeinden beschleunigt. Wir sind durch Gottes Gnade in eine Pause eingetreten. Wolle doch niemand denken, jetzt könnten wir wieder einschlafen."[22] In diesem Sinn versuchte der Superintendent, die Laien zum Besuchsdienst anzuregen. Er schlug vor, einmal im Jahr alle Gemeindeglieder zu besuchen, was alter reformierter Sitte entsprach. Die Ältesten sollten danach einmal im Jahr die Gemeindeglieder besuchen. Dazu müssten Helferkreise entstehen, in denen man sich auf diese Besuche vorbereitete. Man müsse in ihnen etwa auch Fragen des Eintritts in die Landwirtschaftlichen Produktionsgemeinschaften und des Christseins im Betrieb behandeln. Rüsten für Älteste und Lektoren seien nötig. Der Superintendent führte sie auch selbst durch. Die Förderung der Lektorenarbeit, die auch von seinem Generalsuperintendenten, Günter Jacob, sehr unterstützt wurde, war von ihm ja bereits während des Kirchenkampfes gefordert worden.[23]

Neue hauptamtliche Mitarbeiter

Eine besondere Fürsorge wandte er den hauptamtlichen Mitarbeitern zu. Er stellte Katecheten ein, ein damals für die Kirche neuer Stand, weil durch die Sowjetmacht und ihre deutschen Behörden der Religionsunterricht durch die Schule verboten blieb.[24] Er musste fortan durch die Christenlehre in den Gemeinden ersetzt werden. Der Superintendent beteiligte sich selbst über mehrere Jahre in Buckow an der Qualifizierung von Katecheten als Dozent. Darüber hinaus wurden ihm Praktikanten zum ersten Einsatz in der Gemeinde geschickt. „Meine Mutter, Margit Neche, war 1952/53 in der Gemeindehelferinnenausbildung des Oberlinhauses und kam 1952/53 ins Praktikum nach Seelow. An ihrem Mentor schätzte sie neben fachlicher Solidität vor allem den Humor, der unerschöpflich gewesen sein muss."[25]

Viele Vikare hatte er, denen er eine große Freiheit ließ, um sich in der Praxis der Kirche zurechtzufinden. „Als ich zum Anfang in Seelow meine Zeugnisse zeigen wollte, lehnte er das ab mit dem Bemerken: ‚Das werden wir ja sehen, was Sie können'."[26] Der Vikar Klaus Zebe kam aus Westdeutschland ohne alles Inventar nach Gorgast. Da besorgte Ringhandt ihm bei einem Kirchenältesten ein Bett und fuhr das nötige Bettzeug aus seinem eigenen Haushalt heran.[27]

Eine ganze Reihe von Vikaren blieb gern im Kirchenkreis als Pfarrer, weil ihnen der Leitungsstil des Superintendenten imponierte. Ein älterer Pfarrer schrieb ihm: „Hier habe ich dann im Bruderkreis und in der Begegnung mit Ihnen erst gelernt, was Kirche heißt, und in Gesprächen, wie das, zu dem ich erst gestern wieder aufgefordert wurde, ist Ihre Freiheit der Gesprächsführung mir zum Vorbild geworden."[28]

„Als Superintendent ist er ganz selbstverständlich Autorität gewesen. Fest hatte er den Pfarrkonvent in seiner Hand. Dabei hielt er sich allerdings persönlich ganz zurück. Er war vor allem darauf bedacht, dass die Brüder im Konvent zum Zuge kamen ... Er hat nach meiner Erinnerung niemals ein Referat gehalten, weder im Konvent, noch auf einer Kreissynode. Angeregt und angespornt hat er aber uns Pfarrer, fleißig und eifrig zu arbeiten und die regel-

Ganz selbstverständlich Autorität. Pfarrkonvent in Seelow

mäßigen Bibelarbeiten und auch Referate zu halten. Er selbst hat sich dann mit gewichtigen Gesprächsbeiträgen in die Aussprache eingebracht. Angeregt wurde dieses Klima auch dadurch, dass Ringhandt das theologische Gespräch suchte und liebte. Er liebte den Widerspruch. Andere Meinungen wurden nie abgewürgt."[29] Gegen Ende des Konventes wurden die Verwaltungsfragen in eiliger Form abgehandelt. Öfters fiel die Redewendung: „Und nun müssen wir noch den konsistorialen Schmutz erledigen."[30] In den Akten der Staatssicherheit wird berichtet, dass Ringhandt mit seinem Auto zu Besuchen bei den Pfarrern abends unterwegs war.[31]

Zu seinem fünfzigsten Geburtstag trug Pfarrer Grauel folgendes Gedicht vor:

„Man kam mir mit der Bitte / nach hergebrachter Sitte
an großen Jubiläen / die Großen zu begehen.
Da ist in diesem Falle / Herr Ringhandt, den wir alle
als Größe ungern missen / und drum verehren müssen. ...
Wer baut uns Häuser, Ställe, / wer Kirchen und Kapelle,
wer bringt uns zur Entfaltung / in Kasse und Verwaltung?
Wer macht die Stärksten schüchtern, / die Schwärmerischsten nüchtern,
wer zieht durch unsre Reden / die nötigen roten Fäden?
Wer stärkt die schwachen Nerven, / wer weiß uns anzuschärfen,
wer legt in Windeseile / ein Motorrad in seine Teile? ...

Wer redet auf Konventen, / vor Ärzten und Studenten,
uns niemals lang und Breites, / und meistens was Gescheites?
Wer gönnt uns unsre Schwächen / wenn wir von Urlaub sprechen,
wer denkt an unsre Frauen, / dass wir nicht so abhauen.
Wer schult uns die Lektoren? / Wer repariert Motoren?
Wer denkt nicht, uns zu loben / und deckt uns doch nach oben?
Wer kritisiert die Christen / und auch die Kommunisten?
Wer lockert harten Boden / auf Sitzungen und Synoden?
Wer – wer, ja nur der eine, / der eine, den ich meine,
der, käm' er uns abhanden, / wir würden alle stranden!"[32]

Nach dem Krieg setzte Ringhandt seine Sammelleidenschaft im Erwerb von Büchern ein. So besaß er bald eine überdurchschnittlich große Bibliothek. Er „hat auch viele wirklich gelesen und war vielseitig interessiert ... und hielt neben theologischen auch psychologische Vorträge"[33]. Er legte Wert darauf, dass die Pastoren über den bedrängenden Aufgaben nicht die Weiterbildung außer Acht ließen. „Er besorgte durch den Partnerkirchenkreis Moers für alle Pfarrer unseres Kirchenkreises die bis dahin erschienenen Bände der Kirchlichen Dogmatik von Karl Barth." So kann Robert Koll sagen: „Im Konvent konnte er kritisch anmerken. ,Komme ich in ein Pfarrhaus, was liegt auf dem Tisch des Pfarrers, ein theologisches Buch? Nein, etwas über Ziegenzucht und Gartenbau'."[34] „Seine Frömmigkeit war aller frommen Phrasen und allem Pathos abhold, mehr wohl als von der lutherischen von der reformierten Theologie bestimmt."[35]

Pfarrfrau und Familie

Die zart besaitete Frau Superintendent wirkte still im Hintergrund, fühlte sich in Seelow wohl und bewirtete die Pfarrer, die ins Haus kamen, bis hin zum Konvent mit Pfarrfrauen. Freilich litt sie unter dem feuchten Klima, zumal in der ersten Zeit, als es wenig zu heizen gab. Später hatte sie mit Diabetes zu tun. Leider hielt eine Phobie sie davon ab, rechtzeitig zum Arzt zu gehen. Ihr Mann schaffte sich Bienenkörbe an, die er bis 1950 behielt, um die Familie zusätzlich ernähren zu können. „Die Disteln im Oderbruch und die Bienen haben uns nach dem Krieg das Leben gerettet."[36] „Er besaß einen Jagdschein und ein Auto, das er ausnutzte, um manches Wildschwein oder Reh, das ihm vor die Kühler sprang, zu töten und in der hungernden Gemeinde zu verteilen."[37] Von 1947 bis 1952 nahmen Ringhandts ein Pflegekind, Melitta Erdmann, bei sich auf, die sehr gern dort war. Er hat Melitta Schüler später getraut. Sie hielt bis zum Tod des Ehepaares engen Kontakt.[38]

Es lebte nun der alt gewordene Vater unter Aufgabe seiner Berliner Wohnung, der zeit seines Lebens in der Großstadt gewesen war, ganz mit in Seelow auf dem Lande. Er malte Gemeindehäuser und Kirchen mit aus.[39] Neben biblischen Motiven malte er gute Landschaftsbilder, die sich heute noch in der Hand von Gemeindegliedern befinden. Seine fröhliche und großzügige Art ergänzte im Hause die mehr zurückhaltende Art der Pfarrfrau.

Unmittelbar nach 1945 trugen die kirchlichen Mitarbeiter die Kleidung, die sie gerade noch am Leibe hatten. Aber dann setzte sich nach dem Zweiten Weltkrieg die dunkle Kleidung für Pfarrer durch, bis hin zum Lutherrock, einem bis zum Kragen geschlossenen schwarzen, bis an die Knie reichenden Gewand. Davon setzte Ringhandt sich ab. „Er trug keine pastorale Kleidung, sondern war viel mit Arbeitskleidung am Wirken, so dass manche erstaunt hören mussten: ‚Ja, ich bin hier der Pfarrer von Seelow, der Superintendent'." Titel mochte er nicht und gebrauchte sie auch nach Möglichkeit nicht.[40]

„Neben dem Pfarrhaus befand sich ein lang gezogenes Wirtschaftsgebäude, in dem die Waschküche, eine große Werkstatt, eine Garage und ein Hühnerstall untergebracht waren. Die Werkstatt war wirklich sehr groß … Ein riesiger Garten war auch zu bewirtschaften."[41] Besonders wichtig war für Ringhandt, dass er eine Schlosserwerkstatt aufbaute, in der er selbst gern zur Erholung arbeitete.

Aufbau in Seelow

In der Stadt Seelow[42] musste Ringhandt das kirchliche Leben selbst wieder in Gang setzen helfen. Es gelang, das Pfarrhaus von der russischen Besatzung wieder frei zu bekommen, so dass er mit seiner Familie, aber dann auch ein zweiter Pfarrer dort wohnen konnten. Zuerst konnte er freilich nur das halbe Haus beziehen, wobei die sowjetischen Soldaten unten wohnen blieben, Ringhandts oben einzogen. Mit großer Mühe baute er dann die zerstörte Superintendentur wieder auf.

Der Kirchturm lag in Trümmern, das Kirchenschiff war ausgebrannt. Darum musste die Kirche völlig neu aufgebaut werden. Der Kirchturm erhielt nur eine flache Decke als oberen Abschluss. „Zur Enttrümmerung der Schinkelkirche organisierte er viele Helfer(innen) in der Gemeinde und -zig Bauerngespanne zur Abfuhr des Schuttes. Er stand mit auf dem Gerüst an der Seelower Kirchenruine und hat zusammen mit einigen Männern und mehreren Frauen aus der Frauenhilfe den schadhaften Putz abgeklopft, denn dazu war keine Firma bereit. Er hat nach Fertigstellung des vorderen Teils der Kirche auch auf der Giebelspitze gegen das Votum der Stadtverwaltung eigenhändig ein Kreuz angebracht, damit man dieses Gebäude auch als Kirche erkennen kann."[43] 1952 wurde der Westteil der Kirche in Dienst genommen, 1958 der große Saal in der Kirche. Ringhandt bedauerte es, dass nicht noch mehr Seelower Bürger beim Aufbau der Kirche mitgeholfen haben. So musste er selbst „Architekt, Zimmermann, Maurer und Dachdecker"[44] sein. Viele Seelower hatten mit ihren eigenen zerstörten Häusern zu tun. Es gab

Von Gemeindegliedern geräumt. Kirchenruine von Seelow, um 1950

gewiss auch Gemeindeglieder, die sich im Laufe der Zeit aus politischen Gründen nicht trauten mitzuhelfen.

Gemeindeleben und strenge Lebensordnung

Regelmäßig war Ringhandt am Abhalten von Gottesdiensten beteiligt. Für liturgische Fragen hatte er wenig Sinn. Als der Visitator, Generalsuperintendent Günter Jacob aus Cottbus, erwartete, dass auf dem Altar nur Schnittblumen stehen sollten,[45] forderte Ringhandt die Pfarrer humorvoll auf, doch überall Blumentöpfe auf den Altar zu stellen. Freilich brachte er zur Gestaltung des Gottesdienstes sein Orgelspiel ein, wenn ein Organist fehlte. „Er mühte sich die ganze Dienstzeit um den kleinen Seelower Singkreis. Wir hatten kein Instrument in der Kirche seit der teilweisen Wiederherstellung 1952. Ein Harmonium war für ihn ‚verhindertes Brennholz‘."[46] Der Orgelspieler bevorzugte das Instrument, das er beherrschte.

Die Bibelstunden waren bei ihm gut besucht. In ihnen kamen auch die Teilnehmer zu Wort. „Er war theologisch rund um gut informiert und konnte

auch gut alles erläutern … Die Auslegungen waren praktisch, aktuell und per Du, auf keinen Fall langweilig."[47]

Die Amtshandlungen führte er gewissenhaft durch. Dazu gehörte für ihn das seelsorgerliche Gespräch, in dem er besonders auf das zu leistende Versprechen der Taufeltern, Konfirmanden und Eheleute hinwies. Er hatte sich vorgestellt, dass das Erbe der Bekennenden Kirche noch in Seelow lebendig sei. Doch nun musste er feststellen, dass die volkskirchliche Laschheit der Gemeindeglieder in Seelow wie überall im Brandenburgischen vorherrschte. „Die Gemeinde Seelow war tapfere BK-Gemeinde unter den Pfarrern Pecina und Kehr[48] … Ringhandt meinte, in Seelow müsste man nun nach dem Krieg genau so bekenntnisbewusst sein. Er war dann erschüttert, wie volkskirchlich die Gemeinde weithin dachte und handelte. Das war sicherlich auch mit der ganz anderen Bevölkerungsstruktur nach dem Krieg zu erklären."[49] Er war enttäuscht und versuchte, durch deutliche Anreden und manchmal durch mehrere vorherige seelsorgerliche Gespräche zur Vorbereitung der Amtshandlungen eine andere Gemeinde zu bauen, wie sie die neue Lebensordnung von 1955 durch deutliche Akzente einer „Kirchenzucht" zum Ausdruck brachte. „So hat er das Begehren zu Trauungen und Taufen wie auch zu Beerdigungen von der Teilnahme am kirchlichen Leben abhängig gemacht … Ein

besonderer Fall war die Ablehnung von Trauungen an den Sonnabenden vor den hohen Feiertagen ... Er meinte: ‚Wenn wir morgens zum Pfingstgottesdienst gehen, kommen die Hochzeitsgäste uns gröhlend entgegen'."[50] Eine Frau berichtete, dass sie vor der Hochzeit mit ihrem Partner sechs Mal die Bibelstunde besuchen musste.[51] Der Versuch, auf diese Weise das kirchliche Leben zu heben, scheiterte. Die verschiedenen Auflagen führten zum Teil zur „Abwendung von der Kirche"[52]. In einem Brief beklagt sich eine offenbar politisch angepasste Mutter, eine Lehrerin, einziges Mitglied der Kirche in einer nichtchristlichen Familie, dass Ringhandt für ihre politisch und familiär schwierige Situation zu wenig Verständnis gezeigt habe. Er hatte sich geweigert, ihr Kind zu taufen. „Wenn Sie sich recht erinnern, sprach ich vor kurzem bei Ihnen vor, um meine kleine Tochter zur Taufe anzumelden. Über die Art und Weise, in der Sie mit mir sprachen, bin ich wenig erfreut, denn ich hätte mir von Ihnen mehr Verständnis für meine persönlichen Sorgen erwartet."[53]

Besonders deutlich wurde sein rigoroses Vorgehen, als nach 1954 der Kampf um die Konfirmation durch die Einführung der Jugendweihe begann. Der Kirchenkreis hielt sich unter seiner Leitung an die Vorgaben der Kirchenleitung und drohte, Jugendgeweihte total von der Konfirmation auszu-

„... kommen die Hochzeitsgäste uns gröhlend entgegen." Die renovierte Kirche (1952 und 1958) mit Kreuz

schließen. „Als Mitglied des Kreisausschusses für die Jugendweihe sehe ich die Ursache der mangelhaften Beteiligung der Jugendlichen an den Jugendstunden zur Vorbereitung der Jugendweihe im Jahre 1956 darin, dass sich der Einfluss der ev. Kirche durch den Superintendenten Ringhandt geltend macht ... Rücksprachen mit den Eltern ergaben, dass sie befürchten, falls ihre Kinder an den Jugendstunden teilnehmen, aus der Kirche ausgeschlossen zu werden ... Die Beteiligung ist im Verhältnis zu 1954 (17 Jugendliche) geringer (11 Jugendliche)."[54] Im Laufe der nächsten Jahre wurde der Druck der politischen Kräfte jedoch so stark, dass viele getaufte Kinder zur Jugendweihe gingen und den Konfirmandenunterricht nicht mehr besuchten. Wie sollte man nun reagieren? Ringhandt lenkte ein und schwenkte auf die Regelung der Kirchenleitung ein, dass eine Konfirmation dann möglich ist, wenn sie nach entsprechender Bewährung der Jugendlichen ein Jahr nach der Jugendweihe stattfinde.

Doch ging er noch weiter. Er stellte die für jedermann verbindliche Kindertaufe in Frage und wurde mit zum Wortführer einer beträchtlichen Gruppe von Pfarrern, die den Taufaufschub als legitime Möglichkeit einführen wollten. Eine Pfarrerin und zwei Pfarrer im Kirchenkreis schossen über das

Ziel hinaus und weigerten sich sogar, Kinder überhaupt noch zu taufen, was zu ernsten Konflikten in ihren Gemeinden und mit dem Konsistorium führte. Sie gingen in den Ruhestand oder anderswohin.[55] So rigoros wie sie dachte Ringhandt theologisch und praktisch nicht.

Synode und Kirchenleitung

In der ersten Synode gehörte er zu der Minderheit, die bei der Schaffung der neuen Grundordnung 1947/48 unter Aufnahme des Erbes der BK an den traditionellen Kirchenstrukturen rüttelte.[56] Ab 1950 war er auch Mitglied der Kirchenleitung. Er vertrat in beiden Gremien die Stimme aus dem Lande Brandenburg, weil er mit Vielen unter dem Eindruck stand, dass die Berliner Stimmen zu laut aufträten. Das breite Land werde darüber mit seinen besonderen Problemen zu wenig beachtet. Am 18. Januar 1951 schrieb ihm ein nicht weiter bekannter Pfarrer aus dem Brandenburgischen, man müsse eine Eingabe bei der Synode machen: „Es wird ein synodales und ein kirchenleitendes Organ für die Gemeinden außerhalb Großberlins gebildet ... In der jetzigen Kirchenleitung befinden sich 16 Mitglieder aus Großberlin, aus der Provinz nur 8 Mitglieder."[57] Soweit ging Ringhandt nun keinesfalls, weil er befürchtete, durch derartige radikale Vorschläge könnte die staatliche Einflussnahme auf die Kirche zu groß werden. Aber er trat gegen autokratische und zu wirklichkeitsfremde Erscheinungen bei Mitgliedern der Kirchenleitung auf. Darüber geriet er in manchen Streit mit dem Bischof und manchem seiner speziellen Anhänger. Dieser versuchte nicht selten, problematische Entscheidungen, wo er Ringhandts Widerstand erwartete, in seiner Abwesenheit fällen zu lassen. Umgekehrt versuchte der Propst im Lande Brandenburg, Kurt Scharf, durch Zusatzbesprechungen für Ostmitglieder der Kirchenleitung nach der eigentlichen Kirchenleitungssitzung den Sonderfragen im Brandenburgischen einen besonderen Raum zu geben.[58] „Dibelius verschwand sofort ..., aber ein Teil der Kirchenleitung – vor allem aus dem Osten – versammelte sich bei Fräulein Klatt, der Referentin von Präses Scharf. Sie wollten ihn alle noch einmal sprechen und sich Rat holen ... Mehr und mehr fühlte ich mich zu dieser Gruppe hingezogen, vor allem durch den Seelower Superintendenten Siegfried Ringhandt."[59] In der Nachkriegszeit wurden Kurt Scharf und Ringhandt, die sich seit den Anfängen der BK kannten, zu persönlichen Freunden.

Außergemeindliche Gremien

Weil Generalsuperintendent Günter Jacob und Ringhandt sich bereits aus der Zeit der Bekennenden Kirche gut kannten, herrschte zwischen beiden ein ver-

Weil er ihn in einer Predigt 1940 als Vorbild nannte, wurde Ringhandt angeklagt: Mitglied des Bruderrates der BK mit Martin Niemöller

trautes Verhältnis trotz aller großen Verschiedenheit. Darum zog Jacob den Seelower Superintendenten oft zur Visitation in anderen Kirchenkreisen mit heran, so 1957 in Cottbus.[60]

Es ist nicht möglich, alle kirchenleitenden Gremien und Gruppen aufzuzählen, in denen Ringhandt schon von Seelow aus vertreten war. In der Synode der Evangelischen Kirche der Union, die seit 1953 begann, das innerkirchliche Leben neu zu ordnen, vertrat er neben Albrecht Schönherr die Stimme der jungen Leute aus Berlin-Brandenburg. So beteiligte er sich bei der Entstehung von Lebensordnung, Agende und Mitarbeiterrecht. 1952 wurde er auch Mitglied der Synode der Evangelischen Kirche in Deutschland. In den Bruderräten der Bekennenden Kirche Deutschlands, der altpreußischen Union und Berlin-Brandenburgs, die nach 1945 neu auflebten, war er bald mit tätig. Bis in die Akten des Staatssicherheitsdienstes hinein wurde diese Tatsache noch 1963 festgehalten.[61]

Nach dem Krieg hatte er einen theologischen Arbeitskreis der „Jungen Brüder", ehemalige Studenten, Vikare und Hilfsprediger der Bekennenden Kirche ins Leben gerufen, der in Frankfurt/Oder zusammenkam. Auch hielt er Verbindung zum „Unterwegs-Kreis", in dem sich besonders junge kritische Stimmen aus dem Berliner Westen um die Zeitschrift „Unterwegs" sammelten.

Dadurch bekam er erste ökumenische Kontakte, so die Verbindung zu niederländischen Christen in den „Arche-Tagungen" des Holländischen Ökumenischen Rats auf dem Boden der Niederländisch-Reformierten Gemeinde in Berlin. Er wurde auch zum Nordisch-Deutschen Konvent entsandt, eine seit 1949 existierende Tagungsarbeit, die Kurt Scharf mit verantwortete.[62] Man hörte offenbar auf das, was der Seelower Pfarrer zu sagen hatte. Er verstand es, seine weiten Erfahrungen und Beziehungen auch für das Leben im Kirchenkreis fruchtbar zu machen. Darum lud er bekannte Vertreter des kirchlichen Lebens ein, wie Martin Niemöller. Oder er berichtete in den Gemeinden über das gesamtkirchliche Leben so, dass diese sich in die Probleme der Zeit hinein genommen fühlten. Für seine guten „Berichte zur Lage", wie man sie damals nannte, war er bekannt. Das war umso wichtiger, als in der Nachkriegszeit brennende Themen nur mündlich weitergegeben werden konnten. In den wenigen kirchlichen Medien konnte nicht alles berichtet werden, etwa staatskritische Probleme.

Kirche und DDR-Staat

Nachdem ab 1955 deutlich wurde, dass mit einer Wiedervereinigung Deutschlands auf absehbare Zeit nicht mehr zu rechnen sei, gehörte Ringhandt zu den ersten, die die Position der Kirche zur Regierung der DDR zu klären versuchten. Er hat darum zusammen mit drei anderen Synodalen für die EKU-Synode 1957 eine kurze Verhältnisbestimmung entworfen, die die Synode annahm: „Wort zur Hilfe, wie wir Christen uns zu unserem Staat verhalten sollen"[63]. Trotz der antikirchlichen Haltung des Staates sei die Frage nach einer Mitarbeit zu stellen. Der Staat steht unter dem Auftrag, Werkzeug Gottes zu sein. Hält er sich nicht daran, gilt es, Widerspruch anzumelden, um ihm zu seinem eigentlichen Auftrag zu verhelfen. Wenn er die marxistisch-leninistische Weltanschauung zu seiner eigenen Sache macht, ist ein klares Nein zu sagen. Die Kirche hat den Auftrag zur Mission, darum lehnt sie den Atheismus ab. Sie hält auch Kontakt mit Christen, die eine andere politische Meinung in einem anderen Staatsbereich vertreten und tritt für Recht, Feindesliebe und Versöhnung ein. Dabei sucht sie der Stadt Bestes.

Bereits seit 1952 hatten die Synoden der EKD etwas zum Leben der Christen in Ost und West gesagt und verwendeten dabei den Begriff der „Obrigkeit" zur Bezeichnung der heutigen Staatswesen. Ringhandt hatte als Synodaler daran Anteil; aber in dieser präzisen Kürze war 1957 ein besonders klares Wort zum Leben unter der ostdeutschen Diktatur gelungen.

Von dieser synodalen Entschließung her ist es verständlich, wenn Ringhandt anderer Meinung als Dibelius war. Der Bischof hatte im April 1959

ohne Rücksprache mit der Kirchenleitung einen Offenen Brief an Minister-
präsident Otto Grotewohl geschrieben, in dem er in scharfer Form die Glau-
bens- und Gewissensfreiheit einforderte.[64] Darüber hinaus verfasste er in den
Wochen danach einen kleinen Privatdruck für Bischof Hanns Lilje zum
sechzigsten Geburtstag: „Obrigkeit?"[65], und ließ ihn im August 1959 verteilen. Darin erklärte er den biblischen Begriff „Obrigkeit" zur Bezeichnung
heutiger totalitärer Regierungen für unbrauchbar, speziell für die DDR. Diese
sei kein christlicher Rechts-, sondern ein totalitärer Staat, der mit der biblischen Obrigkeit nichts zu tun habe. Christen hätten hier nicht zu gehorchen. Das wurde von Dibelius an der Nichteinhaltung von Verkehrsregeln
exemplifiziert. Ringhandt nahm nicht nur in und mit der Kirchenleitung
kritisch Stellung,[66] sondern äußerte sich auch sonst negativ zur Schrift des
Bischofs. Gegen den Alleingang, die Form und den Inhalt schrieben „einige
jüngere Pfarrer einen anonymen Protestbrief"[67]. Darin wird die heutige
Verwendbarkeit des Begriffes „Obrigkeit", wenn man ihn nur richtig inter-
pretiert, behauptet, und die zu einfache unterschiedliche theologische Beurteilung des westlichen und des östlichen Staatswesens durch Otto Dibelius
kritisiert. Aber auch der Alleingang des Bischofs als solcher hatte Ärger aus-
gelöst. Als die Kirchenleitung sich damit befasste, „kam heraus, dass Siegfried
Ringhandt ... für diese anonyme Attacke auf den Bischof die Hauptverant-
wortung trug. Er bekannte sich auch dazu und muss bereit gewesen sein, ...
sein Mandat in der Kirchenleitung niederzulegen. Dazu allerdings kam es
nicht."[68] Weder Otto Dibelius noch Ringhandt traten zurück.[69]
Als Vorsitzender des „Weißenseer Arbeitskreises" war er daran beteiligt,
als dieser am 26. Oktober 1959 an die Synode den Antrag stellte, „wegen der
Widersprüche seiner Schrift zum Evangelium ‚vom Bischof Rechenschaft zu
fordern, daraus Folgerungen zu ziehen und auf jeden Fall das Verhältnis des
Bischofs zur Berlin-Brandenburgischen Kirche neu zu regeln'"[70]. Es war peinlich, dass der Stellvertreter des Oberbürgermeisters von Ostberlin, Waldemar
Schmidt, den Antrag des WAK bereits am 28. Oktober in der Hand hatte, als
Bischof Dibelius ein Gespräch mit ihm führte. Ringhandt, der darüber eben-
so wie der Leiterkreis des WAK entsetzt war, wurde deswegen in der
Kirchenleitung wiederum kritisiert; aber ein Rücktrittsansinnen wurde nicht
laut.[71] Die Synode vom Januar 1960 verlief ohne klare Ergebnisse, auch
wenn Dibelius versicherte, er habe nicht zum Gesetzesbruch in der DDR
aufrufen wollen. Mit rhetorischem Aufwand verstand es der Bischof, die
Synode in einer Art „Vermächtnis" für sich einzunehmen. Als ihm stehender
Beifall gezollt wurde, blieb Ringhandt mit sechs Synodalen aus Protest sitzen.
Ringhandt war enttäuscht.[72] Erst 1962 schloss die Synode die Obrigkeitsde-
batte durch ein Votum zur Sache ab, das anders ausfiel, als es Otto Dibelius
gewünscht hätte.

Im praktischen Verhalten spielte damals die Frage der Wahlbeteiligung eine große Rolle. Ringhandt ging nicht zur Wahl und begegnete den Wahlhelfern, die im Volksmund „Wahlschlepper" hießen, mit Überlegenheit. Bald nach dem Kriege hatte er angefangen, sich mit dem Marxismus und seinem politischen System auseinanderzusetzen. Einladungen zur Nationalen Front, die der Begegnung von Christen mit den Parteien dienen sollten, nahm er nicht an. Aber er war bereit, mit den Vertretern der Regierung, vom Bürgermeister bis zum Rat des Bezirks, Gespräche zu führen. Der Pfarrkonvent schloss sich seiner Grundhaltung, bis auf den Pfarrer von Reitwein,[73] an und ging auch nicht zur Wahl.

Klaus Zebe[74] weiß zu berichten: „Zufällig ist Gorgast Patendorf des Staatssekretariats für Kirchenfragen gewesen. Seine Mitarbeiter hatten hier ihre Ernteeinsätze abzuleisten und besuchten auch mich ab und zu dabei. Eines Tages meldete sich Staatssekretär Werner Eggerath[75] sogar bei mir an. Da holte ich mir Ringhandt zur Hilfe. Er kam gerne. Eggerath warb um Zustimmung zur Kirchenpolitik der DDR. Noch heute höre ich, wie Ringhandt wiederholt beteuerte: ‚Wir vertrauen Ihnen nicht'."[76]

Diese offene Meinungskundgabe war oft begleitet von Beschwerden, wenn Gemeindeglieder bedrängt wurden. In einem Brief an Staatssekretär Geyer im Berliner Innenministerium bat er darum, dass man eine Kirchenälteste nicht in ihrem Beruf bei der Sozialversicherung zurücksetzen möchte, weil sie kirchlich aktiv sei und sich auch an der Straßensammlung beteilige. Außerdem schikaniere der Schulleiter in Vossberg bei Letschin Schüler, die sich zum kirchlichen Unterricht begeben. Er versuche auch, den Christenlehreunterricht durch Verlegung von Schulstunden zu verhindern. In Werbig bei Seelow werde der Gottesdienst in der Kirchenschule nicht mehr erlaubt, obwohl das schon 130 Jahre lang so üblich gewesen war.[77] Ringhandt bat, gegen diese Schwierigkeiten „durch untergeordnete Organe" einzuschreiten.

Mit den politischen Stellen vor Ort kam Ringhandt unterschiedlich zurecht, unmittelbar nach dem Zweiten Weltkrieg besser als später, auch wenn ihn von Anfang an gegenüber dem sowjetischen Kommandanten und seinen Helfershelfern ein Misstrauen beseelte. Zu einem ersten großen Konflikt kam es, als er 1948 gegen die Volkskongressbewegung Stellung bezog, die einen Volksentscheid für die deutsche Einheit unter östlichem Vorzeichen herbeiführen wollte. Zuerst war er schwankend, war aber dann gegen eine einseitige östliche Festlegung und schrieb seinen Pfarrern, neben der politischen Entscheidung durch eine Nichtbeteiligung gegen die Bedrohungen der Bevölkerung zu protestieren „Es kann gar nicht übersehen werden, es sei denn, man lebt auf dem Monde, dass die Stellen der Partei, die Behörden und die Zeitungen der SED voller Drohungen gegen diejenigen sind, die sich am Volksbegehren nicht beteiligen würden." Die Leute würden sagen: „Man wird wohl müssen." Das habe „schon einmal schuldig werden lassen. In diese Schuld dürfen wir nicht wieder still hineinrutschen."[78] Er riet also seinem Konvent ab, sich an dem Entscheid zu beteiligen. Wiederum trat der Konvent nach außen geschlossen auf, bis auf den Pfarrer von Reitwein.

Die dritte Verhaftung

Im Sommer 1950 machte er gegen eine einseitige, östliche Auslegung des Stockholmer Appells, in dem die Atombombe geächtet wurde, Front durch freimütige Äußerungen. Darauf griff ihn das „Neue Deutschland" mit Namensnennung öffentlich an.[79] Er galt damals als ein wichtiger Wortführer aus der Kirchenleitung im Lande. Staatliche Organe beschlossen, an Ringhandt ein Exempel zu statuieren, um seine Absetzung zu erreichen.

Wenige Wochen später wurde er bei einer Heimfahrt von Westberlin, wohin er als Mitglied der Kirchenleitung bisher mit staatlicher Erlaubnis durch das Brandenburger Tor fahren durfte, am Kontrollpunkt Dahlwitz-Neuenhagen festgenommen. Er hatte bei sich die westliche Zeitschrift „Christ und Welt", zehn Pakete für Gemeindeglieder und Nägelpakete nebst anderem Kleinmaterial. Er wurde nach Potsdam geschafft. Nun saß er dort zum dritten Mal im selben Gefängnis, wo er bereits zur Nazizeit gesessen hatte. Er kannte auch schon die Zelle, in die er gesteckt wurde, von früher.[80] Die Anklage lautete auf ein Wirtschaftsvergehen. Dreimal wurde die Wohnung der Familie Ringhandt von einer Hausdurchsuchung betroffen.[81] Man beschlagnahmte 5.000 DDR-Mark aus einem Wäscheschrank.[82] Die Dienststelle des MfS in Seelow berichtet über den Verhafteten: „Ächtung der Atomwaffe nicht unterzeichnet. Gegner unserer antifaschistischen demokratischen Ordnung. Fanatischer Dogmatiker, schwört auf Dibelius, zur Zeit in Haft."[83] Sein Einfluss auf die Öffentlichkeit sei „positiv stark"[84].

1954 notierte das MfS, Ringhandt habe geäußert, er sei während der Verhöre geschlagen worden.[85] Er ließ sich wohl auf Gespräche ein und verschwieg nichts, was er für wahr hielt, aber er gab nichts schriftlich, unterschrieb also auch keine Verhörprotokolle. So war nichts Verbindliches aus ihm herauszuholen. Die sowjetischen Berater griffen ein: „Da von Ringhandt nur sehr schwer Aussagen erreicht werden können, sind auf Anordnung der Freunde die Vernehmungen eingestellt worden."[86] Mit den „Freunden" waren eben diese sowjetischen Berater gemeint.

Nicht nur die Proteste der Seelower Pfarrer und der Kirchenleitung trugen zur Freilassung bei, sondern auch ein Schreiben Martin Niemöllers an den Minister für Staatssicherheit, Wilhelm Zaisser. Ringhandt habe sich große Verdienste in der Nazizeit erworben und gehöre dem Reichsbruderrat der BK an. Seine Verhaftung beschädige das Ansehen der DDR in der Bundesrepublik.

Geschlossen forderten auch die 66 Superintendenten die Freilassung von Ringhandt „mit Rücksicht auf seine großen Verdienste um den Wiederaufbau im Oderbruch"[87]. Die Zeit im Untersuchungsgefängnis dauerte vom 27. September bis zum 18. November 1950, also gut acht Wochen. Es war die längste Haftzeit seines Lebens. Dann wurde er entlassen, ohne dass Anklage gegen ihn erhoben wurde.

Weitere Kritik am System

Nach seiner Freilassung verhielt sich Ringhandt freimütig und kritisch wie bisher, auch wenn er sich dabei nach Ansicht örtlicher Stellen vorsichtiger verhielt. Nur wenige Beispiele aus den Akten des Ministeriums für Staatssicherheit seien erwähnt. „Als 1953 die Propaganda für die Bildung landwirtschaftlicher Produktionsgemeinschaften einsetzte und in den Jahren danach die Kollektivierung mit ‚freiwilliger Unfreiwilligkeit' und psychologischem Terror vorangetrieben wurde, hat Ringhandt diese Maßnahmen öffentlich und bei Funktionären verurteilt und angeprangert. Er gab aber den Bauern zu bedenken, dass das Menschsein nicht von unserem Besitz abhängig ist."[88] Wiederum wurde die Beobachtung Ringhandts verstärkt. Spitzel aus dem näheren Lebenskreis sollten gewonnen und Predigten durch geeignete Personen abgehört werden. Die Postkontrolle sollte weiterlaufen.[89] Belege in der MfS-Akte zeigen, dass das der Fall war.

Staatliches Einlenken

Drei Umstände führten dazu, dass Ringhandt im Laufe der Jahre seitens der staatlichen Stellen behutsamer beurteilt und angefasst wurde. Einmal: Es war in Berlin-Brandenburg üblich, dass die Generalsuperintendenten die Gespräche mit den Räten der Bezirke führten. Als sich herausstellte, dass der Cottbuser Generalsuperintendent Günter Jacob die Vertretung der Kirchenleitung beim Rat des Bezirkes in Frankfurt nicht mehr ausreichend wahrnehmen konnte, wurde Ringhandt von der Kirchenleitung mit diesem Dienst beauftragt. Er wurde damit zu einem ihrer wichtigen Unterhändler und Repräsentanten gegenüber der Regierung. Das führte dazu, dass man ihm seitens der staatlichen Organe mit größerem Respekt begegnete.[90]

Zweitens: Ringhandt trat kirchenpolitisch seit 1956 auch nach außen hin sichtbar in Opposition zu Bischof Otto Dibelius und anderen stärker westlich orientierten Vertretern in der Kirchenleitung. Er wollte sich bewusst auf die Situation in der DDR einlassen, ohne die evangelische Freiheit dabei aufzugeben. Um diese Zeit entstand in allen DDR-Kirchen eine entsprechende Aufbruchsstimmung.[91]

Drittens: S. Ringhandt teilte seinem Pfarrkonvent offen mit, dass er unregelmäßig Gespräche mit der Kreisdienststelle des Ministeriums für Staatssicherheit führe: „Indessen führte er Gespräche mit einem Mitarbeiter der Stasi, erzählte davon und nannte seinen Namen."[92] Er tat damit das Gleiche wie Propst Kurt Scharf in Berlin, der davon zur gleichen Zeit berichtete.[93] Eine erste Notiz darüber gibt es in den Akten des MfS vom 28. Januar 1956. Ein Unterleutnant Neumann suchte Ringhandt auf. In einem weiteren Gespräch vom 6. Februar, das vier Stunden dauerte, beschwerte Ringhandt sich, dass der Pfarrer von Podelzig sich bedroht fühle, weil nachts zwei Personen um das Pfarrhaus strichen. (Der Fall wurde geklärt. Traktoristen wollten dem Pfarrer einen Schabernack spielen.) Es kam zu einem Grundsatzgespräch, in dem Ringhandt unter anderem erklärte, er stünde in Opposition zu Bischof Dibelius. „Das heißt nicht, dass wir als kirchliche Opposition in irgendeiner Form staatliche Unterstützung wünschen, im Gegenteil sie ablehnen." Offen kritisierte er das Verbot der Bahnhofsmission in Frankfurt/Oder und den Vorwurf, sie treibe westliche Spionage. Er trat für Präses Scharf und Superintendent Wachholz in Frankfurt/Oder ein. Er sprach über sein Verhältnis zu Martin Niemöller. Dieser habe ihm einen Volkswagen geschenkt. (Daraufhin konnte er ihn einführen.) Weitere Gespräche hielt er für möglich unter zwei Bedingungen: „1. Ich muss die Gewissheit besitzen, dass ich mit meiner Meinung nie an die Öffentlichkeit gezerrt werde. 2. muss man mich verstehen, wenn ich in gewissen Fragen von meinem christlichen Standpunkt Kritik an Dingen des Staates übe, die ich nicht verstehe oder die sich nicht vereinbaren mit meinen christlichen Gefühlen, z. B. dass man manchmal die Lüge zum Prinzip macht oder auch unmenschlich und brutal vorgeht gegen Menschen, die weiter nichts als eine andere politische Meinung vertreten."[94] Ein halbes Jahr später besuchte ihn der Dienststellenleiter des MfS im Kreis Seelow, dem Ringhandt von Benachteiligungen von Christen im Kreis berichtete. Der Staat hielte sich nicht an seine eigenen Gesetze. Das mussten die Gäste natürlich abstreiten. „Er war wie immer freundlich"[95], heißt es im Bericht. Die folgenden Gespräche fanden nicht sehr häufig statt und wurden von Ringhandt im Pfarrkonvent mitgeteilt, gewiss auch seinem Freund Propst Scharf.

Trotz dieser offenen Dekonspiration versuchte das MfS in Frankfurt/Oder, als er nach Rüdersdorf umgezogen war, ihn als Geheimen Mitarbeiter (GI) zu gewinnen, und legte zwischen 1960 und 1962 eine IM-Vorlaufakte an. Diese blieb freilich sehr dünn, weil es zu keiner richtigen Verbindungsaufnahme kam. Nur drei Gespräche kamen zustande. Ringhandt war nur schwer zu erreichen. Außerdem war er nun inzwischen seit 1959 ganz auf sein neues Amt in Berlin konzentriert. Anfang 1962, also nach kaum 13 Monaten, wurde der Vorgang wieder eingestellt,[96] auch weil die Berliner Dienststelle des MfS nicht mitmachen wollte. Ringhandt blieb den Berlinern total suspekt.

Ringhandt wurde zum Mitbegründer des Weißenseer Arbeitskreises (WAK). Besonders in der östlichen Pfarrerschaft der Kirche hatte sich Mitte der fünfziger Jahre ein Unbehagen gegenüber der Kirchenleitung breit gemacht, weil vor allem ihre Westberliner Mitglieder nicht mehr nahe genug die rasanten kirchlichen und politischen Veränderungen mit erlebten. Sie waren zu sehr auf die politische Entwicklung in Westberlin orientiert. Man empfand unter der östlichen Mitarbeiterschaft ihre zu starke Distanz gegenüber der Situation im Osten. Außerdem meldete sich eine jüngere Generation zu Wort, die mit kritischen Augen in der Kirchenleitung eine Überalterung verspürte. Ringhandt und sechs andere Theologen, unter ihnen der spätere Bischof Albrecht Schönherr, griffen diese Stimmung des Unbehagens auf und luden zum 17. Januar 1958 nach Berlin-Weißensee in die Stephanus-Stiftung zu einer Versammlung ein. Wahrscheinlich beteiligte er sich auch darum, weil sein Freund Kurt Scharf das für gut hielt. Über 200 Teilnehmer, überwiegend Pfarrerinnen und Pfarrer, erschienen.

Ringhandt, der auch die Einladungen verschickt hatte, hielt das Eingangsreferat[97] und wurde 1959 zum Vorsitzenden des Leiterkreises gewählt. Man sei für alle Mitarbeiter, Theologen und Laien, offen und theologisch wie kirchenpolitisch nicht einseitig festgelegt. Allerdings wolle man von der Barmer Theologischen Erklärung her und mit dem Wort des Bruderrates der BK zum Weg der Kirche von 1947, dem Darmstädter Wort, versuchen, die Kirche umzugestalten. Zuerst schilderte der Redner die negativen Folgen eines falschen Rechtsdenkens in der Kirche. Diese poche gegenüber dem Staat auf ihre Privilegien. Das Konsistorium verhalte sich wie eine Behörde, statt Kanzlei zu sein. Das Dienstrecht provoziere eine säkulare Art des Umgangs der kirchlichen Mitarbeiter miteinander. Diese fragten nur nach ihren Rechten und Pflichten, aber ihre geistliche Freiheit ginge verloren. Mit Hilfe der Kindertaufe spanne man auch die Gemeindeglieder unter ein Netz von Rechten und Pflichten. Es gelte, die Freiheit der Verkündigung und des Evangeliums wieder zu gewinnen. Von diesem Maßstab aus müsse das falsche Rechtsdenken und -handeln in der Kirche überwunden werden. Wenn man bedenkt, dass Ringhandt selbst eine strenge Handhabung der kirchlichen Ordnung, etwa der Lebensordnung von 1955, praktiziert hatte, kündigt sich bei ihm nun ein kirchlicher Neuansatz an. Es ging ihm um einen innerkirchlichen Mentalitätswechsel hin zu einer veränderten kirchlichen Praxis.

Die gleiche Intention sprach sich auch in einer Erklärung des WAK zu seinem Selbstverständnis aus, die aufgrund einer Anfrage[98] der Westberliner kirchlichen Pressesprecherin, Lieselotte Besser, angeregt wurde: Der WAK will die Erkenntnisse von Barmen und Darmstadt im Leben und Handeln der Kirche verwirklichen helfen. Mit Hilfe theologischer Arbeit, Gesprächen mit anderen Gruppen und der Kirchenleitung soll das geschehen. Der WAK vertritt keine bestimmte theologische Lehrbildung und hat auch kein politisches Programm und dient nicht bestimmten politischen Konzeptionen. „Er muss darum Missdeutungen zurückweisen, die ihn auf eine bestimmte kirchliche oder politische Front festlegen wollen ... Er ist von staatlichen und kirchlichen Institutionen unabhängig und finanziert sich selbst. ... Er leitet sich selbst durch einen Leiterkreis.“[99]

Im Zusammenhang der Synode im Januar 1960, als es um die Obrigkeitsfrage ging, war der WAK üblen Verunglimpfungen, auch durch die Westberliner Presse, ausgesetzt. Seine Mitglieder galten plötzlich „als Kollaborateure, als Vollzieher eines Auftrags politischer Stellen und als Feinde des Bischofs, die zuletzt in fremdem Solde ihre das Ansehen des Bischofs und der Kirche unterminierende dunkle Arbeit tun“. Auch Ringhandt geriet in dieses Licht.[100]

Die kirchenreformerische Intention des WAK fand einen ersten Ausdruck darin, dass sogleich 1958 die Problematik von Konfirmation und Kindertaufe aufgegriffen wurde. Die Jugendweihe wurde unterschiedlich eingeschätzt. Einige neigten dazu, sie als eine Art Passageritus zu bewerten, den man nicht so ernst nehmen müsse, während eine große Gruppe um Ringhandt ihren atheistischen Charakter und das Gelöbnis auf einen totalitären Staat ablehnte. Entsprechend sei die Gestaltung der Konfirmation einzurichten. Etwa 30 Pfarr- und Laienfamilien hatten inzwischen ihre Kleinkinder nicht taufen lassen. Für sie entwarf der Arbeitskreis eine Vorlage für Kirchenleitung und Synode mit dem Antrag, das Taufalter freizugeben. Das erregte die Lutherische Arbeitsgemeinschaft so sehr, dass sie sogleich einen Antrag an die Synode stellte, bald das Taufthema aufzugreifen, um gegen die „Irrlehre“ des WAK vorzugehen. Die Synode setzte im Januar 1960 einen Ausschuss ein, der sich des Themas in gründlicher Arbeit annahm.[101] Um diese Zeit hielt Ringhandt einen Vortrag, der sich mit dem kirchlichen Umbruch im Osten beschäftigte und Folgerungen für die Kindertaufe zog.[102] Erst 1981 kam es durch einen Beschluss der Berlin-Brandenburgischen Synode in der Ostregion zur Freigabe des Taufalters.

Für 1959 nahm der WAK sich das Jahresthema „missio in nachreligiöser Welt“ vor. Es gab dazu theologische Vorarbeiten. Eine abgeschlossene Vorlage gelang freilich nicht, obwohl Regionalkreise, die man inzwischen gebildet hatte, zum Zeugen, zum Zeugnis und zum Adressaten der missio Entwürfe geliefert hatten. Diese wurden zu einer Vorlage verdichtet.[103] Nun bat Ringhandt in der Einladung zu einer weiteren Tagung darum, sich noch weitere Gedanken zum umfassenden missionarischen Zeugnis zu machen, das mehr als „Mitteilung einer Botschaft“ durch das Wort ist, um dann auch die „nachreligiöse Welt“ noch näher ins Auge zu fassen. Dazu sollte ein soziologischer Vortrag zur heutigen industriellen Welt dienen, der aber offenbar nicht mehr in die Vorlage eingearbeitet wurde. Sie wurde wohl verteilt, aber dann nicht weiter bearbeitet.

Trotz der Orientierung auf innerkirchliche Reformbemühungen brachen kirchenpolitische Fragen durch regelmäßig gehaltene Lageberichte und durch

Mission in einer nachreligiösen Welt. Treffen des Weißenseer Arbeitskreises mit der Rheinischen Bruderschaft 1959 in Brandenburg/Havel: Brigitte Grell, S. R., Martin Rohkrämer, Dieter Linz

die allgemeine kirchliche Entwicklung auf. In einer Eingabe an die Synode der EKD wurde dringend darum gebeten, die unterschiedliche Einstellung zu den Massenvernichtungsmitteln zu klären, den Militärseelsorgevertrag zu ändern und außer der Sonntagsheiligung auch noch andere dringende Fragen zuzulassen.[104] Die Stellungnahme zur Schrift „Obrigkeit?" wurde bereits erwähnt.[105] Es zeigte sich im Laufe der Zeit, dass die sehr unterschiedlichen Geister im WAK sich wohl in der kirchenpolitischen Opposition gegen ihren Bischof zusammenfanden, sich aber doch erheblich voneinander unterschieden.

Als Vorsitzender sorgte Ringhandt mit dafür, dass zwischen 1959 bis 1960 drei Treffen mit ähnlichen Gruppierungen wie der WAK in den anderen Landeskirchen der DDR stattfanden. Gleiche Interessen wurden dabei erkannt und benannt. Allerdings waren diese Gruppen kaum an einer Opposition zu ihrem Bischof oder zu ihrer Kirchenleitung interessiert. Hier bestand ein Unterschied. Als Vertreter aus der Pommerschen Kirche habe auch ich das Ringhandt deutlich gesagt. Er schien darüber ein wenig enttäuscht, zeigte aber dennoch Verständnis.[106] Nach zwei weiteren Begegnungen zwischen den DDR-Arbeitskreisen schlief der Kontakt wieder ein.

Anders war das mit den westdeutschen Bruderschaften. Eine einheitliche deutsche Kirchenreformbewegung sollte auch nach der Vorstellung von Ringhandt entstehen. Darum ließ er sich zu Vorträgen von den westdeutschen Bruderschaften, besonders in Rheinland und Westfalen, einladen. Er knüpfte Kontakte zu Oberkirchenrat Heinz Kloppenburg und Landgerichtsrat Helmut Simon in Dortmund, sowie zu Pfarrer Dieter Linz in Düsseldorf. Es kam dann auch zu mehreren Begegnungen von Mitgliedern der Bruderschaften, zumeist in Ostberlin. 1959 traf sich die Rheinische Bruderschaft mit dem WAK in Brandenburg/Havel.[107] Als man eine Begegnung in Cottbus für das Frühjahr 1960 plante, fiel diese ins Wasser, weil keine Aufenthaltsgenehmigungen für kirchliche Zwecke erteilt wurden. Durch die starke kirchliche Kritik an der Einführung der Landwirtschaftlichen Produktionsgenossenschaften brach der Kontakt nach Westdeutschland vorübergehend ab. Auch beim Rat des Bezirks in Frankfurt/Oder, wo er „gegen ungeheure Praktiken der Zwangskollektivierung" protestiert hatte, fand Ringhandt kein Gehör. Er fand „keine große Bereitschaft, zumal der Staat ja mit der Sozialisierung der Landwirtschaft sich selbst in eine furchtbare Situation gebracht hat"[108]. So blieb es bei Einzelbesuchen und bei Begegnungen in Ost- und Westberlin. Der WAK schloss sich dann als einzige Gruppierung aus der DDR dem Zusammenschluss der westdeutschen Bruderschaften an.[109]

31 Ostdeutsche beteiligten sich in Frankfurt/Main an der Diskussion um die Entschließung des deutschen Linksprotestantismus gegen die atomare Aufrüstung in der Frankfurter Erklärung vom 8. Oktober 1958, in der der status confessionis (Kirchliche Festlegung in einer Lehrfrage, das heißt „Stand des Bekennens", unter Abweisung von Irrlehre) erklärt wurde: Mitbeteiligung an der Atomaufrüstung sei Sünde und radikal abzulehnen. Ringhandt, der bereits als EKU-Synodaler in der Sache 1957 und während der EKD-Synode 1958[110] ebenso gesprochen hatte, warnte allerdings vor einer Ausrufung des „status confessionis" unter Abgrenzung von Andersdenkenden. Er wolle nicht „den Himmel für alle die zuschließen, die noch keine Einsicht in den positiven Zusammenhang von Unglaube und Verteidigung der Atombombe haben. Es ist jetzt sehr wichtig, dass der Klärungsprozess weiter getrieben wird". Die Diskussion um den Begriff „status confessionis" lenke nur ab: „Lasst Euch nicht wegdrängen vom Hauptthema!"[111]

Nach gut zwei Jahren entzog sich Ringhandt dem Weißenseer Arbeitskreis, als er nicht mehr Vorsitzender des Leitungskreises war. Er kam als Mitglied der Kirchenleitung in Rollenkonflikte. Und er spürte, wie sich langsam eine aktive Gruppe mit kirchenpolitischer Staatsnähe zur Regierung der DDR im WAK entwickelte. Von Anfang an hatte GI „Maier", nämlich Professor Hanfried Müller von der Theologischen Fakultät, der im Leitungskreis saß, über sehr viele Zusammenkünfte des WAK dem MfS berichtet und bemühte sich ab Mitte 1959 darum, Ringhandt aus der Leitung zu verdrängen. Der WAK diene diesem nur dazu, eine Gruppe für seine eigenen Intentionen in der Kirchenleitung zur Verfügung zu haben. Er sei Propst Kurt Scharf hörig und habe eine Begegnung zwischen ihm und der Leitung des WAK veranlasst. Ja, er habe Bischof Dibelius versprochen, dafür zu sorgen, dass der WAK nichts gegen ihn unternehme. Im Kontakt mit den westdeutschen Bruderschaften bevorzuge Ringhandt nur die Verbindung zu den rechten Kräften wie Helmut Simon.[112] Er, Hanfried Müller, bemühe sich, als der legitime Vertreter des WAK im Westen an Boden zu gewinnen. IM „Anton", vermutlich Dozent Herbert Trebs, warnte die Staatssicherheit, Hanfried Müller treibe es zu Überspitzungen in seinem Bemühen, die „‚rechten Elemente' herauszuekeln, um mit den verbleibenden ‚Linken' eine brauchbare Politik machen zu können". Er wolle die Verbindung des WAK zu den westdeutschen Bruderschaften und zum Staatsapparat in seiner Hand „monopolisieren". Das schade der Sache.[113]

Ringhandt wurde im Frühjahr 1960 nicht wieder zum Vorsitzenden gewählt, an seine Stelle trat Albrecht Schönherr. Dessen Bemühungen, den WAK vor einem zu staatshörigen „Linksdrall" zu bewahren, betrachtete Ringhandt mit Skepsis.[114] Als Schönherr zum Verwalter des Bischofsamtes berufen wurde, zog er sich 1967 aus den gleichen Gründen aus der Mitarbeit im WAK zurück wie Ringhandt. Das übergroße Interesse an kirchenpolitischen Fragen hatte angefangen, die ursprünglich ins Auge gefassten Bemühungen um eine Kirchenreform zurückzudrängen. Aus Westberlin und Brandenburg beteiligten sich weniger Mitarbeiter, die Dominanz des Ostens nahm zu und wurde besiegelt, als die Mauer ein Zusammenkommen nicht mehr erlaubte. Die Zahl der Teilnehmer am WAK ging zurück.

Erweiterung des Radius

Es zeigte sich nach 1955, dass Ringhandt in seiner Wirksamkeit immer mehr über seinen Kirchenkreis hinaus wuchs und zu einem bekannten kirchenkritischen Mitglied der Kirchenleitung geworden war. Er wurde immer mehr zu Vorträgen aufgefordert, die er zwar oft genug aus begrenztem Zeitfonds ablehnte; aber in der Evangelischen Akademie, in der Evangelischen Studentengemeinde und anderen kirchlichen Werken wurde er durch seine Bibelarbeiten und Vorträge bekannt. Auch bei Kirchentagen trat er auf. In ein kirchenleitendes Amt wurde er freilich nicht berufen, obwohl er zu den entscheidenden Theologen in der Ostregion Berlin-Brandenburgs gehörte und mit Oberkonsistorialrat Erich Andler und Propst Kurt Scharf freundschaftliche Verbindungen unterhielt. Er galt für Otto Dibelius und andere Mitglieder der Kirchenleitung als zu unbequem.

Anmerkungen

1 Der Umweltminister Matthias Platzeck von Brandenburg und General Peter von Kirchbach hießen deutschlandweit „Held von der Oder", weil sie sich bei der großen Überschwemmung von 2002 bewährt hatten. Im Anklang daran ist diese Überschrift gewählt worden.

1 Vgl. die entsprechende Berufungsurkunde. In: Personalakte Konsistorium.

2 MfS BStU 2492 7 75 Bd. 2, S. 108.

3 Bekenntnissynode der Mark Brandenburg vom 22.–24.10.1945 in Berlin-Spandau, Evangelisches Johannesstift, S. 50–61.

4 Vgl. Dokument 6, S. 182–193; Siegfried Ringhandt, Zur Neuordnung der Kirche. Korreferat am 23.10.1945 auf der 1. Bek.-Synode der Mark Brandenburg nach dem Kriege. 22.–24.10.1945 (z. T. handgeschrieben, z. T. mit Schreibmaschine).

5 Bekenntnissynode Mark, S. 74–76.

6 Ebd., S. 40.

7 Verhandlungen der Berlin-Brandenburgischen Provinzialsynode, 2. Tagung vom 4.–8.10.1948, Berlin 1950, S. 80–83; 3. Tagung vom 13.–15.12.1948, S. 109.

8 Brief vom 9.5.1989 an Hartmut Ludwig, in: ELAB NL Seelow.

9 Vgl. die entsprechenden Berufungsurkunden. In: Personalakte Konsistorium.

10 Fragment eines Tagebuches zwischen Weihnachten 1946 und dem Januar 1947, 24./25.12.1946. In: ELAB NL Seelow.

11 Fragment eines Tagebuches, 20.1.1947. In: ELAB NL Seelow.

12 Vgl. Dokument 7, S. 193–196. Siegfried Ringhandt, Bericht über einen Kirchenkreis, 1947. (masch.); Ders., Kirchliche und soziale Zustände im Kirchenkreis Seelow, 28.10.1946 (masch.). In: ELAB NL Seelow.

13 Dieses Zitat stammt aus dem Bericht vom 28.10.1946.

14 Pfarrer Robert Koll, damals Vikar und Pfarrer in Seelow, übergab mir zehn Gedichte, die hier nicht alle zitiert werden.

15 Hermann Grauel. In: ELAB NL Zeitzeugenberichte.

16 Heinrich Hellstern, Evangelische Existenz in einer unsicheren Welt. Aus dem Bericht über das Jahr 1958 des Hilfswerks der Evangelischen Kirchen in der Schweiz. In: JK 1958, S. 488–491. – Der Artikel enthält den letzten Bericht Ringhandts für das Schweizer Hilfswerk.

17 Robert Koll. Bericht vom 30.9.2005. In: ELAB NL Zeitzeugenberichte.

18 Ebd.

19 Siegfried Ringhandt, Jahresbericht vor der Kreissynode 1953, Einleitung (Masch.). In: ELAB NL Seelow. Vgl. auch Hans-Georg Rieger, Kirchen im Oderbruch, Frankfurt a. M. 1992.

20 Heinrich Hellstern, Evangelische Existenz (wie Anm. 16), S. 488. 491.

21 Klaus Zebe, Erinnerungen an Siegfried Ringhandt, S. 2. In: ELAB NL Zeitzeugenberichte.

22 Jahresbericht 1953.

23 Vgl. S. 86.

24 Vgl. S. 87.

25 Bericht Annekathrin Seeber vom 3.10.2005. In: ELAB NL Zeitzeugenberichte.

26 Bericht Koll.

27 Bericht Zebe.

28 Brief von P. Fritz Kühne, Golzow, vom 21.5. 1960. In: ELAB NL Seelow.

29 Ebd., S. 2.

30 Zeitzeuge Reinhard Becker, damals Pfarrer im Kirchenkreis Seelow.

31 Information der Kreisleitung der SED vom 1.11.1952. In: MfS BStU XV/266/62, S. 21.

32 Hermann Grauel.

33 Bericht Koll.

34 Ebd.

35 Ebd.

36 Zitat von Ringhandt. Nach Bericht Koll.

37 Bericht Seeber.

38 Mitteilung von Melitta Schüler am 3.5.2006.

39 Bericht Seeber.

40 Bericht Koll.

41 Bericht Seeber.

42 Bericht Koll.

43 Ebd.

44 Bericht Seeber.

45 Bericht Koll, S. 2: „Da unterschied er sich sehr von dem ‚Michaelsbruder' Generalsuperintendent Günter Jacob, der einmal in den 40er Jahren Blumentöpfe statt Schnittblumen auf dem Altar einer kleinen Oderbruchgemeinde kritisierte."

46 Bericht Koll, S. 2.

47 Ebd.

48 Almuth Heym, geb. Kehr, Kirchenkampf in Seelow, Berlin 1998.

49 Bericht Koll.

50 Ebd., S. 4.

51 Mitteilung eines Gemeindegliedes während eines Gemeindeabends am 25.10.2006 in Seelow.

52 Bericht Koll. – Der heutige Superintendent Roland Kühne berichtete am 10.5.2006, dass noch heute von Nichtchristen die rigorose Amtshandlungspraxis seines Vorgängers als Grund für ihren Kirchenaustritt angegeben wird.

53 Brief von G.T. vom 20.12.1956 an S. Ringhandt. In: ELAB NL Seelow.

54 Bericht des GM „Paul" vom 1.11.1955. In: MfS BStU 2492/75, Bd. 1, S. 42.

55 Auskunft von Pfarrerin i.R. Dorothea Dressel vom 6.2.2007.

56 Verhandlungen der Berlin-Brandenburgischen Provinzialsynode. Zweite Tagung vom 4.–8.10.1948, Berlin 1950, S. 80–83.

57 Brief eines Pfarrers vom 12.1.1951. In: ELAB NL Seelow.

58 Mündliche Mitteilung des Westberliner Kuriers, Pfarrer Paul-Gerhard Kunze, vom 12.8.2005. In: ELAB NL Zeitzeugenberichte.

59 Reymar von Wedel, „Im Auftrag des Bischofs". Zum 85. Geburtstag von Kurt Scharf, o.J., S. 6.

60 Vgl. S. 105.

61 MfS BStU 2492/75 Bd. 2, S. 59. 69.

62 Johannes Langhoff, Brückenbau und Gemeinschaft. Die Geschichte des Nordisch-Deutschen Kirchenkonvents 1949–1999, Leipzig 1999.

63 Friedrich Winter, Die Evangelische Kirche der Union und die DDR. Beziehungen und Wirkungen, Bielefeld 2001, S. 88.

64 Brief von Otto Dibelius an Otto Grotewohl. In: JK Juli 1959, S. 88–90.

65 Otto Dibelius, Obrigkeit? Eine Frage an den sechzigjährigen Landesbischof (Hanns Lilje), Berlin 1959.

66 JK November 1959, S. 565f.

67 Brief aus der Kirche an den Bischof. In: JK November 1959, S. 561–564.

68 Peter Kraske, Wir sind doch Brüder. Ein Leben als Pastor im geteilten Berlin mit Erinnerungen an Synoden, Gemeinden und Bischöfe, Berlin 2005, S. 143.

69 In einem Brief von Superintendent Friedrich Krahnert aus Pankow am 27.7.1959 an Dibelius und Ringhandt in Abschrift findet er es richtig, dass der Bischof nicht zurückgetreten, andererseits aber Ringhandt ebenfalls in der Kirchenleitung geblieben sei. Er gehört in sie „hinein als ein Mann, der Anliegen vertritt, die viele Amtsbrüder und Gemeindeglieder vielerorts bewegen...". In: ELAB NL Evangelische Studentengemeinde (ESG).

70 Streng vertraulicher Brief von Ringhandt „An einige Freunde" vom 12.2.1960, S. 7. Dieser Brief gelangte auch in die Hände des MfS. In: MfS BStU 20110/92, S. 75f.

71 Brief von Ringhandt vom 19.3.1960 an CDU-Reporter Eberhard Klages aufgrund eines Briefes von E. Klages vom 6.2.1960. Dieser beteuerte, er habe keine staatliche Stelle über den Synodenantrag informiert.

72 Vgl. den Brief an Oberkirchenrat Kloppenburg vom 31.1.1960, Herausgeber „Junge Kirche" und Mitglied der Bruderschaften in der Bundesrepublik. In: ELAB NL ESG. – Laut Rudolf Weckerling stammen drei Thesen von Siegfried Ringhandt. In: Friedrich-Wilhelm Marquardt, Kirche der Menschen. Unterwegs, Nr. 14, Berlin 1960, S. 4f. Darin warnt er vor der Verwechslung von weltlicher und christlicher Freiheit und einem klerikal verstandenen Bischofsamt.

73 Walter Dressler, ehemaliger Deutscher Christ, nahm schon bald nach 1945 an staatlichen und sonstigen politischen Versammlungen teil und sprach sich in der Presse uneingeschränkt für die Politik der DDR aus. 1950 schied er aus dem Pfarrdienst aus und wurde Lehrer. In: Personalakte Walter Dressler, Schreiben vom 11.11.1950.

74 Bericht Zebe, S. 2.

75 Werner Eggerath war von 1957 bis 1960 Staatssekretär für Kirchenfragen.

76 Bericht Zebe, S. 2.

77 Beschwerdebrief an Staatssekretär Dr. Geyer in Berlin vom 3.6.1953. In: ELAB NL Seelow.

78 Brief an den Pfarrkonvent vom 13.5.1948. In: ELAB NL Seelow.

79 Superintendent Ringhandt – ein Friedensfeind. In: Neues Deutschland vom 12.8.1950. In: Pressearchiv ELAB Ringhandt.

80 Christian Halbrock, Evangelische Pfarrer der Kirche Berlin-Brandenburg 1945–1961. Amtsautonomie im vormundschaftlichen Staat, Berlin 2004, S. 282–285.

81 Brief von Ringhandt vom 28.5.1979 an Hartmut Ludwig. In: ELAB NL Seelow.

82 Nach Ehefrau Christa Ringhandt, Notizen 1994 in: MfS BStU XV/266/62, S. 18.

83 Christa Ringhandt: Ebd., S. 19.

84 Ebd., S. 11.

85 „Ringhandt ist wütend auf die DDR, weil er einmal in der Haftzeit (1950) geprügelt worden ist." Das Zitat findet sich bei Christian Halbrock, Evangelische Pfarrer, S. 284.

86 Ebd.

87 Christian Halbrock, Evangelische Pfarrer, S. 283.

88 Bericht Koll, S. 5; vgl. auch MfS BStU 94/62, S. 23–26.

89 Operativplan der Kreisverwaltung Seelow vom 20.2.1953. In: Christa Ringhandt, Notizen 1994. In: MfS BStU XV/266/62, S. 24.

90 Protokolle von den Gesprächen Ringhandts mit dem Rat des Bezirks in Frankfurt/Oder liegen für 1958 vor.

91 Vgl. die berühmte Schrift von Johannes Hamel, Christ in der DDR, Berlin 1957.

92 Bericht Zebe, S. 2.

93 Kurt Scharf, Brücken und Breschen. Biographische Skizzen. Hg. von Wolf-Dieter Zimmermann, Berlin 1977, S. 110–112. 117f.

94 Aussprache mit Superintendent Ringhandt durch die Abteilung V/4 aus Frankfurt vom 28.1. und 6.2. 1956. In: MfS BStU 2492/75, Bd. 1, S. 43–49.

95 Ebd., S. 60f.

96 IM-Vorlauf, 21 S. Er lief vom 14.11.1960 bis zum 2.1.1962, also über 13 Monate. In: MfS BStU 94/62.

97 Vgl. Dokument 8, S. 196–211. – Zum ersten Mal wird die Rede abgedruckt. Sie trägt keine Überschrift.

98 Brief Lieselotte Besser vom 9.1.1960 an Ringhandt. In: ELAB NL WAK.

99 Erklärung vom 29.3.1960. In: ELAB NL WAK. – Vgl. auch ZdZ 1960, S. 233f.

100 Siegfried Ringhandt, Brief „Streng vertraulich ... An einige Freunde" vom 12.2.1960. In: MfS BStU 20110/92, S. 76.

101 Jürgen Henkys, Freigabe der Erwachsenentaufe? Gespräch der Lutherischen Arbeitsgemeinschaft mit dem Weißenseer Arbeitskreis. In: ZdZ 1960, S. 230–233; Gottfried Forck (Hg.), Wie soll es bei uns weitergehen? Zwölf Gemeindebriefe, Berlin 1970.

102 Siegfried Ringhandt, Probleme heutiger Taufpraxis im kommunistischen Machtbereich (masch.), Juli 1960. In: ELAB NL Vorträge.

103 Studienfragen zum Thema für eine noch zu erstellende Thesenreihe im Brief vom 30.8.1959. In: ELAB NL WAK. – Zwei Referate, die bereits gehalten wurden, sind abgedruckt in KidZ 1959, H. 4.

104 Eingabe an den Rat der EKD, z. Hd. Bischof D. Dr. Dibelius, unterzeichnet von Ringhandt am 22.6.1959. In: ELAB NL WAK; JK 1959, 6, S. 349.

105 Vgl. S. 112.

106 Gespräch aus Anlass der so genannten „Kontaktkonferenz" vom 12.1.1960 (laut Tagebuch Friedrich Winter).

107 Einladung zum 31.3. und 1.4.1959 durch Ringhandt und Brigitte Grell vom 3.3.1959. In: ELAB NL WAK: Begegnung in der DDR. In: KidZ 1959, S. 149–150.

108 Brief von Siegfried Ringhandt an Pfarrer Dieter Linz, „Leiter der Kirchlichen Bruderschaft im Rheinland", ohne Datum, ca. Mai 1960. In: ELAB NL WAK

109 Das wird festgehalten in der „Erklärung" vom 30.3.1960. In: ELAB NL WAK. – Vgl. auch JK 1959, 6, S. 301f.

110 JK 1958, S. 234.

111 Brief von S. Ringhandt an Dieter Linz vom 3.9.1958. In: ELAB NL WAK.

112 GI „Maier" bzw. „Meier", mit Klarnamen Professor Hanfried Müller von der Theologischen Fakultät der Humboldt-Universität. In: MfS BStU A 387/85, Bd. 1: Berichte über den WAK 1958 und 1959, S. 219, 223–232, 236–241, 244, 249. – A 387/85, Bd. 2: Berichte über den WAK 1958 bis Oktober 1960, S. 9f., 12–22, 29 31f., 40–54, 62–64, 68–77, 86–98, 112, 118–123, 125–134, 160–162.

113 BStU A 387/85, Bd. 2, S. 166–167. – Ein Überblick über Bruderschaften im Osten und im Westen aus Sicht der DDR, darunter dem WAK, findet sich in: Gerhard Besier/ Stephan Wolf (Hg.), „Pfarrer, Christen und Katholiken". Das Ministerium für Staatssicherheit der ehemaligen DDR und die Kirchen, 2. Aufl., S. 228–250. – Laut Brigitte Grell, Chefredakteurin der „Potsdamer Kirche" und Schriftführerin des WAK, bestand 1960 zwischen Ringhandt und Schönherr kein sachlicher kirchenpolitischer Dissens, wie es sich für das MfS darstellt laut Besier, S. 237–240. Auch Schönherr lehnte das kirchenpolitische Agieren von Gerhard Bassarak, Hanfried Müller und anderen ab.

114 Einen instruktiven Bericht über seine Mitarbeit in der Leitung des WAK bietet Albrecht Schönherr in seiner Biographie. In: ... aber die Zeit war nicht verloren. Erinnerungen eines Altbischofs, Berlin 1993, S. 196–204.

VI. Der väterliche Studentenpfarrer (1959–1963)

Der Ruf nach Berlin

Als Gottfried Forck die Studentengemeinde in Ostberlin verließ, wurde Ringhandt zum Herbstsemester 1959 sein Nachfolger. Es war ungewöhnlich, dass ein Mann in diesem Alter von dreiundfünfzig Jahren noch zur Arbeit an den Studenten delegiert wurde; aber diese mochten ihn. Als er Bedenken äußerte, schrieb eine Studentin: „Wir halten einfach, soweit wir Sie die Ehre hatten zu kennen, die Bedenken betreffs des Abstandes von der ‚skeptischen‘ zur älteren Generation nicht für stichhaltig."[1] Offenbar war er in der Lage – ähnlich wie vorher bei den jungen Theologen in Seelow –, jungen Menschen als väterlicher Freund und Begleiter zur Seite zu stehen. Es sind Briefe von Studenten erhalten, die das im Rückblick dankbar betonen. „... unsere Jungen haben in Ihnen oft den im Krieg verlorenen Vater gefunden, wir alle haben in Ihnen die unserer Generation so fehlende, hier aber bereitwillig anerkannte Autorität gefunden."[2] Nicht alle Studenten dachten so. Wer zu Hause einen entsprechenden kräftigen Vater hatte oder auch aus anderem Grunde unsicher oder auf Selbständigkeit bedacht war, rieb sich an der starken Natur des Studentenpfarrers.[3] Man empfand ihn als zu „autoritär".

Die Wohnung am Stadtrand

Es war für das Ehepaar Ringhandt nicht leicht, eine angemessene Bleibe in Berlin zu finden. Der Magistrat verweigerte ihm die damals noch nötige Zuzugsgenehmigung, weil ihm offenbar die Seelower politischen Stellen kein positives Zeugnis ausgestellt hatten. Weder die bei der Regierung wenig geschätzten Pröpste Schutzka und Scharf, noch der nach dem Bau der Mauer als einzig genehmer kirchliche Unterhändler bei staatlichen Stellen, Generalsuperintendent Fritz Führ, erreichten etwas.[4] Der Versuch, ihn zum Pfarrer von Georgen-Parochial zu machen, der zugleich das Studentenpfarramt wahrnahm, fiel auch negativ aus. „Unser Studentenpfarrer hat immer noch um eine Wohnung zu kämpfen, dazu um die eigene und die Gesundheit seiner Frau."[5]

Fast ein Jahr lang musste Familie Ringhandt noch in Seelow wohnen bleiben. „Was meine persönliche Lage betrifft, ist sie ungewisser als je. Zuzug nach Berlin ist hoffnungslos. Mein Nachfolger kann sich wegen einer unheilbaren Erkrankung seiner Frau nicht entscheiden zu kommen ... Wenn er nicht kommt, kann ich auch nicht weg, ehe ein neuer Mann gefunden ist."[6]

Weil sich mit Berlin nichts tat, musste das Ehepaar Ringhandt wohl oder übel im September 1960 nach Rüdersdorf bei Berlin ziehen, etwa 35 Kilometer vom Zentrum in Ostberlin entfernt. Wenigstens dort bekam es eine Aufenthalts- und Zuzugsgenehmigung.[7] Die ESG besaß im Heinrich-Grüber-Haus (Gemeindehaus von St. Marien) ihre Zentrale im oberen Stockwerk. Es bedeutete für Margarete Ringhandt eine ernste Schwierigkeit, dass sie nun draußen vor den Toren Berlins in einem Heim der Inneren Mission unter Behinderten leben musste, während ihr Mann zum Dienst fort war, der sich oft genug bis nach Mitternacht ausdehnte. Ein eigenes Telefon bekam das Ehepaar nicht. Nur selten konnte sie am Leben der Studentengemeinde teilnehmen. Ungewohnt war auch, dass das Ehepaar mit dem Vater aus einem großen Pfarrhaus in eine Dreizimmerwohnung umziehen musste. Viele Sachen konnten nicht aufgestellt werden, vor allem Bücher. Erfreulich war, dass ihr das Klima im Unterschied zu Seelow besser zusagte, wenn nicht im Sommer ungünstige Dünste von den Rüdersdorfer Zementwerken ausgingen. Die gesamte Situation, Wohnungsprobleme und Vertretung an alter Stelle in Seelow, dazu der Streit mit dem Bischof,[8] waren für Ringhandt so belastend, dass er im November 1959 zusammenbrach und einige Wochen mit einem Magenleiden im Krankenhaus lag. Doch er erholte sich wieder.

Verkündigung

In der ESG nahm er selbstverständlich den Verkündigungsdienst wieder auf, wie er ihm von den Studenten zugeteilt wurde: Bibelarbeit, Gottesdienst und Vorträge hatte er zu halten. „Aber es passierte wieder etwas in der Studentengemeinde. Teils aus Neugier, teils wirklich aus Hunger nach einer jungen, aktuellen Aussage füllten sich die beängstigend leer gewordenen Stuhlreihen wieder und reichten manchmal nicht aus."[9] „Die Bibelstunden wurden dadurch aufgelockerter, dass Pfarrer Ringhandt Fragen einstreute. Wenn auf der einen Seite dadurch bisweilen eine Atmosphäre der Christenlehrestunden entstand, so hat es auf der anderen Seite geholfen, die Texte wesentlich besser zu verstehen."[10] Er trug „prägnante Analysen, klare Sätze zum Verhalten", auch im politischen Bereich, vor. Er hat eine klare „theologische Auslegung" vorgenommen, dabei „auf uns gehört". Hielt er sie erst zurück, haben wir „auf sein Votum gewartet"[11]. Das Frühjahrssemester 1961 weist im Programm der ESG für ihn elf Bibelarbeiten und Gottesdienste aus.

Regelmäßig hielt er einen Frageabend: Theologie für Nichttheologen. Oder er hielt Vorträge, so zum Thema des Atheismus. „Wir Vertrauensstudenten kannten Sie aus Bad Saarow, wo Sie uns mit dem Wort vom ‚methodischen Atheismus' eine große Hilfe gegeben hatten. Ich war froh, für mein technisches Chemiestudium nun auch ein rechtfertigendes Wort zu wissen."[12] Ringhandt meinte damit, dass der Fachwissenschaftler auf seinem Gebiet frei forschen und dabei die Gottesfrage ausklammern dürfe.

An sich ging er davon aus, dass die Studenten nach dem Studium wieder in einer Ortsgemeinde ansässig würden. Dafür gab er drei Regeln aus: „1. Eine Mitarbeit in der Ortsgemeinde ist selbstverständlich. 2. Man suche sich zwei oder drei Mitchristen, mit denen man einen persönlichen Austausch pflegen kann. 3. Wir wollen nicht resignieren."[13] Die Bindung an ihren „Pastor" hielt bei vielen Ehemaligen über das Studium hinaus an. Bis kurz vor seinem Tod sammelte sich ein Kreis von Akademikern alle zwei Monate mit ihm. Er fuhr auch mit ihnen jährlich zu besonderen Tagungen nach auswärts. Absolventen baten um Rat. Eine Lehrerin schrieb ihm aus Wismar: „Ganz plötzlich und für mich völlig unerwartet erhielt ich meine Versetzung an die Grundschule, aus ideologischen Gründen. Dabei ist es mir gänzlich unklar, an welche Schule ich nun soll, ebenso auch, welche Fächer und Klassen ich unterrichten soll ... Beschweren kann ich mich auch kaum ... Ich selbst halte es für völlig sinnlos, (an der Grundschule) noch einmal dasselbe Theater zu erleben, denn offensichtlich will man mich nicht aufgeben. Nun hätte ich gern Ihren Rat gehört und möchte deshalb anfragen, ob ich Sie im Laufe der nächsten Woche ... sprechen kann."[14]

Er nahm an Bibelrüstzeiten teil, wie die gemeinsamen Wochenenden heißen mussten. Dazu gehörten auch so genannte „Schwesterntagungen" mit den Studentengemeinden von Bethel, Karlsruhe und Köln. Die Treffen mussten allerdings in Ost- oder Westberlin stattfinden, weil die Studenten bereits vor dem Bau der Mauer keine Reiseerlaubnis mehr nach Westdeutschland erhielten. Nicht nur die Berliner, auch die übrigen Studentengemeinden in der DDR führten Begegnungstage mit ihren Partnergemeinden in den Räumen der Berliner ESG durch. Die Berliner Gemeinde, einschließlich ihres Studentenpfarrers, der hier eine Mitverantwortung trug, tat damit einen stellvertretenden Dienst für den Osten, der umso notwendiger wurde, nachdem die Mauer gebaut worden war.

Seelsorge

Zum Dienst gehörte die Seelsorge an fragenden Studenten, indem Ringhandt sie beriet und in besonderen Notfällen auch finanziell unterstützte. „Uns Mädchen gaben Sie Sicherheit im eigenen Urteil, die bei studierten Frauen so oft verlästert wird."[15] Im Herbst 1961 eröffnete sich mit der Vorbereitung der Einführung der Wehrpflicht ein völlig neues Feld für die seelsorgerliche Beratung der Studenten. Während die Theologische Fakultät den Wehrdienst für notwendig hielt, kritisierte die Kirchenleitung das und trat für die Wehrdienstverweigerer ein. Ringhandt als ihr Mitglied hatte Anteil an dieser Kritik an der Fakultät und forderte die Studenten auf, den Wehrdienst zu verweigern. Schon seit einigen Jahren gab es in der kirchlichen Jugendarbeit Tendenzen, angesichts der beiden deutschen Staaten und der atomaren Bedrohung über die Wehrdienstverweigerung intensiv nachzudenken.[16] Das wurde besonders akut, als im Januar 1962 der Wehrdienst zur Pflicht wurde. Es heißt von Ringhandt: „Nach dem 13. August 1961 nahm Ringhandt zum FDJ-Appell zur Verteidigung der Heimat Stellung und betonte, dass ein wahrer Christ diesen Appell nicht unterschreiben könne."[17]

Alle diese selbstverständlichen Dienste erstreckten sich auf die Humboldt-Universität. Der Ostberliner Studentenpfarrer sollte jedoch auch einen Blick für die kleinen oder auch großen sonstigen Berliner Fach- und Hochschulen im Osten haben. Wie weit ihm das gelungen ist, ist nicht niedergelegt worden.

Zwei Phasen des Dienstes

Der Dienst Ringhandts war politisch gesehen durch zwei Phasen beeinflusst. Bis zum Bau der Mauer 1961 bestand ein Zusammenhalt zwischen den Studentengemeinden in West- und Ostberlin: Humboldt-Universität, Freie Universität, Technische Universität und Kirchliche Hochschule. Die Studentenpfarrer trafen sich regelmäßig im „Konzil". Recht optimistisch verhielt sich Ringhandt: „Es wird erörtert, dass relativ wenig östliche Studenten an Westberliner Freizeiten und Veranstaltungen teilnehmen. Nach S. Ringhandt ist das Zeichen einer gewissen Psychose. Bisher ist daraufhin nämlich nichts weiter erfolgt, als dass einige Studenten deswegen in der Universität Aussprachen hatten."[18] Auch die Vertrauensstudenten kamen über die Grenze hinweg zusammen. Gemeinsame Veranstaltungen, besonders Gottesdienste fanden statt, etwa zum Himmelfahrtsfest, so dass der Horizont der Studenten aus dem Osten dadurch erweitert wurde. Für die westlichen Studenten war es umgekehrt der Fall. Freilich konnte sich nicht jeder Student der Ostgemeinde aufgrund seiner politischen Einbindung in seine Fakultät an diesen Ost-West-Begegnungen beteiligen. Trotzdem lag über der Arbeit der Berliner Studentengemeinden durch die offene Stadt eine besondere Weite. Die Gemeinden fanden sich in einer Kirche zusammen, die die politische Grenze überschritt. „Die besondere Lage Berlins führt dazu, dass wir oft von westdeutschen und ausländischen Studenten besucht werden. In den Gesprächen sind wir gezwungen, unsere eigene Situation zu überdenken."[19]

Mit dem Mauerbau wurde der Kontakt nach Westberlin unterbrochen. Damit begann eine zweite Phase. Westberliner Studenten konnten nur mit einem westdeutschen Pass in den Osten kommen. Es wurde schwierig, Kontakt zu halten. Gemeinsame Veranstaltungen fielen gegenüber früher fort. Erst in der Folgezeit gab es wieder Begegnungen, aber in geringerem Maße. Die Semesterberichte der Vertrauensstudenten schweigen darüber. Trotz des

Mauerbaus nahm freilich das reiche Leben der ESG im Osten mit um 100 Studenten nicht ab. Im Gegenteil, der Besuch nahm wieder zu: „Wenn Pfarrer Ringhandt zur Einleitung am 6. September 1961 sagte ..., es sei mehr ein Bericht dessen, was im Augenblick existiert, so stand das wohl bisher noch selten so im Vordergrund: Fragen, die neu daraus entsprangen, waren z. b. auch: Wie sehen wir das Berlin-Problem, wie stehen wir zur militärischen Ausbildung, was bedeutet uns Gottes Wort, wenn wir in Bedrängnis und Haft geraten? So ist der Besuch der Bibelstunden im Okt./Nov. sehr stark angestiegen."[20] Auch die Zahl der zehn „Kleinkreise", in denen sich die Studenten in kleinen Gruppen trafen, ging nicht zurück.

Gefährdet an der Nahtstelle zwischen Ost und West

Weil er an der Berliner Nahtstelle zwischen Ost und West arbeitete, wurde er seitens staatlicher Stellen mit großem Misstrauen gesehen. Das zeigt nicht nur die Ablehnung der Wohnungsanträge. Seit 1960 wurde auch ein „Operativer Vorgang" (OV) eingeleitet mit dem Ziel, ihn erneut zu verhaften. Mehrere Geheime Informanten (GI) wurden auf ihn angesetzt, bis dahin, dass sie sich etwa als vom Staat Bedrängte ausgaben, um ihn, wenn er sich öffnete, auszuholen. Am 16. Januar 1962 lag ein Festnahmevorschlag vor. In ihm ist auf 22 Seiten belastendes Material zusammengetragen worden, die folgende Straftatbestände erweisen sollten: „Hetze und Verleumdung gegen die DDR, Entwicklung einer illegalen konterrevolutionären Gruppe innerhalb der so genannten ESG"[21]. Bei letzterem handelte es sich um Sitzungen der offenen Mitarbeiterversammlung und des Vertrauenskreises, der mit dem Pfarrer zusammen die Gemeinde leitete und jedes Semester seine Zusammensetzung wechselte. In dem Kreis übte Ringhandt offenbar neben der Klärung von Sachfragen auch drastische politische Kritik. Er erzählte unvorsichtig auch politische Witze. „Ringhandt ... war sehr aufgelegt und fragte, ob schon der neueste Witz bekannt sei. Er erzählte dann: Walter Ulbricht ist mit Lotte während der Geburtstagsfeier (nicht allein), wo Walter dann sagt, dass es doch ganz schön wäre, wenn man einmal allein Geburtstag feiern könnte. Worauf Lotte dann antwortet, dann brauchst Du nur die Mauer zu öffnen und Dein Wunsch ist in Erfüllung gegangen."[22] Im Festnahmevorschlag heißt es: „Ringhandt ist es durch seine zielstrebige feindliche Propaganda gelungen, Teile der ESG ... so zu beeinflussen ..., dass diese Mitglieder bei der Entwicklung der Humboldt-Universität einen Störfaktor darstellen ... Das Auftreten einzelner ESG-Mitglieder war mit Hetze und Verleumdung gegen die FDJ und die Nationale Volksarmee verbunden. Deshalb mussten bereits die ehemaligen Vertrauensstudenten ... inhaftiert werden. Weiterhin wurden ... verschiedene Mitglieder der ESG ... exmatrikuliert oder erhielten andere Disziplinarstrafen."[23] Auch wenn man das belastende Material für eine Verhaftung als ausreichend ansah, entschied doch die Zentrale des MfS anders. Die Aussagen der Informanten zeigten nicht deutlich genug seine Staatsfeindschaft. Oder man meinte, man verliere die bisherigen Beobachter und Berichterstatter über die ESG, wenn sie in einem Prozess als Zeugen aussagen würden, weil sie dann enttarnt würden. Ein Grund war auch, dass man den politischen Lärm durch die westlichen Medien und durch die Kirchenleitung fürchtete, den die Verhaftung dieses bekannten Pfarrers machen würde. So wurde verfügt, noch weiter zu suchen, ob Ringhandt nachrichtendienstliche Verbindungen zu ausländischen Geheimdiensten unterhalte und Spionage treibe. Dabei kam nichts heraus. Daraufhin wurde mit seinem Abgang aus der ESG der Versuch, belastendes Material für eine Verhaftung zu suchen, beendet. Die gesammelten Aktenbestände wurden in eine Operative Personenkontrolle (OPK) „Gernegroß" verwandelt. So lautete nun der „Deckname" Ringhandts. Fortan stand er unter spezieller Beobachtung, aber an eine Verhaftung wurde nicht mehr gedacht.[24]

Doch es wurden, wie bereits erwähnt, Ende 1961 zwei ehemalige Vertrauensstudenten verhaftet. Das war einmal die Chemiestudentin Sabine Rakow. Sie hatte sich nach dem Mauerbau kritisch zum Wehrdienst von Studenten geäußert. Ringhandt vermittelte zwischen den Eltern und dem Rechtsanwalt.[25] Sie erhielt eine Haftstrafe von zehn Monaten „wegen staatsgefährdender Hetze".

Ihre Haftzeit wurde dazu benutzt, um sie nach Ringhandt zu befragen: gegenseitiges Kennenlernen, sein beruflicher Werdegang, seine Mitarbeit in der Kirchenleitung, Stellung zu Bischof Dibelius, Tätigkeit in der ESG, seine Stellung zum Wehrdienst, zur sozialistischen Umgestaltung der Landwirtschaft, Bedrängnis von Bauern, Beziehungen zur Prager Christlichen Friedenskonferenz.[26] Die gleichen Fragen wurden dem anderen verhafteten Vertrauensstudenten, Christoph Hoffmann, gestellt. Beide Studenten antworteten offen, doch so, dass Ringhandt dadurch nicht belastet werden konnte.[27]

Auch im Falle von Christoph Hoffmann versuchte Ringhandt zu helfen. So ging er in das Hauptquartier des MfS in der Berliner Normannenstraße und fragte nach dem Ergehen der Verhafteten. Dieser musste neun Monate Haft absitzen wegen „Staatsverleumdung".

Die Verhaftungen, aber auch die Offenbarung eines wichtigen Geheimen Mitarbeiters bei Ringhandt machten ihn nervös, so dass er häufig vor den Machenschaften des MfS warnte. Manche Studenten fühlten sich dadurch beunruhigt und hielten das Leben in der ESG für zu riskant. Sie blieben ihr fern. Der Pfarrer drängte auf eine entschiedene christliche Existenz der Studenten, auch im politischen Raum. „Die Bibelstunde vom 7.2.1962, welche vom Studentenpfarrer Ringhandt geleitet wurde, stand ganz im Zeichen der Neuorientierung der Gemeinde ... dass die Arbeit der ESG nach innen und nach außen viel stärker zum Ausdruck kommen muss. Jeder erhielt den Auftrag, neue Mitglieder der ESG zuzuführen ... Die Mitglieder sollen zu jeder

Zeit ihren christlichen Standpunkt darlegen und auch dafür eintreten ... Die Arbeit nach außen soll ... sich in der Richtung bemerkbar machen, dass das Altersheim in Sachsenhausen, ein jüdisches Altersheim in Berlin und das Königin-Elisabeth-Hospital aktiv von der ESG unterstützt werden ... Jedes ESG-Mitglied ein aktiver Funktionär in der ESG."[28]

Gegen Ende der ESG-Zeit entstand eine Verbindung zu Robert Havemann, seiner Familie und seinen Freunden, der bei Walter Ulbricht in Ungnade gefallen war, weil er liberalmarxistische Vorlesungen gehalten hatte. Dieser Kontakt blieb bis zum Tode Havemanns erhalten.[29] Auch darum wurde Ringhandt scharf beobachtet.

Weitere Tätigkeiten

Ringhandt wirkte auch über die ESG hinaus. Er hielt Vorträge, besonders für Gruppen, die aus Westdeutschland nach Ostberlin kamen. Das entscheidende Gremium, in dem Ringhandt auch während seiner Zeit als Studentenpfarrer bis 1960 mitwirkte, war der Weißenseer Arbeitskreis. Dazu kam seine Mitarbeit in der Kirchenleitung, vor allem mit dem Streit um die „Obrigkeit", der sich bis 1962 hinzog. Ringhandt setzte auch zusammen mit Kurt Scharf die Regionalisierungsbeschlüsse der Berlin-Brandenburgischen Kirche für den Fall einer Ost-West-Trennung durch, um so die Spaltung der Landeskirche zu verhindern. Diese Vorsichtsmaßnahme aus dem Jahre 1959 wurde in Westberlin kritisiert. Es sei politisch und kirchenpolitisch falsch, im Voraus nachgiebige Beschlüsse zu fällen. Um diese Zeit fürchtete Ringhandt auch, dass man, ähnlich wie in der Sowjetunion, Reisebeschränkungen auf die jeweiligen Bezirke in der DDR aussprechen würde. Dann wäre eine kirchliche Zusammenarbeit sehr erschwert.[30]

Ringhandt war weiter Mitglied im Öffentlichkeitsausschuss der EKU. 1957 war er beauftragt worden, eine Handreichung zu Fragen des marxistischen Atheismus zusammen mit Pfarrer Otto Perels zu entwerfen. Auch wenn man diese noch nicht für ausreichend hielt, wurde sie für die Verwendung in den Gemeinden frei gegeben. Die dabei gewonnenen Erkenntnisse setzte er offenbar in vielen Vorträgen um.[31] Darüber hinaus war Ringhandt am Entwurf für das bekannt gewordene Wort zur Republikflucht der Menschen kurz vor dem Bau der Mauer Ende 1960 beteiligt. Einerseits wurde zum Bleiben aufgefordert, andererseits der DDR-Regierung ins Stammbuch geschrieben, sie selbst treibe durch ihre Politik die Bürger aus dem Lande.[32]

Es ist verständlich, dass die Studenten auch einmal schreiben konnten: „Durch die Kirchenleitung ist er stark beansprucht. Wenn unsere Zusammenarbeit mit ihm nicht in jedem Augenblick völlig gut war, so war das mit dadurch bedingt, andererseits aber auch durch den raschen Wechsel der Vertrauensstudenten."[33] Im Rückblick wird deutlich, dass die Tätigkeit als Studentenpfarrer das Sprungbrett für eine andere Tätigkeit, nämlich im Zentrum der Kirchenleitung, darstellte.

Anmerkungen

1 Brief der Vertrauensstudentin Ruth Hinz vom 16.3.1959. In: ELAB NL Evangelische Studentengemeinde (ESG).
2 Aus dem Brief einer Studentin vom 11.5.1963. In: ELAB NL ESG.
3 Entsprechend äußerte sich eine Zeitzeugin aus Grünau am 2.5.2006.
4 Personalakte Ringhandt. In: Ev. Konsistorium.
5 Semesterbericht Frühjahrssemester 1961, S. 6. In: ELAB NL ESG.
6 Brief von Ringhandt an Dieter Linz, ohne Datum, vom März 1960. In: ELAB NL ESG.
7 Die Aufenthaltsgenehmigung vom Rat der Gemeinde Rüdersdorf wurde am 12.9.1960 ausgestellt. In: ELAB NL ESG.
8 Vgl. S. 112.
9 Brief von Sabine Rakow an Ringhandt vom 11.5.1963. In: ELAB NL ESG.
10 Semesterbericht Frühjahrssemester 1961, S. 1. In: ELAB NL ESG.
11 Zeitzeugen Helga und Dieter Bräuer, Anneliese Funke und Sabine Rakow am 2.5.2006. In: ELAB NL Zeitzeugen.
12 Brief von Sabine Rakow an Ringhandt vom 11.5.1963. In: ELAB NL ESG.
13 Zeitzeugen Helga und Dieter Bräuer. In: ELAB NL Zeitzeugen.
14 Brief von Christa P. vom 7.7.1963 an Ringhandt. In: ELAB NL ESG.
15 Ebd.
16 Zur Situation an der Theologischen Fakultät 1961/62 vgl. Dietmar Linke, Theologiestudenten an der Humboldtuniversität. Zwischen Hörsaal und Anklagebank, Neukirchen 1994 (Historisch-Theologische Studien zum 19. und 20. Jahrhundert, Bd. 3), hg. von Gerhard Besier u.a., S. 140–188.
17 MfS BStU 2492/75, Bd. 1, S. 140.
18 Protokoll Konzil vom 1.2.1960. In: ELAB NL ESG.
19 Semesterbericht Frühjahrssemester 1961, S. 4. In. ELAB NL ESG.
20 Semesterbericht Herbstsemester 1961, S. 1. In: ELAB NL ESG.
21 MfS BStU 2495/75, Bd.1, S. 133–154.
22 Bericht vom 22.7.1963. In: Ebd., Bd. 2, S. 84.
23 Bericht. In: Ebd., S. 152.
24 Ebd., Bd. 1 und 2.
25 Briefwechsel mit Rudolf Rakow, 21. und 22.11.1961. In: ELAB NL ESG.
26 MfS BStU 2492/75, S. 157–164.
27 Ebd., S. 165–173.
28 Bericht MfS BStU 2492/75, S. 174.
29 Bericht. In: MfS BStU 2492/75, Bd. 2, S. 111f. – Friedrich Winter, Robert Havemanns Beerdigung – aus kirchlicher Sicht. Eine theologisch-kirchenpolitische Studie. In: EPD Nr. 21/96, 13.5.96, S. 20.
30 Diese These vertrat Ringhandt im Öffentlichkeitsausschuss der EKU, als ich dort 1960 anwesend war.
31 Friedrich Winter, Die EKU und die DDR, Bielefeld 2001, S. 93; Siegfried Ringhandt, Fußnote zu einer Auseinandersetzung, die noch nicht stattfindet. In: Jungenwacht H. 1 und 2, 1960; Dazu in: ELAB NL Vorträge (masch.).
32 Zur Mitwirkung von Ringhandt im Öffentlichkeitsausschuss 1960–1962 vgl. Friedrich Winter, Die EKU, S. 93. 103. 111–116.
33 Semesterbericht vom Frühjahrssemester 1961, S. 6. In: ELAB NL ESG.

VII. Der Propst in der Ostregion als Wächter (1963–1971)

Vakanzvertretung und volles Amt

Von dem Bau der Mauer war die Berlin-Brandenburgische Kirche besonders betroffen, weil die Landeskirche dadurch geteilt wurde. Durch den Vorsorgebeschluss von 1959 war es möglich, dass zwei eigenständige Regionen mit zwei Synoden, zwei Kirchenleitungen und zwei Konsistorien entstanden, die freilich in Verbindung miteinander blieben. Als der Propst von Brandenburg, Kurt Scharf, Ende August 1961 nicht wieder nach Ostberlin zurückkehren durfte und aus der DDR ausgewiesen worden war, blieb seine Stelle vakant. Oberkonsistorialrat Erich Andler, Ringhandts ehemaliger Kreispfarrer der BK in Buckow aus Reichenower Tagen, vertrat Scharf im Osten, bis er 1963 in den Ruhestand trat. In diesem Augenblick besann sich die Kirchenleitung auf Ringhandt. Zum 1. April 1963 wurde er als Oberkonsistorialrat zum Vakanzvertreter im Propstamt berufen. Man rechnete noch mit der Rückkehr von Scharf. Erst als dieser 1966 zum Bischof der gesamten Berlin-Brandenburgischen Kirche gewählt worden war, wurde die Propststelle frei und Siegfried Ringhandt zum Propst „beim" Konsistorium berufen.[1] Durch das Partikel „beim" kam zum Ausdruck, dass der Propst im Auftrag von Synode und Kirchenleitung als eine unabhängige Person das Konsistorium theologisch beaufsichtigen sollte. So war ursprünglich das Propstamt nach 1945 durch die BK konzipiert worden. Ringhandt selbst bezeichnete sich gern als „Cheftheologen". Das taten auch die staatlichen Instanzen. Er versah dieses Amt bis zu seinem Ruhestand 1971 acht Jahre lang.

Persönliches Ergehen

Während dieser Zeit erfuhr er Erleichterungen, aber auch Schweres im persönlichen Bereich. Ein Jahr nach seiner Berufung erhielt er 1964 mit Frau und Vater den Zuzug nach Berlin und fand dann kurz darauf ein Einfamilienhaus am Rand von Berlin-Marzahn. Endlich konnte er mit seinen Angehörigen leichter zusammen sein; aber das war nur für ein gutes Jahr der Fall. Dann verstarb sein Vater, den er in Karlshorst neben dem Grab der Mutter beisetzen ließ. Überraschend starb Margarete Ringhandt im Januar 1966, wohl auch deshalb, weil sie sich scheute, rechtzeitig den Arzt aufzusuchen. Ringhandt hatte ihr viel zumuten müssen: Zeiten des Wartens bis zum 2. Examen, Verlust eines Kindes, immer wieder Jahre der Trennung und Isolierung, einge-

worfene Fensterscheiben, Verleumdungen, Gefängnis, Stellenwechsel und weit entfernte Wohnungen. Sie blieb dennoch offen für ihn und für andere und trug seine Arbeit mit. Für letzteres Kondolenznotizen: „... möchte ich auch noch hinzufügen, wie viel uns, meiner Frau und mir, auch Ihre liebe, uns unvergessliche Frau bedeutet hat, wie viel wir auch von ihr, ihrer selbstlosen, vornehmen und zu jedem Einsatz bereiten Art, die uns tiefen Respekt einflößte, gehabt haben."[2] „... sie konnte sich nicht wehren, ... gegen Angriffe verteidigen." Man hatte vor ihr „Ehrfurcht und Scheu", konnte sie dennoch nicht „beiseite drängeln; der Spezialengel wacht über solche Menschen ... Aber sie war, wo es an sie kam, für andere da in einer ... außerordentlichen Weise. Wie hat sie Dich, den ... komplizierten, ... sein Herz verhüllenden Menschen als treue Partnerin akzeptiert ... Sie war total ,Sarah', die ,Abraham' in sein Nomadenleben aus Glauben folgte."[3] Der Freund Johannes Hamel aus Naumburg, von dem diese Sätze stammen, hielt die Beerdigung.

Ringhandt blieb lange Zeit allein. Er litt unter der Einsamkeit. Freunde warnten ihn in dieser Zeit, nicht zu zynisch und bitter zu werden. Mehr denn je konnte er harsch gegenüber anderen auftreten.[4] Seine Freundin, Senta-Maria Klatt schrieb ihm nach dem Tod seiner Frau, als er sich vergrub: „Es muss wohl sehr viel schwerer sein, einsam zu werden, als einsam zu sein ... Aber ... wenn die Einsamkeit Dich auch um- und umreißt ..., so ist doch das

Wozu Deines Lebens ganz anderswo zu suchen und zu finden! Die Aufgabe Deines Lebens ist das Zeugnis unseres Herrn. Ich würde an Deiner Stelle mich zur Entlastung der Brüder zum Predigen holen lassen ... Dann wirst Du den Sinn Deines Lebens ganz schnell ... wieder finden! Und die Mahnung zum Hören auf die Botschaft ist auch der Sinn in Deiner Position in der Behörde. Und in der Kirchenleitung! Du weißt doch selber, wie Du in den letzten Monaten dort nötig warst ... Darf ich jetzt einmal ganz offen sein? Mir ist nämlich bange um Dich ... Ich meine, Du verbiesterst Dich in den Zynismus. Das darf aber nicht sein!"[5]

Ehrenpromotion

1967 wurde Ringhandt dadurch geehrt, dass ihm die Theologische Fakultät Göttingen die Ehrendoktorwürde verlieh. Professor Ernst Wolf hatte sich besonders dafür eingesetzt. Da er dazu nicht persönlich in Göttingen erscheinen konnte, weil er keine Reisegenehmigung erhielt, wurde ihm während des Luthergedenkens in Wittenberg am 1. November 1967 die Urkunde überreicht, in der seine Standhaftigkeit in der Zeit der Bekennenden Kirche und sein praktischer Einsatz in Gemeinde und Kirchenleitung hervorgehoben wurden. Der amtierende Präsident im Ostberliner Konsistorium, Werner Hagemeyer, mit dem sich der Ehrungen gegenüber spröde Ringhandt gut verstand, schrieb ihm: „Bitte tun Sie mir den Gefallen und freuen Sie sich auch ... Die Leute, die das in Ihrem Falle veranlasst haben, haben Ihnen eine Freude machen wollen."[6] Ringhandt bedankte sich beim Dekan der Theologischen Fakultät, Professor Eduard Lohse, Ende 1967: Es „überrascht und beschämt mich das Vertrauen, das mir durch diese hohe Auszeichnung zuteil geworden ist. Mir bleibt nur übrig, für die Zukunft jene Aufmerksamkeit an den Tag zu legen, die einer solchen Ehrung entspricht ... In allem heute hin und her wogenden Streit der Meinungen etwa zwischen der theologischen Forschung und der Gemeindefrömmigkeit oder zwischen dem Amt der Lehre und dem der Leitung in der Kirche habe ich mich immer jenen theologischen Lehrern verpflichtet gefühlt, die der erkennbaren Wahrheit die Ehre gaben gegenüber dem taktischen Kompromiss und auf diese Weise dem allgemeinen Trend zur Erhaltung des Status quo in der Kirche entgegentraten. Für mich sind der Dienst der Theologie auf den Universitäten und der Dienst einer an theologischen Kriterien orientierten Kirchenleitung zwei Seiten der gleichen Sache ..."[7]

Im Konsistorium

Als Mitglied des Kollegiums im Konsistorium war Ringhandt eingebunden in ein Arbeits- und Beschlussgremium, dem er sich nicht selten unfroh fügen musste. Er unterdrückte nicht die Kritik an den bürokratischen Absonderlich-keiten im Konsistorium, die ihm nicht behagten. Zu den meisten Mitarbeitern im Konsistorium entspann sich bald ein gutes Verhältnis. Nur mit seiner menschlich nicht ganz leichten Sekretärin gab es hin und wieder Auseinan-dersetzungen, so dass er dann seinen Kaffee in einem anderen Zimmer kochen ließ. „Mit den ‚kleinen‘ Leuten ging er glimpflich um."[8] Persönlich verstand er sich mit den Mitgliedern des Kollegiums gut, auch wenn die jün-geren, neu eintretenden Kollegen manchmal von ihm angefahren wurden. „Aus dem Kollegium höre ich immer, wie gut alles geht ... Aber bei den jün-geren Beamten ist es wohl zum Teil auch so, dass sie Dein Herz noch nicht entdeckt haben." „Du scheinst eine solche Autorität auszustrahlen, dass sie (nämlich die Mitglieder der Jugendkammer) gar nicht wagen, Dir das (nämlich den Zynismus) vorzuhalten. Wir wissen alle, wie es gemeint ist. Aber wer Dir nicht ins Herz schauen konnte, ist wo möglich getroffen. Da Dich die Liebe Christi dringt, wirst Du schon besser aufpassen."[9]

Als Dezernent durfte er, was ihn erfreute, für bestimmte Sachgebiete auch selbständige Entscheidungen treffen. Seine wichtigsten Arbeitsfelder seien erwähnt: Er nahm das Dezernat Ökumene wahr. Dort war nicht so viel zu tun wie später, weil die Wahrnehmung ökumenischer Verbindungen nach dem Mauerbau nur in geringem Maße möglich war. Nur einmal konnte er selbst ökumenisch reisen; nämlich zu einer Tagung der Konferenz Euro-päischer Kirchen in Nyborg. Dafür hatte er eine Vorarbeit zur Generationen-frage vorgelegt.[10]

Außerdem war er für die Provinzialpfarrer, die in landeskirchlichen Ämtern Dienst taten, und die Diakonie- und Krankenhausseelsorger zustän-dig. Während seiner Zeit wurde der „Missionarische Dienst" mit einem eige-nen Landespfarrer ausgerüstet. Gerhard Linn, Pfarrer aus Thüringen, berich-tet: „Er präsentierte mich am 4.11.1964 der Kirchenleitung ... Manche KL-Mitglieder stellten mir Fragen, die ich schlicht nicht beantworten konnte", etwa nach dem Gemeindeaufbau auf dem Land oder in der Großstadt. „Ich machte geltend, dass ich Zeit zum Kennenlernen der Landeskirche brauchen werde. ... Nach der Sitzung gratulierte Ringhandt mir, dass ich mich durch die genannten Fragen nicht hätte aufs Glatteis führen lassen ... Für die Aus-übung des Dienstes danke ich es Ringhandt, dass ich völlige Freiheit der Schwerpunktsetzung hatte. Es gab keine Dienstanweisung in schriftlicher Form. Mündlich wurden nur zwei Erwartungen geäußert: Koordinierung der Werke ... und eine beratende Begleitung der Neubaugemeinden ... Bei einem der ersten Arbeitsgespräche redete ich ihn mit ‚Herr Propst' an. Er knurrte: ‚Wollen Sie mich ärgern?'. Ich antwortete: ‚Natürlich ist es mir lieber, Sie mit ‚Bruder Ringhandt' anzureden, aber in Thüringen"[11] war das nicht möglich.

„Zu den Medien hielt er als Pressedezernent Kontakt, besonders nach Westdeutschland zu dem Kirchenjournalisten Reinhard Henkys. Journalisten suchten ihn auf, um sachgerecht informiert zu werden. Das war wichtig, weil viele kirchliche Ereignisse in der DDR-Tagespresse nicht beachtet wurden, nicht erscheinen durften oder verzerrt dargestellt wurden. Besonders viel Mühe machte das Jugenddezernat.[12] Es war aus kirchenpolitischen Gründen beim Propst angebunden. Denn die Jugendarbeit litt während seiner ersten Dienstzeit immer noch stark unter den Angriffen des Staates. Im Sommer 1963 wurde die Rüstzeitenarbeit eingeschränkt. Der Kirche wurde eröffnet, Ferienlager, wie es die Sommertagungen der Kirche für Jugendliche seien, bedürften der Genehmigung. Dagegen erklärten die Vertreter der Kirche, Bibelrüsten seien keine Ferienlager und würden darum nicht zur Genehmigung eingereicht. Es brauchte einige Jahre, bis die Regierung das einsah. Bis dahin musste der Propst mit nach Hirschluch und zu anderen Rüstzeitheimen fahren, um die staatlichen Auflösungsbestrebungen vor Ort zu verhindern. In den harten Gesprächen warf Ringhandt den staatlichen Stellen Verfassungsbruch vor, weil sie die religiöse Betätigung der Kirche einschränkten. Gelang es nicht, die staatlichen Vertreter vom Rat des Kreises oder des Bezirkes zum Einlenken zu bewegen, mussten die Jugendlichen geschont werden. Während etwa in Hirschluch vorne im Haus verhandelt wurde, gingen sie durch die Hintertür vom Grundstück und zogen durch den Wald bis zum Bahnhof Storkow, um wohlbehalten nach Hause zu fahren. Denn es wurde gedroht, sie in ein staatliches Ferienlager zu bringen.

Er sollte sich um die Verbindung zu den verschiedenen gesamtkirchlichen Instanzen kümmern, also um die EKU und die EKD, soweit hier nicht der Bischof in der Verantwortung stand. Zusammen mit dem Präsidenten des Konsistoriums vertrat er die Kirche in der Öffentlichkeit. Freilich tat er das häufig nur unter Stöhnen. An Veranstaltungen, bei denen es nur zu repräsentieren galt, ließ er sich selten blicken.

Zeitraubend war, dass mit vielen Dezernaten die Teilnahme an Kuratorien und Beiräten verbunden war. Einer Aufstellung von mir zufolge konnten über 25 Gremien gezählt werden, in denen der Propst stetig oder aus Zeitmangel nur während einer begrenzten Zeit teilnahm. In vielen Gremien war für ihn nur wichtig, dass die theologischen und kirchenpolitischen Voraussetzungen der Arbeit stimmten. Im Übrigen ließ er die Gremien selbstständig, auch ohne seine Präsenz, arbeiten.

Die Kirchenleitung vertraute dem Propst auch Kuratorien an, die politisch besonders geschützt werden mussten. Gern nahm er darum in der Nachfolge von Kurt Scharf den Vorsitz im Kuratorium des Sprachenkonviktes wahr.[13] Nachdem der Bau der Mauer die Entstehung einer selbständigen Kirchlichen Hochschule mit bis zu 130 Studenten und einem kompletten Dozentenkollegium zur Folge hatte, wurden während Ringhandts Zeit im Kuratorium die wichtigsten Studienordnungen erarbeitet oder auf den neuesten Stand gebracht: Das neue Statut von 1969 nannte das Konvikt „Theologische Ausbildungsstätte", was bei den staatlichen Stellen zu erheblichen Rückfragen

führte. Was führt hier die Kirche im Schilde? Zugleich entstand die Assisten-
ten- und Repetentenordnung.[14] Jährlich übergab Ringhandt dem neuen Rektor
und den neuen Dozenten möglichst unliturgisch die Berufungsurkunden zur
Feier der Semestereröffnung. Manchmal tat er das in ausgesprochen salopper
Art, um ein wenig ironisch manche gestelzten akademischen Reden der
Dozenten zu unterlaufen. Im Übrigen griff er nur dann ein, wenn er darum
gebeten wurde. Er ließ auch hier der Hochschule die Freiheit, für ihre Lehre
und Forschung allein gerade zu stehen. Eine Neigung zu gängeln fand sich
bei ihm nicht. Er kam nur auf Aufforderung oder wenn besonders schwierige
Probleme, vor allem kirchenpolitischer Natur, auftauchten. Das war etwa während der sechs Jahre lang andauernden Verweigerung von Aufenthaltsgenehmigungen für Konviktsstudenten durch den Ostberliner Magistrat seit 1966
der Fall. Mit Stadtrat Kurt Helbig kreuzte er dann auch einmal lautstark die
Klingen und musste sich manche Demütigung durch ihn gefallen lassen. Es
war die Zeit der Unruhen in Westberlin und in der Tschechoslowakei 1968.
Zugleich gab sich die DDR eine neue Verfassung. Von daher erhob der Magistrat die Forderung nach einem klaren Bekenntnis zur Verfassung der DDR
und zum DDR-Sozialismus als Vorbedingung für die Erteilung von staatlichen
Genehmigungen. Er beantwortete diese Forderung in zurückhaltender Weise:
„Ich darf noch einmal versichern, dass unsere Arbeit nicht bloß keine Gelegenheit gibt, den großen humanistischen Absichten der Verfassung zu wider-
sprechen, sondern dass es das Bestreben jeder Ausbildung von künftigen Predigern sein muss, den humanistischen Zielen auf ihre Weise zu dienen."[15]
Wollte der Brief an eine Formulierung von Walter Ulbricht anknüpfen, die der
Magistrat in einem Glückwunsch zum Jahreswechsel 1966/67 verwendet
hatte? Dort hieß es: „Wir haben eine große gemeinsame humanistische Verantwortung vor der deutschen Nation."[16] Verstand der Brief unter „humanistischen Absichten" die Betonung des Humanen im Marxismus, wie es die
Tschechen kurz zuvor getan hatten? Oder meinte er, der gesamte Inhalt der
Verfassung sei humanistisch? Jedenfalls erklärte der Stadtrat, diese Formulierung reiche ihm nicht. Ein Bekenntnis zum Sozialismus müsse abgelegt werden. Der Kuratoriumsvorsitzende war zu näheren Erklärungen nicht bereit.
Erst gegen Ende seines Dienstes wurden die Aufenthaltsgenehmigungen für
Ostberlin wieder flüssiger erteilt.

Besondere Aufmerksamkeit widmete er auch den Jugendkammern Berlin
und Brandenburg. Darüber hinaus leitete er die Jugendkammer Ost der
EKD.[17] Hier verstand er es, die oft unterschiedlichen Interessen der Jugend-
mitarbeiter aus den Landeskirchen durch seine Autorität auf einen Nenner
zu bringen. Er wirkte besonders durch seine Lageberichte. Intellektuell gesehen war er mehr bei der Schülerarbeit zu Hause, weniger bei der üblichen
gemeindlichen Jugendarbeit. Dennoch vertrat er den alten Grundsatz aus
der Zeit der BK, dass Jugendarbeit nur in der Anbindung an die Ortsgemeinde getrieben werden sollte. Ringhandt wurde zu seinem sechzigsten

Geburtstag vom Landesjugendkonvent ein Hobel geschenkt: „... symbolisch ein Ausdruck dafür ...‚ dass wir Ihnen dankbar sind für alle die Späne, die Sie in Bürokratie, amtlichem Stil und kirchlichem Obrigkeitsdenken schon ‚abgehobelt' haben. Möge es Ihnen in den kommenden Lebensjahren gelingen, mit Humor, Geduld und Sorgfalt den Hobel anzusetzen, wo es nötig ist."[18] An vielen Sitzungen konnte er wegen Überlastung gar nicht teilnehmen. So gut wie gar nicht besuchte er den Konvent der Generalsuperintendenten, obwohl ihn Albrecht Schönherr dazu einlud und dort wichtige Personalfragen, wie die Berufung von Superintendenten, besprochen wurden. Er wollte damit wohl zum Ausdruck bringen, dass die Besprechung der Generalsuperintendenten nicht zu stark werden dürfe, indem sie wichtige Sach- und Personalfragen schon vor der Sitzung der Kirchenleitung abklärte.

Als zwischen 1967 und 1971 zwei Präsidentenwechsel von Werner Hagemeyer über Wilhelm Kohlbach zu Willi Kupas stattfanden, kam es zu zwei Vakanzzeiten, in denen der Propst in Vertretung das Konsistorium leiten musste. Man spürte, dass er trotz seines Ideals von Bruderschaftlicher Leitung nun praktisch auch ganz gern die Zügel in der Hand hatte. Er entwarf in breiter Diskussion mit allen beteiligten Mitarbeitern einen neuen Geschäftsverteilungsplan, der den Konsistorialräten und Sachbearbeitern die nötigen Arbeitsfelder zuwies. Mit leichtem Stolz schickte er ein Exemplar seinem Freund Bischof Scharf in Westberlin zu.[19] Freilich löste sich mit dieser Neueinteilung der Aufgaben auch das Ostberliner vom Westberliner Konsistorium, das einen eigenen entsprechenden Plan entworfen hatte, aber von Westberliner Bedürfnissen her geleitet war. Der früher so große Kritiker zeigte seine Leitungsgabe in einer vom Rechtsdenken notwendigerweise geprägten Dienststelle. Dass er darüber seine geistliche Verantwortung nicht vergaß, zeigt eine Rede, die er vor der Mitarbeiterschaft des Konsistoriums 1968 hielt, als ein Mitarbeiter sich das Leben genommen hatte.[20]

In der Kirchenleitung

Als Mitglied der Kirchenleitung saß der Propst im Sitzungssaal in Weißensee stets als kritischer Antipode den Bischofsverwesern Günter Jacob, dann Albrecht Schönherr gegenüber. Als Dezernent des Konsistoriums hat er laut Protokoll nur wenige Punkte zur Entscheidung vorgelegt;[21] aber durch seine Beteiligung an Lageberichten und kritischen Diskussionsbeiträgen zu Sachthemen, die oft ausführlich gerieten, trug er zur Klärung der Probleme bei. „Sein oft stiller und verborgener Einfluss auf den Weg der Kirchenleitung verdeutlicht sich an einem kleinen Erlebnis aus der Arbeit der Kirchenleitung ... Nach einer langen Debatte kam es zur Abstimmung, ich weiß nicht mehr, über welchen Gegenstand. Zwölf Arme erhoben sich zustimmend, der dreizehnte blieb unten, der von Bruder Ringhandt. Gefragt, antwortete er nur schlicht: ‚Ich weiß nicht, aber irgendetwas stimmt da noch nicht'. Die Debatte begann von neuem, es zeigte sich, dass tatsächlich etwas nicht stimmte. Der Beschluss wurde geändert. So ging es auch auf mancher Synodaltagung ... (Es) wurde sein Wort bei mancher Synode als ‚störend' empfunden, aber es war immer eine heilsame Störung!"[22] Er verstand sich, wie gesagt, als Vertreter der Bekennenden Kirche, der ein Wächteramt gegenüber der Kirchenleitung und ihren Vorsitzenden wahrzunehmen hatte. Er polarisierte gern und konnte dabei sehr verletzend werden. Manchmal verteilte er auch Rundumschläge, so dass er humorvoll hinterher die Frage aufwarf: „Wen habe ich heute noch nicht beleidigt?"

Besonders wach wurde er, wenn es um kirchenpolitische Fragen ging. „Seine furchtlose Haltung gegenüber dem totalitären Staat DDR war aus der Zeit des Widerstandes gegen das NS-Regime geprägt. Es gilt, Gott mehr zu gehorchen als den Menschen. Wenn einer der leitenden Brüder meinte, bei Staatsfunktionären etwas wie Freundschaft zu finden, konnte er in schroffer Weise warnen und mahnen ... Er besaß ein ungeheuer feines Fingerspitzengefühl dafür, wenn bei einer Gratwanderung der kirchenpolitischen Verhandlungen jemand abzurutschen drohte. Er konnte dann für manche in den eigenen Reihen sehr unbequem werden, aber immer in brüderlicher, sachlich begründeter Mahnung, nie in Feindschaft oder persönlicher Verurteilung."[23] Sowohl Günter Jacob wie Albrecht Schönherr räumten Verstimmungen mit ihm in brüderlicher Weise aus. So Günter Jacob: „Diese sechziger Jahre waren für uns beide durch unsere kontroversen Standpunkte in Sachen kirchenpolitischer Entscheidungen manchmal notvoll und gelegentlich auch bis ins Persönliche hinein belastet, aber ... dass diese ... Spannungen nicht den Blick verstellen ... können für das Ganze unserer Kommunikation in der Zeit nach 1945. Ich bin und bleibe Dir dankbar für diese ... sehr enge und fruchtbare Zusammenarbeit."[24] Albrecht Schönherr schrieb: „Ich danke Dir, dass Du mir geschrieben hast, und bitte Dich ebenso alle persönlichen Schärfen zu vergessen, die zwischen uns gewesen sind, wie ich es von Herzen tue. Ich meinerseits hoffe, dass wir auch in den Sachfragen zurechtkommen, wie das ja früher gelungen ist."[25]

Als Mitglied der Synode, wo er zugleich die Belange des Konsistoriums mit zu vertreten hatte, konnte er ähnlich deutlich werden. Er war gern bei Entscheidungen dabei, wo kirchenpolitische Probleme zur DDR-Situation besprochen und Entschließungen vorbereitet wurden. So verstand er auch hier seinen Dienst als Wahrnehmung eines „innerkirchlichen Wächteramtes"[26]. In dieser Tätigkeit fühlte er sich manchmal allein. „Ich weiß nicht, ob ich meine Dienstjahre hier in diesem Stall noch durchhalte. Ich bin sehr allein mit mir und habe das Gefühl, die anderen, die ähnlich denken ... wie ich, überlassen mir das ‚innerkirchliche Wächteramt' ein bisschen zu sehr. Sie sind alle so mit ihren Sprengeln oder Superintendenturen beschäftigt."[27]

Der Kontakt zur anderen Region in Westberlin

Eine spezielle Funktion nahm Ringhandt wahr, über der immer ein besonderer konspirativer Schleier lag. Das war der Kontakt nach Westberlin. Weil er mit Kurt Scharf befreundet und bei vielen wichtigen Personen auf der anderen Seite wohl bekannt war, genoss er dort Vertrauen und Ansehen. Auch mit Propst Schutzka, den er bereits aus Netzbruch kannte, hielt er enge Verbindung. Sie trafen sich einige Male, bis das streng verboten wurde, in Autobahnraststätten zwischen Berlin und der DDR-Staatsgrenze. „Ich höre immer wieder von ökumenischen Freunden und sonstigen Besuchern, dass ihr nachhaltigster und stärkster Eindruck die Begegnung mit Dir gewesen sei."[28] So schrieb Senta-Maria Klatt, die Mitarbeiterin von Scharf, die für die Verbindung über tausend kleine Dinge, die zwischen Ost und West beziehungsweise West und Ost liefen, zuständig war. Der Kollektendezernent im Osten, Hans-Georg Hootz, pflegte den Finanzkontakt mit Westberlin; aber der Propst hielt über allem die Hand und bearbeitete viele seelsorgerlich schwierigen Fälle, wenn die Kirche im Westen Hilfe zu schaffen versuchte; ob es sich um politische Gefangene im Osten, Zusammenführungen von Familien oder Medikamente ging. Er scheute sich auch nicht, als Menschenfreund bei illegalen Ausreisen zu helfen. „Aktiv war er schon zu der Zeit, als noch schwedische Diplomaten DDR-Bürgern über die Grenze helfen konnten. Das endete dann abrupt. Ich entsinne mich nur, dass für die schwedischen Pässe Fotos gebraucht wurden, die er besorgte, und die ich dann mitnahm zur Vorbereitung schwedischer Pässe. Einmal flog er dabei auf, konnte sich aber herausreden."[29]

Besonders wichtig war das Gespräch mit Scharf. Meinte Ringhandt, dass im Osten bestimmte Entscheidungen nötig seien, hörte man im Westen auf ihn. Die Westberliner Kirchenleitung war vielfach bereit, den Weg der Trennung und Zusammengehörigkeit mit mancherlei Wandlungen mitzugehen, wenn bekannt war, dass Ringhandt dem zustimmte.[30]

Der Kontakt lief bis zum Abschluss des Grundlagenvertrags 1972 im großen Ganzen nur über Kuriere, weil die Westberliner nicht in den Osten fahren durften. So war Ringhandt besonders auf den Kurier Pfarrer Paul-Gerhard Kunze angewiesen, der wöchentlich über die Entscheidungen der Kirchenleitungen je im Osten und Westen berichtete und speziell die Verbindung zu Kurt Scharf herstellte. Als er 1968 für vier Jahre ausgesperrt wurde, ersetzte ihn Pfarrer Klaus-Heinrich Kanstein.

Sonstige Wirksamkeit

Er war nicht mehr in der Lage, viele Vorträge zu halten und gründlich vorzubereiten. Das hatte er in der letzten Seelower Zeit und im Studentenpfarramt noch gekonnt. Nun fehlte dazu die Muße. Er hielt jedoch oft „Berichte zur

Lage", wie es damals hieß, und fuhr zu Kreissynoden, Partnerschaftsgruppen zwischen Ost und West und vielen anderen örtlichen Veranstaltungen. Etwa 1968 traf ich ihn bei einer Begegnung mit Hamburger Pfarrern. Es ging um die Auseinandersetzung mit dem Marxismus. Ich betonte, wir müssten uns mehr mit dem Marxismus philosophisch und theologisch kritisch auseinandersetzen, um unseren Gemeindegliedern zu freierem Denken zu verhelfen, die täglich in Schule und Beruf einseitig „geschult" würden. Ringhandt hielt dagegen: Entscheidend sei die Beachtung der Machtfrage. Die marxistische Ideologie sei nur ein politisches Instrument der SED, um dem Volk eine einheitliche Staatsdoktrin überzustülpen, die je nach Notwendigkeit von oben her variiert würde. Es sei auch die Abhängigkeit von der jeweiligen Marxismusauslegung in Moskau entscheidend. Christen und Kirche dürften sich nicht dem ideologischen Machtanspruch des Systems beugen. – 1970 hielt er einen Lagebericht in der St. Bartholomäusgemeinde in Berlin.[31] Er warnte vor einer falschen Anpassung an die politischen Gegebenheiten des Ostens, indem Christen und Kirche die politischen Scheuklappen marxistischen Denkens als Kirche sanktionierten. Unabhängig von den ideologischen Bindungen im Westen und Osten habe die Kirche ein im Evangelium gehaltenes freies Handeln und Denken zu praktizieren. Dem widersprachen laut östlicher Presse alle Anwesenden, darunter zwei Theologieprofessoren der Humboldt-Universität, die von der notwendigen „Parteilichkeit" des Denkens aus der östlichen Sicht des Friedens und der sozialistischen Gerechtigkeit sprachen.

Berater in der Gesamtkirche

Aus der Fülle von Themen und Entwicklungen, die er mit beeinflusst hat, seien einige erwähnt, bei denen er besonders wirksam wurde:

Als Vorsitzender der Berlin-Brandenburgischen Jugendkammer war er immer wieder in die nach 1961 üblichen Drangsalierungen der kirchlichen Jugendarbeit eingespannt. Die Junge-Gemeinde-Arbeit vor Ort wurde damals weniger bedrängt. Anders war es mit den Landesjugendtagen in Ostberlin, Burg/Lausitz, Potsdam, Templin, wo Tausende von jungen Menschen zusammenströmten. Der Staat verlangte immer wieder, dass es dafür einer Genehmigung bedürfe. Die Kirche lehnte das ab. Ringhandt hat den Streit um die Auslegung der Veranstaltungsverordnung begleitet und den Unterhändlern bei den Räten der Bezirke den Rücken gestärkt.

Als Vorsitzender der Jugendkammer Ost war er selbstverständlich an Stellungnahmen der Evangelischen Kirche zur Einführung des Wehrdienstes in der DDR im Winter 1962 beteiligt. Besonderen Ärger rief die „Handreichung zum Friedensdienst" vom November 1965 hervor. In ihr wurde die dreifache christliche Möglichkeit, sich zur Wehrpflicht zu stellen, angesprochen: Teilnahme am Wehrdienst, Dienst in den Baueinheiten, das heißt Wehrdienst ohne Waffe und totale Verweigerung des Wehrdienstes.

Aus alter Leidenschaft ließ er sich in den Taufausschuss der Synode der EKD zwischen 1966 und 1970 delegieren. In seinem Bericht über die Situation in der Berlin-Brandenburgischen Kirche[32] schilderte er 1968 nach den Beschlüssen der Synode recht breit und genau die Positionen der Gruppe, die die Freigabe des Taufalters forderte. Er hatte die Pfarrer, die den Taufaufschub bei ihren eigenen Kindern praktizierten, gebeten, ihm „die Grundargumente, die Ihr Verhalten bestimmen, zur Kenntnis zu geben."[33] Sieben antworteten ihm. Man merkt bei der Lektüre des Vortrages, wo sein Herz schlug. Neben der Kindertaufe sollte auch die Möglichkeit, die Mündigentaufe zu üben, gleichberechtigt in der Lebensordnung verankert werden.

1962/63 beschlossen die Kirchenleitungen in der DDR, dass eine theologische Stellungnahme zum Leben des Christen in der DDR ausgearbeitet werden sollte. Ringhandt war als Delegierter der EKU bei den Vorarbeiten dabei, die bis zum Frühjahr 1963 abgeschlossen waren: „Zehn Artikel über Freiheit und Dienst der Kirche". Wichtig war, dass in den zehn Thesen der christlichen Freiheit ein eigenständiger Wert neben dem Dienst der Kirche für die Gesellschaft eingeräumt wurde. Der Weißenseer Arbeitskreis erarbeitete einen – vom MfS gebilligten – Gegenentwurf: „Sieben Sätze von der Freiheit der Kirche zum Dienen". Diese Sieben Sätze betonten stärker und einseitig den Dienstcharakter der Kirche in der Gesellschaft. Die Zehn Artikel brachten eher eine Distanz gegenüber der sie umgebenden Welt zum Ausdruck. Diese sahen sie kritischer. Die Zehn Artikel erregten großes Aufsehen und wurden sogleich ins Englische übersetzt. Sie blieben während der nächsten zehn Jahre besonders stark im Bewusstsein der Kirchen im Osten lebendig. Während Albrecht Schönherr die Sieben Weißenseer Sätze mit entwarf, versuchte Günter Jacob, der Bischofsverweser, eine Synthese zwischen beiden Artikelreihen herzustellen.[34] In verschiedenen Artikeln in der Bundesrepublik wurde Ringhandt als Urheber dieser Zehn Artikel gelobt oder total negativ beurteilt. Das war zwar ein völliger Irrtum,[35] denn er hatte nicht die Urschrift geliefert, sondern nur als Ausschussmitglied wie andere auch an der Formulierung mitgearbeitet. Aber offensichtlich wollte ein vom Osten gesteuerter Pamphletschreiber den im Konsistorium neu installierten Propst als Staatsfeind der DDR herausstellen. „Das alles ist aber die böse Frucht einer noch böseren Saat, deren eigentlicher Sämann Siegfried Ringhandt heißt; seit dem 1. April als Propst ... und Mitglied der Ostberliner-Brandenburgischen Kirchenleitung, in der er ... um die Verhinderung der längst überfälligen innerkirchlichen Neuorientierung bemüht ist."[36]

Der Text einer neuen Verfassung in der DDR wurde 1968 diskutiert. Dazu legte Ringhandt zusammen mit Johannes Hamel und Manfred Stolpe dem Bischofskonvent in Lehnin am 15. Februar 1968 einen Briefentwurf an Walter Ulbricht vor, in dem den Christen die Aufgabe zugesprochen wurde, „den Sozialismus als eine Gestalt gerechteren Zusammenlebens zu verwirklichen"[37]. Damit war keine falsche Anpassungsformel an den Sozialismus geprägt, sondern eine Aufgabenbestimmung in der sozialistischen Gesellschaft der DDR benannt. Die Formel „bedeutet, dass das, was wir als real existierenden Sozialismus erleben, der Verbesserung höchst bedürftig sei. Der Komparativ bezieht sich also auf die Wirklichkeit in der DDR. Darin waren wir uns alle einig."[38]

Als 1968/69 die Frage einer eigenständigen kirchlichen Gestalt der Evangelischen Kirche in der DDR diskutiert wurde, trat Ringhandt als Delegierter Berlin-Brandenburgs für die Gründung des Bundes der Evangelischen Kirchen in der DDR ein und bereitete den Entwurf einer Ordnung mit vor. Dabei lag ihm besonders daran, dass für die theologische Basis die Theologische Erklärung von Barmen mit herangezogen würde. Das geschah dann auch. Sodann arbeitete er mit an der Formulierung des Artikels 4,4 der Bundesordnung, nach dem an der Verbindung mit der gesamten evangelischen Christenheit in Deutschland festgehalten wurde. Endlich war ihm wichtig, dass im Gegensatz zur traditionellen deutschen Leitungsstruktur der Kirche durch Bischof, Kirchenleitung und Konsistorium die beim Ökumenischen Rat der Kirchen in Genf übliche, stärker synodal geprägte, bruderschaftliche Leitungsstruktur der Bundesordnung zugrunde gelegt wurde. Der Bundessynode wurde ein hoher

Der „Kern" des östlichen Öffentlichkeitsausschusses der EKU 1968. S. R., Präsident Franz-Reinhold Hildebrand, Bischof Joachim Fränkel, Dozent Johannes Hamel

Stellenwert beigemessen, der Bischofskonvent zurückgedrängt, anstelle des Konsistoriums ein Sekretariat vorgesehen.[39]

Während der gesamten Propsttätigkeit musste er sich bei der Lösung der organisatorischen Einheit der beiden Regionen einbringen. Er sah nach der Wahl von Kurt Scharf zum Bischof 1966 die Notwendigkeit, über die Regionalordnung von 1959 hinaus eine stärkere Eigenständigkeit der Regionen herbeizuführen. Darum unterstützte er die Tendenz, für den östlichen Bereich die Änderung der Grundordnung selbständig vornehmen zu können, ohne die geistliche theologische Einheit im Vorspruch der Grundordnung aufzugeben. 1970 stimmten dem die Regionalsynoden zu. Ringhandts Votum zur Sache war wegen seines Einflusses in der westlichen Region von besonderer Bedeutung. Mit als erster trat er auch für den Titel „Bischof" für den Bischofsverweser im Osten ein und war frühzeitig für eine paritätische Aufgliederung des Bischofsamtes je nach Ost und West offen. Freilich versuchte er auch, den Bischof als einzelnen Unterhändler mit den staatlichen Stellen zu entmachten, weil er ihn zu sehr durch eine Vereinnahmung durch staatliche Stellen

146

bedroht sah. Darum arbeitete er daran, dass ein Triumvirat an die Stelle der einen Bischofsperson treten sollte, um mit den staatlichen Stellen zu verhandeln. Als er mit diesem Vorschlag nicht durchkam, war er bitter enttäuscht. Gegenüber Rechtsanwalt und Kurier Reymar von Wedel meinte er: „Ein ganzes Jahr Arbeit ist umsonst gewesen."[40]

Unter Beobachtung durch das MfS

Obwohl Ringhandt immer wieder für eine besondere Ordnungsgestalt der Kirche im Osten eintrat, was dem Staat entgegen zu kommen schien, blieb das Urteil über ihn gleich bleibend negativ. Er galt in der Einschätzung durch das MfS in der Kirchenleitung als der „reaktionärste Vertreter". Dieses Urteil hielt sich vom Beginn bis zum Ende seiner Dienstzeit:[41] Er befürworte die Maßnahmen des reaktionären Flügels der EKD, sei konsequenter Gegner der DDR, arbeite gegen die bestehenden Verhältnisse in der DDR, beeinflusse entsprechend die Pfarrer gegen die sozialistische Gesellschaftsordnung und habe den Widerstand von Geistlichen gegen die DDR gefördert.[42] Entsprechend wurde er, wie schon früher, bespitzelt. Ein „Operativplan" vom Februar 1964 will noch einmal den Versuch machen herauszubekommen, ob Ringhandt „nachrichtendienstliche Tätigkeit" ausübt, das heißt faktisch Spionage für den Westen treibe. Dazu seien zehn Maßnahmen zu ergreifen: Befragung eines verhafteten Studenten, Werbung einer Sekretärin im Konsistorium als IM, Gewährung des Zuzuges nach Berlin und Einrichtung eines „Beobachtungsstützpunktes" in der Nähe der neuen Wohnung, Reaktivierung des IM Walter, Anwerbung von zwei ehemaligen ESG-Mitgliedern als IM, Aufklärung eines mit Ringhandt bekannten CDU-Funktionärs, Kontakte zu einer Mitarbeiterin der Berliner Missionsgesellschaft und Bekannten von Ringhandt, Beschaffung einer Liste von der Bauerntagung mit den Freunden des Propstes, Einschaltung aller IM der „evangelischen Linie" mit Befragung nach Ringhandt, Herstellung eines Lebenslaufes mit Analyse von Schwachstellen.[43]

Als er nach dem Tod seiner Frau 1966 allein in seinem Haus wohnte, wurde ihm 1967 ein Lehrer als Untermieter vom Wohnungsamt ins Haus gesetzt. Dieser betätigte sich als IM und gab sich als ein von seinem Direktor aus politischen Gründen bedrängter und gefährdeter Pädagoge aus. Ringhandt merkte diese „Legende" zuerst nicht, war aber dann froh, als ihm nach dem Ende seine Dienstes eine kleine Zweizimmerwohnung in Lichtenberg ohne einen ominösen Mitbewohner zugewiesen wurde.[44] Der Mitbewohner hatte Wohnungsschlüssel besorgt, so dass Mitarbeiter des MfS in das Marzahner Haus mehrmals heimlich eindringen konnten, um nach geheimen Unterlagen zu suchen. Ebenfalls kundschaftete der Mitbewohner auch das Wassergrundstück aus, das Ringhandt 1968 am Kleinen Müggelsee in Müggelort erwerben konnte. Bis zu seinem Tod erhielt Ringhandt kein Telefon zugeteilt. Daher kam er noch als Ruheständler zu seinen Freunden oder ins Konsistorium, um von dort aus zu telefonieren.

Lief seine Beobachtung zwischendurch als „Operative Personenkontrolle", das heißt als Beobachtung eines Staatsfeindes, wurde diese 1969 wieder zu einem „Operativen Vorgang"[45] erhoben, sollte also die Verhaftung vorbereiten. Das Ziel der Untersuchung war, ihm nachzuweisen, dass er „Informations- und Nachrichtensammlung für eine westliche Zentrale" sowie „Verbreitung von Hetze und politischer Diversion" betreibe.[46] Weil er mit dem französischen Militärpfarrer von Berlin Kontakt hielt, sollte dieser überwacht werden.[47] Dieser Kontakt bestand, weil der Pfarrer theologische Bücher und andere kirchliche Unterlagen aus Westberlin überbrachte und umgekehrt wichtige kirchliche Unterlagen ins Westberliner Konsistorium transportierte. Wurde die Verbindung zu auffällig, wurde eine Beschwerde über den sowjetischen beim französischen Stadtkommandanten eingereicht. Dann wurde der Militärpfarrer von seinen Vorgesetzten vermahnt.

Einmal fuhren Präses Figur und der Propst auch nach Prag, um sich dort am 30. Dezember 1966 im Hotel „Paris" mit Kurt Scharf zu treffen. Die Gespräche wurden nach Information durch das MfS der DDR vom tschechischen Geheimdienst abgehört.[48] Es ging um die bereits erwähnte Idee, anstelle des einen Bischofsamtes ein Triumvirat als Gegenüber zum Staat zu schaffen.[49]

Der „Operative Vorgang" sollte auch dazu dienen, Ringhandt persönlich zu diffamieren: „Kompromittierung und Isolierung des Beschuldigten, Entfernung aus seiner Funktion."[50] 1969 wurden in dieser Absicht diskriminierende Briefe versandt, auch an westdeutsche Adressen. „Durch gezielte operative Maßnahmen wurde R. unglaubwürdig gemacht, als politischer Hochstapler gebrandmarkt, als theologischer Nichtskönner disqualifiziert, als verantwortungsloser Abenteurer disqualifiziert und moralisch verkommenes Subjekt diffamiert."[51] Dazu wurde die Zugehörigkeit zur SS im Zweiten Weltkrieg behauptet.[52] Kurt Scharf schrieb Ringhandt aus Westberlin einen Trostbrief: „Es bedarf keiner ausdrücklichen Erklärung darüber, dass ich die Spezialaktion gegen Dich als abgründig niederträchtig empfinde und verurteile. Die Gegner bedienen sich teuflischer Mittel. Sie bieten viel auf. So bedeutend gefährlich erscheinst Du ihnen. Nicht weniger bedeutend wirst Du von denen angesehen, die die Kirche in unserem Lande lieben, und ihrer sind mehr! ... Lass Dich die Verleumdung nicht anfechten!"[53] Das MfS hielt sich zugute, dass es dem Ruf Ringhandts in der Kirche geschadet habe.[54]

Die zahlreich angesetzten Informanten berichteten von vielen, offenbar freimütig in kleinen Gruppen geäußerten politischen Meinungen Ringhandts, aus denen hervorging, dass er die Ideologie und viele Methoden der SED ablehnte. Es ist erstaunlich, dass trotz Hunderter von Seiten an IM-Berichten, trotz der martialischen negativen Einschätzungen des „Staatsfeindes" das zusammen getragene Material nie ausreichte, um ihm den Prozess zu machen.

Und noch etwas Erstaunliches: Wenn Pfarrer oder andere kirchliche Mitarbeiter zum Spitzeldienst gedrängt wurden, ging er mit ihnen zu dem betreffenden MfS-Offizier. Sobald auf diese Weise eine Dekonspiration erfolgt war, blieb der Betroffene fortan vom MfS unbehelligt.[55]

Der Abschied

Über das fünfundsechzigste Lebensjahr hinaus arbeitete Ringhandt ein Vierteljahr weiter, weil die Nachfolgefrage noch nicht geregelt war. Er ließ sich nicht offiziell verabschieden, aber Bischof Schönherr hielt ihm in der laufenden Sitzung der Kirchenleitung eine kurze Dankesrede. Oberkirchenrat Jürgen Behm von der Evangelischen Kirche in Deutschland hatte bereits zum sechzigsten Geburtstag Ringhandts 1966 geschrieben, dieser habe die „Erfahrungen des Kirchenkampfes nun wirklich auch in der Gegenwart" fruchtbar gemacht und sei „der jungen Generation Vorbild und Führer" gewesen. „In der Fülle und dem Gewirr der Meinungen" in Berlin-Brandenburg sei er für die Gesamtkirche „eine Hoffnung für den klaren Weg gerade dieser Kirche geworden"[56].

Als er in den Ruhestand ging, war Ringhandt besorgt über den Weg der Gesamtkirche. Wo er nicht dabei war, wurde er kritisch. Durch einen Besuch des Vorstandes der Konferenz der Kirchenleitungen beim Staatssekretär für Kirchenfragen war eine staatliche Anerkennung des Bundes der Evangelischen Kirchen in der DDR erfolgt. Ringhandt hielt das für gefährlich und äußerte gegenüber einem IM: „Seine Pensionierung begründete er damit, dass er sich nicht mit schuldig machen wolle am ‚Ausverkauf der Kirche an den Staat'. Es gebe Kirchenführer, die um gut Wetter beim Staat winseln oder irgendwelcher kleiner Vorteile wegen Zugeständnisse machen. Dadurch aber würde die Kirche mehr und mehr ihre Freiheit und Selbständigkeit verlieren."[57] Noch einmal bricht hier seine stete Sorge um den geraden Weg der Kirche durch. Es sei die Frage erlaubt, ob in ihm nicht doch mehr von seiner stets besorgten Mutter wirksam war, als er es sich zugestand.

Ein Jahr nach dem Beginn seines Ruhestandes legte er mit einem Protestbrief seine Mitarbeit in zwei Ausschüssen des Bundes nieder: „Kirche und Gesellschaft" und „Kirche und Jugend".[58] Er begründete das damit, dass diese Ausschüsse nicht genug bei der Entscheidungsfindung im Bund der Evangelischen Kirchen herangezogen oder gar nur informiert würden. Statt dessen entscheide man „von oben" ohne bruderschaftliche Beteiligung. Noch einmal wandte er sich gegen in seinen Augen Verstöße gegen das bruderschaftliche Leitungsprinzip. Auch mit diesem Brief blieb er dem Protest von 1945 treu.

Der Propst selbst schrieb den Superintendenten der Ostregion ein Abschiedswort. Nach einem Dank „für die Unterstützung, die ich erfahren durfte", fährt er fort: „Begründeter Widerspruch, mehr noch als bloße Zustimmung, haben mir Veranlassung gegeben, immer wieder Neues zu lernen und den Kriterienkatalog zu erweitern, nach dem man sein Urteilen und Handeln richtet. Nicht, dass wir das gleiche denken, gewährleistet die Einheit der Kirche und ihres Zeugnisses, sondern dass unser Denken und Tun auf den einen Auftrag bezogen ist, dem die Kirche in ihrem jeweiligen Umfeld zu dienen hat. Wo dieser Auftrag Grund und Maß unseres Dienstes bleibt, müssen fremde, egoistische und opportunistische Nebenmotive verdorren und die Reinheit des Zeugnisses frei werden, dem Gottes Zusage gilt." In Zukunft möge man bei seinem Nachfolger Friedrich Schröter Rat suchen.[59] Auch in diesem Abschiedsschreiben bekennt er sich dazu, dass er den Widerspruch als Mittel zur Klärung des Auftrages einsetzte. Darum liebte er das Polarisieren.

Am Ende seines aktiven Dienstes waren drei seiner Grundanliegen noch einmal zur Stelle: Sorge um den geraden Weg der Kirche, Vorliebe für das Polarisieren, Leidenschaft für die Bruderschaftliche Leitung.

Anmerkungen

1 So lautete die Berufungsurkunde. In: Personalakte Konsistorium.
2 Reinhard Becker im Brief vom 28.5.1966. In: ELAB NL Propst.
3 Brief von Johannes Hamel am 24.1.1966. In: ELAB NL Propst.
4 Martin-Michael Passauer in einem Brief vom 9.12.2005: „Als Propst habe ich ihn kaum zur Kenntnis genommen. Unter uns Neuanfängern machte der Satz die Runde, dass man, wenn möglich, Ringhandt meiden solle, weil man von ihm sowieso nur ‚zusammengeschissen' würde." In: ELAB NL Zeitzeugen.
5 Aus einem Brief von Senta-Maria Klatt vom 27.2.1966. In: ELAB NL Propst.
6 Brief vom 4.11.1967. In: ELAB NL Propst.
7 Brief von Ringhandt an die Theologische Fakultät Göttingen vom 29.12.1967. In: NL Personalunterlagen.
8 Bericht von Klaus Haase vom 17.2.2006. In: ELAB NL Propst.
9 Brief des Vorgängers Erich Andler vom 4. Advent 1964. In: ELAB NL Konsistorium.
10 Drei Manuskripte zum Thema befinden sich in: NL Vorträge. Vgl. dazu Briefe vom 5.5., 6.5. und 10.6.1964 von der Konferenz Europäischer Kirchen. In: ELAB NL Konsistorium.
11 Aus einem Brief von Gerhard Linn vom 30.8.2005. In: ELAB NL Zeitzeugen.
12 Die folgenden Angaben zur Jugendarbeit verdanke ich einem Bericht des damaligen Landesjugendpfarrers Rolf-Dieter Günther vom 7.10.2006.
13 Das Sprachenkonvikt war die Ostberliner Kirchliche Hochschule, die seit 1961 selbständig arbeitete, vorher ein Ableger der Westberliner Kirchlichen Hochschule war. Ursprünglich wurden dort nur die alten Sprachen Latein, Griechisch und Hebräisch gelehrt; daher der Name. Unter diesem Namen tolerierte der Magistrat von Ostberlin die Arbeit in begrenztem Maße.
14 Kuratoriumssitzung vom 18.3.1969. In: ELAB NL Sprachenkonvikt.
15 Brief von Ringhandt an Stadtrat Kurt Helbig, Berliner Rathaus, vom 6.6.1969. In: ELAB NL Sprachenkonvikt. – Näheres zu diesem Streit in: Friedrich Winter, Die politischen Beziehungen des „Sprachenkonvikts" in Berlin. Abhängigkeit und Freiheit. In: JBBKG 1999 S. 210–212.
16 Gruß des Magistrats im Dezember 1966. In: ELAB NL Kirchenleitung.

17 Vgl. auch hier den Bericht von Rolf-Dieter Günther vom 7.10.2006.
18 Brief des Landesjugendpfarrers Rolf-Dieter Günther vom 24.5.1966. In: ELAB NL Konsistorium.
19 Brief vom 16.4.1968. In: ELAB NL Konsistorium.
20 Dokument 10.1, S. 217–219. Gedenkstunde für O.J.H. am 30. Oktober 1968. In: ELAB NL Vorträge.
21 So laut Auskunft von OKR i.R. Ingemar Pettelkau.
22 Ernst Gürtler, Vergangenheitsbewältigung. Berlin-Brandenburgisches Sonntagsblatt vom 10.5.1992. In: Pressearchiv, ELAB Ringhandt.
23 Kurier Pfarrer Paul-Gerhard Kunze in einem Brief vom 9.8.2005. In: ELAB NL Zeitzeugen.
24 Brief von Günter Jacob zum 75. Geburtstag vom 10.6.1981. In: ELAB NL Ruhestand.
25 Brief von Albrecht Schönherr vom 2.1.1962. In: NL ESG. In: ELAB NL ESG.
26 Brief von Manfred Stolpe zum 60. Geburtstag am 23.5.1966. In: ELAB NL Propst.
27 Brief an Senta-Maria Klatt vom 15.2.1966. In: ELAB NL Kirchenleitung.
28 K. Scharf auf einer Karte vom 22.12.1969. In: ELAB NL Kirchenleitung.
29 Bericht des Kuriers Paul-Gerhard Kunze vom 9.8.2005, S. 2. In: ELAB NL Zeitzeugenberichte.
30 Die vielfältigen Beziehungen Ringhandts nach Westberlin werden auch deutlich in: Reymar von Wedel, Als Kirchenanwalt durch die Mauer. Erinnnerungen eines Zeitzeugen, Berlin 1994.
31 Evangelisches Pfarrerblatt, Nr. 7, 1970, S. 169. In: Pressearchiv des Evangelischen Konsistoriums Berlin-Brandenburg (bis 2001), ELAB Ringhandt.
32 Referat im Taufausschuss der EKD vom 20.2.1968. In: ELAB NL Vorträge.
33 Pfarrer i.R. Willibald Jacob stellte mir eine Kopie des Ringhandtschen Anschreibens vom 17.1.1968 und seine Antwort zur Verfügung. In: ELAB NL Kirchenleitung.
34 Günter Jacob, Zehn Artikel und Sieben Sätze – Versuche einer Wegweisung. In: JK 1964, H. 4, S. 189–196: ZdZ 1964, H. 6, S. 219–225.
35 Vgl. Friedrich Winter, Die EKU und die DDR, S. 162–165.
36 Hartmut Bunke, Missbrauch der ‚Barmer Erklärung'. Ein Wort zu den ‚Zehn Artikeln' der DDR-Kirchenkonferenz, In: Westdeutsches Tageblatt, Nr. 150, 3.7.1963.
37 Rudolf Mau, Der Protestantismus im Osten Deutschlands (1945–1990), Leipzig 2005, S. 94f. In: Kirchengeschichte in Einzeldarstellungen IV/3.
38 Interview mit Johannes Hamel am 30.3.1995, „Wir können die Marxisten besser verstehen als sie sich selbst." In: Hagen Findeis / Detlef Pollck (Hg.), Selbstbewahrung oder Selbstverlust. Bischöfe und Repräsentanten der evangelischen Kirchen in der DDR über ihr Leben, 17 Interviews, Berlin 1999, S. 177.
39 S. Ringhandt Betr. Information zur Bildung des Bundes der evangelischen Kirchen in der DDR. K I a Nr. 1575/69, 27.5.1969. In: ELAB NL Kirchenleitung.
40 Rechtsanwalt Reymar von Wedel gab mir diese Tatsache aus seiner MfS-Akte bekannt.
41 Bericht Roßberg, ohne Datum, ca. 1964. MfS BStU 2492/75 Bd. 3, S. 7.
42 Charakteristik durch Leutnant Laux, MfS vom 20.12.1967. Ebd., S. 10.
43 Operativplan vom 27.2.1964. Ebd., Bd. 2, S. 116–122.
44 Ebd., Bd. 3, ab S. 113 sehr oft.
45 Charakteristik durch Laux. Ebd., Bd. 3, S. 10.
46 Roßberg, Berichtsblatt vom 6.1.1971. Ebd., Bd. 3, S. 33.
47 Ebd.
48 Leutnant Laux betr. „Gernegroß". Ebd., Bd. 3, S. 12.
49 Vgl. S. 146f.
50 Roßberg, Berichtsblatt vom 6.1.1971. Ebd., Bd. 3, S. 34.
51 Roßberg, Abschlussbericht zum Operativen Vorgang „Gernegroß" vom 4.2.1974. Ebd., Bd. 3, S. 235. – Einer dieser anonymen Briefe wurde nicht im Nachlass gefunden.

52 Vgl. S. 92.
53 Briefkarte von Bischof Kurt Scharf vom 22.12.1969. In: ELAB NL Kirchenleitung.
54 MfS BStU 2492/75, B. 3, S. 235.
55 Bericht von Kurier Pfarrer Paul-Gerhard Kunze vom 9.8.2005, S. 2. In: ELAB NL Berichte.
56 Brief der Kirchenkanzlei der EKD, Oberkirchenrat Jürgen Behm, am 20.5.1966. In: ELAB NL Kirchenleitung.
57 Treffbericht Roßberg mit IM Bernhard vom 27.10.1971. MfS BStU 20172/92, Bd. 3, S. 22.
58 Günter Krusche, dem damaligen Vorsitzenden des Ausschusses „Kirche und Gesellschaft", verdanke ich das Protestschreiben vom 22.9.1972 „An die Konferenz der Kirchenleitungen". In: ELAB NL Kirchenleitung.
59 Brief an die Ephoren in Berlin-Brandenburg vom 31.8.1971. In: NL Kirchenleitung.

VIII. Der Seelsorger im Alter (1971–1991)

Der freie Seelsorger

Als er mich als seinen Nachfolger Ende 1973 zum ersten Mal besuchte, sagte er, er habe zu wenig Zeit für die Seelsorge an kirchlichen Mitarbeitern gehabt, weil er so vielen kirchenpolitischen Anforderungen nachkommen musste. Nun wolle er das nachholen. Mit diesem Vorhaben trat er als Ruheständler noch in eine Schaffensperiode ein, die ihn am längsten festgehalten hat. Nun leistete er bis kurz vor seinem Tode einen 18-jährigen Einsatz für die Seelsorge.

Bereits gegen Ende seiner Propsttätigkeit hatte er sich über die damalige Seelsorgebewegung kundig gemacht, die besonders aus den USA und aus den Niederlanden nach Westdeutschland vorgedrungen war. Er nahm sich vor, ihre Erkenntnisse vom Menschen und ihre sehr praktischen Methoden der Gesprächsführung in der DDR einzuführen und mit ihrer Hilfe haupt- und ehrenamtliche kirchliche Mitarbeiter in ihrer Persönlichkeitsbildung zu stärken.[1] Er nahm zu Guido Groeger von der kirchlichen Eheberatung in Westberlin[2] Verbindung auf, der seinerseits andere Pastoralpsychologen für den Osten Deutschlands interessierte. Diese waren bereit, in den Osten zur Durchführung von Seelsorgekursen zu kommen.

Eigene Ausbildung und praktischer Einsatz

Weil er nicht nur von seinen psychologischen Erkenntnissen, die er vor 40 Jahren bei dem Tiefenpsychologen Fritz Künkel und dem Religionspsychologen Werner Gruehn[3] erworben hatte, leben konnte, besuchte er zu Beginn seines Ruhestandes wie jeder Anfänger Gesprächsgruppen und qualifizierte sich bis 1976 zum pastoralpsychologischen Berater. Nun konnte er selbständig und mit anderen Anfänger- und Aufbaukurse leiten.[4]

Er hielt Vorträge und auch Lehrveranstaltungen in kirchlichen Ausbildungsstätten, etwa im Sprachenkonvikt, ab. Er „bot im ‚Sprachenkonvikt' eine Seelsorgeübung an ... In der ersten Sitzung teilte er uns erwartungsvoll Lauschenden mit: ‚In der Seelsorge ist Dreierlei wichtig: erstens zuhören, zweitens zuhören, drittens zuhören!'"[5]

Bis kurz vor seinem Tode führte er seelsorgerliche Beratungen von Einzelnen durch, die sich durch psychische Probleme belastet fühlten. Vielen konnte er beistehen, besonders kirchlichen Mitarbeitern. Er äußerte in dieser

Zeit: „Die schlimmste Krankheit kirchlicher Mitarbeiter ist die Depression." Er litt als Berater mit, bedauerte aber viele unevangelische Freudlosigkeit. Er half auch bei der Qualifizierung ehrenamtlicher Mitarbeiter der kirchlichen Telefonseelsorge in Ostberlin mit. Freilich äußerte er politische Bedenken: „Er hatte Sorge, dass Menschen in großer innerer Not am Telefon Dinge preisgeben könnten, die der Staat dann gegen sie verwenden könnte."[6]

Der Stratege mit Erfolg

Parallel zu dieser praktischen Qualifizierung nahm er Verbindung zu verschiedenen kirchlichen Instanzen auf, um sie für seine Pläne zu gewinnen. „Ich erinnere mich, wie er im Kirchenkreis Berlin-Oberspree einen Vortrag über Seelsorge hielt. Darin sagte er: ‚Sie ... brauchen nicht nur Gotteskunde, sondern auch Menschenkunde.'"[7] Er wollte, dass jeder Kirchenkreis etwa zwei pastoralpsychologisch qualifizierte Mitarbeiter haben sollte, die in speziellen Seelsorgefragen tätig werden könnten. Darüber hinaus sollten in jeder Landeskirche mehrere Berater zur Verfügung stehen, um neue Mitarbeiter zu speziellen Seelsorgern heranzubilden. In der Diakonie sollte es zu gleichen Ergebnissen kommen.

Ringhandt besuchte zuerst die Berlin-Brandenburgische Kirchenleitung. Durch meine Vermittlung als Seelsorgedezernenten im Konsistorium und bei Unterstützung durch den Bischof und die Generalsuperintendenten fuhr Ringhandt durch viele Pfarrkonvente, um Mitarbeiter für seine Arbeit zu gewinnen. Auch fand er in Direktor Hans-Dietrich Schneider vom Diakonischen Werk einen hilfreichen Unterstützer für seine Pläne.

Nach ersten Versuchen mit Seelsorgekursen wurden die Teilnehmer über das Konsistorium an Kurse und entsprechende Ausbilder überwiesen. 1977 wurde ein „Arbeitskreis für seelsorgerliche Praxis" gebildet, der seine Arbeit im Auftrag der Kirchenleitung wahrnahm. Ihm gehörten außer dem Propst je ein Vertreter der Pastoralpsychologie, der Ehe- und Familienberatung, der Psychiatrieseelsorge, der Gruppendynamik und der tiefenpsychologisch orientierten Seelsorge an. Es wurden für die Kurse westdeutsche Standards und Prüfungsanforderungen eingeführt. Im Berliner Dom wurde eine Beratungsstelle, die Domseelsorge, eröffnet, an der sich medizinisch gebildete und andere Psychologen als Laien rege beteiligten.

Ab 1982 zeigten sich positive Früchte der Arbeit, so dass mehrere qualifizierte Mitarbeiter für die genannten Arbeitsbereiche zur Verfügung standen. Das konnte der Kirchenleitung 1982 in einem Bericht mitgeteilt werden.[8] Als es im Konsistorium zu Rückfragen nach der theologischen Grundlegung der Seelsorgearbeit kam, weil im Lande danach gefragt wurde und sich einige Pfarrer mehr auf psychologische als theologische Argumente besannen und sich dabei überlegen gerierten, trug Ringhandt ernüchternd und beruhigend in einem Kreis von Kirchenleitungs- und Konsistorialmitgliedern in Anlehnung an Karl Barth vor, dass die Psychologie keine absoluten Wahrheiten verkünde. Diese sei eine wichtige Hilfswissenschaft für die Theologie, speziell für die praktische Theologie. Für Mitarbeiter des Konsistoriums wurden auch zwei Kurse für Fallbesprechung durchgeführt. In Berlin-Brandenburg Ost hat es Ringhandt geschafft, seine Vision im Laufe von etwa 15 Jahren in die Tat umzusetzen.[9]

Auf der Ebene der Gesamtkirche

Parallel zu seiner eigenen Kirche setzte sich Ringhandt beim Bund der Evangelischen Kirchen und beim Diakonischen Werk der DDR-Kirchen für eine vertiefte Seelsorge-Ausbildung ein. Er stieß auf Bundesgenossen, die zum Teil bereits mit der Thematik befasst waren. Er fand auch bei kirchenleitenden Vertretern reges Interesse,[10] so dass die Seelsorgerqualifizierung in den Gliedkirchen des BEK zum selbstverständlichen Teil der Aus- und Weiterbildung wurde. Eine „Arbeitsgemeinschaft für Gesprächspraxis in der Seelsorge" sammelte Fachleute zu verbindlicher Zusammenarbeit, nicht nur aus der Evangelischen, sondern auch aus der Katholischen Kirche und den Freikirchen. Als die Arbeit lief, zog sich Ringhandt 1980 aus dem Vorsitz der Arbeitsgemeinschaft zurück.

Bis zur Wende 1989 hat er zusammen mit anderen das Ziel erreicht, das er sich gesteckt hatte: Die Kirchen im Osten Deutschlands hatten mit Hilfe westdeutscher Trainer in der Seelsorgequalifizierung ein internationales Niveau erreicht.

Politische Seelsorge und Arbeitsgruppe Kirchenkampf

Die Bemühungen um politisch gefährdete Menschen gingen auch während seines Ruhestandes weiter. „Durch diese persönliche Beziehung lernte ich erst später seinen Einsatz für Jürgen Fuchs, Robert Havemann und seine Frau Katja kennen."[11] Er bekam auch Kontakt zu Männern und Frauen der Gruppen, die gegen das Ende der DDR ihre politische Kritik am System veröffentlichten.

Als unter Leitung von Generalsuperintendent Erich Schuppan eine „Arbeitsgemeinschaft zur Geschichte des Kirchenkampfes" gegründet wurde, arbeitete er mit, ohne selbst etwas zu schreiben. Aber er half, eine Zeittafel zu erstellen. Ringhandt ließ sich eigentlich nicht gern auf Geschichtsschreibung ein.

Teilnahme am kirchlichen Leben

Hatte er in der ersten Zeit seines Ruhestandes sich nur wenig bei kirchlichen Veranstaltungen blicken lassen, wurde das im Laufe der Zeit anders. Als ab 1984 in der Adventszeit das Treffen ehemaliger Superintendenten und Kirchenleitungsmitglieder im Hospiz Albrechtstraße stattfand, hielt er als Nestor des Kreises gern die Dankesrede zum Schluss. Ebenso gern traf er sich auch mit ehemaligen Gliedern der Evangelischen Studentengemeinde.[12] Zu seinem achtzigsten Geburtstag ließ er zwar keine offizielle Feier für sich zu, aber doch ein Treffen, das der Bedeutung der Theologischen Erklärung von Barmen für das heutige Leben der Kirche nachgehen sollte.[13]

Als Bischof Kurt Scharf am 28. März 1990 starb, hielt Ringhandt seinem Freunde in der voll besetzten St. Marien-Kirche die offizielle kirchliche Gedenkrede, zu der Viele gekommen waren.[14] Es war die erste große Versammlung in der wieder vereinten Berlin-Brandenburgischen Kirche nach der Mauer, in der Mitarbeiter und Christen aus dem Osten und Westen sich begegneten. Zugleich war sie Siegfried Ringhandts letzter offizieller großer Auftritt.

Gute Gespräche mit Freunden. Fünfundachtzigster Geburtstag mit Frau Christa, geb. Köhler und Schwester Esther

Wohnenge und neue Ehe

Persönlich lebte er beengt in seiner Zweizimmerwohnung in Lichtenberg und freute sich auf den Sommer, wenn er im Frühjahr in seine „Datscha", dem Haus am Kleinen Müggelsee in Müggelort, umziehen konnte.

Zu einem ehemaligen Mitglied der Berliner Studentengemeinde, Christa Elisabeth Köhler aus Woltersdorf, entwickelte er bald nach Beginn seines Ruhestandes eine engere Beziehung, die er in der ersten Zeit nach außen hin nicht gern zeigte. Sie war als Bibliothekarin auf der Museumsinsel tätig. Nach einigem Zögern heiratete Siegfried Ringhandt sie am 28. Februar 1986, also 20 Jahre nach dem Tod seiner ersten Frau. Sie konnten noch auf fünf gemeinsame Jahre zurückblicken, nicht ohne dass beide auch einmal ernste Erkrankungen zu durchleiden hatten: „Christa ist schon seit Monaten krank geschrieben und hat ständig mit ihrem lädierten Herzen Schwierigkeiten. Und ich stehe nach wie vor unter laufender ärztlicher Kontrolle wegen Herz und anderer Wehwehchen. Ich muss sehr viel an unsere Mutter denken mit ihren ständigen Herzbeschwerden."[15] Im letzten Lebensjahr ließen seine Kräfte nach.

Die Wende

Mit wachem Herzen hat Ringhandt auch im Ruhestand die politische Entwicklung in der Welt verfolgt, wie er das immer getan hatte. Den Zusammenbruch der DDR hatte er freilich ebenso wenig erwartet wie andere auch. Die Wendeereignisse bewegten ihn sehr; aber er zeigte keine Neigung, noch einmal mit voller Kraft in die dann folgende erste Zeit des Lebens in der Bundesrepublik einzusteigen. Als ein Pfarrer ein Interview mit einer Journalistin herstellen wollte, lehnte er das ab: „Meine Rolle zur Nazizeit und nach dem Krieg ist zwar für mich nicht ohne Belang, aber historisch gesehen bedeutungslos. Sie blieb ohne jede Auswirkung. Was mir im Blick auf die Kirche und ihren möglichen Modellcharakter für die orientierungslos gewordene Gesellschaft vorschwebte, befand sich wohl außerhalb des Generaltrends der Politik und Geschichte. Es wurde nicht gebraucht. Und das ist nach der so genannten Wende nur noch deutlicher: Barmen ist nicht nur vergessen, sondern ehe es zur Auswirkung gekommen ist, bestritten. Und die Restauration ist – auch in der Kirche – in vollem Gange. Und die im Schatten sitzen, die sieht man nicht. Ich habe keine Kraft mehr, mich nach einer vierten Wende in meinem Leben noch einmal ins Getümmel zu werfen und zu kämpfen."[16]

Das Sterben

Der Tod kam überraschend. Seine Frau schreibt, dass sie Ende Februar noch einen erfreulichen Besuch hatten. „Wir waren fröhlich miteinander und dankbar für die Gemeinschaft. Siegfrieds Situationsanalyse war prägnant, insbesondere die Lage im ‚Beitrittsgebiet' betreffend." Es heißt aber dann: „Seit Anfang März hatte Siegfried Probleme wegen Herzschwäche ... Vor Ostern hörten wir eine fantastische Aufführung der Matthäuspassion von Bach und sprachen nach einer TV-Sendung zum Tod von Max Frisch ausführlich über Tod und Sterben ... Am Vorabend seines Geburtstages fuhren wir zur Datscha und hatten am 23. Mai gute Gespräche mit Freunden. Nach der Heimkehr vom Müggelsee verlebten wir am 26. Mai glückliche Stunden in Gemeinsamkeit."[17] Dann starb Siegfried Ringhandt am nächsten Tag an Herzversagen. Es war der 27. Mai 1991. Seine Frau verstarb sieben Jahre später und wurde in Woltersdorf neben ihren Eltern beigesetzt.

Viele Freundinnen und Freunde, kirchliche Mitarbeiter und Nachbarn erschienen zur Trauerfeier von Siegfried Ringhandt in der Karlshorster Kirche. Sie folgten auch dem Sarg auf dem Weg zum Friedhof, wo er mit seinen Eltern und seiner ersten Frau ruht. Die Beerdigung hielt Bischof Gottfried Forck und predigte über 2. Korinther 5, Vers 20: „So sind wir nun Botschafter an Christi Statt, denn Gott ermahnt durch uns; so bitten wir nun an Christi Statt: Lasst euch versöhnen mit Gott!" Die Traueranzeige enthielt das

Bibelwort der 1. Barmer These. „Jesus Christus spricht: Ich bin der Weg, die Wahrheit und das Leben" (Joh 14, Vers 6). Ein Lied, das sich der Verstorbene schon während seiner Seelower Zeit gewünscht hatte, wurde von der Trauergemeinde gesungen.[18] In ihm rührt die Kraft der Bilder an:

„Freu dich sehr, o meine Seele, / und vergiss all Not und Qual,
weil dich nun Christus, der Herre, / ruft aus diesem Jammertal:
aus Trübsal und großem Leid / sollst du fahren in die Freud,
die kein Ohr hat je gehöret, / die in Ewigkeit auch währet.

Tag und Nacht hab ich gerufen / zu dem Herren, meinem Gott,
weil mich stets viel Kreuz betroffen, / dass er mir helf aus der Not.
Wie sich sehnt ein Wandersmann, / dass sein Weg ein End mög han,
so hab ich gewünschet eben, / dass sich enden mög mein Leben.

Denn gleichwie die Rosen stehen / unter spitzen Dornen gar,
also auch die Christen gehen / in viel Ängsten und Gefahr.
Wie die Meereswellen sind / und der ungestüme Wind,
also ist allhier auf Erden / unser Lauf voller Beschwerden.

Drum, Herr Christ, du Morgensterne / der du ewiglich aufgehst,
sei von mir auch jetzt nicht ferne, / weil mich dein Blut hat erlöst.
Hilf, dass ich mit Fried und Freud / mög von hinnen fahren heut;
ach sei du mein Licht und Straße, / mich mit Beistand nicht verlasse.

Freu dich sehr, o meine Seele, / und vergiss all Not und Qual,
weil dich nun Christus, dein Herre, / ruft aus diesem Jammertal.
Seine Freud und Herrlichkeit / sollst du sehn in Ewigkeit,
mit den Engeln jubilieren, / ewig, ewig triumphieren."

Anmerkungen

1   Vgl. Dokument 9.1, S. 211–216. Horst Berger, „Pfarrer und Pfarrerinnen brauchen Menschenkunde". Siegfried Ringhandts Wirken für eine pastoralpsychologische Seelsorge. In: ELAB NL Vorträge.
2   Vgl. den Briefwechsel mit Guido Groeger (1917–2004). In: ELAB NL Ruhestand.
3   Vgl. S. 29f.
4   Vgl. Dokument 9.2, S. 216f. Aussprüche des Seelsorgers, die von Teilnehmern an einem Seelsorgekurs 1983/84 mitgeschrieben wurden. In: ELAB NL Ruhestand.
5   Bericht Annekathrin Seeber vom 3.10.2005. In: ELAB NL Zeitzeugenberichte.
6   Horst Berger, Dokument 9.1, S. 215f.
7   Ebd., S. 212.
8   Zwischenbericht des Arbeitskreises für seelsorgerliche Praxis vor der Kirchenleitung 1982. In: ELAB NL Ruhestand.
9   Die Seelsorgetätigkeit Ringhandts wurde und wird in Berlin-Brandenburg besonders fortgesetzt von Roswitha Wogenstein. In: Seelsorgeaus-, Fort- und Weiterbildung in der EKBO – vor neuen Herausforderungen. In: Evangelische Verantwortung. Evangelischer Arbeitskreis der CDU, September 2006.

10 Hier ist besonders der Sekretär der Kommission für Ausbildung, Oberkirchenrat Konrad von Rabenau, zu nennen.
11 Martin-Michael Passauer, Anmerkungen zum Leben von Siegfried Ringhandt vom 9.12.2005, S. 3. In: ELAB NL Zeitzeugenberichte.
12 Vgl. S. 128.
13 Vgl. S. 13.
14 Vgl. Dokument 10.2, S. 219–222. Siegfried Ringhandt, Resignation war nicht seine Sache. In: Bruder Scharf 1902–1990. Ein Christ – sanft, kraftvoll und unbeirrbar im Glauben. Hg. von Wolfgang Brinkel, Berlin 1990, S. 21–24.
15 Brief vom 8.11.1988 an seinen Bruder Gerhard. In: ELAB NL Ruhestand.
16 Brief an Pfarrer Harro Lucht vom 15.12.1990. In: NL Ruhestand.
17 Brief von Christa Ringhandt an Johannes Hamel vom 18.7.1991. In: ELAB NL Ruhestand.
18 Bericht Robert Koll, S. 4.

Dokumente

Dokument 1
Bericht über die Tätigkeit als Unterrichtsführer im Freiwilligen Arbeitsdienst
1933[1]

In einem Vereinsblatt wie diesem etwas über meine Tätigkeit als Unterrichtsführer
im Freiwilligen Arbeitsdienst (FAD) zu berichten, ist doch nicht ganz so einfach,
wie es mir zunächst erscheinen sollte. Denn ich bin Theologe und will das weder
im FAD noch in diesem Artikel verleugnen. Theologe sein heißt aber heute wie zu
allen Zeiten manchem zum Ärgernis sein.

Die Lager, die ich als geistiger Führer zu betreuen habe (dass ich „Vikar" bin, spielt
dabei äußerlich gar keine Rolle, die meisten Jungen verstehen den Titel gar nicht),
wurden ursprünglich von der Evangelischen Kirche getragen, von der ich auch den
Auftrag habe, für die geistige Schulung der FAD-ler zu sorgen. Als später aus Gründen, die mit der Entwicklung des FAD zur Dauerpflicht zusammenhängen, meine
Lager vom Stahlhelm übernommen wurden, wurde mir Gelegenheit gegeben,
meine Arbeit weiter zu führen. So kommt es, dass ich in einem Stahlhelm-Arbeits-
dienstlager lebe und doch meine theologische Arbeit tun kann. So viel ich weiß, ist
dieser Fall nur einmalig.
Der Freiwillige Arbeitsdienst ist eine Antwort der Jugend auf die Not unseres
Volkes. Er stellt alle Dienstwilligen zusammen zu einer Gemeinschaft, die bereit ist,
das Schicksal des Volkes zu tragen, ohne daran zu zerbrechen. Solche produktiven
Antworten auf gemeinsame Nöte haben etwas Zwingendes und Mitreißendes an
sich. Selten kann man mit Sicherheit voraussagen, wohin der Weg zuletzt noch
führt, genug, dass man den ersten Schritt sieht. Ganz im Sinne dieses Neuen, das
ja eingebettet ist in das neue Werden unseres Volkes, versuche ich auch meine
Arbeit zu tun.
Mit der Vorstellung des Theologen ist bei vielen Menschen noch heute der
schwarze Rock verbunden. Vielleicht meinen sie sogar, er müsse immer mit möglichst vor einem dicken Bauch gefalteten Händen, mit finsterer Miene oder satt und
voll lächelndem Gesicht umherlaufen. Und wenn er spricht, dann müssen die
bekannten salbungsvollen Redensarten aus seinem Mund träufeln. Nichts von alle-
dem ist wahr. Es ist fast lächerlich, erleben zu müssen, dass die Menschen fast enttäuscht sind darüber, dass ihre Vorstellung nicht mit dem Bilde der Wirklichkeit
übereinstimmt. Mehrfach haben mir die Jungen aus den Lagern dies Erstaunen zum
Ausdruck gebracht. Langsam, ganz langsam lernen sie begreifen, dass ein Pastor
kein besonderer, wirklichkeitsfremder Mensch ist. Was ich kann, tue ich, um ihnen
dies zu erleichtern. Ich wohne und esse mit ihnen zusammen unter oft sehr primitiven Verhältnissen. Es kommt mir gar nicht soviel aufs Reden an, sondern darauf, dass ich mit ihnen zusammen ihr Leben lebe, wie einer von ihnen. Ihre Ord-
nungsübungen, ihr Exerzieren, ihren Wehrsport mache ich mit und lasse mich
dabei ganz genau so „triezen" wie sie auch. Es ist gewiss oft nicht bequem, denn
ich habe neben der Arbeit im Lager noch andere Aufgaben. Aber mir scheint, dass

es heute mehr denn je nötig ist, wenn man seinem Auftrag als Theologe, und das heißt als einer, der die Botschaft des Evangeliums weitersagen soll, nachkommen will, dann muss man zuerst einmal wirklich neben dem Menschen sitzen, mit dem man in ein Gespräch kommen will. Von oben her ist genug geredet worden, die Welt ist seit langem voll von Reden und Worten; aber wir sind in dem Meer von Worten ersoffen. Darum glaube ich, dass wir wieder mehr lernen müssen, zu schweigen und in dem Schweigen den andern zu verstehen. Darf ich es einmal als Theologe sagen: Wir haben Berge von geschwätztem Glauben über uns kommen lassen müssen. Jetzt müssen wir das kleinste Sandkorn wirklich gelebten Glaubens suchen und sorgsam hüten. In diesem Sinne versuche ich, meine Arbeit in den mir anvertrauten Lagern zu tun. Gelegentliche Einzelgespräche, kleinere Arbeitsgemeinschaften, enge Kameradschaft, das ist die Methode. Dabei geht es nicht etwa „fromm" bei uns zu. Nein, wir sind ganz lustige Leute, die in das Leben passen. Echte Frömmigkeit steht mitten in der Wirklichkeit. Aber wir spüren doch hier und da ganz deutlich, dass zu einer wirklichen Kameradschaft mehr gehört, als dass man nur zusammen wohnt und einem Volke angehört. Dann fragten wir mitten aus der Beschäftigung mit der Geschichte, mit staats- und nationalpolitischen Fragen oder mit dem Putzen und Flicken der Sachen heraus nach den ewigen Kräften, die uns zu echter Kameradschaft und Gemeinschaft führen können.

Dokument 2
Die Ordination. Darstellung des Gesprächsganges zwischen Propst Eckert und vier Ordinanden am Mittwoch, dem 18. April 1934[2]

1. Das Gespräch nahm seinen Ausgang vom Ordinationsgelübde, wobei Propst Eckert betonte, dass eine Ordination durch ihn nur dann in Frage käme, wenn über die grundlegenden Fragen zwischen allen Beteiligten Übereinstimmung erzielt sei. Im Einzelnen fielen dabei etwa folgende Wendungen „Ich mache das zum ersten Mal, dass ich eine solche Besprechung habe ... es ist nicht einfach, von mir ordiniert zu werden ... es wird ja auch in Ihrem Interesse liegen, dass wir übereinstimmen." „Wenn wir nicht übereinstimmen, kann ich Sie nicht ordinieren, darin bin ich ganz konsequent ..."
„Bei der Ordination ist nun auch ein Gelübde abzulegen, es ist wohl auch an Ihnen nicht spurlos vorübergegangen, dass dies Gelübde in dem verflossenen Teil des kirchenpolitischen Kampfes eine bedeutende Rolle gespielt hat ... Gewisse Pfarrer, besonders jüngere, die nach dem Kriege ordiniert sind, glaubten, sich auf das Gelübde berufen zu können, das ihnen ein Recht gäbe, der Kirchenregierung ungehorsam zu sein. Aber durch das Ordinationsgelübde sind nicht Rechte, sondern Pflichten begründet. Man muss überhaupt als Pfarrer das Gebiet der Pflichten möglichst weit fassen und das der Rechte ganz eng." – „Man hat also von einem Recht zum Ungehorsam gesprochen und sich dabei auf ein aus dem Zusammenhang gerissenes Wort berufen (Apg. 5,29 b). Aber man muss den Zusammenhang beachten, denn da ist dem Petrus verboten worden, von Christus zu predigen ... Ist Ihnen schon einmal verboten worden, von Christus zu predigen?"
2. Von hier aus kamen wir auf den Begriff der Gemeinde (ecclesia) zu sprechen. Während wir Gemeinde im biblisch-reformatorischen Sinne verstanden wissen

wollten (Doppelgestalt der ecclesia), lehnte Propst Eckert dies als ein Ergebnis der paulinischen Theologie und der späteren Dogmatik ab; er betonte, dass er uns nicht für die ecclesia ordiniere, sondern für den Dienst an der „Gemeinde", wobei er diese in rein empirischem Sinn verstanden wissen wollte. Der Dienst an dieser Gemeinde mache es notwendig, dass wir uns nach ihren religiösen Bedürfnissen und Wünschen richten. In solchem Zusammenhange geschah eine positive Wertung von Vertretern der Deutschgläubigkeit. Unsern Einwand, dass hiermit die Gefahr einer „Konzession an die ungläubig gewordenen Gemeinden" auf Kosten des reinen Evangeliums gegeben sei, wies er energisch zurück, indem er bemerkte, dass solche Urteile über unsere Volksgenossen lieblos seien.

3. Im Anschluss hieran entwickelte Propst Eckert seine Auffassung von den Grundlagen unserer Verkündigung. Im Unterschied zu der von uns vertretenen reformatorischen Aussage von der Offenbarungseinheit der Schrift suchte Propst Eckert die für uns maßgebende Offenbarung frei zu begrenzen, ohne zuzugeben, dass er damit dem von ihm zurückgewiesenen Liberalismus und Nationalismus weitgehende Konzessionen machte. Unter Hinweis auf Matthäus 5 – „Ich aber sage euch ..." – wies er die Identität des alttestamentlichen Gottes mit dem des Neuen Testaments energisch zurück: Das Alte Testament „treibe" nicht Christum. Innerhalb des Neuen Testaments selbst wollte er den zu predigenden Christus unter ausdrücklicher Infragestellung des Paulus, Petrus und Johannes allein auf die von uns zu erarbeitende Logienquelle beschränkt wissen. Auf den Einwand, dass Kreuz und Auferstehung dann bedeutungslos würden, stellte er auch diese in ihrem zentralen Wert in Frage, indem er das Wort bei der Himmelfahrt Christi: „Was stehet ihr und sehet gen Himmel ..." als eine Bestätigung seiner Reduzierung des Evangeliums auf den irdischen Jesus deutete in dem Sinn, dass von dem auferstandenen Christus nichts zu erwarten sei. Jesus ist allein der große Sittenprediger, dessen hohe Forderungen wir zu befolgen haben.

4. Unsere theologisch formulierten Einwände legte Propst Eckert dahin aus, dass es sich in ihnen um uns „aufgepfropfte Universitätstheologie" handele. Unsere Berufung auf Luther und die Bekenntnisschriften wurde als „archaistisch" und „nachtwandlerisch" abgetan. Wir wiesen demgegenüber darauf hin, dass wir, selbst durch mancherlei Nöte und Zweifel hindurchgegangen, dankbar bezeugen, durch die reformatorische Theologie gefördert zu sein, so dass die Teilnahme am Bekenntnis der Kirche für uns nicht eine Last bedeutet, sondern unserer eigenen Überzeugung entspreche.

5. Dazu traten im Laufe des Gespräches einzelne Äußerungen des Propstes Eckert, die bei uns den Eindruck eines theologischen Gegensatzes zwischen ihm und uns verstärken mussten, wie z. B.: Auf die Behauptung, dass das Anliegen der Zweinaturenlehre nicht erst ein Produkt der späteren Dogmatik, sondern bereits ein neutestamentliches sei, antwortete er: „Sie meinen also, dass Gott Natur ist, das würde ich mir gefallen lassen." – Vom Beten sagte er: Wenn 24-jährige Theologen Gebetsgemeinschaft hielten, so könne man das nicht mehr als normal bezeichnen.

6. Auf die am Schluss gestellte Frage, nach welchem Formular die Ordination vollzogen werden sollte, antwortete Propst Eckert: „Wir werden uns ein eigenes Ordinationsgelübde zusammenbauen." Vorstehende Darstellung bestätige ich als die Wiedergabe des Gesprächs zwischen Propst Eckert und vier Ordinanden. Berlin, den 30. April 1934. Unterschrift.

Dokument 3
Anonymer Brief eines „Unger" an den Parteigenossen Furchheim[3], der am 10. Mai 1936 in der Parochie Netzbruch öffentlich bekannt gemacht wurde

Bad Freienwalde (Oder), Wilhelmstraße 6
Lieber Pgg. Furchheim!
Ihren Brief habe ich heute erhalten. Meinen Bericht über Ringhandt habe ich Ihnen als früherer Ortsgruppenleiter abgegeben. Wenn ein Risch[4] ihn nicht glaubt, so ist das nicht zu verwundern. Diese Sorte von Menschen glauben immer noch, den lieben Herrgott für sich in Erbpacht genommen zu haben, um in seinem Namen für ihre ureigensten Interessen Reklame zu machen. Sage bitte den Pgg., dass ich in Reichenow stellvertretender Amtsvorsteher war und (mich) auch staatspolitisch mit der Angelegenheit R. zu befassen hatte. Vielleicht glaubt Ihr Notbundonkel auch nicht, dass die Kirchengemeinde Reichenow Herrn Pfarrer R. erst auf dem Wege der Räumungsklage aus dem Pfarrhaus bekommen hat, 2. die Gemeinde Batzlow ihn erst verklagen musste, um zu ihrer Miete zu kommen, 3. die Geheime Staatspolizei in Potsdam ihn eingebuchtet hat. Der Amtsvorsteher in Schulzendorf, dazu gehört Reichenow, ist nicht Pgg. Vielleicht kann ich eine Anschrift seines Schreibens bekommen. Jedenfalls, lieber Furchheim, Ringhandt ist wie der ewige Jude. Überall, wo er hinkommt, wird sein Weg gezeichnet sein mit Hass, Unzufriedenheit und Zersetzung der Gemeinden. Er hat vielleicht ein Vorbild aus seiner Bibel in Saulus. Er ist 2000 Jahre zu spät geboren. Ich selbst habe den Eindruck eines religiösen Irren von ihm, der am besten in einer Anstalt geborgen ist. Staatspolitisch gesehen ist R. eine Unmöglichkeit in unserer Zeit. Er gehört nach meinem Urteil zu den Feinden des Innern.
Heil Hitler! gez. Unger

Dokument 4.1
Tagebuch: Mit dem alten Adam und dem neuen im Gefängnis. Oder: „U 74"[5]

28. August 1937. Es klingelt. Der Wecker? Es ist 20 Minuten nach sechs. Nein, der Wecker ist es nicht. Margarete ist wach. Ruft: Da läutet wer. Ich ahne Böses. Ans Fenster! Unten steht ein Auto. An der Tür ist niemand zu sehen. Sie ist verdeckt durch den Vorbau. Ich lasse es läuten und ziehe mich langsam an. Sollte es der Tag sein, der lange erwartete? Ist es Polizei? Im Augenblick ist es nicht das, was mich beschäftigt. Ich bin nur müde. Jeden Tag der Woche zwischen 5 und 6 Uhr aus dem Bett, gestern erst um Mitternacht wieder rein. Und heute ist Sonnabend. Ich bin so müde.
Endlich stehe ich unten. Die Tür geht auf. Ein Zivilist. Aber schon ist mein Zweifel behoben: „Herr Pfarrer, machen Sie sich bitte fertig, ich muss Sie heute in Potsdam der Stapo vorführen" – Also ein Wachtmeister!
„Na, dann kommen Sie bitte rein und warten Sie, bis ich fertig bin. – Darf ich Ihren Ausweis sehen?" – „Bitte." „In Ordnung."
Margarete hat sich inzwischen auch angekleidet, und nun setzt ein konzentriertes Arbeiten und Vorbereiten ein. An alles muss gedacht werden: Kassen, Geld für sie

und mich. Zigaretten, Frühstück, Obst, Bibel und Gesangbuch und die paar Kleinigkeiten des täglichen Bedarfs, die einem so fehlen können. Man denkt an jene Nacht vor der ersten Verhaftung. Aus dieser Vorführung wird natürlich auch eine Verhaftung ...
Der Wachtmeister mahnt. Ein letztes Händeschütteln, ein letzter Kuss, rein ins Auto, ein fröhliches Winken, rum um die Ecke – weg.
Während der Fahrt nach Dahme durch den trüben, nebligen August Morgen immer dies eine: „Dem Teufel den Ars weisen!" (Martin Luther) Das hält aufrecht, macht stark zu lächeln und bei allem fröhliche Augen zu haben. Man ist unschuldig, man ist kein Verbrecher. Dennoch ist es wiederum auch kein Irrtum des Staates, aber eine unlösbare Verwirrung und Schwierigkeit lastet auf uns, den Dienern der Kirche. Ein krampfartiger Zustand des Nichtverstehens zwischen Staat und Kirche. Dahinter steckt der Teufel. Gegen ihn geht es an. Er möchte Kapital schlagen aus der verfilzten Situation. Er möchte lachen über manchen Fang, über manchen hängenden Kopf und trüben Blick. Also: „Ihm den ars weisen". Luther hat's begriffen.
Noch eine halbe Stunde zum Superintendenten. Alles Wichtige besprochen. Dann wieder rein ins Auto. Dann in den Omnibus nach Uckro. „Herr Pfarrer, wir reisen natürlich so unauffällig wie möglich, wie Reisegenossen." – „Fahrscheine bitte!" Bruder Schwer[6] steigt noch zu. Er hat als Begleitung den Wachtmeister R., der immer so etwas verlegen ist, aber korrekt sein will. In dessen Stimme eine so heimliche Unsicherheit ist.
Die Frage: Warum das alles? Der Ältere fragt, versteht nichts, redet das übliche von Befehlen der Vorgesetzten, denen gehorcht werden muss. Man kennt das. Aber schließlich sind wir so viele, dass er einigermaßen versteht, wenn auch nicht billigt. Als es aber gefährlich ist für ihn, kneift er: „Wissen Sie, Herr Pfarrer, ich bin ja schließlich auch Polizeibeamter. Und als Polizei kann ich nur sagen: ‚Was Sie machen, ist eben Unrecht!'" – „Und als Christ?" – „Was sagen Sie da?" Der Mann schweigt. Dann plötzlich: „Ich glaube auch an Gott, wenn ich auch nicht zur Kirche gehe und nicht allzu religiös bin." Die persönliche Glaubensfrage ist angerührt. Und nun kommen wirklich persönliche Fragen: Auferstehung, ewiges Leben, Seligkeit – alles böhmische Dörfer. Ich schließe einen Augenblick die Augen. Mitten im Transport zur Stapo hat mich der Wachtmeister als Seelsorger ausdrücklich angesprochen. Ich denke aber an die Schuld und Ohnmacht unserer Kirche.
Mit einem Mal fängt der andere, junge an: „Wenn wir in Deutschland das Christentum haben, in China die chinesische, in Indien die indische Religion haben, bei den Indianern wieder einen anderen Glauben – wer hat dann recht? Was ist Wahrheit? Wie verhält sich das Christentum zu den anderen Religionen?" Wann mag er das letzte Mal eine religiöse Frage gestellt haben mit diesen großen, blauen, verlegenen und doch von ehrgeizigem Feuer erfüllten Augen? Ich erkläre, so gut ich kann. Er sieht aus dem Fenster, aber ich merke, dass es zuhört. Er hütet nur seine Augen. Warum? Ist es nur die Unsicherheit? Oder ist da nicht doch eine tief verborgene Abneigung gegen die Kirche und ihre Botschaft? Wir schweigen. Aber es währt nicht lange, dann ist der Anhalter Bahnhof da. Raus.
Die Saarlandstraße ... Ich denke an all die Mitarbeiter der BK dort, an Scharf und Andler. Solange sie noch sind, wird es weitergehen. Auf dem Potsdamer Platz steht Bruder B. mit seinem Wachtmeister. Ein gutmütiger, dicker Mann, der seinem Gefangenen den Mantel trägt, weil dieser zwei Koffer voll Bücher hat. Bruder B. ist

innerlich erregt. Vor zwei Monaten hat er geheiratet. Er hat Kinderaugen, hilfsbe-
dürftig und geduckt schaut er oft darein. Es ist klar, ich muss mich dieses großen
Jungen annehmen.
Der Geschäftsstelle wird rasch telefonisch Bescheid gegeben. Man hört, dass auch
andere sitzen und neu verhaftet sind. Anscheinend ein allgemeines neues Schlachten. Ob es die für morgen vorgesehene Abkündigung ist?
Der Zug ist da. Drei Wachtmeister, drei Pfarrer. Es stellt sich raus, dass von uns
Dreien nur ich Erfahrung im „Sitzen" habe. Vertrauensvoll sehen die Beiden auf
mich. Im Potsdam essen wir erst einmal Mittag, jeder kauft sich noch Schokolade
und Zigaretten. Dann geht's rein ins Präsidium und zur Aufnahme. Bruder B. und
ich bleiben zusammen, ich konnte es so einrichten. Denn da ist der alte, liebe X,
den ich von früher her kenne. Ein Vater der gefangenen Pfarrer, ein Mann mit rau-
hem Kern und gütigem Herzen. Ein Christ. Ich weiß, wenn wir hier rauskommen,
dann wird dieser Gefangenenwärter allen Ernstes sagen: „Und wenn Sie draußen
sind, dann sagen Sie: ‚Pfui, der Schweinehund! Das ist die beste Reklame'."
Mit ekelhaft kaltem Klirr hat sich das Doppelschloss der Zellentür hinter uns
geschlossen. B. sitzt traurig, mit innerem Zittern, auf der anderen Seite des kleinen
Tisches. Ich spreche ihm Mut zu, denn Gott hat mir bisher eine tiefe vertrauende
Fröhlichkeit ins Herz gegeben. Mit dem Blick eines geprügelten Tieres hört er mir
zu. Aber fröhlich wird er nicht. Ich ahne, dass sich in der Seele dieses Jungen eine
tiefe Angst gesammelt hat, vielleicht auf dem Grunde eines alten Minderwertig-
keitsgefühls? Hat er viel durchgemacht? Wie mag seine Kindheit gewesen sein?
„Ach wissen Sie, Bruder R., wir wollen doch gleich an die Arbeit gehen. Wie wäre
es, wenn wir Matthäus 10 exegesierten, dies Kapitel haben Sie doch vorhin bei
dem Wachtmeister angeführt. Das kann uns recht trösten." Er packt gleich seine
Bücher aus ...
Die Tür geht auf. Bruder Wagner[7] wird rein geschoben. Still, zurückhaltend, abwar-
tend. „Ach, Bruder Wagner, Sie sind doch sicher damit einverstanden, dass wir
Matth. 10 studieren ... Wollen wir nicht gleich anfangen?"
Was treibt den Jungen denn nun, so eilig an die Arbeit zu kommen? Da ist was nicht
echt. Aber er tut mir leid. Ihm fehlt jede Spur von Gelassenheit. Wir sind nicht allzu
begeistert von der Eile. Das merkt er wohl. „Wissen Sie, ich bewundere Ihre Ruhe.
Von Ihnen strömt direkt eine große Ruhe aus." Er hat Angst, der arme Kerl.
Noch einmal öffnet sich die Tür. Der Wachtmeister bringt Wolff[8]. Mein lieber alter,
Kampf erprobter Wolff. Ich falle ihm um den Hals und der Wärter muss lächelnd
das Hallo dampfen, das sich erhebt. Er erlaubt den Ausnahmefall: 4 Leute in einer
Zelle, die nur 2 mal 3,25 m große Fläche hat und 3 m hoch ist ...
Es ist klar, dass Wolff von Anfang an die Stubenältestenschaft hat. Ich bin dankbar,
dass ich nicht allein „der alte Sack" bin, wie einer sagt. Mit der Erfahrung und
Klugheit eines alten Zellengefangenen gehen wir nun an die Herstellung der
Gemütlichkeit. Gegen alle Hausordnung lassen wir das Bettgestell von der Wand
herunter, es wird mit Matratzen und frischen Bezügen gepolstert ... Es staubt, aber
es ist gemütlich. Die Nachmittagssonne stiehlt sich in die Zelle, an die Wände,
durch den Raum und zieht goldene Strahlenstreifen durch den Staub.
Rauchen ist verboten. Jeder hat seine frisch gekauften Zigaretten abgegeben. Ich
habe meine allein behalten. Es wird ein Zug gewagt ... Nach einiger Zeit kommt X,
um mit W., den er am besten kennt von den 3 Wochen im Jahre 1935, ein bisschen

Meinung zu tauschen. Er merkt was, er sagt nichts, grinst, steckt sich eine Zigarette an. Mir geht ein Licht auf. Wenn von der Leitung jemand kommt, dann will er sagen können, er habe geraucht.
Kaum sitzen wir wieder, fängt B. wieder an mit Matthäus 10. Nun gibt's kein Halten. Die Arbeit wird verteilt, jeder einen Abschnitt, dann eine halbe Stunde Pause und es geht los.
Eine andere Zellentür wird geschlossen, die Gefangenen kommen raus zur Abendwäsche. An unserer Tür wird geklopft, nachdem jemand lange durch das Guckloch sah und einen Freudenruf von sich gegeben hat. Eine Stimme ruft uns zu: „Tag, die Brüder, wir haben heute die Parole: Jeder einmal im Gefängnis." Draußen raschelt alles an seinen Platz, die Wache kommt, nachdem die eine Zelle sich gewaschen hat. Es kommt eine neue ran und sofort, bis die Reihe an uns ist ... Bevor wir noch raus sind, schiebt sich ein Zettel durch die Türritze: „An die Herren Pfarrer, Sie dürfen rauchen (leider Irrtum), wir nicht, wir wären dankbar, wenn Sie die Stummels und ein paar Streichhölzer auf dem Wasserkasten im Closett auslegten, dann wären wir zufrieden. Zelle 1." Eine alte Sache, die ewige Zigarettenbettelei der älteren Gefangenen bei den neuen. Wir sammeln also unsere kläglichen Stummel und legen sie dort hin mit einer neuen Zigarette zusammen und einigen Streichhölzern.
Unsere Bibelarbeit geht nur langsam vorwärts ... Der Abend überrascht uns, ehe wir zu Ende kommen ... Auf dem Boden werden die dreiteiligen Matratzen ausgebreitet. Wir lernen in Vereinbarung mit Zelle 6 ... ein Abendlied, das mir unbekannt ist. Wir wagen es, nach dem Löschen des Lichtes noch eine Zigarette zu rauchen. Dann legen wir uns still nieder und aus vier Männerkehlen klingt es leise: „Nun sich der Tag geendet hat ... drauf tu ich meine Augen zu und schlafe fröhlich ein ... und also leb und sterbe ich dir, oh Herr Gott Zebaoth, im Tod und Leben hilfst du mir aus aller Angst und Not."[9] W. betet und wir schließen alle den Tag mit dem Vater Unser.

Sonntag 29. August. 7.00 Uhr Wecken, rasches Anziehen, Frühstücken. Dann Stille. Jeder denkt an sein Zuhause. Jetzt wäre man unterwegs zu den Gottesdiensten. Aber nun müssen viele Gemeinden ohne Predigt und Gotteswort sein ...
Wir erfahren, dass am vergangenen Freitag 15 Brüder nach Berlin-Lehrter Straße gebracht worden sind, um hier Platz zu machen ...
Die Glocken läuten zum Gottesdienst. Wir sitzen still über unserer Bibel. Es ist keine leichte Stunde, aber wir sind fröhlich und jeder denkt die Worte mit, als die Glocken der Garnisonkirche läuten: „Lobet den Herren, den mächtigen König der Ehren"[10] ...
Am Nachmittag gibt es eine Freistunde. Ein heimliches Grüßen von Bruder zu Bruder lässt es uns fast vergessen, dass wir auf engem Gefängnishof wandern. Still geht der Tag zu Ende. Wo magst Du sein, mein Lieb? Heute singen wir schon kräftiger. Danach bin ich mit dem Abendgebet dran.

Montag, 30. August. Wir schreiben erste Briefe. An das doch etwas harte Lager haben wir uns gewöhnt. Bei unserem Austausch ist noch immer etwas Steifes und Kontrolliertes in unserem Wesen und so beschließe ich, den Ton akademischer Diskussion in das richtige, konkrete Miteinander in einen Raum gepferchter Menschen umwandeln zu helfen. Als B. mir auf die Nerven fällt, ... da sage ich ganz einfach und schlicht: „Das ist ausgesprochen Scheiße!" Und mit einmal scheint ein Bann gebrochen. Wir werden natürlich, einfach und gerade. W. hat Besuch. Der Vater. Er kommt mit Butter, Wurst und Schokolade wieder rein. Es wird ein Fest gefeiert. Obwohl wir alles essen, sind uns die 4 sauren Schnitten Brot reichlich über. Von der Wurst wird mangels eines Messers einfach reihum abgebissen. Die Butter wird mit einem Stück Pappe verteilt … Man wird erfinderisch …

Als wir raus gelassen werden, um nach dem Essen auszutreten, … sehe ich eben einmal auf der anderen Seite des Hauses, die zum Exerzierplatz und Schlosspark gewandt ist, aus dem Fenster. Hinter der Mauer, 30 m vom Hause entfernt steht eine Frau und winkt nach den Fenstern des Gefängnisses. „Ach, denke ich, da hat schon eine tapfere Pfarrfrau raus, dass ihr Mann hier sitzt." Mit einem Mal stockt mir das Blut in den Adern: „Das ist doch, Kinder, das ist doch meine Frau!" Sie kann mich nicht sehen, das Fenster ist nur einen Spalt auf. Aber Taschentuch raus und gewunken. Ich renne an die Zellentüren. Alle winken. Ich sage: „Meine Frau!" Sie winken noch mehr. Wenn nur niemand etwas merkt. Und Muttchen Andler erhebt sich da plötzlich auch von der Bank und winkt. Der Tag leuchtet. Nun weiß ich, dass sie mich besuchen wird. Und einer der Brüder lässt es mich wissen: „Komme morgen", so hat sie gesagt. Wir werden wieder eingesperrt, ich kann nicht mehr winken. Das Tier in mir, das am liebsten durch die Gitterstäbe hinaus gesprungen wäre, kommt langsam zur Ruhe. „Ach Herr, es ist doch schwer, wenn der Tag sonnig über dem Park liegt und dicke Wände und Gitter mich von ihr trennen." Aber der Tag vergeht danach in einem stillen, heiteren Leuchten.

Abends werden Wagner und ich vernommen. Verhältnismäßig höflich. Man lässt uns reden. Man ist nicht erstaunt, dass wir weiter Kollekte sammeln werden, wenn man uns freilässt. Protokoll unterschrieben, rein in die Zelle. Man kann „Gute Nacht sagen". Der deutsche Gruß ist nur „dem freien" Mann erlaubt. Nun wissen wir endlich positiv, was los ist. Kollektensache. Wie bekommt Holstein unsere Vollmacht für den Prozess?

Spät schlafen wir ein. Aber noch ist keiner unsicher geworden. Wir sind noch immer guter Dinge …

Dienstag, 31. August. Der Wachtmeister läuft mit Müllers Papieren durchs Haus und sucht seine Zelle. Auslieferung in die „Freiheit" … Später hört man, dass der Untersuchungsrichter einen neuen Haftbefehl ausgestellt hat und die 3 Brandenburger wieder zum Gerichtsgefängnis wandern.

Wir sind getrennt worden „Die Pastoren sollen auseinander". Wir erhalten also einen neuen Zellengenossen, einen Rathenower Zimmermann. Gerichtsverfahren wegen Beleidigung eines Offiziers gegen ihn eingestellt, am Ausgang des Gerichts aber von der Stapo in Schutzhaft genommen. Immer dasselbe … Dann beschnüffeln wir unseren neuen Mitgefangenen. Er zeigt uns eine Lunte und einen Bleistift zum Feuer machen, womit man Zigaretten in Brand bekommt, ohne Streichhölzer zu haben. Dazu baue ich ihm eine Sitzmöglichkeit aus Matratzen … Er haut sich rein und verpennt den halben Tag. Wir lesen still unsere Bibel.

Beim Abendbrot faltet er mit uns die Hände und betet. Ich erzähle ihm von unserem Kampf. Darauf: „Wenn das alle Christen richtig wüssten, dann würden noch mal soviel zur Kirche gehen!" …

Der Tag ist zu Ende, aber die Vernehmung durch den Richter kam nicht, die uns gestern versprochen war.

Aber eins hat der Tag gebracht: Gretchen (G.) hat mich besuchen dürfen. Kurz ist solche Viertelstunde aber viel länger ihr Nachklang. Ich habe eine liebe, tapfere Frau. Als sie wieder gegangen ist, erhalten B. und ich unsere Briefe zurück: „Nicht genehmigt". Warum? Rot angestrichen sind die Stellen, die von unserer lebhaften Arbeitsgemeinschaft und unserer brüderlichen Gemeinschaft reden. Und davon, dass wir uns sehr wohl befinden. Plötzlich dämmert es mir, warum wir getrennt wurden. Wir haben das Gefängnis nicht genug als Gefangenschaft empfunden. Darum suchte man uns die brüderliche Gemeinschaft zu kürzen.

Mittwoch, 1. September 37. Nun sitze ich schon einen Tag länger als 1935 in diesem Gefängnis. Und wieder geht es mir wie damals: Ich kann das Gebimmel von der Garnisonkirche kaum noch hören: „Üb immer Treu und Redlichkeit". Nun haben wir es schon 96mal vernommen. Man möchte kotzen ...

Der Nachmittag bringt eine Fahrt zum Gericht. Wir sollen vernommen werden. Aber der Richter hat keine Zeit. Vor der Tür steht meine Frau. Freude, Lachen, aber im Gesicht darf man nichts merken lassen. Nur die Augen grüßen und sagen: „Ich hab Dich lieb, Du kleine tapfere Frau." Auf einem Flur neben der Treppe werden wir allein gelassen. Da sehen plötzlich meine Frau und „Der Engel der Gefangenen von Potsdam" über den Rand der Treppe. Es ist das Werk einer Sekunde, dann habe ich ihnen unsere Prozessvollmachten und den Brief zugeworfen. Sie verschwinden. Wenn das so geht, denke ich, ist das Leben noch erträglicher. Der begleitende Beamte erscheint wieder. Der Richter hat keine Zeit, wir müssen morgen um 10 wieder kommen ... Als wir das Haus verlassen, steht Gretchen wieder da und ich kann ihr zuflüstern: „Morgen um 10." Dann wieder rein ins Auto und ab.

Aber dies ist wenigstens geschehen: Wir erhalten die Nachricht, dass wir Untersuchungshäftlinge sind, dürfen rauchen und essen, was wir wollen, und werden wieder zusammen gelassen. Welche Wiedersehensfreude. Wir fallen uns um den Hals und sind glücklich. Bald kommt das Bestellte und ein Festessen beginnt: Tomaten, Butter, Wurst. Und dann: Zigaretten[11]. Man ist ein anderer Mensch.

Vor Aufregung und Freude wird an diesem Tage nicht mehr gearbeitet. Wir tauschen unsere Eindrücke aus, die wir von den anderen Zellengenossen haben. Wolff und Wagner saßen mit einem ehemaligen Kommunisten zusammen, der angezeigt war, sich seiner Dienstpflicht entziehen zu wollen, weil er sich bei seiner Übersiedlung nach Hamburg 14 Tage nicht angemeldet hatte. Auch er hat beim Tischgebet sein Haupt geneigt und mitgebetet.

Dann kommt die Freistunde, jene schweigsame eintönige Runde. Mann hinter Mann, im engen Gefängnishof. Von „Lobe dem Herren" bis „Üb immer treu ...", eine halbe Stunde.

Wir haben uns einen Plan gemacht, wie wir den anderen Brüdern was zukommen lassen können. W. und ich stecken uns die Taschen voll Schokolade, Butter, Wurst, Zigaretten und Streichhölzer. Ich nahm mir G. und S. aufs Korn, er G. und H. Beim Rundgang marschierten wir erst hinter dem einen, dann hinter dem Anderen. Und immer, wenn wir in der entfernten Ecke waren, dann flüsterten wir einen halben Satz, bis sie allmählich kapiert haben. Es musste nachher alles schnell und unauffällig auf der Treppe geschehen, da allein konnten wir uns zum anderen drängen und die Wache konnte nicht alles übersehen. Es ging alles gut. Jeder erhielt sein Liebesgabenpaket. Es herrschte eitel Freude. Dieser reiche Tag und die Hoffnung auf morgen ließen uns noch lange wach sein ...

Donnerstag, 2. September. ... Jeder erhielt seine Sachen zurück. Wir steigen in „Die grüne Minna" – mit einigem Grausen hat man von ihr als Kind gehört –, den kleinen Brief hat man in der Hand ... Aber ich habe Glück. Bei der Aufnahme treffe ich jemanden auf dem Weg in die Freiheit. Er nimmt ihn mit. Das ist also doch geglückt.

Es folgt die Aufnahme, der Sohn von Zitzlaff[12] nimmt die Personalien auf. „Schicksal", sagt er mit einem kleinen hilflosen Blick über uns hin, die er alle kennt. „Ich kann es auch nicht ändern." Wir dürfen alles behalten außer Messer und Rasierzeug. Dann die Zelle. B. und ich bleiben zusammen. Abt. II, U 74 a und b, so sind unsere Nummern (U74 = Untersuchungsgefangener in Zelle 74).

Lektüre der Hausordnung, Bestellung von Zukost, Anträge auf verlängertes Licht bis 9 Uhr abends. Und eine schreckliche Eröffnung: Wir müssen unser ganzes Leben ... in der Zelle vollziehen. Drüben bei der Stapo konnte man wenigstens seine „Geschäfte" in einem eigens dafür vorgesehenem Raum erledigen ... Hier darf man nur bei Lebensgefahr klingeln. Hier ist die Zelle Schlaf-, Wohn- und Esszimmer und Closett ... Im Grunde meiner Seele ist mir schlecht. Das ist eine regelrechte Erniedrigung des Gefangenen. Gewiss, man wird sich an alles gewöhnen, aber scheußlich ist es doch. Wenn der Galgenhumor nicht wäre ...

Um dreiviertel 7 müssen Messer, Gabel und Löffel abgegeben werden. Dann heißt es gute Nacht. Wir können unser Bett runterlassen und es uns gemütlich machen, bis das Licht ausgeht.

Beim Abendgebet wird vereinbart: An Tagen mit geradem Datum hat B. die geistliche Versorgung, an Tagen mit ungeradem Datum ich ... Ein Lied singen wir nicht. Diese graugrünen Zellenwände, die korrekten Wachtmeister haben sich doch drückend auf mich gelegt.

Freitag, 3. September 1937. 5.20 wecken. Donnerkiez, geht's hier früh raus. Rasch: Bett hoch, Matratzen und Decken nach Vorschrift verpackt, Waschen! Ach, wir haben hier nur eine kleine Wanne von ca. 35 cm Länge und einen Krug mit ca. 3 Liter Wasser. Dann gibt's Frühstück. Messer, Gabel und Löffel werden herein genommen, die über Nacht in einem Beutel draußen hingen. Geschirr und Kübel wird rausgestellt. 10 Sekunden, und die Zelle schließt sich wieder. Schwarzer Kaffee ohne Zucker, trocken Brot. Wir haben keine Butter, keine Wurst, wir würgen uns die Sachen rein und der Wachtmeister sagt, es gebe frühestens morgen die bestellten Sachen.

Rasch noch einen Brief geschrieben und dann ist Freistunde. Der Brief muss bei der Freistunde um 7 Uhr unten in einen Kasten gesteckt werden. Sonst kommt er heute nicht mehr weg. Natürlich offen zur Kontrolle. Auf dem Hof sieht man sich um. Reden verboten, Abstand 3 bis 4 Schritte, schneller Gang.

Abends fängt B. seinen Lebensbericht an ... Nach 2 Uhr schlafen wir ein.

Sonnabend, 4. September. Heute sind es 8 Tage seit meiner Verhaftung ... Tür auf, Geschirr raus, Messer und Gabel rein, Tür zu. B. ist schon fix dabei, es geht besser

als gestern. Nach dem Frühstück greife ich zu meinem Roman und zerlese die Enttäuschung, dass wir noch keine neuen Bücher haben und wir trocken Brot essen mussten. Ich kriege es bald nicht mehr runter. Da denke ich an die Birne, die R. mir gestern von seiner Frau schenkte. Die wird klein geschnitten und ersetzt den Belag ...
Mittag: gelbe Bohnen ... Wir bekommen die Liste der Bibliotheksbücher. B. findet nichts weiter als Gogol. Ich habe bald 10 Bücher gefunden: Löns, Stifter, Wissenschaftliche Tierbeobachtungen, 2 Kriminalromane. Es ist zum Heulen. B. ist zu feige zu der Freiheit eines Detektivschmökers ... Geistesreife? Intellektualismus? Seelenschonung? Quatsch – Charakterschwäche. B. ist mir manchmal bedauernswert ...
Heute nach dem Abendessen auch die längst erwarteten Sachen. Zucker, Obst, Papier, Zigaretten. Großes Fest.
Nachmittags doch noch Freistunde. „Unterhaltung verboten" wird über den Hof gebrüllt, und ich hatte nur Bruder Wolff herzlich begrüßen wollen, den ich zum ersten Mal auf dem Hof sehe, seit ich ihn vor 20 Tagen besucht hatte. Ich habe heute keine Jacke an und gehe so groß wie mir möglich. Es ist warm, die Sonne liegt auf dem Dach, aber die Tiefe des Hofes ist dämmerig und es stinkt.
Das Schreiten ist zum Weinen. So wird Leid getragen, stumm, langsam vorwärts, an Feldwebeln vorbei, die nur Amt, Wache, Paragraphen sind. Ich bin U 74 b, ja ich weiß. Ich möchte schreien wie ein gehetztes Tier. Draußen röhren in Nächten die Hirsche zum ersten Mal. Ich aber gehe aufrecht und weiß, dass meine Augen keine Qual verraten, sondern ein wenig burschikos und „kalt-nüchtern" geradeaus sehen. Auf der Treppe ... schiebt mir Pfarr einen Zettel in die Hand. Heinrich Vogels neueste Verse:

„Wir schreiten kreisend unsern Gang,
3 Schritte Abstand – Schweigen ...
Der Blick glitt an den Mauern lang,
die Gitterlöcher zeigen.
Wir gingen, Herr, auf dein Geheiß,
zu deinem Dienst wir litten –
Gott sei gelobt! Herr Christ, ich weiß,
du bist mit uns geschritten."

Er hat mir einen Dienst getan, der Bruder. Ich hatte es fast vergessen über trocken Brot und Leibstuhl. Es geht wieder besser.
Der Abend ist still. Irgendwo klingen Töne auf. Ein Klavier. Wie lange habe ich keine Musik gehört. ...

Sonntag, 5. September 1937. Gestern wurden wir vom Arzt untersucht. Da trafen die Brüder alle zusammen, die am Donnerstag gemeinsam gekommen waren. Alle sind haftfähig, gesund und munter. Wir wurden bewacht von einem Mann, der anscheinend der Vorgesetzte der Gefangenenwärter ist. Drei Sterne, großer Säbel und Schlüsselbund zeichnen ihn aus. „Meine Herren, reihen Sie sich ein, Unterhaltung ist verboten, ich kann auch nichts ändern. Es wird ja jetzt auch nicht wichtig sein, was Sie sich zu sagen haben." Ach, der Mann weiß nichts davon, dass wir alle hier, die er bewacht, Brüder sind, die sich wohl etwas zu sagen haben, die indessen darauf verzichten können zu reden, weil sie wissen, dass ER mitten unter uns ist, der stumm gelitten hat ...

Nach dem Frühstück, zu dem wir uns ordentlich sonntäglich gekleidet haben, Schlips und Kragen und geputzte Schuhe, halten wir still jeder für sich Andacht. Da ertönt irgendwo plötzlich Gesang ... Schnell greifen auch wir zu unserem Gesangbuch und unsere kleine Zellengemeinschaft singt: „Er hat uns wissen lassen, sein herrlich Recht und sein Gericht, dazu sein Güt ohne Maßen ... Mein Seel soll auch vermehren sein Lob an allem Ort."[13]
Dann schlägt es zur Freistunde endlich auch für uns, nachdem seit einer Stunde die Pantoffeln im Hof bereits geklappert haben. Unser Flur ist wieder zusammen unten ...
Als wir die Treppe rauf gehen, bleibe ich neben Vogel und sage: „Schönen Dank für deine Verse von gestern." – Er sagt: „Du, ich habe eben ein neues gemacht und einen neuen Psalm habe ich auch fertig." Später reicht er mir einen Zettel hinter dem Rücken des Wachtmeisters hin, als wir beim Reinemachen draußen zusammen stehen.

„Raus aus der Zelle ... Morgenrunde!
Wir haben unsere ‚freie Stunde'
Und klapperten im Kreis herum,
Mann hinter Mann und alles stumm.
Ach Gott, da kreisten viele Sorgen,
September wars und Sonntag-Morgen.
Ein Baum in Hofesmitte stand,
Der überstieg die graue Wand.
Die Sonne bei der Krone lachte.
Da plötzlich es in mir erwachte:
Das war dein Freudenlicht, Herr Christ,
der du die Gnadensonne bist!
So hole ich dich sonderbangen
mit dir befreit, mit dir gefangen.
Kehr auch bei meinen Brüdern ein
mit diesem Trost und Sonnenschein!"

Heute ist Gottesdienst. Unter Bewachung ziehen die Gefangenen in den stillen kleinen Raum. In einer Nische hinter verbergenden Gardinen erkenne ich Frauen, gefangen wie wir. Die ersten Bänke besetzen wir. Hier und da einer zwischen den Strafgefangenen. Dann brandet der Gesang auf, voll, kräftig, männlich wie 20 Pfarrer singen, wie wir selten gesungen haben mögen. „Nun freut euch, lieben Christen gemein ... Da jammert Gott in Ewigkeit mein Elend übermaßen ... Er sprach zu mir, halt dich an mich ... denn ich bin dein und du bist mein, und wo ich bleib, da sollst du sein."[14] Wie anders singen wir das heute. Bevor der Orgelspieler einsetzte, hatte Bruder K. sich erhoben und in den Raum hinein gesprochen: „Also hat Gott die Welt geliebt ... " Glaubensbekenntnis und Vater Unser wurden gemeinsam gesprochen. Und die Predigt – der Mann stand vielleicht vor einer seiner schwierigsten. Er meinte es gut. Aber er war blass gegenüber dem, dass wir zusammen Gott lobten. Und die anderen Gefangenen mögen wohl gestutzt haben über dies Singen und Mitloben. Wir gingen froh und aufrecht in unsere Zellen ...
Die Stille des späten Nachmittags bringen wir mit der Lektüre von Tobias und Jesus Sirach zu. Wir kommen mit Letzterem nicht zu Ende, er widert mich an mit seiner

spießbürgerlichen Alte Tantenweisheit: „Tue keinem Unrecht, so wird Dir keins widerfahren!"
Plötzlich ist der Tag nach dem heute früheren Abendbrot in die Dämmerung übergegangen. Man hatte es nicht gemerkt. Ich schlafe halb ein und döse. Was träume ich? Es klingelt. Telegramm: Freiheit. Eilige Fahrt zum Anhalter Bahnhof, wo Du, mein Lieb, überrascht in meine Arme sinkst. Aber, es ist ein Traum. Ja, ich habe den ganzen Tag doch nur an Dich, Du treue und tapfere, gedacht. Was mögt Ihr heute in Dahme getan haben?

Montag, 6. September 1937. Als der Reinemacher kommt, berichtet er: „W. und D. kommen morgen nach Moabit, Papiere eben fertig gemacht." Also doch nichts mit den Amnestie-Gerüchten und baldiger Freiheit! Na, es ist doch gut, dass ich mich innerlich auf 4 Wochen gewappnet habe. Wer weiß, was noch kommt. Wir erwarten mit einer gewissen Unruhe den Besuch. Aber man hat auch Geduld gelernt. 2 Tage auf eine Sache warten, das ist kein Kummer.
Was mag meine Hobelbank machen? Diese Arbeit fehlt mir am meisten. Lesen und studieren kann ich auch hier. Aber tischlern würde die Zeit ganz anders kürzen ... Aus der Ruhe der Mittagstunde stört nun der Ruf auf: Kaffee! Heute haben sich viele Kaffee bestellt. Aber der nach 3 Uhr erwartete Besuch bleibt aus. Wie sagt einer der Beamten? „Beantragen Sie Einzelhaft. Dann können Sie auch Besuch machen. Solange Sie in Gemeinschaftshaft liegen, gibt es das nicht". War das gutmütiger Spott, oder war es Bosheit? ...
Dann kommt das übliche „Kübel raus" ...
Es ist 1 Uhr. Vorher sind „meine Leute" schon draußen. Mein Herz klopft, ich bin fast etwas aufgeregt. Wann wird man uns raus lassen?
Es ist 2 Uhr –. Es ist 3 Uhr. Jetzt scheint die Wache auch zu mir zu kommen. – Gretchen, Esther und Vater waren da. Erich Andler und Frau dazu. Es bringt uns fort aus der gewohnten Ruhe und Ordnung. Andler fragt mich, wie es geht: „Na, alter Junge ... Zähne zusammen!", muss ich mir kommandieren, denn ich möchte schreien. Der Sommer geht in diesen schönen Septembertagen zu Ende. Ach, ich habe namenlose Sehnsucht. Und meine liebe, kleine, tapfere Frau.
Die Brüder tragen alle so gleichmütig, mir ist es heute schwer, eine Last ... „Ach, Herr erlöse uns bald von dieser Welt des Leides und der ungeweinten Tränen. Und wo es nicht dein Wille ist, so mache uns stark!" Ich glaube nicht an Amnestie.
D. kommt morgen weg: Lehrter Straße. Er hat uns verschiedene Bücher hier gelassen, darunter Bengt Berg „Die letzten Adler". Ich schwelge. Ausgerechnet im Gefängnis ein Buch über Adler.
6 neue Verhaftungen haben stattgefunden. Der frei gelassene Iskraut[15] ist ausgewiesen ... Das schönste am Tage ist der Abend. Um halb 8 wird erst Licht gemacht. In der Dämmerstunde halten viele Brüder wohl ihre Abendandacht. Man hört es aus den Zellen singen. Erst weit, dann unter uns, dann nebenan, dann singen wir selbst. Man ist noch nicht dagegen eingeschritten. Es ist wie ein Gruß füreinander. Jeder bringt mit seinem Lied Gott sein Lob. Es steigt zu ihm empor und vereint sich dort als das eine Lob seiner Gemeinde. Man wird wieder friedlich. Das Herz wird frei von Ungeduld und Last, frei zu Dank, Lob und Geduld. Das griechische Wort für Geduld heißt eigentlich „Darunter bleiben".

Der Abend ist in der Zelle die Sehnsucht des Tages. Da ist es still, auch von innen her ... und man söhnt sich allmählich mit dem Stumpfsinn der Aufklärungszeit aus, der sich diese Quälerei der Bürger ausdachte, nicht ohne alle Stunde zu läuten: „Üb immer Treu und Redlichkeit". Eben höre ich es zum wievielten Male? Zum 248. Mal! Der alte Fritz war ein großer König. Aber dies Lied dauernd hören zu sollen, zumal im Gefängnis, ist eine reichlich naive Zumutung, von der kaum eine moralische Aufbesserung seiner Bürger erwartet werden konnte ...

Mittwoch, den 8. September 1937. (Rechtsanwalt) Holstein war hier. Mit Freiheit ist vorläufig kaum zu rechnen ...

Donnerstag, den 9. September 1937. Am Abend klingt das Singen aus den Zellen wie ein fernes friedliches Grüßen. Das Dämmerlicht lässt die Enge zerfließen und man könnte meinen, am Ufer eines Stromes die fernen Stimmen vom anderen Ufer aus einem anderen Land zu vernehmen.
Aber am Morgen, wenn die Täuschung des Halbschlafs durch die raue, enge, muffige Wirklichkeit im Licht des Morgens bedrückend auf die Seele fällt, dann klingt es wie die Stimmen der Elenden aller Zeiten, die aus den Särgen der Tiefe, den engen Kellern der Vergangenheit aus den dumpfen, dunklen zugemauerten Höhen bedrückter, erniedrigter Geschlechter sehnend rufen ...
Dann fängt der Tag mit seinem sinnlosen Brüten und Warten, seinem Essen, Lesen, Nichtstun, Träumen und gedemütigt werden, dieser schreckliche Tag des Gefangenseins an. Einer wie der Andere und der heutige schwerer als der vergangene. Und die Seele streckt sich aus – nicht nach der Freiheit, nicht nach dem „Draußen" – ach nein, nur nach der Viertelstunde des Grüßens, des Friedens, der ahnungsvollen Stille, die allein erfüllt ist von den Stimmen „vom anderen Ufer her" ...

Freitag, den 10. September 1937. Heute rundet sich die 2. Woche unserer Gefangenschaft. Gelesen, gelesen, gelesen. B. lernt bei mir das Schachspielen.

Sonntag, den 12. September 1937 ...

Montag, den 13. September 1937. In mir ist ein Zittern, eine Erregung, wie ich sie lange nicht verspürt habe. Ich habe Besuch gehabt, mein Leben geküsst und in die Augen gesehen, die mir gehören. Ach, wie oft schon tat ich es, ach, wie oft in gedankenloser Selbstverständlichkeit. Heute traf es mich wie ein unvermittelter Schlag: Der Reichtum, dies Glück, diese Barmherzigkeit Gottes, das so viel mein ist und auf mich wartet.

Dienstag, den 14.9.1937. Ich lese, lese, lese ... Die Tage kommen und versinken irgendwo ... Unser „Gefängnisseelsorger" war auch hier, brachte uns eine Zeitung und eine Dunstwolke von Kleinmut. Einer von uns muss ihn heftig ins Gebet genommen haben wegen seiner Predigt. Er fühlt auch wegen seiner Freiheit, die ja durch unsere Gefangenschaft ständig angeklagt wird, ein schlechtes Gewissen.

Mittwoch, den 15.9.1937. Sonntag gegen 12, Montag um halb 1, Dienstag um halb 1, so schlafen wir ein.

174

Natürlich heute müde und zerschlagen. Aber wozu auch munter sein? Nur dass der Besuch wieder denkt, es ginge uns irgendwie schlecht, wir verbergen etwas.

Donnerstag, den 16.9.1937. Heute habe ich zum ersten Mal im Leben die Offenbarung Johannis im Zusammenhang gelesen. „Ein Buch mit 7 Siegeln". Wahrhaftig!

Sonnabend, den 18.9.1937. Gelesen, gelesen ...
Heute in der sonst so stillen Mittagszeit war der Staatsanwalt hier. Zwei, drei kurze knappe Fragen, Name, Wohnort ... raus.
War es Unsicherheit, dass der Inspektor, der ihn begleitete, noch schnell und streng darauf hinwies, dass die Keilkissen nicht richtig aufgestellt seien nach der Vorschrift des Hauses, bevor er die Zelle verließ?
Gestern wieder die halbe Nacht mit B. geredet. Von Himmel und Hölle, von Gott und Menschen. Ich glaube, die Offenbarung hat uns festgehalten in unseren Gesprächen.
Ich bin so matt und träge. Nichts möchte ich tun, als dämmern und brüten. Dennoch ist jeden Tag eine unbändige Freude in mir: Dass ich Dich, mein Leben, habe.
Ich fühle klar und deutlich im Angewiesensein auf einen Menschen, dass ich verschlossen bin, dass das Tiefste in mir, ja dass Gefühle schon keinen Ausdruck suchen, sondern tief verschlossen bleiben. Dass es mir peinlich und unangenehm ist, an anderen deutliche Gefühle zu sehen ... Auch Du bist oft so verschlossen, so unausgesprochen neben mir gewesen, hast, ich fühle es wohl, Dein eigenes Leben gelebt ... und wie oft bin ich eingeschlafen, nachdem ich lange auf Dich geschaut habe, die da schlief, in den Träumen ihrer Welt gefangen, mit der Frage im Herzen: „Kenne ich Dich denn?" Ich sage zu dir „Mein Leben." Ich weiß, dass ich dich liebe und ohne dich so wenig leben könnte wie eine Pflanze ohne Licht. Und dennoch, bist du mir nicht immer wieder ein Herz mit tausend Rätseln?
Und nun nähert sich der Tag, an dem wir 3 Jahre miteinander wandern. Sollte es da nicht endlich anders werden mit uns?

Freitag, den 24. September 1937.

Mittwoch: Schwer.

Donnerstag: –

Freitag (Heute) – 6 Brüder frei, wenigstens bis zur letzten Station. Sie sind zur Stapo gekommen.
Ich bin allein. Als Einzelner in der Zelle. Ich bin froh darüber. Bin ich doch mit meiner Sorge allein ...
Erst seitdem der Mond mit seinem ersten Schein die Zelle in mildes Licht tauchte, – lange nach Mitternacht – habe ich Ablenkung für die Augen und den Schlaf gehabt ...
Dir gehöre ich, dir will ich gehören, dir werde ich gehören. Oh, mein Lieb!
Es ist 6.15 Uhr. Beim letzten Schein denke ich an dich. Des Tages Licht vergeht.
Ich bin allein. 12 Stunden fast wird die Tür nicht geöffnet.
Jeder Gedanke, jede Sekunde gehören dir. Gute Nacht.

Dokument 4.2
Abschrift der Anklage[16]

Der Oberstaatsanwalt Potsdam, den 6. September 1937
bei dem Landgericht ...
                              Anklage
Der evgl. Pfarrer Siegfried Max Johannes Ringhandt, aus Illmersdorf bei
Dahme/Mark, geboren am 23.5.06 in Charlottenburg, ev., verheiratet, zurzeit auf
Grund des Haftbefehls des Amtsgerichts Potsdam vom 2.9.37 in Untersuchungshaft
im Gerichtsgefängnis Potsdam,
                       wird angeklagt,
in Ihlow und Niendorf am 25.7. und 8.8.37 fortgesetzt handelnd in einem jedermann zugänglichen Raume oder durch unmittelbares Einwirken von Personen zu
Personen eine öffentliche Sammlung von Geldspenden ohne die Genehmigung der
zuständigen Behörden angekündigt oder bei ihrer Durchführung mitgewirkt zu
haben. –
Vergehen strafbar nach ...
                     Ermittlungsergebnis
Der Angeschuldigte hielt am 25.7. und 8.8.37 in den Kirchen in Ihlow und Niendorf den Gottesdienst ab. Nach Beendigung des Gottesdienstes kündigte er für die
Bekennende Kirche eine Kollekte ab. Diese Kollekten waren von dem Bruderrat der
Bekennenden Kirche angeordnet. Das Evgl. Konsistorium für die Mark Brandenburg hatte eine andere Kollekte angesetzt.
Der Angeschuldigte hat eine öffentliche Sammlung ohne Genehmigung der zuständigen Behörde veranstaltet. Auf die Ausnahmebestimmung des § 15, Ziffer 4 des
Sammlungsgesetzes vom 5.11.34 kann er sich nicht berufen, weil die von ihm
abgekündigte Kollekte nicht von einer christlichen Religionsgesellschaft des öffentlichen Rechts durchgeführt worden ist. Als solche kann nur die Deutsche Evangelische Kirche, vertreten durch die ordentlichen Kirchenbehörden, angesehen werden. Die Bekennende Kirche, vertreten durch den Bruderrat, ist nur eine Gruppe
innerhalb der Deutschen Evgl. Kirche, der das Recht zur Ausschreibung von Kollekten ausdrücklich versagt ist.
Der Angeschuldigte hat bei seinen Vernehmungen ausdrücklich erklärt, dass er
auch in Zukunft nicht genehmigte Kollekten für die Bekennende Kirche abkündigen würde. Der Angeschuldigte lehnt es ab, die Kollekten nach dem Plan des Konsistoriums oder der sonstigen offiziellen Kirchenbehörden zu sammeln, da er sie
seit der Existenz der Bruderräte nicht mehr als die rechtmäßige Kirchenregierung
anerkenne. Insbesondere seien die von diesen Kirchenbehörden eingesammelten
Kollekten nicht in vollem Umfang ihren Bestimmungszwecken zugeführt worden.
Beweismittel.
I.   Angabe des Angeschuldigten
II. Zeuge: Gendarmerie-Meister Jähne aus Dahme/Mark
Es wird beantragt:
das Hauptverfahren zu eröffnen, die Hauptverhandlung vor dem Schöffengericht in
Luckenwalde stattfinden zu lassen und Haftfortdauer aus den bisherigen Gründen
zu beschließen.
gez. Tetzlaff

Dokument 4.3
2. Qs.144.37[17] – 3. Js.932.37 (Potsdam)

Be s c h l u ß.

In der Strafsache
gegen den Pfarrer Siegfried Ringhandt ..., z. Zt. in dieser Sache in Untersuchungshaft seit dem 2. September 1937 im Gerichtsgefängnis Potsdam, wegen Vergehen gegen das Sammlungsgesetz.

Auf die Beschwerde des Beschuldigten wird der die Untersuchungshaft anordnende Beschluß des Amtsgerichts Potsdam vom 2. September 1937 aufgehoben.

Gründe

Die Verhaftung erfolgt nach § 114 STPO auf Grund eines schriftlichen Haftbefehls des Richters. Ein solcher liegt hier nicht vor, da das Protokoll, welches den Haftbeschluss enthält, von dem betreffenden Richter nicht unterschrieben worden ist. Der Haftbefehl ist somit schon an sich nicht rechtswirksam. Die fehlende Unterschrift könnte allerdings nachgeholt werden. Die Nachholung zu veranlassen, erübrigt sich jedoch dadurch, dass der Haftbefehl auch im Fall der Rechtswirksamkeit aufzuheben ist.

Das Amtsgericht Potsdam war zum Erlass des Haftbefehls nicht zuständig. Im Bezirk des Amtsgerichts Potsdam liegt weder der Tatort noch der Wohnsitz des Angeschuldigten. Er ist hier auch nicht ergriffen worden. Es ist auch kein Grund ersichtlich, warum er gerade dem Amtsgericht Potsdam vorgeführt worden ist. ...

Im Übrigen vermag das Beschwerdegericht einen Haftgrund, der die Fortdauer der Haft rechtfertigen könnte, nicht als vorliegend anzuerkennen. Es mag dahingestellt bleiben, ob eine strafbare Handlung überhaupt vorliegt. Dass diese Frage zum mindesten zweifelhaft ist, hat das Gericht in früheren Beschlüssen ... bereits ausgeführt. Jedenfalls ergeben die Akten keinerlei Anhaltspunkte für einen Fluchtverdacht oder eine Verdunkelungsgefahr. Der Angeschuldigte befindet sich jetzt 2 Wochen in Haft. Nach der bisher bekannt gewordenen Praxis der Gerichte wird bei Verstößen von Geistlichen gegen das Sammlungsgesetz nur eine Geldstrafe von 400,00 RM verhängt. Unter diesen Umständen würde die Aufrechterhaltung der Haft in gar keinem Verhältnis zu der zu erwartenden Strafe stehen. Ein erheblicher Teil der Strafe würde zudem durch die erlittene Untersuchungshaft als verbüßt gelten müssen. Die Wiederholungsgefahr für sich allein kann bei dieser Sachlage keinen ausreichenden Haftgrund abgeben. Nach den Richtlinien des Reichsministers der Justiz vom 13.4.35 ... unter Nr. 71 bedarf es stets einer gewissenhaften Prüfung, ob die Inhaftnahme nach der Bedeutung und den besonderen Umständen des Einzelfalles auch tatsächlich geboten erscheint. „Dabei darf nicht unberücksichtigt bleiben, dass die Untersuchungshaft einen schweren Eingriff in die Freiheit einer Person darstellt, deren Schuld oder Nichtschuld erst noch im Strafverfahren festgestellt werden soll, und dass nicht gerechtfertigte Festnahmen und Verhaftungen das Ansehen der Strafrechtspflege gefährden sowie eine bedenkliche Rechtsunsicherheit zur Folge haben können." Die Aufrechterhaltung der Haft könnte nach diesen Grundsätzen nur dann verantwortet werden, wenn es sich um eine besonders schwere Tat handeln würde oder der Täter in besonders gewissenloser Weise oder aus einer verbrecherischen Neigung heraus gehandelt hätte. Davon kann aber im vorliegenden Falle keine Rede sein. Der Angeschuldigte hat aus seiner religiösen

Überzeugung heraus gehandelt. Die derzeitige Ungeklärtheit der kirchlichen Lage und kirchlichen Anschauungen mag ihn zu dieser Überzeugung geführt haben. Dass der Angeschuldigte kein Rechtsbrecher im üblichen Sinne ist, ergibt sich aus seinem Amt und seiner bisherigen Unbescholtenheit. Die Aufrechterhaltung der Haft würde nach der Ansicht des Beschwerdegerichts unter diesen Umständen von der Allgemeinheit kaum verstanden, eher missverstanden werden. Die Aufhebung des Haftbefehls rechtfertigt sich umso mehr, als die Akten ergeben, dass mit einer baldigen Durchführung des Verfahrens nicht zu rechnen ist. Bei Aufrechterhaltung der Haft würde der Angeschuldigte auf unabsehbare Zeit in der Haft verbleiben müssen und würden die von ihm betreuten Gemeinden ohne Seelsorger sein. Soweit die Öffentlichkeit an der Inhaftnahme des Angeschuldigten ein Interesse hatte, ist diesem dadurch genügt, dass der Angeschuldigte bereits 2 Wochen in Haft zugebracht hat.

Potsdam, den 15. September 1937.　　　　Das Landgericht, Strafkammer 1 b.
　　　　　　　　　　　　　　　　　　　gez. Runge Deike Clauder ...

Dokument 4.4
3 Ms. 137/37(111)[18]
Beschluss
In der Strafsache gegen
den Pfarrer Siegfried Ringhandt in Illmersdorf bei Dahme/Mark wegen Vergehen gegen das Sammlungsgesetz vom 5. November 1934 wird das Verfahren auf Antrag der Staatsanwaltschaft in Potsdam nach § 2 Ziffer 2 des Gesetzes über Gewährung von Straffreiheit vom 30. April 1938 eingestellt, da keine höhere Strafe oder Gesamtstrafe als Geldstrafe und Freiheitsstrafe von nicht mehr als sechs Monaten allein oder nebeneinander zu erwarten ist.

Luckenwalde, den 11. Mai 1938　　　　　Das Schöffengericht
　　　　　　　　　　　　　　　　　　gez. Schmetzer, Amtsgerichtsrat.

Dokument 5.1
Anklageschrift[19]
Der Generalstaatsanwalt　　　　　　　Berlin, NW 40, den 28. Mai 1941
bei dem Landgericht　　　　　　　　　　Turmstrasse 91
als Leiter der Anklagebehörde ... bei dem Sondergericht

An das
Sondergericht bei dem Landgericht, Berlin
Anklageschrift
Der evangelische Pfarrer Siegfried Max Johannes　R i n g h a n d t , ... zur Zeit Schütze bei dem Landesschützenbataillon 316, Reichsdeutscher, verheiratet, nicht bestraft,
wird angeklagt, am 7. Juli 1940 zu Wahlsdorf durch dieselbe Handlung
1.) öffentlich gehässige Äußerungen über Anordnungen leitender Persönlichkeiten des Staates oder die von ihnen geschaffenen Einrichtungen gemacht zu haben, die geeignet sind, das Vertrauen des Volkes zur politischen Führung zu untergraben.

2.) als Geistlicher in Ausübung seines Berufes in einer Kirche mehrere Angelegenheiten des Staates in einer den öffentlichen Frieden gefährdenden Weise zum Gegenstande einer Verkündigung oder Erörterung gemacht zu haben.

Vergehen strafbar nach §§ 2 des Gesetzes gegen heimtückische Angriffe auf Staat und Partei und zum Schutze der Parteiuniformen vom 20. Dezember 1934, 130 a, 73 StGB.

Wesentliches Ergebnis der Ermittlungen

Der Angeschuldigte ist seit dem Jahre 1937 als Pfarrer im Pfarrbezirk Illmersdorf b. Dahme/Mark (Krs. Jüterbog-Luckenwalde) tätig. Er gehört der Bekennenden Kirche seit ihrem Bestehen an. Am Sonntag, dem 7. Juli 1940, hielt er in der Kirche in Wahlsdorf (Krs. Jüterbog-Luckenwalde) den Gottesdienst ab. Er predigte über Matth. 7 Vers 13, 14 und 21. Zu dem Thema „Christus scheidet Welt und Christ voneinander" gebrauchte der Angeschuldigte das Gleichnis von den zwei Wegen, dem schmalen und dem breiten, auf denen die Menschen gehen, wenn sie das Evangelium trifft. Der breite Weg führe in die Verdammnis, der schmale in den Himmel. In diesem Zusammenhang wies der Angeschuldigte darauf hin, dass nur Gott das Recht habe, das letzte Urteil über die Menschen zu sprechen, den Menschen stehe es nicht an, über ihre Mitmenschen zu richten. Als Beispiel führte der Angeschuldigte u. a. das Verhältnis zwischen Nachbarn, zwischen jung und alt an. Weiter sagte der Angeschuldigte in diesem Zusammenhang: „Welcher deutsche Mensch hat wohl das Recht, den Juden zu verurteilen" – und etwas leiseren Tones und unwichtig als Anhängsel gesprochen: „oder auch umgekehrt?"

Der Angeschuldigte führte dann aus, dass alle diese Unterschiede zu einem Nichts zusammenschmelzen und die Menschen sich durch Gott eines Besseren belehren lassen müssten. Als Beispiel für einen Wanderer auf dem schmalen Weg nannte der Angeschuldigte den Pfarrer Niemöller, der bereits drei Jahre im Konzentrationslager verbringen müsse.

Im Allgemeinen Kirchengebet erwähnte der Angeschuldigte weder den Führer noch die deutsche Wehrmacht, sondern nur die Kriegsteilnehmer mit den Worten: „Wenn der Soldat bei den Kämpfen sein Leben lassen muss, so nimmt Gott ihn in Gnade an."

Der Angeschuldigte stellte die ihm zur Last gelegte Äußerung über die Judenfrage in Abrede. Er räumt sie zwar dem Sinn nach ein, will sie aber nicht politisch gemeint und gebraucht haben. Er wird jedoch durch die bestimmten und glaubwürdigen Bekundungen des Zeugen Willner, der als Dorfschullehrer und Organist der Predigt beigewohnt und sich die Äußerungen des Angeschuldigten sogleich aufgeschrieben hat, überführt.

Die Äußerungen des Angeschuldigten enthalten einen gehässigen Angriff auf die im Dritten Reich von Staat und Partei in Angriff genommene Lösung der Judenfrage. Der Angeschuldigte hat durch seine Ausführungen eine staatliche Angelegenheit in einer den öffentlichen Frieden gefährdenden Weise zum Gegenstand einer Verkündigung gemacht. Selbst wenn er die Äußerung über die Juden nur zur Erläuterung des biblischen Gleichnisses angeführt haben sollte, so musste er doch erkennen, dass seine Ausführungen, die im krassen Gegensatz zur Einstellung des Nationalsozialismus zur Judenfrage standen, eine hetzerische Kritik darstellten und auch von seinen Zuhörern als solche empfunden werden würden. Das gleiche gilt auch für die Anführung des Pfarrers Niemöller als Märtyrer.

Der Angeschuldigte ist unbestraft, jedoch politisch bereits mehrfach in Erscheinung getreten. In den Akten 3 Ms. 137/37 der Staatsanwaltschaft Potsdam war er wegen Vergehens gegen das Sammlungsgesetz angeklagt. Das Verfahren ist durch Beschluss des Amtsgerichts Luckenwalde vom 11. Mai 1938 auf Grund des § 2 Nr. 2 des Gesetzes über die Gewährung von Straffreiheit vom 30. April 1938 eingestellt worden. Gegen den Angeschuldigten war ferner in den Akten 3 Js. 772/38 der Staatsanwaltschaft Potsdam ein Ermittlungsverfahren wegen staatsfeindlicher Äußerungen anhängig, das gleichfalls auf Grund des Straffreiheitsgesetzes vom 30. April 1938 eingestellt worden ist. Dem Angeschuldigten waren in diesem Falle staatsabträgliche Äußerungen über die Sammlung für das Winterhilfswerk zur Last gelegt worden.[20]

Das Gericht der Kommandantur Berlin hat mit Verfügung vom 31. Januar 1941 das Verfahren gemäß § 120 Ziffer 5 der Kriegsstrafverfahrensordnung an die Behörden der allgemeinen Gerichtsbarkeit abgegeben und der Durchführung des Verfahrens zugestimmt. Durch Erlass vom 24. April 1941 – III g 17 52/41 – hat der Herr Reichsminister der Justiz die Strafverfolgung aus § 2 des Gesetzes vom 20. Dezember 1934 angeordnet.

Beweismittel:

1.) Eigene Angaben des Angeschuldigten

2.) Zeuge: Lehrer Willy Willner, Wahlsdorf, Post Luckenwalde-Land.

Es wird beantragt:

Termin zur Hauptverhandlung vor dem Sondergericht bei dem Landgericht Berlin anzuberaumen

In Vertretung: gez. Wellmann, Oberstaatsanwalt.

Dokument 5.2
Urteil[21]...

Im Namen des Deutschen Volkes!

Strafsache

gegen den evangelischen Pfarrer Siegfried Max Johannes Ringhandt, ... wegen Vergehens gegen § 2 des Heimtückegesetzes, §§ 130 a 73 StGB.

Das Sondergericht III in Berlin hat in der Sitzung vom 27. Juni 1941, an welcher teilgenommen haben: Landgerichtsdirektor Mittendorf als Vorsitzender, Landgerichtsräte ..., Staatsanwalt Nuthmann als Beamter der Staatsanwaltschaft, Justizsekretär Kern als Urkundenbeamter der Geschäftsstelle für Recht erkannt:

Der Angeklagte wird wegen Vergehens gegen § 2 des Heimtückegesetzes in Tateinheit mit Vergehen gegen § 130 a StGB an Stelle einer an sich verwirkten Gefängnisstrafe von 2-zwei-Monaten zu 500 – fünfhundert – Reichsmark-Geldstrafe verurteilt.

Ihm werden die Kosten des Verfahrens auferlegt.

Gründe

Der Angeklagte, Sohn eines Kunstmalers, hat Theologie studiert und war im Juli 1940 in Illmersdorf bei Dahme in der Mark als Hilfsprediger tätig. Inzwischen ist er fest angestellt worden. Er ist seit ihrer Begründung Mitglied der Bekennenden Kirche.

Am 7. Juli 1940 hielt er in der Gemeinde Wahlsdorf als Vertreter des ordentlichen Pfarrers Gottesdienst. Die Predigt hielt er über ein Thema aus dem Matthäus-Evangelium Kapitel 7, Vers 13, 14 und 21: „Gehet ein durch die enge Pforte, denn die Pforte ist weit, und der Weg ist breit, der zur Verdammnis abführet, und ihrer seid viele, die darauf wandeln. – Und die Pforte ist eng und der Weg ist schmal, der zum Leben führet, und wenig sind ihrer, die ihn finden. Es werden nicht alle, die zu mir sagen: ‚Herr, Herr!' in das Himmelreich kommen, sondern die den Willen tun meines Vaters im Himmel." Er führte aus, nur wenige seien auf dem schmalen Wege, nämlich nur diejenigen, die Christus ihren Herrn nannten. Christus scheide die Menschen: Die Christen von der Welt und die echten Christen von den Scheinchristen. Nicht die Menschen sollten diese Trennung vornehmen; das Urteil werde von Gott gefällt. Kein Mensch habe das Recht, über einen anderen das letzte Urteil zu fällen, weder jung noch alt, noch ein Nachbar über den anderen. Dann fuhr er fort: „Welcher deutsche Mensch hat wohl das Recht, den Juden zu verurteilen?" und setzte etwas leiser hinzu: „oder auch umgekehrt?" Als Beispiel für einen Wanderer auf dem schmalen Weg nannte er an einer anderen Stelle seiner Predigt den Pfarrer Niemöller, der bereits seit drei Jahren im Konzentrationslager sei.

Dieser Sachverhalt ist auf Grund der eigenen Angaben des Angeklagten und des glaubwürdigen eidlichen Zeugnisses des Zeugen Willner, der als Organist bei dem Gottesdienst zugegen war, festgestellt. Willner hat mit großer Sicherheit und glaubhaft bekundet, der Angeklagte habe gesagt: „Welcher Deutsche Mensch hat wohl das Recht, den Juden zu verurteilen?" Und der Angeklagte hat es nicht in Abrede gestellt, wenn er sich auch an den Wortlaut nicht mehr erinnern kann.

Diese Worte des Angeklagten stellen ein Vergehen gegen § 2 des Heimtückegesetzes dar. Sie müssen von jedem unbefangenen Hörer als eine Kritik der Judenpolitik der Reichsregierung aufgefasst werden. Der Angeklagte hat allerdings in Abrede gestellt, dass er damit die Maßnahmen der Regierung gegen die Juden kritisieren wollte. Er will damit lediglich haben zum Ausdruck bringen wollen, dass diese – staatspolitischen notwendigen – Maßnahmen nichts mit dem letzten göttlichen Urteil über den Glauben der rassemäßig dem Judentum zugehörigen Menschen zu tun haben. Diese Auslegung lässt sich allerdings mit dem sonstigen Inhalt der Predigt durchaus vereinbaren, die sich mit dem Bekenntnis des Menschen zu Christus, also seinem Glauben befasste. Doch ist sich der Angeklagte zweifellos darüber klar gewesen, dass seine Worte auch im Sinne einer Kritik der Maßnahmen der Reichsregierung verstanden werden könnten. Diese Maßnahmen stehen gegenüber der reinen Glaubensfrage seit der Machtergreifung im Jahre 1933 so sehr im Vordergrund des Interesses, dass eine Äußerung über das Urteil gerade des Deutschen Volkes über die Juden in der weitaus größten Zahl der Fälle zunächst auf sie bezogen wird. Mit der Möglichkeit, dass die von dem Angeklagten vielleicht anders gemeinten Worte so aufgefasst werden könnten, hat er auch zweifellos gerechnet, und das in Kauf genommen, da der Angeklagte als altes Mitglied der Bekennenden Kirche zweifellos wusste, dass gerade die Stellungnahme der Bekennenden Kirche zur Deutschen Judenpolitik besonders beachtet wird und er deshalb den Wortlaut seiner Predigt insoweit besonders durchdacht haben wird. Hierzu hatte er umso mehr Anlass, als er vor einer Gemeinde sprach, die ihn bisher noch nicht kannte. Obwohl er die Möglichkeit, dass seinen Worten ein politischer Inhalt gegeben werden könnte, erkannte, hat er diese Möglichkeit doch in Kauf genommen.

Im Sinne einer Kritik der Politik der Reichsregierung aufgefasst, handelt es sich um eine öffentlich getane gehässige Äußerung über von leitenden Persönlichkeiten des Staates geschaffenen Einrichtungen, die umso mehr geeignet sind, das Vertrauen des Volkes zur politischen Führung zu untergraben, als in weiten Kreisen des Volkes – und gerade in denen, zu denen die Kirchgänger gehören – der Auffassung eines Pfarrers besonderer Wert beigelegt wird.

Gleichzeitig (§ 73 StGB) stellt die Äußerung des Angeklagten ein Vergehen gegen § 130 a StGB dar, da er als Geistlicher in Ausübung seines Berufes in einer Kirche mehrere Angelegenheiten des Staats in einer den öffentlichen Frieden gefährdenden Weise zum Gegenstand einer Verkündigung und Erörterung gemacht hat. Der öffentliche Frieden wurde deshalb gefährdet, weil die Äußerung des Angeklagten geeignet war, Streitigkeiten über die Judenpolitik der Reichsregierung herbeizuführen und so zum Ausbruch von Unruhen zu führen.

Gemäß § 73 STGB war das Strafmaß dem § 2 des Heimtückegesetzes als der gegenüber § 130 a StGB schwereren Strafbestimmung zu entnehmen.

Bei der Bemessung der gegen den Angeklagten zu verhängenden Strafe ist zu berücksichtigen, dass politische Äußerungen von der Kanzel besonders gefährlich sind, zumal im Kriege. Eine Gefängnisstrafe von 2 Monaten erschien deshalb angemessen, obgleich es sich nur um eine einzige Bemerkung handelt.

Da dem Angeklagten jedoch seine Äußerung leid ist, sodass eine Wiederholung solcher Vorfälle nicht zu befürchten ist, kann der Zweck der Strafe auch durch eine Geldstrafe erreicht werden. Gemäß § 27 b StGB ist daher gegen den Angeklagten an Stelle der an sich verwirkten Gefängnisstrafe auf eine Geldstrafe erkannt worden. 500,– RM erschienen angemessen. ...   gez. Unterschrift

Dokument 6
Zur Neuordnung der Kirche. Korreferat auf der ersten Bekenntnissynode der Mark Brandenburg nach dem Krieg, 22.–24. Oktober 1945[22]

A.1 Wie die Vorlage richtig ausführt, hat die BK seit der Synode von Dahlem im Oktober 1934 „unter Ausrufung des kirchlichen Notrechts legitime Organe der Leitung geschaffen", die den Erfordernissen der Beschlüsse von Oeynhausen entsprachen. „Sie haben ihre Amtsgewalt. Sie haben für die gesamte Kirche geredet und gehandelt und es wirksam verhindert, dass die falsche Kirchenleitung als rechtmäßige Vertretung der evangelischen Kirche in Deutschland angesehen wurde." Soweit die Vorlage.

Angesichts der Aufstellung der Kirchenausschüsse waren schwer wiegende Fragen nach dem Recht der Aufrechterhaltung des Anspruches, Leitung zu sein, aufgebrochen. In tage- und nächtelangem heißen Ringen um den rechten Gehorsam unter Gottes Wort erkämpfte sich die Synode jenen einmütigen Beschluss, in dem die Sätze stehen: „Die von der bekennenden Kirche berufenen Organe der Leitung sind so lange gebunden, ihr Amt wahrzunehmen, bis eine andere Kirchenleitung vorhanden ist, die auf unangefochtener Bekenntnis- und Rechtsgrundlage steht" (Vorlage B, Abs. 2). Und: „Wir ermahnen alle, die in der bekennenden Kirche zur

Leitung berufen sind, den ihnen gewordenen Auftrag zur Leitung nicht preiszugeben, sich vielmehr nach wie vor mit ganzer Kraft für den Aufbau bekennender Gemeinden einzusetzen, auch unbeirrt ... bei der Erfüllung ihrer rechtmäßigen Aufgaben zu beharren" (Vorlage C, Abs. 3).

Es ist klar, dass die Organe der Leitung der BK ihren Existenzsinn und -zweck nicht allein, ja nicht einmal zuerst darin sahen, „eine wirksame Form des aktiven Widerstandes gegen die Verweltlichung und Überfremdung der evangelischen Kirche" zu sein, wie es ihnen die Vorlage zubilligt. Vielmehr war ihre Existenz zunächst einmal im konkreten Gehorsam im bestimmten geschichtlichen Augenblick begründet. Dass sie „eine Form des Widerstandes" wurden, war ein Nebenerfolg. Wenn man aber ein bestimmtes Ziel nennen will, dann war es dies, dass aus ihrem Auftrag, ihrer Mitte, ihrem Glauben und Leben und ihren konkreten Entscheidungen die endgültige Gestalt der Kirche mit ihrer Leitung hervorgehen möchte.

So also, als Leitung der Kirche aus dem Notrecht und in Hoffnung und Vorbereitung einer endgültigen Ordnung aus Schrift und Bekenntnis bestanden in Preußen und Brandenburg die Bruderräte auch noch im April – Mai 1945.

A.2 „Nunmehr ist in unserer Kirchenprovinz eine neue Kirchenleitung gebildet", so erfährt man es aus der Vorlage. Wenn man wie ich 1940 ins Feld gezogen ist mit dem Bild der bis hier beschriebenen Entwicklung der B. K. in Erinnerung und nun aus der Gefangenschaft zurückgekommen ist, um nun diesen Satz zu hören: „Nunmehr ist in unserer Kirchenprovinz eine neue Kirchenleitung gebildet worden", dann sagt man sich: Aha, entweder ist dies die endgültige Form der Kirchenleitung, wie sie die Bruderräte ablösen soll. Davon hört man aber nichts. Man hört, wovon freilich zu meiner Verwunderung nichts in dieser Vorlage steht, dass es auch nur eine vorläufige Regelung sein soll. Man hat also eine denkbar gut begründete und fundierte Vorläufigkeit durch eine neue, besser begründete Vorläufigkeit abgelöst. Dann müssten also, dies wäre der zweite Grund, entscheidende Ereignisse eingetreten sein, die zwingend nahe legten, die Beschlüsse von Oeynhausen zu revidieren.

Man ist begierig, diese entscheidenden Ereignisse kennen zu lernen. Man erfährt also: „Die staatliche Bevormundung der Kirche hat aufgehört." Also, so sagt man sich als eben heimkehrender Soldat und einfacher Dorfpfarrer: Nun war doch das Feld frei, dass die Kirche, dass diejenigen, die sich wirklich als Kirche erwiesen haben durch das einfache, schlichte, trotz aller Drohungen festgesetzte Verwalten ihres Amtes als Leitung in Bindung an Schrift und Bekenntnis – dass diese Männer also im Geist und Sinn ihrer bisherigen Wirksamkeit ihr Amt fortführten und baldigst den so lange schon fälligen Neubau der Kirche nach einer neuen Ordnung in Angriff nahmen. Stattdessen hört man: „Das Amt des Generalsuperintendenten ist wieder aufgelebt." Ja, weiter: „Mit dem von kirchenfremden Elementen gereinigten Konsistorium „wurde ein Beirat gebildet, der dann seinerseits wieder den Grundstock bildet für eine neue, durch bisherige Vertreter des Konsistoriums „erweiterte", „bekenntnisgebundene Kirchenleitung". Dabei wird einem dann auch noch mitgeteilt, dass die von uns schon lange nicht mehr anerkannte „Kirchenleitung des Konsistoriums" seit der Abmachung von Treysa, also erst neuerdings, seit dem 31.08.45, aufgehört hat. Das ist das dürre Ergebnis der Entwicklung, mit der die Leitung der Kirche durch Bruderräte ihren Abschluss findet, faktisch ihren Abschluss findet, obwohl nicht zu ersehen ist, aus welchem Grund, Recht und Ursache. Das Einzige, was uns dafür angegeben wird und gleichzeitig die kirchliche Legitimierung dieser stillen Beerdigung der Bruderräte und Auferweckung längst tot geglaubter Requisiten der alten Kirche darstellen soll, ist ein Auftrag, den der Inhaber des Amtes des Generalsuperintendenten Dr. Dibelius vom preußischen Bruderrat bekommen hat, zur Bildung dieser Kirchenleitung zu schreiten.

B.I.1 Angesichts dieser Entwicklung und ihr gegenüber kann ich einige Fragen beim besten Willen nicht unterdrücken. Ich fühle mich als Glied der B.K. und von ihr ordinierter und in ihr wirkender minister verbi divini verpflichtet, diese Entwicklung in das Licht und unter den Aspekt bestimmter Fragen zu halten. Das Ergebnis, das ich dabei erhalte, lässt sich nur unter die schlichte Feststellung fassen, dass diese Entwicklung ein Abirren vom ursprünglichen Wege der BK darstellt und darum von der Synode nicht gebilligt werden kann.
Ich bin mir bei dieser Untersuchung einer doppelten Schwierigkeit bewusst: 1. Das, was ich als die Ursache einer falschen Entwicklung empfinde, ist nicht so leicht und einfach fassbar, wie ich es wünschte. Der Teufel in Gestalt der DC und der staatlichen Bevormundung und der staatlichen Terrormaßnahmen ist nicht mehr auf dem Plan, um uns wach zu halten. Mit dem Gefühl großer Erleichterung blicken wir auf die abziehenden dunklen Wolken des Krieges und unseres eigenen hinter uns liegenden Kampfes, die wir uns nicht zurückwünschen. Schwach und nicht mit ganz gutem Gewissen erinnern wir uns daran, dass solche Schäden eigentlich den Normalzustand der Kirche bezeichnen. „Auch" die menschliche irdische Klugheit, „auch" die Taktik, „auch" die Ausnutzung der mehr oder weniger günstigen Konstellationen, „auch" die Rücksicht auf allgemein berechtigte Wünsche, „auch" – und wahrscheinlich nicht zuletzt – die Sorge, was werden soll und was wir jetzt „gestalten" sollen und wollen. Darin ist, gerade weil die Ereignisse – wenn auch mit anderem Vorzeichen – eine so „gewaltige" Sprache reden, eine ähnliche Versuchung angedeutet, wie sie 1933 aufgetreten war. 2. Die andere Schwierigkeit ist nicht weniger begründet in der Sache und in der Unzulänglichkeit dessen, der davon sprechen muss. Es liegt ja nicht nur die Gefahr, dass etwas sachlich getarnt, aber persönlich gemeint sein kann in meinen Aussagen, sondern dass es in Ihrem Aufnehmen infolge persönlicher Bindungen, Sym- oder auch Antipathien persönlich verstanden wird, obwohl es sachlich gemeint war. Darum bitte ich Sie ebenfalls um Weisheit und Verstehen und außerdem darum, es nicht als leere, nichts sagende Geste aufzufassen, wenn ich ausdrücklich versichere, dass ich von der subjektiven Sauberkeit der Absichten, der persönlichen Lauterkeit der Gesinnung und dem besten Willen der hier in Frage Stehenden überzeugt bin. Aber gerade darum meine ich, über jene Stellen nicht einfach glättend hinweggehen zu dürfen, wo es um die objektive Notwendigkeit und Berechtigung der Entwicklung geht.

B.1 Verzeihen Sie diese persönlich, nicht nur persönlich notwendigen Zwischenbemerkungen in ihrer Ausführlichkeit. Ich komme zur Hauptsache zurück, indem ich das von mir zu Sagende an einige Fragen anschließe:
Erste Frage: Wie lautete und welchen Sinn hatte der Auftrag, den Herr Dr. Dibelius vom preußischen Bruderrat zur Bildung einer neuen Kirchenleitung empfing? Man

braucht den konkreten Inhalt dieses Auftrages nicht im Einzelnen zu kennen. Vielleicht liegen auch gar keine konkreten Einzelangaben vor. Aber ich spreche doch wohl keinen Unsinn aus, wenn ich vermute, dass dieser Auftrag … nur darin bestehen konnte, legitimer Vollstrecker der Grundabsichten der BK und der Wahrer ihres Anliegens zu sein. …

Was D. Dibelius tatsächlich gemacht hat, ist etwas ganz anderes. Er hat formalrechtlich unter Ausnutzung seines Titels als Generalsuperintendent, mit dem schon längst kein Anspruch auf ein Amt mehr verbunden war – und wenn, dann ja nur innerhalb der Kurmark – und unter Nichtbeachtung der Tatsache, dass für ihn als Grund des preußischen Bruderrates das Konsistorium als Kirchenleitung tot war, Wiederbelebungsversuche an dem toten Titel und an dem toten Konsistorium gemacht, sie zu Scheinleben erweckt und mit Hilfe dieses Scheinlebens eine neue Kirchenregierung auf die Beine gestellt, die in Allem den alten Verwesungsgeruch der alten Konsistorialkirche atmet, aber nichts vom Geruch des Lebens der Jungen Kirche verspüren ließ. Er hat also nicht als Beauftragtes Mitglied des preußischen Bruderrates, sondern als seine alten Ansprüche wieder anmeldender Generalsuperintendent a. D. und Kirchenpolitiker gehandelt. So etwas nenne ich eine Usurpation und einen „Kirchenstreich" als Parallele zum Staatsstreich. …

Zudem kann auch Herr Dr. Dibelius niemand glaubhaft machen, dass Sinn und Ziel unseres Kampfes ausgerechnet darin bestanden haben soll, einen verstaubten Generalsuperintendentenhut wieder hervorzuholen und ein auf dem Friedhof der Kirchengeschichte längst begrabenes Konsistorium wieder zum Leben zu erwecken. Was machen wir denn eigentlich, wenn wir solche Gestalt für tot erklären, wieder lebendig machen, umbilden, erweitern und wieder umbilden, und dies alles unter dem Stichwort „vorläufig"? Soll das alles im Zeichen des Gehorsams unter Gottes Wort gegeben sein, in welchem Zeichen allein wir die Neuordnung der Kirche in Angriff nehmen wollten, oder ist das nicht alles im Zeichen gänzlicher Ratlosigkeit geschehen, die nicht wusste, auf wen oder was sie denn angesichts der plötzlich gewonnenen Freiheit hören sollte? Die ganze Geschichte sieht doch dem Verfahren von Jäger[23] seinerzeit zum Verwechseln und Verzweifeln ähnlich. …

Herr Dr. Dibelius wird weiterhin in der Voraussetzung leben, dass die Bruderräte den ihnen gewordenen Auftrag angesichts von Generalsuperintendent und Konsistorium einfach von sich werfen könnten. Sie können nicht nur, sie dürfen nicht, wenn anders sie überhaupt Bruderräte sind, die sich selbst recht verstehen. Sie haben ihren Auftrag nicht aus eigener Machtbefugnis noch irgendeinem noch so begründeten Selbstverständnis, sondern sie stehen da als Leitung im Auftrag der die Gemeinden vertretenden Synoden. Nur die Gemeinden durch die Synoden können ihnen den Auftrag abnehmen und nur dann, wenn er gleichzeitig in die Hände einer endgültigen, auf dem Boden einer neuen und an Schrift und Bekenntnis gebundenen Kirchenleitung übergeben wird. Ich darf darum schon an dieser Stelle die Bitte aussprechen, dass die Synode den brandenburgischen Bruderrat unter allen Umständen neu in Pflicht nehmen möchte, sein Amt als Kirchenleitung keinesfalls Preis zu geben, sondern nun erst recht zu wahren. An dieser Stelle fällt die Entscheidung über die Erhaltung der BK als Kirche: Die Bewahrung ihres Anliegens und ihres Anspruchs auf Leitung. …

B.2.a. War es zu verantworten, dass die „Reinigung" des Konsistoriums von kirchenfremden Elementen, deren Gesichtspunkte man nicht erfährt, auf halbem Wege stecken blieb? Oder ist dieser Tatbestand gar nicht so verwunderlich, da ja hier nicht das an Barmen gebundene, beauftragte Mitglied des Preußischen Bruderrates, sondern der wieder aufgelebte Generalsuperintendent „reinigte"? Gewiss sind Personalfragen eine heikle Sache. Es ist auch nicht meine Sache, hier allzu sehr auf Einzelheiten einzugehen und in ein Wespennest zu stechen. Ich frage nur nach der Berechtigung dieses Verfahrens, der Reinigung, nach der Vollmacht, den leitenden Gesichtspunkten und Kriterien und den Sicherungen, die Individualismus, Subjektivismus und bloße Vermutungen sowie bestimmte Tendenzen verhinderten. Es gab eine Zeit, in welcher es – Dahlem 1934 – als die bedeutungsvollste Tat einer an bedeutungsvollen Entschlüssen reichen Synode angesehen wurde, in Konsequenz von Barmen dies ausgesprochen zu haben: „Wir wiederholen und bestätigen die Feststellung des Bruderrates der Bekenntnissynode, dass die für die bisherige Leitung der D.E.K. verantwortlichen Männer, insbesondere Ludwig Müller und Dr. Jäger, sich von der christlichen Kirche geschieden haben". Heute hält man es für möglich, die überlebenden und erträglicheren Vollstrecker des Geistes und Willens dieser, der Kirche Jesu Christi nicht mehr angehörenden Irrlehrer als Grundstock für eine neue Kirchenleitung anzusehen. Selbst wenn sie neben andern auch durch Mitglieder der BK-Bruderräte erweitert ist, kann man einer so zusammengesetzten Kirchenleitung doch nicht die kirchliche Legitimität zuerkennen, und zwar gerade nicht, wenn man sich dabei auf die Oeynhausener Beschlüsse[24] beruft. Diese sehen nämlich die Aufgabe einer rechten Kirchenleitung nicht nur darin, dass sie die rechte, „unverkürzte und unverfälschte Verkündigung des Evangeliums treibe", sondern dass sie sich in Verfolg dessen „in der Ausbildung, in der Prüfung in der Berufung von rechten Predigern" als ihrer „vornehmsten Sorge" „beweise und bewahre". (Vorlage A 1). Wer dächte da nicht – um sich die Situation anschaulich zu machen – an die jungen Brüder, die dem Legalisierungsterror des Konsistoriums jahrelang widerstanden haben und nun nach ihrer Rückkehr aus dem Kriege voller Verblüffung dessen inne wurden, dass gerade ihre bisherigen Bedränger bei der Änderung und Neugestaltung der Lage allein als geeignet befunden wurden zu bleiben und als kontinuierlicher Bestandteil in den flüchtigen Ereignissen nunmehr an ihrer weiteren Ausbildung, Prüfung und Berufung zu rechten Predigern einer Bekennenden Kirche mitzuwirken. … In diesem Zusammenhang fühlt man sich zu einigen weiteren Fragen angeregt:
b. Wie konnte es eigentlich dahin kommen, dass sich das latente Vorhandensein eines Amtes des Generalsuperintendenten die ganzen vergangenen Jahre vor unsern Augen verborgen halten konnte? War es nur schlafen gegangen, dann hätte es doch wohl einmal – man fragt sich umsonst: wann, wo und vor wem – seinen Anspruch, eines Tages wieder aufwachen zu wollen, erheben müssen! Es schien aber nicht eingeschlafen, sondern wirklich tot zu sein. Wie kam der „rechtmäßige Inhaber" dieses Amtes dazu, nachdem er jahrelang als unser Bruder mit und neben uns für das Ziel der Bekennenden Kirche gekämpft hatte, ausgerechnet auf dem Weg über die Wiedererweckung früherer Vollmachten die Erfüllung des Kampfes und der Hoffnung der Bekennenden Kirche, all ihrer Gebete, Fürbitten und Leiden zu erwarten?
c. Wie war es denn eigentlich möglich – so fühlt man sich weiter genötigt zu fragen – dass die Herren der Restbestände des Konsistoriums uns … in mühevoller

Anstrengung jahrelang verbergen konnten, dass sie ja im Grunde auch – gleich uns – auf dem Boden von Barmen standen? Woran haben sie es denn nun doch noch gemerkt, oder welches Ereignis hat es ihnen nun über Nacht offenbart …, so dass sie endlich ihrem lang gehegten Wunsch entsprechend ihre Unterschrift unter das folgenschwere Dokument setzen konnten, um so am Leben zu bleiben, getreu der Regel, dass es einzig und allein Konsistorialräten erlaubt ist, ihre Glaubensüberzeugung nicht unter Einsatz ihrer Existenz bekennen zu müssen, sondern erst dann, wenn alles vorbei ist und nichts mehr weh tut? … Wehe uns, sage ich, wenn da von allem nichts mehr übrig geblieben wäre, als ein in die alten Vollmachten neu belebter Generalsuperintendent. Er hätte auch noch die Funktionen des Konsistoriums wahrnehmen und so vor der Zeit zum Bischof werden müssen. Aber das Schicksal hat es zunächst noch gnädig mit uns gemeint. Es fand sich ein Rest, der rein war und darum bleiben konnte …, mit dem man eine neue, vorläufige Kirchenleitung bilden konnte –, deren Mitglieder nach dem Wortlaut der Vorlage „Barmen als für sich bindend" anerkannte, dass dies ausreicht zur Legitimierung. …

d. Ich frage, ist dies Verfahren in Verantwortung vor dem in Barmen als alleinige Richtschnur der Kirche bezeugten Wort Gottes ausgedacht und durchgeführt worden? Ist hier auch nur einen einzigen Augenblick die Erinnerung daran aufgetaucht, dass die schwerste Sünde nach Schrift und Bekenntnis die Irrlehre ist und dass hier – wenn man nun schon das Konsistorium als Kirchenleitung meinte, heranziehen zu müssen – ganz etwas anderes hingehört hätte, was mit aufrichtiger Buße zu tun gehabt hätte sowie mit öffentlichem Abrücken von dem Weg, auf welchem man Verwirrung gestiftet hatte, und was vor allem keinesfalls durch eine schlichte Unterschrift ersetzt werden konnte. Und – so darf man ja wohl auch einmal fragen – sind die Maßnahmen einer hier gerade unverständlichen Leichtfertigkeit, mit der „Reinigungen" und „Verpflichtungen" am laufenden Bande vorgenommen wurden, in Verantwortung vor dem Leiden und dem Martyrium so vieler Brüder getätigt? Und will die Synode dies alles in solcher Verantwortung vor jenen Brüdern decken, die das Bekenntnis von Barmen als Grundlage des Selbstverständnisses der gegenwärtigen evangelischen Kirche in Deutschland bezeugt und sich zu Weg und Hoffnung einer Bekennenden Kirche mit jahrelanger schwerer Haft und gar mit dem Tode bekannt haben? Machen wir uns so nicht teilhaftig jener Schuld der Kirche, die gerade einer von diesen Brüdern, Dietrich Bonhoeffer, bezeichnet hat, wenn er das Wort von der billig gewordenen Gnade prägte?

B.3. a. Die Vorlage lässt es auch den oberflächlicheren Leser erkennen, dass die neue Kirchenleitung sich nun nicht etwa nur und ausschließlich aus Mitgliedern des Bruderrates – neben Generalsuperintendent und gereinigten Vertretern des Konsistoriums – ergänzte, sondern dass jene nur in „überwiegender Mehrheit" zu diesen traten. Daneben aber fanden sich auch noch andere, offenbar gesondert berufene Mitglieder der neuen Kirchenleitung ein, deren plötzliches Erscheinen sich anscheinend auch nur im Sinne jenes fatalen „Nunmehr bildete sich …" begründen lässt, mit dem die Vorlage die Entstehung der neuen Kirchenleitung unserem erstaunten Gemüte zuführt. Vielleicht sollen wir darauf vorbereitet werden, dass wir uns nicht etwa wundern möchten, wenn wir da plötzlich wieder diesen und jenen auftauchen sähen, der sich etwa in der Ausschusszeit mit besonderer Eilfertigkeit rühmend hervorgetan hat. Da mir die Gesamtkonstruktion als frag-

würdig erscheint, interessieren mich die einzelnen Namen nicht wesentlich und ich will es auch der Vorlage nicht verübeln, dass sie uns lieber nicht damit bekannt macht. ... Wohl aber ist zu fragen nach dem Recht, mit dem solche Ergänzungen vorgenommen wurden. Geschahen sie infolge Berufungen durch den Generalsuperintendenten? Dann wäre weiter zu fragen, wer denn ihn in solche Pflicht genommen hat; die Kirche, deren Leitung er leitet? Und war es die B.K. oder die so genannte Gesamtkirche? Es leuchtet doch ein, dass der, der andere im Namen der Kirche verpflichtet, selbst von dieser verpflichtet sein muss. ...
Wenn wir nun durch die Vorlage aufgefordert werden, dies Vorgehen der neuen Kirchenregierung neben den anderen Dunkelheiten auch noch zu legitimieren, so dürfen wir uns wohl danach erkundigen, durch welche Klammern eigentlich die Mitwirkung der Kirche bei der Auswahl der Ergänzungspersonen gesichert war und nach welchen Gesichtspunkten und Methoden sie zustande kam.
Soll dies alles auch noch zu Lasten des durch den preußischen Bruderrat erfolgten, uns allen nach Form und Inhalt unbekannt gebliebenen Auftrags geschehen sein? Kann die Synode als die Stimme der Gemeinde auch dies auf Grund jenes Auftrages unbesehen auf ihre eigene Verantwortung nehmen? ...
b. In diesem Zusammenhang legt sich die Erinnerung an einen Gefahrenkomplex in der Geschichte der Kirche unserer Zeit nahe, die ich auszusprechen nicht unterlassen kann: Wenn man sich die Auffassung der Synoden zueigen machte, musste man im April/Mai dieses Jahres auf dem Standpunkt stehen, dass die Bruderräte die Kirchenleitung innehatten. Sie brauchten sie nur auszuüben. Allerdings konnten sie das nur, wenn ihr Haben ein Haben in der Vollmacht des Wortes war, das uns ja auch zum Notkirchenregiment geführt hatte. Was mag es dem gegenüber bedeuten, wenn man sich nach einem „Mehr" und einem „Darüber hinaus" umsah? Um staatliche Anerkennung ging es ja nicht. Dies Umsehen konnte immerhin bedeuten, dass einem die Vollmacht zur Kirchenleitung allein aus dem Wort als zu gering, zu wenig erschien, so dass man bestrebt sein musste, seine Kirchenregierung auf „breitere Grundlage" zu stellen und damit einem alten Bedürfnis nachzugeben. Schon immer waren die Kämpfe der BK begleitet von den mehr oder weniger berechtigten und in bestem Wohlwollen geäußerten Wünschen der Gesamtkirche. ...
Sind wir damit nicht – so lässt mich die Erinnerung an die Kirchengeschichte fragen – wieder mitten drin in der Gefahr, dass die Kirche zum Sprechsaal wird? Auf dieser schiefen Ebene gäbe es kein Halten! Indem wir Geistern Eintritt und Mitbestimmungsrecht in unnötiger Eile in der Kirchenleitung einräumen, die nicht im gleichen Schritt mit uns über Barmen, Dahlem und Oeynhausen gewandert sind oder wandern wollten, steht drohend die Gefahr auf, dass die Kirche wieder zum „Sammelbecken von religiösen Strömungen" und zum „Ausdruck aller Glaubenskräfte des Volkes" wird. ... Aber schon heben die kaum und mühsam beschworenen bleichen Gespenster wieder frisch ihr Haupt, begehren Einlass in die Kirche und erhalten unter Umständen – bevollmächtigt durch eine Blankovollmacht des preußischen Bruderrates – willig einen Platz im Chor der Geister. Dass des Bleibens des Heiligen Geistes unter eben diesen Umständen nicht mehr allzu lange zu hoffen steht, dürfte eine nicht unbegründete Sorge sein!
Man wird mir entgegenhalten, dass die Unterschrift unter Barmen ja gerade die Klammer ist, die die innere Einheit der Kirche garantieren soll. Man kann das als Optativ und Konjunktiv aussprechen, der unerfüllte Rest bleibt vage Hoffnung. In

meiner Bibel steht, dass nicht eine solche Unterschrift unter ein Dokument Zeichen und Ausweis der Einheit der Kirche ist, sondern u. a. „ein Geist, einerlei Hoffnung, ein Herr, ein Glaube". Da dies alles doch nach der Bezeugung der Synoden fehlte, darf man da hoffen, dass es durch den bloßen Vollzug einer Unterschrift über Nacht anders geworden ist?

Ich fürchte, ich fürchte, dass da doch noch und wieder sehr viele dabei sind, die ihre Unterschrift lediglich als den Akt ansehen, mit dem man sich die Eintrittslegitimation besorgt, um sich in dem Sprechsaal, genannt Kirche, auch etwas Gehör verschaffen zu können; eine Legitimation, die nach Lage der Dinge und vom Standpunkt des Unterschreibenden aus eben leider unvermeidlich zur Erwerbung jenes Rechtes ist, in der Kirche und unter ihren Verbänden – unter welchen man sich auf den vordersten Bänken auch die denken darf – wie in alter Zeit einen fröhlichen Meinungskrieg in unverbindlicher Rede entfesseln zu können meinen und klar bezeugen, dass die Kirche zu goldener Mittelmäßigkeit, zur Anspruchs- und Bedeutungslosigkeit zurückgefunden hat.

B.4 Zu den zweifellos positivsten Zügen im Handeln der vorläufigen Kirchenleitung gehört vor allem auch das, was sie zur weiteren Reinigung der Kirchen von den Irrlehrern und der Irrlehre getan hat. Aber scheint es nicht so, als wenn man dieser Aktion bereits müde geworden ist? Zeigt sich hier nicht dieselbe Inkonsequenz, die ich bei der Reinigung des Konsistoriums meine bemerken zu können, und liegen hier vielleicht Zusammenhänge nach dem Gesetz von Ursache und Wirkung vor?

Allein schon aus meinem begrenzten Gesichtskreis weiß ich einige Fälle zu benennen, die nun schon überdringlich der Reinigung bedürfen. Soweit sie mir gegenwärtig sind, will ich ihre Daten hier nennen ...

B.5 Es ist nur folgerecht, wenn nach allem bisher Gesagten der BK nicht mehr das Recht zugebilligt werden kann, die Organe der Leitung der Kirche zu stellen. Zwar wird der BK-Gemeinde noch zugebilligt, dass sie sich als Gemeindekern weiterhin sammeln darf, ja sogar soll sie es, aber diese ihre Aufgabe wird doch gleich wieder dahingehend verstanden, dass dies nur als Korrektiv, gleichsam als Reformbewegung einer freien Vereinigung in der Kirche zu geschehen habe, neben der sich dann also auch noch andere gleichberechtigte Vereinigungen finden können. Nach den Oeynhausener Beschlüssen hat zwar die Kirchenregierung als ihre vornehmste Sorge über dem bekenntnismäßigen Reden und Handeln der Kirche zu wachen. Aber da sie sich anscheinend nicht dieser Aufgabe gewachsen fühlt, so überträgt sie es der BK. Diese ist eine freie Bewegung, die sich gleichzeitig in Auftrag und Pflicht nehmen lässt. Sie darf zwar ihren alten Anspruch: Hier ist die Kirche Jesu Christi, weil hier Sammlung unter Wort und Sakrament ist, nicht mehr laut werden lassen, aber als Reformbewegung darf sie das Wächteramt der Kirche wahrnehmen.

Sie darf vor allem ein reiches Innenleben führen, welches in den dürren Worten beschrieben ist: „Den Bekennenden Gemeinden fällt die Aufgabe zu, den Gemeindekern zu bilden, der an den Ereignissen und Entscheidungen der Gesamtkirche lebendigen Anteil nimmt." Hier erfahren wir also, worin die Begrenzung der BK begründet ist: Es gibt eine Größe, genannt „Gesamtkirche", die ist sozusagen noch „Kirche", sie ist am „kirchesten". Darum darf die BK ihren Reichtum darin allein

sehen, dass sie an den „Ereignissen und Entscheidungen der Gesamtkirche lebendigen Anteil nimmt". Was übrig bleibt, ist dünn. ...
Wofür kann diese Leichtfertigkeit der Formulierungen in der Vorlage mehr zeugen, als für jene aus ihrem Inhalt zu bestätigende Feststellung, dass hier in bemerkenswerter Unsicherheit, Halbheit und Leichtfertigkeit, wie sie sich in theologischer Sprache nicht finden dürfte, mit der Vokabel und mit der Sache der Kirche umgegangen wird. Es herrscht nicht einmal Klarheit über die primitivsten Voraussetzungen. Die so genannte „Gesamtkirche" wird in Sinn und Geist der Bekennenden Kirche weitermarschieren, oder die so genannte Gesamtkirche wird überhaupt keine Kirche sein und auch nie eine werden.
Weiter: Die so genannten Ereignisse und Entscheidungen der Gesamtkirche werden entweder im Kreis der Bekennenden Kirche fallen – und alle, die da meinen, an solchen Entscheidungen mitwirken zu sollen, werden sich also nicht nur pro forma auf ihren Boden stellen müssen. Sie müssen unter ihre Bindungen in Glauben und Gehorsam treten – oder die Entscheidungen, die da fallen, sind kirchlich irrelevant, weil illegitim, selbst wenn sie im Raum der Gesamtkirche fielen. ...
Wenn man einmal der dunklen Sorge und der häufig verdächtigten Eile, mit denen man so oft dem Kampf gegen den drohenden Zerfall der Kirche Ausdruck gibt, nachgeht, dann stößt man meist auf einen in unbewussten Tiefen der Seele verankerten Angstkomplex, in dem die betonte Unterscheidung von BK und Gesamtkirche ebenso wurzeln dürfte wie der müde Zweifel an der Tragfähigkeit der BK. Was man sonst an merkwürdig säkularen Ängsten aus diesem Komplex zu Tage fördert, hat jedenfalls in den seltensten Fällen etwas mit jener Furcht zu tun, die man als einzige legitime Furcht gelten lassen darf: dass nämlich die Kirche Jesu Christi in Deutschland vom Zerfall bedroht sein könnte, weil Gott an ihr tun könnte, was in Offb. 2 Vers 5 steht: „Bedenke, wovon du gefallen bist und tue Buße, und tu die ersten Werke. Wo aber nicht, werde ich dir kommen bald und deinen Leuchter wegstoßen von seiner Stätte!" Gibt es da noch eine Möglichkeit? Wir hören es nur in der Buße! Und wenn ich das nun konkret ausdrücken soll, dann kann es nur heißen: Nur darin und dadurch können wir dem drohenden Zerfall der Kirche wehren, dass wir in unserm Leben und Wandel sowie in der uns verordneten Predigt in eindeutigem und einseitigem Gehorsam unverfälscht und unverkürzt das Evangelium treiben! Unsere einzige Möglichkeit ist also – und damit sage ich dasselbe noch einmal anders – das lebendige Bekenntnis zu Barmen! ...

B.6 Bevor ich nun zu der unvermeidlichen Frage komme, was denn nun bei solcher Beurteilung der Lage und angesichts der faktisch entstandenen, nicht zu übersehenden und erst recht nicht rückgängig zu machenden Ereignisse zu tun sei, wende ich mich noch einem letzten Gegenstand dieser Betrachtung zu, indem ich – wieder die Frageform anwendend – vom Bruderrat der Provinz Brandenburg spreche.
Wir waren zu der Feststellung gelangt: Die Verantwortung in der Kirche hatte auf Grund der geltenden Beschlüsse, erst recht aber auf Grund der befreienden Ereignisse Ende April 1945 der Bruderrat. Er hat sie noch heute! ...
Nur darin kann ich mein Anliegen zusammenfassen: Lieber Bruderrat, du hast die Verantwortung! Nimm sie als die dir von Gott durch die Synode erneut aufgelegte Pflicht wahr!

Wenn man das Bestehen dieser Pflicht sowie ihrer Anerkennung durch den Bruderrat voraussetzt, wird einem das ganze Geschehen restlos problematisch. Es mag so merkwürdig und befremdlich bei der Neubildung der vorläufigen Kirchenleitung zugegangen sein, wie es will. Am befremdlichsten und merkwürdigsten ist die Art, wie der Bruderrat sich mit diesen Vorgängen nicht nur auseinandergesetzt, sondern sich daran beteiligt hat.

Man höre die Vorlage: Der Bruderrat hat sich „in den Mitgliedern des Beirates an der Bildung einer neuen Kirchenleitung entscheidend mitzuwirken und ihr Handeln zu tragen" entschlossen.

Man hat mir erzählt, dass diese Tragik der Aufgabe, vor der sich Dr. Dibelius gesehen hatte, eine Tragik der Mittel gewesen sei: Der Bruderrat war nicht vorhanden oder nicht greifbar. Die Vorlage lässt aber nichts davon erkennen. Nein, er war da, er hat entscheidend und aktiv mitgewirkt und alle jene Fragen, die ich im Blick auf den preußischen Bruderrat, auf Dr. Dibelius und die Vorgänge dieser Neubildung eingangs meiner Ausführungen aufgeworfen habe, gelten also ... auch dem Bruderrat. Insbesondere und zuerst: aus welchem Recht und in welcher Verantwortung ist das alles geschehen, getragen und entscheidend mitbewirkt?

Mit welchem Recht und in welcher Verantwortung hat der Bruderrat seinen Auftrag als abgelöst angesehen?

Mit welchem Recht und in welcher Verantwortung hat der Bruderrat anlässlich der Neubildung einer Kirchenleitung nicht protestiert gegenüber der Anknüpfung an 1933, an die Generalsuperintendentur der Kurmark und die Restbestände des Konsistoriums, gegenüber der Neusetzung von Kirchenrecht, das sich nicht an die Synoden anschloss? Ferner, wenn ich mich auf den Standpunkt des Bruderrats stellen wollte: Mit welchem Recht und in welcher Verantwortung trägt und bewirkt er mit die Fragwürdigkeit der Gesichtspunkte, Kriterien und Methoden, die bei der Reinigung des Konsistoriums, der Superintendenten und Pfarrämter von DC-Irrlehrern, bei der Ergänzung der Kirchenleitung durch Nicht-BK Leute und bei der Handhabe der Verpflichtungen auf Barmen zur Anwendung kamen?

Vor allem aber, und das möchte fast am schwersten wiegen: Mit welchem Recht und aus welcher Verantwortung unterlässt der Bruderrat jeden Protest, trägt also und bewirkt vielmehr mit die Entwicklung eines Bischofsamtes in der Evangelischen Kirche, welches ohne eine Spur vom Anfang des Beginns eine Ahnung und auch nur des Schattens eines theologischen Beweises für sein Recht den soeben aus der Kirche vertriebenen Geist des Führerprinzips wieder heraufzubeschwören und so über alle durch das Wesen der Kirche gesetzten Grenzen hinauszuquellen droht, während der Bruderrat gleichzeitig und dem gegenüber die einzige rechte, erlaubte und gebotene Entwicklung einer Kirchenleitung, nämlich aus der bekenntnisgebundenen Gemeinde und ihren geordneten Ämtern heraus, dadurch inhibiert oder doch verzögert, dass er – ebenso protest- und kritiklos, schweigend also auch entscheidend mitwirkend – die bekenntniswidrige Anordnung des EOK bezüglich der Auflösung und Neubildung der kirchlichen Organe weitergibt? Hat dieses doppelte Schweigen etwa eine bestimmte innere Bezogenheit aufeinander? ... Das sind meine wesentlichen Fragen an den Bruderrat. ... Darum, Bruderrat, bedenke wovon du gefallen bist und kehre um! ...

Das kann hier also nur heißen: Bruderrat, bleibe bei Recht und Pflicht deines Auftrags, nimm ihn ganz ernst und kehre zurück zu einem klaren, entschlossenen Barmen!

C. Ich stehe am Abschluss der Betrachtungen, mit welchen ich die Vorlage des Bruderrates und das Handeln, das uns in ihr zur Legitimierung empfohlen wird, unter das Licht einiger Fragen stellen wollte. Wenn Sie die Güte hatten, mir bis hierhin zu folgen, so wird, indem ich zusammenfasse, dreierlei wohl deutlich sein:
1. Es ist festzustellen: Die Bekennende Kirche hat seit der Ausrufung des Notrechtes Dahlem 1934 in ihren verschiedenen Synoden wie Oeynhausen u. a. zu wiederholten Malen im Gehorsam gegen Gottes Wort und im Gegenüber zu den staatskirchlichen Behörden des 3. Reiches Beschlüsse als recht erkannt, gefasst und bestätigt, welche den Bruderräten das Amt der Kirchenleitung zuerkennen und sie darin solange verpflichten, bis dies Amt einmal an eine andere Kirchenleitung abgegeben werden kann, die auf unangefochtener Bekenntnis- und Rechtsgrundlage steht. Diese Beschlüsse standen auch im April/Mai 1945 unerschüttert in Geltung.
2. Es ist festzustellen: Diese Beschlüsse sind weder aufhebbar noch faktisch aufgehoben worden durch irgendwelche Ereignisse, die ihr Gegenüber beseitigten, noch sind sie durch das Handeln einer neuen, anderen Kirchenleitung außer Kraft gesetzt, das in der Voraussetzung einer späteren Legitimierung geschah. Sie können nur dann als suspendiert angesehen werden, wenn sie durch eine neue, ebenfalls an Gottes Wort gebundene Entscheidung einer Synode für deren Bereich zurückgenommen werden.
3. Die Synode ist nun gefragt, ob sie eine solche Zurücknahme heute aussprechen und gleichzeitig zum Werden und Handeln der neuen Kirchenleitung ihre Legitimierung aussprechen will und kann. Da diese weder „auf unangefochtener Bekenntnis- und Rechtsgrundlage steht", noch in offenbarer Kontinuität der Sache aus der Bekennenden Kirche hervorgegangen ist; da ferner ihre Entstehung nicht als auf dem Boden von Barmen geschehen gekennzeichnet werden kann, ihr Handeln vielmehr die Befürchtung nahe legt, dass ihr Anschluss an 1933 auch als Symptom für Geist und Sinn ihrer Intentionen zu verstehen ist; da endlich die Bestreiter des Rechtes der Bekennenden Kirche in Gestalt der staatskirchlichen Behörden weggefallen sind: so kann die geforderte Legitimierung nicht ausgesprochen werden, und sie darf es auch nicht, weil dies eine glatte Verneinung von Barmen wäre.
Unter der in Punkt 1 der Zusammenfassung genannten Voraussetzung, sind die Schlüsse der Punkte 2 und 3 folgerichtig und stringent. Infolgedessen kann ich Ihnen nunmehr die Vorlage verlesen, welche die Synode bei Anerkennung dieser Voraussetzungen und Folgerungen der Sache nach beschließen müsste (siehe diese)[25].
Sie haben die Vorlage gehört. Indem ich Ihnen für die freundliche Geduld danke, mit der Sie meinen Ausführungen bis hierher gefolgt sind, bitte ich noch einen Schlusssatz aussprechen zu dürfen: Verübeln Sie mir meine Worte, finden Sie sie zu scharf, meinetwegen zu frech und ehrfurchtlos oder was Sie wollen! Aber lassen Sie sich zu der Sache rufen, die ich hiermit meine vertreten zu müssen – in der Sache habe ich Recht! Viele sind seit Jahren von der Sorge und bangen Frage bewegt, ob die Bekennende Kirche zu ihren Ursprüngen und Urquellen zurückzukehren willens und mit ganzer Entschlossenheit bereit sein wird. Mir will es so scheinen, als wenn wir jetzt, im Besitze größerer Freiheit, gerade in die größte Versuchung unserer Geschichte

gestellt seien. Dass wir doch nur ja die Gabe der Freiheit vor unseren bisherigen Bedrückern recht zu nutzen wüssten; dass wir uns nur ja der damit gegebenen Aufgabe gewachsen und der geschenkten Gnade würdig und reif genug erweisen, um alles Leid und allen Segen der vergangenen Kampfjahre nicht vergeblich empfangen zu haben. Der Herr Christus schenke uns und seiner Kirche Entschlossenheit in der Buße und einen neuen, wagenden, gehorsamen Glauben!

Dokument 7
Bericht über einen Kirchenkreis an der Oder 1947[26]

Äußere Lage
Dreieinhalb Monate tobte der Kampf in diesem Krieg, viele Orte haben sechsmal ihren Besitzer gewechselt. Anschließend war das Land schutzlos den Plündererhorden preisgegeben, als in anderen Teilen Deutschlands längst wieder Ruhe herrschte. Noch heute gibt es einzelne durch Plünderer gefährdete Gebiete, die an der Oder liegen, keinen wirklich wirkungsvollen Schutz erfahren und deren einzeln stehende Gehöfte bis zu sechs Malen total ausgeraubt sind, so dass die Bewohner buchstäblich nackt in kahlen Wänden zurück blieben.

Die Folgen solcher Zerstörungen der Kriegs- und unmittelbaren Nachkriegszeit haben einen Grad von Trostlosigkeit erreicht, wie er selbst im heutigen Deutschland verhältnismäßig selten sein dürfte. Jedermann weiß, dass die Landschaft des Oderbruches zu einer der reichsten Gegenden in Brandenburg gehörte. Was ist davon übrig geblieben?

Die Wohnverhältnisse sind denkbar traurig. Es gibt ganze Dörfer, die dem Erdboden gleich gemacht sind, andere, die kein einziges Haus mit unbeschädigtem Dach mehr haben. Die meisten Menschen der einschließlich Flüchtlinge auf ein Viertel bis ein Drittel zusammengeschmolzenen Bevölkerung wohnen in Kellern und Bunkern. Völlig unbeschädigte Häuser sieht man selbst in den kleinen Städten fast gar nicht. Die Zuweisung von Bau- und Instandsetzungsmaterial ist völlig ungenügend. Erschwerend wirkt dabei, dass die Bruchlandschaft selbst weder Bauholz noch Kalk noch Steine produziert. Örtliches Ersatzmaterial gibt es auch nicht. Dazu kommt, dass vor allem andern erst einmal Wohnungen für die Mitglieder der Roten Armee und deren Angehörige gebaut werden müssen. Ist deren Bedarf gedeckt – woran einstweilen noch nicht zu denken ist – so haben das Vorrecht, Baumaterial zu erhalten, die SED sowie die Kreis- und Stadtverwaltungen. In der Kreisstadt, in der 260 Notwohnungen dringendster Instandsetzung harren, ist das ehemalige Landratsamt, ein stattliches Gebäude, für die Kreisleitung der SED vollkommen neu eingedeckt worden, obwohl Dachziegel zu dem knappsten Baumaterial gehören.

Wirtschaftliche Lage: Die Ernte des vergangenen Jahres ist ein Opfer der Plünderungen geworden. Die Ernte dieses Jahres wird ein Opfer der hohen Abgabepflicht werden, denn der reiche Boden trägt nur Unkraut. Infolge der Totalabschlachtung des Viehbestandes hat der Boden seit Jahren keinerlei Dünger (1944 auch kaum noch Kunstdünger) erhalten.

Außerdem fehlt es trotz der, aufs Ganze gesehen, völlig unzureichenden Hilfsmaßnahmen an der nötigen Zugkraft, ohne die weder Bestellung des schweren Bodens noch wirksame Unkrautbekämpfung möglich ist. So dehnen sich denn weite Brachländereien aus, auf denen Melde, Wildhafer und die alles erstickende Distel wächst, wo einst der Boden reiche Weizen- und Zuckerrübenernten trug. Der Ertrag auf dem wirklich bestellten Acker liegt zum großen Teil weit unter dem Abgabesoll dieses Jahres.

Einige Beispiele: Die Gemeinde S. hat 320 Morgen Pfarracker. Davon wurden gleich bei Beginn der Ernte 130 Morgen zurückgegeben, weil sich der Anbau nicht mehr lohnt. Wer 4 Morgen bebaut, gilt als Selbstversorger und muss sich selbst und seine Familie ohne Rücksicht auf die Kopfzahl vom Ertrag erhalten, er muss aber gleichzeitig eine bestimmte Menge abgeben. Der Ertrag in S. bei gutem Boden (28.– RM Pacht pro Morgen): 2,75 Ztr. Abgabesoll: 1,95 Ztr. Verbleiben: 0,80 Ztr. Das ist genau die Menge, die für das nächste Jahr zur Saat gebraucht wird. Für den eigenen Bedarf bleibt also nichts. – Ein anderer Fall: Ein Besitzer von 150 Morgen Land hat, nachdem es ihm gelungen ist, ein Pferd zu erwerben, 110 Morgen bestellen können (eine starke Leistung). 40 Morgen bleiben brach. Im Frühjahr wird ein Teil der Saat durch das infolge zerschossener Deiche großen Schaden verursachende Hochwasser der Oder ausgespült. Mangel an Saatgut verhindert erneutes Einsäen. Es werden etwa 85 Morgen reif und auf 5 Ztr. Durchschnittsertrag geschätzt. Das Abgabesoll wird aber für 150 Morgen mit je 6 Ztr. festgesetzt.

Das sind keine Einzelfälle, sondern der Durchschnitt. In dem einst reichsten Dorf des oberen Oderbruches, in dem es weder ein unbeschädigtes Haus noch einen Acker ohne Disteln gibt, liegen noch heute mehr als 2 000 (zweitausend) Morgen unbestellten, inzwischen völlig verkrauteten Bodens brach. Hier und an vielen anderen Stellen gefährden Minen noch immer die Feldarbeit und fordern laufend Todesopfer.

Trotz dieser wirtschaftlichen Umstände, die eine fortschreitende rapide Verarmung der gesamten Bevölkerung bedingen, (neben Mangel an Nahrungsmitteln macht sich der Mangel an Bekleidung für viele bereits in einem beschämenden und erniedrigenden Maße bemerkbar) liegt auf dem Land eine Steuerlast, die ein vielfaches höher ist als vor dem Krieg. Ohne Rücksicht auf den Rückgang der Erträge und die Zerstörung der Gebäude richtet sich die Steuer nach dem einst festgesetzten Einheitswert.

Innere Lage

Man kann an der Bevölkerung dieses Landstrichs studieren, was aus Menschen wird, die seit anderthalb Jahren und länger ohne den Einfluss des Evangeliums sich selbst und ihrem Elend überlassen sind. In dieser Zeit hat in der Mehrzahl der Gemeinden kein Gottesdienst, kein kirchlicher Unterricht, keine Seelsorge stattgefunden. So wie die vielen an Hunger, Kälte und Stumpfheit ohne Gottes Wort starben, so wurden sie auch meist ohne Gottes Wort wie Hunde eingescharrt. Wenn man es nicht immer wieder beobachtete, so könnte man es schon vermuten, dass eine dunkle Wolke der Lethargie über dem Lande liegt. Die Menschen wehren sich kaum noch. Sie fühlen sich aufgegeben, sehen sich in einem Land ohne Hoffnung. Infolgedessen ist es zu verstehen, dass sehr viele Menschen kaum noch Bindungen an irgend eine Ordnung, an Rücksichten und Moral verraten, sie sind jedem Winde preisgegeben. Unter diesen Voraussetzungen haben die aktiveren, politischen Elemente eine Art Räubermoral entwickelt, die den gefürchteten politischen Leiter von einst wieder hervorgebracht hat. Wo ein Bürgermeister etwa mit aller Kraft gegen den völligen Zerfall von Ordnung und Moral, Gerechtigkeit und Recht zu kämpfen bereit ist, da erfährt sein Tun Quertreibereien von parteipolitischer Seite – und das heißt dort immer von SED-Seite –, so dass jene Erscheinungen, die man endgültig aus Deutschland vertrieben meinte – rücksichtsloses Sichdurchsetzen, Menschenquälerei, Unterdrückung und Entrechtung – wieder üppige Blüten treiben. Es ist nicht übertrieben, wenn man behauptet, dass fast jedes Dorf seinen Knutenschwinger wieder hat und dass dieser in der Regel ein ausgesprochener Russenknecht ist. Korruption und kriminelle Begleiterscheinungen sind an der Tagesordnung in der öffentlichen Verwaltung. Die Bürgermeister wechseln wie das Wetter – die Kreisstadt hat bereits den siebenten seit Kriegsende – und die Vorgänger wandern ins Gefängnis oder werden flüchtig.

Solche Zustände fordern zwar unausgesprochen aber um so lauter nach dem Evangelium. Nicht nur nach den Christen, die es wagen möchten, dem Strom des Verderbens entgegenzutreten, die einen vollen Einsatz an Mut aufbringen, der Unordnung und Sünde Halt zu gebieten, sondern nach dem Wort des Evangeliums, das sich der Unterdrückten und Entrechteten annimmt, die müden Hände stärkt und erquickt die strauchelnden Knie.

Indessen, auch ausgesprochenermaßen wird der Ruf nach der Kirche und ihrer Arbeit laut. Es ist ein durch nichts zu erklärendes Wunder, dass sich in einer z.T. traditionell unkirchlichen Gegend Menschen fanden, die in völliger Isolierung und ohne Verbindung mit Pfarramt oder Kirchenleitung sich verantwortlich fühlten dafür, dass die Stimme des Wortes Gottes nicht ganz verstummte. In einzelnen Gemeinden gab es Männer, die jedes Mal, wenn einer starb und zu Grabe getragen oder auch nur eingescharrt wurde, zu ihrer Bibel und ihrem Gesangbuch griffen, die Leidtragenden begleiteten und ihnen durch Wort, Gebet und Lied Trost boten. Hier war es ein Lehrer, dort ein Bauunternehmer, anderswo ein Schreiber der Bürgermeisterei. Schließlich kam es auch dazu, dass hier und dort Gottesdienste in allerschlichtester Form gehalten wurden, ohne dass irgendein Pfarrer dahinter stand. Nur ein einziger Pfarrer war im ganzen Kreis mit seiner Gemeinde zugleich zurückgekehrt, in allen andern Gemeinden gab es keine kirchliche Versorgung, bis die ersten Pfarrstellen im Frühjahr dieses Jahres besetzt wurden. Wo immer die ersten Gottesdienste nach so langer Zeit gehalten wurden, da kamen viele, und es war zu spüren, dass die Menschen Gottes Wort, Mahnung und Trost suchten. Insbesondere die zahlreichen Flüchtlinge, um die sich niemand kümmert, gaben den Zuhörern das Gepräge. Noch sind viele Pfarrstellen nicht besetzt. Die Kirche sieht sich hier vor unendlich schwierigen praktischen Fragen. Die Zerstörungen haben vor den Mauern der Kirchen und Pfarrhäuser nicht Halt gemacht. Fast alle Kirchen sind total zerstört, die überwiegende Mehrzahl durch Sprengung durch die SS, für die keine taktisch-militärischen Notwendigkeiten vorlagen. Die Pfarrhäuser sind ebenfalls ausnahmslos schwer beschädigt, größtenteils total zerstört. Vielfach hat die Gemeinde instandsetzungsfähig gebliebene Gebäude ausgeplündert und so ebenfalls Totalverluste verursacht. Wo sollen die Pfarrer wohnen? Wo soll sich die Gemeinde versammeln? Das sind Fragen, für die es in vielen Gemeinden noch keine Antwort gibt. Es ist vorgekommen, dass Bürgermeister für das aus dem Pfarrgehöft oder der Kirche geraubte Baumaterial Geld genommen haben, wenn die Plünderung mit ihrer Billigung geschah, aber sie weigern sich jetzt, Ersatzmaterial oder Arbeitskräfte für die Instandsetzung zur Verfügung zu stellen. Und wenn es sich wirklich einrichten ließe, dass örtliche Arbeitskräfte zur Verfügung gestellt werden, dann fehlt es am Material und am Geld. Ohne Hilfe der Gesamtkirche bzw. der Kirchenleitung kann nicht daran gedacht werden, jenen Pfarrern, die bereit sind, einem solchen Land zu dienen, auch nur die äußere technische Möglichkeit für Leben und Wirken zu schaffen. Und Hunger und Durst der Seelen nach Gottes Wort würden unbefriedigt bleiben. Das darf nicht sein!

Die Einstellung der Besatzungsmacht wird durch folgendes gekennzeichnet. Das einzige leicht beschädigte und inzwischen wiederhergestellte Pfarrhaus des ganzen Kreises befindet sich in der Kreisstadt. Es ist von Angehörigen der Roten Armee mit ihren Familien besetzt. Auf die dem Kreiskommandanten vorgetragene Bitte um Freigabe des Hauses für Wohnung und Amtsräume des zuständigen Superintendenten wird die Antwort erteilt: „Wenn wir abhauen, wird das Pfarrhaus frei gemacht werden. Die Rote Armee ist durch das deutsche Volk gerufen worden, um es zu befreien. Nunmehr muss die Rote Armee ihrer Würde und Ehre entsprechend untergebracht werden. – Die Kirche soll wohl arbeiten und wir wollen sie darin unterstützen, aber müssen Sie denn gerade in dem Haus arbeiten, das die Rote Armee besetzt hat? Gehen Sie zum Landrat und sagen Sie ihm, in welchem Haus Sie wohnen und Ihre Arbeit tun wollen, ich werde dafür sorgen, dass es frei gemacht wird." Dies Angebot kann natürlich von der Kirche nicht angenommen werden.

Dokument 8
Rede zur Eröffnung der ersten Zusammenkunft des Weißenseer Arbeitskreises am 17.1.1958[27]

I. Die neutrale Fassung unserer Einladung hat zu manchen rätselnden, enttäuschten oder misstrauisch betroffenen Anfragen geführt. Aber diese Neutralität war beabsichtigt, denn wir rechneten damit, dass diejenigen, die gemeint waren, die es anging, trotzdem verstehen und sich ansprechen lassen würden. Diejenigen nämlich, die von jenem in unserer ganzen Kirche umgehenden, inneren Unbehagen erfasst sind, das eine Mangelkrankheit signalisiert. Es gibt eine tiefe, schleichende Malaise, die verbreitet ist und anzeigt, dass etwas nicht stimmt, sowie das widerwärtige Gefühl, das die nasskalten Herbstwinde hervorrufen, die den nahen Winter melden. Diese Malaise, wenn vorhanden, sollte wach und bewusst werden und kritische Bereitschaft wecken. ...

Hinter der Neutralität verbirgt sich kein heimtückischer Plan, nachdem Sie nun für irgendetwas gewonnen werden sollen, was nicht sowieso unser aller Voraussetzung ist. Vielmehr die Solidarität der Wissenden, vielleicht der Leidenden und ohnmächtig Wissenden ist es, die uns hier zusammenführt. So kann unser Gespräch nicht vorbehaltlos sein. Es setzt voraus, dass wir uns alle unter dem in der Ordination bejahten Auftrag und seiner Verantwortung wissen und unter dem Ungenügen unseres Vermögens, ihm nachzukommen. Wir sind frei hinsichtlich der Form unserer Konsequenzen aus unserem Wissen, sie werden Gegenstand unserer Diskussion sein müssen. Nicht frei aber sind wir hinsichtlich des „Dass" dieser Konsequenzen. Wir können uns ihnen nicht entziehen. Hier will Sie also kein Kreis mit einer bestimmten kirchenpolitischen Absicht unter einem vordergründigen Ziel verheizen.

... Es soll kein Panier in der Kirche als solches verteidigt oder angegriffen werden, vornehmerweise auch keine Person, kein Repräsentant irgendeiner Richtung, höchstens unsere eigene Schwäche. Es soll einfach eine Begegnung zwischen den isolierten Einzelnen und zwischen den fast hermetisch voneinander abgeriegelten Generationen stattfinden. Dazu wollen wir die Gelegenheit anbieten. ...

Erlauben Sie mir noch ein Wort von mir selbst zur Abwehr falscher Vorerwartungen. Es ist nicht ganz klar ersichtlich, weshalb nun gerade mich das Los getroffen hat, das Gespräch mit meinem Beitrag zu eröffnen. Ich bin eigentlich dazu gekommen wie der Hund zu seinen Flöhen. Soll ich einen tieferen Sinn suchen, dann mag er darin liegen, dass ich durch meine Mitarbeit in der Kirchenleitung gewisse harte Sachkenntnisse aus dem inneren Betrieb der Kirche vielleicht eher gewinnen konnte als ein anderes Mitglied des Einberuferkreises. ... Aber diese Mitarbeit kann auch gerade gewisse partielle Erblindungen herbeiführen ... Auf jeden Fall möchte ich hier ausdrücklich erklären, dass ich nicht als Vertreter der Kirchenleitung hier stehe und keinerlei irgendwie geartetes Auftrag habe oder empfinde. Ich bin gewähltes Mitglied und darum zweifelsfrei unabhängig.

Schließlich kann ich noch eine Vorbemerkung nicht unterlassen: Heutzutage ist es billig, die „bösen Kommunisten" als die Feinde des Evangeliums und aller anständigen Menschen herhalten zu lassen. Ihnen wird die Schuld am Zustand der Kirche in die Schuhe geschoben, sie sollen die großen Sünder unserer Zeit sein. Ich bin überzeugt von der Notwendigkeit, mit dieser Verschiebung der Sünde Schluss zu machen. Die Kirche ist nicht in erster Linie bedroht durch die Kommunisten, sondern durch ihre eigene Sünde; auf Tod und Leben bedroht durch ihren Unglauben gegenüber der Freiheit und Kraft des Evangeliums, durch ihren Mangel an Zuversicht gegenüber der Herrschaft ihres Herrn. Sie kann dann freilich immer noch einen erstaunlichen Apparat klappern lassen – Worte, Beschlüsse, Synoden, Erklärungen, Presse, Publizität –, aber sie hat den Tod bereits im Leibe. Und als solche, vom Tod bereits Gezeichnete, hat sie die „bösen Kommunisten" allerdings zu fürchten. Darum müssen wir die Sünde bei uns aufstöbern, bei ihrer konkreten Gestalt. „Die Wahrheit ist konkret" (Bert Brechts Spruch). Dass die Kirche trotz ihrer Sünden noch lebt, ist letztlich nur als ein Zeichen dafür zu verstehen, dass sie noch unter Gottes Gnade steht. Gott würdigt sie noch, etwas Neues zu erwarten. ...

II. Eine der viel diskutierten Fragen von heute innerhalb der Kirche ist die nach der Bedeutung der so genannten konstantinischen Wende in der Geschichte der Kirche.[28] War sie Fluch, Abfall, Schuld? War sie ein Segen, eine Chance im Zeichen einer unbegreiflichen gratia dei? Wie man auch urteilen mag über die Vergangenheit, von Karl Barth bis Günter Jacob ist man sich einig in der Feststellung: Das konstantinische Bündnis ist zu Ende. Der Prozess der Bündniskündigung hat eine lange Vorgeschichte. ... Als das Bündnis auf unserem Boden 1918 zum ersten Mal von den Repräsentanten des Staates offiziell gekündigt wurde – unter dem Stichwort „Trennung von Kirche und Staat" –, weigerte sich die Kirche, diese Kündigung anzunehmen. Unter Ausnutzung des nationalen Ressentiments gegen den Weimarer Staat und unter Benutzung politischer Druckmittel (Massenversammlungen, Presse, organisierte Durchsetzung kirchlichen Willens) erhob sie Anspruch auf die Rechte, Privilegien und Monopolstellung, die sie auf ihrem konstantinischen Weg

erworben hatte, und setzte diese Ansprüche verfassungsmäßig durch. ... Sie führten die allzu lange Blindheit gegenüber dem Nationalsozialismus mit herbei und
pressten 1947 in einem wenig beachteten Wort des Reichsbruderrats „Zum politischen Weg unseres Volkes" die späte Erkenntnis hervor: „Wir sind in die Irre
gegangen, als wir begannen, ‚eine christliche Front' aufzurichten." „Das Bündnis
der Kirche mit den das Alte und Herkömmliche konservierenden Mächten hat sich
schwer an uns gerächt." „Wir sind in die Irre gegangen, als wir meinten, eine Front
der Guten ... der Gerechten im politischen Leben und mit politischen Mitteln bilden zu müssen. Damit haben wir das freie Angebot der Gnade an alle durch eine
politische, soziale und weltanschauliche Frontenbildung verfälscht und die Welt
ihrer Selbstrechtfertigung überlassen" (8. August 1947, Reichsbruderrat).
Was uns hier näher beschäftigen soll, ist vor allem die dritte Linie, die eigentliche
Dominante in der kirchlichen Reaktion auf die Kündigung des Konstantinischen
Bündnisses: das Rechtsdenken. Seit 1918 werden die Rechtsargumentationen verbrieft, die der Kirche die Erhaltung ihrer Privilegien gebracht und die volkstümliche Kindertaufe zu einem permanenten Volksentscheid für die Kirche und die
Aufrechterhaltung ihres Rechtskörpers gemacht haben. Das Ziel, das man vor
Augen hatte, war der Staat im Staate: die Kirche als ein rechtsfähig anerkannter
Bündnispartner des Staates. Noch 1956 war das bei der Durchsetzung des Militärseelsorgevertrages das erklärtermaßen eigentliche Ziel, als Partner „bündnisfähig"
zu sein. ...
Zum 10. Jahrestag der Neuordnung von 1918 auf den konstantinischen Bahnen
konnte das Kirchliche Jahrbuch das Zeugnis ausstellen (in einem Rückschauartikel):
„Bewährt hat sich das, was wir die empirische Kirche nennen, sowohl in seiner
Dauerkraft als auch in seiner Elastizität. Die Kirchenführung des letzten Jahrzehnts
war ein Meisterstück ... Wir sehen vor uns ein freies Feld." ... Das war 1929,
wenige Jahre vor Beginn des Nazireiches. Der Artikel enthielt keine Anfrage an die
Bedeutung des Jahres 1918 für die Wahrheit des Evangeliums, ... keine Spur von
Ahnung des Verrats an Rechtsargumentationen und Nationalismus, keine Bedenken
angesichts der Frage, ob die Kirche den ihr gewährten Rahmen überhaupt ausfüllen
könnte (Religionsunterricht in den Schulen!).
Einen neuen Abschnitt des Kündigungsprozesses brachte das Dritte Reich. Diese
Kündigung war dann auch ebenso zynisch wie brutal. Die Welt nahm ihre wilde
Freiheit zurück unter der Akklamation fast des gesamten getauften Volkes. Nur ein
Dokument statt vieler: Als die DC 1941 einen letzten, verzweifelten Versuch machten, „die Kräfte des Evangeliums" zum Aufbau der deutschen Volksgemeinschaft
einzusetzen und dem Staat ihre Hilfe antrugen, erließ der Leiter der Reichskanzlei,
Bormann, ein Rundschreiben an alle Gauleitungen über das Verhältnis von Nationalsozialismus und Christentum, das mit folgenden Sätzen schloss: „Ebenso wie die
schädlichen Einflüsse der Astrologen, Wahrsager und Sonstigen, muss auch die Einflussmöglichkeit der Kirche restlos beseitigt werden ... Erst dann sind Volk und
Reich für alle Zukunft gesichert." ...
Inzwischen war aber innerhalb der Kirche ein Erwachen erfolgt, das nun endlich
zum ersten Mal die Thematik anschlug: „Das Evangelium nimmt seine Freiheit
zurück." Zunächst zwar argumentierte die Kirche auch in dem Teil, der sich zum
Widerstand gerufen sah, von den gegebenen Rechtsvoraussetzungen her. ... Diese
Ebene wurde auch bis 1945 weiter benutzt. Aber daneben trat, erst zögernd, dann

immer klarer, die eigentlich kirchliche Argumentation hervor, die in nichts anderem bestand als der Geltendmachung des Eigenrechts des Evangeliums, seines Anspruchs und Zuspruchs, auf die sich die Kirche, ihre Existenz und ihr Auftrag in eins gründen. Diese Geltendmachung konnte nur erfolgen in der Gestalt eines vollen Existenzeinsatzes der Kirchen und ihrer Diener, also Behauptung des freien Raumes, den das Evangelium uns gibt. Es ist die zeitgeschichtliche Bedeutung von Barmen 1934, diese souveräne Freiheit des Evangeliums ... „bekannt" zu haben. Dieser Akt des Bekenntnisses zur Freiheit des Evangeliums, das heißt zum Herr-Sein Christi in seiner Kirche, einte damals alle Konfessionen, die beteiligt waren. Dieser Akt – von auch heute noch nicht abzusehender Bedeutung für die Selbstfindung und den Weg der Kirche – stellte sie mit einem Schlage in den Raum der Freiheit und gab die längst geforderte Antwort der Kirche auf die Kündigung des konstantinischen Bündnisses. Hatte dies Bündnis je ein Joch bedeutet, einen Abfall, eine Schuld, hier waren sie abgeworfen; hatte es – freiwillig gewährt, nicht erschlichen und mit fragwürdigen Rechtstiteln „abprozessiert" – einen Segen bedeutet, hier war er zur Kirche zurückgekehrt und wieder gewonnen. Denn was ist die Substanz der Kirche? Dass sie von Befehl und Verheißung ihres Herrn lebt. Diese Substanz ist ihr Lebensrecht und ihre Freiheit.

Und nun wäre es eigentlich geboten, an jedem der 6 Barmer Sätze im Einzelnen nachzuweisen, wie mit ihnen die Souveränität des Evangeliums und damit die Freiheit seiner Verkündigung als die Mitte der kirchlichen Existenz bekannt, und wie die Irrtümer und inner- und außerkirchlichen Gefahren und Bestreitungen dieser Mitte abgewehrt worden sind. ... Die Zeit erlaubt jetzt diesen Exkurs nicht. Aber der Hinweis sei mir gestattet, dass wir nichts Besseres tun könnten, als die zeitgenössische Kirchengeschichte, die wir zu leben haben, zu verstehen als einen geschichtlich-existenziellen Exkurs über Barmen. ...

Ich nehme den Faden der Geschichte wieder auf: Schon während des Kirchenkampfes ist die Verbindlichkeit und Tiefe der Erkenntnisse von Barmen, selbst bei den Beteiligten, nicht immer festgehalten worden. Über das beschämende Kapitel lässt sich nur sagen: Worauf sind die Schwächen, Zweifel, Rückzüge, Verdächtigungen, Schmähungen, die Rückfälle und der Verrat der Jahre nach 1934 letztlich zurückzuführen: Auf die mangelnde Entschlossenheit und Bereitschaft, das konstantinische Bündnis als gekündigt anzusehen und fortan aus der durch das Evangelium selber gegebenen Freiheit zu leben, das heißt also die Freiheit als Frucht der Verkündigung zu empfangen und auch auf einem Wege der zertrümmerten Rechtsinstitutionen, der geplatzten Träume von der Öffentlichkeitsgeltung der Kirche, der staatsbürgerlichen Verdächtigungen, der armen und anonymen Existenz und des realen Leidens festzuhalten.

Der Krieg brachte im so genannten Existenzkampf des deutschen Volkes noch einmal eine nationalistische Welle in die Kirche und mit ihr den Sog des Konformismus. Nur eine kleine Schar realisierte die nicht nationalistische Fürbitte für den Frieden, wie sie bereits 1938 angesichts der Tschechenkrise der Vorläufigen Kirchenleitung vorgeschlagen worden war. Hätte der Kampf um die Kündigung der Restbestände des Bündnisses länger angedauert, die Kirche hätte wohl gründlicher zurückgefunden zur Freiheit des Wortes. Gott muss sie wohl immer zu ihren besten Erkenntnissen prügeln, ehe sie bereit wird, das bequeme Dasein im weichen Sessel Konstantins mit der Existenz „draußen vor dem Lager" zu vertauschen. ... Für die west-

lichen Kirchen bedeutete das auf der ganzen Linie grünes Licht für die Rückkehr zu den Fleischtöpfen Konstantins. Zwar wurden gewisse „Erträge" des Kirchenkampfes „im Prinzip" bejaht, aber nicht wirksam. Die Praxis brachte die Wiederherstellung des konstantinischen Bündnisses und nur sehr verzerrt und gebrochen – etwa im Kampf um Remilitarisierung und Atombewaffnung – wird aus dem Munde nicht offizieller und beamteter Stellen hörbar, dass das Evangelium in dieser Welt die fremde, unabhängige, eigensouveräne Stimme ist. Ein ungeheurer inner- und außerkirchlicher Apparat wird in Gang gehalten, den für einen ungestörten Weg der Welt gefährlichen Einspruch dieser Stimme abzuschirmen, zu verdrehen, zu verdächtigen, närrisch zu machen. ... Wie aber laufen die Dinge bei uns? Das eine kann man dem Kommunismus bescheinigen: Er hat eigentlich von Anfang an keinen Hehl daraus gemacht, dass er das Bündnis als erledigt betrachtet. Als er noch Rücksicht nehmen musste auf das Rechtsdenken des Abendlandes, in dem die 1945 wieder restaurierten oder neu gegründeten Parteien und das Volk erzogen waren, hat er ein paar Artikel in die Verfassung gebracht, die mit der Kirche als einer soziologischen und ideologischen Realität und darum als einer gesellschaftlichen Macht rechneten. Was sie aber tat, wozu sie da war, was ihre Substanz war, das konnte er nur aus der Vergangenheit ablesen, und das ließ ihm keinen Zweifel, dass er es in ihr mit einem Klassenfeind zu tun hatte. Darum hat die Partei des Kommunismus auch nicht verheimlicht, was sie über die Kirche und ihren beschlossenen Untergang dachte. ... Kühl und sachlich verkündigte er: Sie wird sterben bei fortschreitender Sozialisierung der Gesellschaft. Und als ihm die Sozialisierung nicht schnell genug ging, versuchte er, wenigstens das Sterben der Kirche durch einige Nachhilfe zu beschleunigen. Diese ehrliche, unverblümte nachkonstantinische Haltung ist nicht nur von der des Westens unterschieden, sondern auch von der des Jahres 1918.
Trotzdem begann auf der Seite der Kirche das alte Spiel von neuem. Natürlich hatte sie angesichts der Ankündigungen, mit denen die Repräsentanten des Kommunismus heranrückten, verständliche Sorgen. Aber wie armselig waren die Kanonen, mit denen sie Gegenfeuer gab. Anstatt auf der ganzen Linie auf Barmen einzuschwenken, holte sie die alten Rechtstitel einer Vergangenheit hervor, die abgelaufen war: Die rechtlich verbrieften Privilegien von gestern und die Kindertaufe sind es wieder, mit denen sie argumentiert, fast ohne dass ihren Juristen gewisse Variationen gegenüber 1918 einfielen. ... Das Leitbild, das die Argumentation beherrschte, ist – neben dem neidischen Blick auf die westliche Entwicklung – einfach das Bild der staatsrechtlich geschützten Körperschaft öffentlichen Rechts mit relativer Selbständigkeit der Vertretung: also der Staat im Staate, der sich an dem Wohl und Wehe seiner Umgebung desinteressiert zeigte.

III. Hier wären nun Beispiele zu nennen, um die man nicht verlegen ist. Es hat sich ja vor unser aller Augen abgespielt und wird sich weiter abspielen. Ohne Vollzähligkeit weise ich auf einige Fakten hin:
1. Die Hauptfrage angesichts der Katastrophe von 1945 bestand in der Frage: „Wie ist die Rechtskontinuität zwischen gestern und morgen zu wahren?" Die Antwort: Man knüpft an die so genannten intakten Kirchen an für das Gebiet der Deutschen Evangelischen Kirche und für Preußen an den EOK, und für Brandenburg an den Generalsuperintendenten der Kurmark als dem einzigen Überlebenden seinesgleichen. Er hatte ja seinerzeit nur unter Protest sein Amt niedergelegt. Es war

rechtlich nicht erloschen. Schließlich bot sich auch eine Anknüpfung an das Notrecht der BK: Der preußische Bruderrat hatte einen geheimnisvollen Auftrag an den damaligen suspendierten Generalsuperintendenten der Kurmark gegeben, nach dem Krieg die Neuordnung vorzunehmen. ... Dabei wurden gleichzeitig ein paar leitende Ämter in Bischofsämter umgewandelt. Ein Traum erfüllte sich: 20 Jahre vorher hatte man im „Jahrhundert der Kirche" lesen können: Die „Freiheit" der Kirche sei zu wahren und zu praktizieren durch eine vollmächtige bischöfliche Führung. Dann – wörtlich: – „Der Satz bleibt bestehen: Wo Kirche ist, da ist das Bischofsamt." Eine Irrlehre der konstantinischen Ära! ...

2. Die zweite Sorge galt der Sicherung von Besitz und Finanzen.

a) Man mag darüber hinwegsehen, dass wir anfangs, als die politische Entwicklung ein Provisorium zu sein schien, nicht den Weg der tschechischen Kirche gingen, wenigstens einen größeren Teil des Landbesitzes ... an den Bodenreformfonds zu geben. Inzwischen sollte klar sein, dass wir – anstatt die Existenz der Kirche durch den Besitz auf der Ebene der Gemeinde zu sichern – mit dem Festhalten am Landbesitz uns einen Strick um den Hals gelegt haben, durch dessen Zuziehen wir jederzeit den finanziellen Erstickungstod erleiden können. Ablieferungs- und Anbausoll boten unzählige Anlässe zum Ärger zwischen Bürgermeister und Pfarrer, Landrat und Superintendent. Tausende von notwendigen, aber dem Objekt nach nicht legitimen Gesprächen hätten wir uns erspart, wenn wir diese Sache beizeiten geklärt hätten. Sie frisst das Geld der Kirche obendrein. Was hat allein das Domstift in Brandenburg/Havel zu erhalten gekostet. ...

b) Eine der Geldquellen der Kirche der Vergangenheit war der Staatszuschuss. Mögen seine Rechtsgrundlagen reichlich 100 Jahre alt sein, jedenfalls stammen sie noch aus einer Zeit, in der es die Kirche als eine Frucht ihrer Verkündigung und ihrer Bedeutung ansehen konnte, wenn ihr solche Zuschüsse gegeben wurden. Es besteht kein Zweifel, dass von einer freiwilligen Gewährung heute keine Rede mehr sein kann. Nicht nur hat schon die Verfassung ihre Ablösung als staatskirchenpolitisches Ziel festgelegt, die Weiterzahlung des Staatszuschusses wird uns vielmehr als eine die Kirche verpflichtende Geste des Staates angekreidet, und ihre Forderung der Kirche in der Öffentlichkeit als Ärgernis erregende Anmaßung ausgelegt. Dennoch erhebt die Kirche jedes Mal ein Geschrei von Dan bis Beerseba, wenn der Staatszuschuss wieder um einige Prozent gekürzt wird. Ich empfinde es als schamlos und die Freiheit des Evangeliums verdunkelnd, wenn wir diese Beträge weiterhin kassieren, ohne die Beendigung dieser Zahlungen prinzipiell ins Auge zu fassen, anstatt uns erst unter dem Druck der Zahlungsverweigerung widerwillig damit abzufinden. Sollen wir uns erst von den Kommunisten auf die Ironie hinweisen lassen, dass die öffentliche Proklamation der Königsherrschaft Christi zum guten Teil vom kommunistischen Staat finanziert wird? ...

c) Kirchensteuern. – In diesem Zusammenhang ist jetzt nur interessant, was mit den so genannten böswilligen Verweigerern geschieht. Bis vor wenigen Jahren wurde als einzige Möglichkeit offizieller Auskunft die Zwangsbeitreibung angesehen. Wer getauft und konfirmiert ist, erhält ja von der Kirche einen Rechtsanspruch auf Betreuung von der Wiege bis zum Grabe. Die Kirche aber gewinnt einen Anspruch auf Steuern. So einfach ist die Lage. Der Rechtsanspruch der Gemeindeglieder wird aufrechterhalten durch Zahlung der Steuern. Er kann eingeklagt werden bei Gemeindekirchenrat und beim Superintendenten, wenn sonst nichts Böses über den Einkläger bekannt ist und er sich den vorgeschriebenen Gesprächen stellt. Umgekehrt kann die Kirche mit Hilfe der staatlichen Gewalt ihren Rechtsanspruch geltend machen durch den Exekutor. Das soll dort, wo sich ein Exekutor findet, noch heute so gehandhabt werden.

Als Frau Minister Benjamin diese Möglichkeit vor zwei Jahren aber grundsätzlich für beendet erklärte, erhob die Kirche wieder Geschrei und verwies durch die Kirchenkanzlei anklagend auf den Verlust einer ihrer Grundrechte als Kirche. Als das nichts fruchtete, musste man sich auf den Weg bequemen, den die Lebensordnung nahe legte: Wer seine Kirchensteuern böswillig verweigert, dessen „Rechte" werden als ruhend erklärt. Das soll nicht etwa bedeuten, was es ja sachlich bedeuten könnte und müsste: Wer seine Kirchensteuer, sein Opfer böswillig verweigert, will gar keine Rechte mehr haben. Er scheidet also aus der Gemeinde aus, so dass der Verlust der Rechte im Effekt dem Kirchenaustritt gleichkäme, sondern es bedeutet nur, dass der Betreffende in Zukunft weiterhin zu Kirchensteuern veranlagt wird, ohne dafür Rechte zu haben. Zurzeit liege ich im Streit mit der Abt. Kirchensteuern – lies Oberkonsistorialrat Siebert – beim Konsistorium, weil ich unser Kirchensteueramt angewiesen habe, unter keinen Umständen mehr denen einen Bescheid zuzusenden, deren „Rechte" ruhen. ...

3. Der Rückzug der Kirche auf Rechtsargumentationen zur Sicherung ihres Bestandes durch Geltendmachen von Rechtsansprüchen ist nun aber keine Spezialkrankheit ihrer Juristen und ihrer „Führer". Vielmehr erwachsen diese Pflanzen aus dem Humus einer durchgehenden Verrechtlichung unserer Kirche, der mit dem Dünger eines allgemeinweltlichen Rechtsdenkens permanent gesättigt wird. Eine ungeheure Ordnungsseuche ist in unserer Kirche ausgebrochen. Sicherlich war eines der Grundmotive, die zur Abfassung von Grundordnungen geführt haben, die Sicherung der Freiheit des Evangeliums. Das gilt auch für unsere GO von 1948. Aber die furchtbare Paradoxie, die in dieser Tendenz steckt, löste sich bald auf und ließ nur noch die Sicherung der Ordnung übrig.

Die Gründe dieser Auflösung liegen nicht nur in der Sache: Wir können die Freiheit des Evangeliums nicht sichern, dieser sichert vielmehr die Freiheit der Kirche. Sie liegen auch in der Hortung alter Rechtsformen und Ordnungsmächte, die die GO vorgenommen hatte und die wieder zum Tragen gekommen sind: der Aufbau der Kirche aus einem Führungsgremium und ihre Verwaltung durch einen zentralen Apparat, der seit Jahrhunderten juristisch argumentierte. Nach den Intentionen der Grundordnung „als in den Dienst genommen" zu verstehen, setzte sich in praxi das juristische Denken wieder durch. Seine Herrschaft in der Kirche überschwemmte uns seit 1948 mit einer Flut von Ordnungen, deren Ende noch nicht abzusehen ist. Keine Synode ohne Verabschiedung einer Ordnung; keine Synode ohne heiße Debatten über die Geschäftsordnung; keine Synode, die nicht dadurch gefährdet ist, dass eine Minderheit mit ihrem Anliegen – sei es noch so gewichtig – mit Hilfe des formalen Rechts und der formalen Handhabung der Geschäftsordnung überfahren wird, was besonders von den EKD-Synoden gilt. Eine Ordnung gebiert die andere, so dass die Kirche in Gefahr ist, von dem myomartigen Wucherungen des Ordnungskrebses ganz verschlungen zu werden. Auch die jüngste Synode der EKU im Dezember 1957 war nach ihrer Anlage eine Ordnungssynode. Drei Gesetze lagen vor: die Predigerordnung: Sie wurde verabschiedet. Die Pfarrerdienstordnung: Sie wurde im Entwurf fertig gestellt. Die Beamtenrechtsordnung: Sie wurde in erster Lesung angenommen. Sie ist geradezu Inkarnation des rechtlichen – hier: beamtenrechtlichen – Denkens unserer Kirche. ... Das Ganze könnte genau so gut eine Ordnung aus dem Raum des Staats oder des Militärs sein, wie deren Ordnungen in der Tat für den Entwurf des Gesetzes Pate gestanden haben. Auch bei den anderen beiden Gesetzen liegt es ähnlich, wenn auch ein wenig temperierter: „Die Kirche gewährt dem Pfarrer Schutz und Fürsorge in seinem Dienst und in seiner Stellung als Pfarrer". „Der Pfarrer hat Anspruch auf angemessenen Lebensunterhalt für sich, seine Ehefrau und seine Kinder" (§ 17). Ähnlich steht es mit der Predigerordnung. Alle 3 Ordnungen sollen für die Kirchen der EKU Geltung haben, auch für unsere Landeskirche. Alle drei sind ausgerichtet am konstantinischen Ideal und bis ins Mark vom Rechtsdenken bestimmt.

Nun soll hier natürlich nicht der Ordnungslosigkeit das Wort geredet werden, aber der Redlichkeit! Kein Mensch ist etwa dagegen, dass der Pfarrer mit seiner Familie angemessenen Lebensunterhalt erhält. Aber die Kirche kann doch nicht einfach verschweigen, dass sie in der nachkonstantinischen Situation gar keine Garantien für die Erfüllung eines Rechtsanspruches geben kann! „Wer soll das bezahlen, wer hat soviel Geld?" ...

Es entbehrt nun nicht einer gewissen lustigen und hoffnungsvollen Ironie, dass die EKU-Synode die Einseitigkeit des Ordnungs-, Rechts- und Anspruchsdenkens gleichzeitig konterkariert hat. In einem Wort „Zum Weg unserer Kirche in der DDR", das ein anderer Ausschuss ihr vorlegte, hat sie einmütig drei Sätze bejaht: „Die evangelische Kirche ist danach gefragt, ob sie auch in einer bescheideneren und geringeren Gestalt dem Herrn die Treue halten will. – Wer wirklich an Christus als den Herrn seines Lebens glaubt, wird auch in einen geringeren und unscheinbaren (ursprünglich stand dort: „anonymen") Platz einwilligen, ... um die Gemeinschaft mit der armen und leidenden Kirche nicht zu verlieren." Freilich ist es sehr fraglich, ob sich die Synode als Ganze oder auch nur ihre Repräsentanten des beamtenrechtlichen Denkens dieser Diskontinuität in den Verhandlungen und Ergebnissen bewusst geworden sind. An mehreren Symptomen könnte man deutlich machen, wie sich das Ringen eines im Konstantinismus verhafteten Denkens mit einer zur Freiheit des Evangeliums durchbrechenden Betrachtungsweise durch die Synode zog.

4. Hat die Kirche ihr Leben eingepresst in eine Fülle von Ordnungswerken, dann erklärt ihr ganzer Habitus den Charakter einer Ordnungs- und Gesetzesmacht. Die Amtsträger aller Stufen sehen ihr Verhältnis zueinander nach dem Gesichtspunkt der Zuständigkeiten geregelt, und ein bloßes Gemeindeglied, das irgendwo die Maschen des Ordnungswerkes berührt, sieht sich alsbald in einen Irrgarten von Vorschriften versetzt, aus dem es nur durch Machtspruch der Barmherzigkeit befreit werden kann. Vor allem aber erfährt das natürliche Gefälle zum bürokratischen Zentralismus ein rasantes Tempo, dem man nicht mehr widerstehen kann. Die Verantwortlichen müssen ja permanent über der Innehaltung der Ordnungen wachen, ihre Beachtung durch Einführungs-, Durchführungs- und Ergänzungsbestimmungen „anordnen", in den Streitfragen mit der Vollmacht des Experten in einer verzwickten Materie Entscheidungen treffen, kurz: regieren. Dabei soll es – nach den Erfahrungen mancher Brüder – sogar bei einigen Kirchenleitungen auf dem Boden der DDR zu jenen blutlosen Techniken der Ordnung

kommen, jenem gespenstischen formalistischen Apparatismus ohne Herz und Erbarmen, wie sie Ortega y Gasset[29] und in seinem Gefolge die Soziologen der Moderne immer wieder gemalt haben, als die drohenden Überfunktionäre einer rationalistischen Gesellschaft.

Aber nicht nur unter den Verwaltungsorganen der Kirche finden sich solche warnenden Auswüchse, viele von uns auf allen Stufen ihres Dienstes sehen sich zu Tätigkeiten gezwungen, die sinnleer sind, ohne dass wir uns das eingestehen. Von Tag zu Tag werden wir fortgerissen von Aufgaben, die wir in ihrer drangvollen Vielzahl bloß noch routinemäßig „erledigen" können, aber nicht mehr mit unserem Wesen erfüllen und bekräftigen. Mit uns wird gehandelt, wo wir selbst noch zu handeln glauben und mancher sucht der Einsicht in den Funktionärscharakter seiner Tätigkeit mit dem untauglichen Mittel zu entgehen, dass er sich mit wilder Entschlossenheit nur erst recht in die Arbeit stürzt. Ein wahrer Teufelskreis!

Eines der ersten kirchlichen Worte nach dem Kriege, das des Bruderrats von Berlin, stellte am 31. Juli 1945 noch dankbar fest: „In den Bruderräten haben wir eine Kirchenleitung empfangen, die ungehemmt durch Bürokratie bemüht war, brüderlich zu dienen." Unsere Grundordnung von 1948 hat dieses Verständnis von Kirchenleitung aufgenommen und die Ideologie von der dienenden Funktion der Kirchenleitungen ist geblieben. Heute aber versteht sich jede Kirchenleitung im Effekt wieder als „Behörde". „Wir als Behörde", höre ich in jeder Kirchenleitungssitzung ein halbes Dutzend Mal aus dem Munde konsistorialer Amtsträger, obwohl das Konsistorium nach dem Willen der Grundordnung nur eine Kanzlei sein sollte. ...

Wer das für übertrieben hält, der nehme die drei Ordnungsgesetze der EKU-Synode zur Hand. Er kann dort lesen: „Zuständige oberste Dienstbehörde ist der Rat der EKU". Es ist ausgesprochen schwer, nicht sarkastisch zu werden, auch nicht angesichts anderer Formen der bürokratischen Kontinuität der Kirche. Z.B. gewisser Formeln und Formulare, die die Kirche zu Rechtsakten herausgibt wie Pfarrstellenbesetzung, Berufung, Bestätigung, Finanz- und Besitzsachen – was ja mindestens 2/3 der Tätigkeit des Konsistoriums ausmacht – gehen zurück auf Fassungen von 1922. Sie kosten auch wieder die alten Anreden – „Hochwürden", „Hochehrwürden" und ähnlichen Unsinn. Sie atmen den beharrlichen Geist der alten, ganz alten Kirche, sie sind das Symbol des eigentlichen inneren Lebens der Kirche. Wer schreibt endlich die nötige Parodie? Selten findet sich neben den Rechts-, Finanz- und Besitzfragen auch einmal eine theologisch-kirchliche Sachfrage in den Erlassen des Konsistoriums behandelt, die einen anderen Stil zeigen. Dem entspricht, dass ich in den sechs Jahren meiner Zugehörigkeit zur Kirchenleitung tatsächlich zweimal erlebt habe, nämlich 1956 und 1957, dass sich dies verantwortliche Gremium Zeit nahm, Sachfragen in mehrstündigen Sondersitzungen zu erörtern. Unser Vorsitzender aber, den solche Erörterungen langweilen, der aber dem Abstimmungsergebnis nachgeben musste, blieb ihnen fern. Rechtsfragen kamen dagegen in diesen sechs Jahren nie zu kurz. ... Wenn die Institution ihre Freiheit erkämpft hat, hört das Interesse für den inneren Betrieb bei vielen verantwortlichen Gremien auf. Wenn es angehen sollte, den Raum der Freiheit zu füllen, dann ist man leider oft schon am Ende.

Aber ich breche diese Betrachtung ab. Mir liegt nur noch an dem Hinweis, dass der beharrliche Zentralismus als Frucht des Rechtsdenkens eine Krankheit unserer Kirche unheilbar chronisch macht und versteift: die von der konstantinischen Ära übernommene Unmündigkeit der Gemeinde. ... Nach meiner Sicht der Dinge verursacht aber das Zusammenwirken von behördlichem Zentralismus und chronischer Unmündigkeit der Gemeinde jene Last unserer Amtsführung, die aus uns die tiefsten, ehrlichsten und verzweifeltsten Seufzer herauspresst und mit eine der Ursachen unseres heutigen Zusammenseins sein dürfte. Wir sind dem Gesetz des zu engen Betts verfallen: Wehren wir uns gegen die Kälte am Halse, nämlich den bürokratischen Zentralismus, dann lässt uns das Bett an den Füßen im Stich. Die unmündige Gemeinde macht nicht mit. Bekämpfen wir die Kälte an den Füßen, nämlich die Unmündigkeit der Gemeinde, dann friert uns der Hals, weil zu viel von oben regiert wird. Es ist ein Verhängnis, unter dem die erkältete, von den Ansprüchen zerfaserte Seele nur noch jene eingangs erwähnte Malaise produzieren kann.

5. a) Die Gefangenschaft der Kirche im Rechtsdenken macht sie nun an vielen Stellen aktionsunfähig. 1918 konnte die Kirche auf der Ebene des Rechts noch eine gemeinsame Sprache mit der Welt reden. Heute hat sich aber die Rechtsauffassung der Welt, des Staates, der Gesellschaft gewandelt. Es ist daher nur noch ein Traum zu meinen, dass man das Ohr der Welt mit der Sprache von Rechtsargumentationen erreichen könnte. Aber die Kirche will auch nicht das Ohr ihrer Welt erreichen, sondern das des Westens, mindestens der westlichen Kirche. Dahinter steht zwar ein positives Ziel. Aber das Mittel ist untauglich: Die Einheit der Kirche durch die Einheit der Rechtsform aufrecht zu erhalten kann nur als verzweifelter, zum Scheitern verurteilter Versuch gewertet werden. Rechtsdenken ist statisch. Wo es herrscht, da herrsch Uniform. Einerleiheit. Die Einheit im Recht muss zwangsweise versuchen, gleiche Antworten auf jeweils verschiedene Herausforderungen der östlichen und der westlichen Welt herbeizurufen. Die Einheit in der Substanz aber erlaubt, ja gebietet verschiedene Reaktionen auf die verschiedenen Anforderungen der Situation. Die Begründung der Einheit auf der Ebene des Rechts blockiert die Beweglichkeit der Kirche und damit die Bewältigung ihrer Aufgaben.
b) Das im Rechtsdenken wurzelnde mechanisch-statisch-uniforme Einheitsdenken wirkt sich auch in der Überfremdung unserer Gottesdienstordnungen durch das Postulat der Gleichheit der Formen aus. Das Drängen auf die Einheit der Gestalt unserer liturgischen Ordnungen ist nicht nur in der Rücksicht auf die Fluktuation der Glieder der Kirche begründet. Es liegt ihm vielmehr jene armselige Verkürzung des Verständnisses von Einheit der Kirche auf die Einheit ihrer Formen zugrunde, die sich paart mit der seltsamen Hoffnung, dass der Heilige Geist die historisch gereinigte Ordnung eher als die mit sentimental-romantischen Erinnerungen durchsetzte Ordnung zu seinem Dienst benutzen würde. Wer die Einheit des Gottesdienstes an der gleichen Gestalt seiner Ordnung greifen kann, der braucht nicht mehr an die verborgene Einheit zu glauben. Er darf schon schauen und im Schauen befriedigt einschlafen. Dass aber die Einheit der Kirche in der Einheit ihrer Ordnungen gesichert sei, auch nur dargestellt sei, ist bekanntlich nach der CA eine Irrlehre, die dann auch nichts anderes als Unelastizität und Starrheit der Kirche im Gefolge hat. ...
c) Schließlich gehört in den Zusammenhang der Blockade des Handelns durch das Rechtsdenken der Kirche ein anderes Kuriosum: Rechtsdenken ist als solches defensives Denken. Es muss ja immer über Ordnungen wachen und den Bestand

bewahren, das heißt verteidigen und rechtfertigen. So ist die Kirche unfähig geworden, etwa ihr Versagen in der Vergangenheit freimütig einzugestehen; sie gefährdet damit ihr Recht, ihren Bestand. So kommt in ihre Äußerungen bis zur Predigt eine eigentümliche Note selbstrechtfertigender Apologetik. Wendungen wie: „Die Kirche war schon immer für den Frieden; sie hat schon immer sozial gedacht; sie hat die Waffen nie gesegnet; sie war nie gegen die Wissenschaft, gegen das Denken, gegen die Wahrheit; sie hat vor Gott nie einen Unterschied der Menschen gelten lassen etc." Solche Wendungen findet man auf Schritt und Tritt. Warum gehört es nicht sozusagen zum Stil der Kirche, dass sie alle jene Irrtümer des 19. und 20. Jahrhunderts einfach freimütig zugibt und die Sünden bekennt, die sie begangen oder doch wirklich geduldet hat? Weil sie unter der Zwangsvorstellung lebt, die „überkommenen Restbestände" bis zum äußersten verteidigen zu müssen? Die Freiheit des Evangeliums befreit sie nicht zur Verteidigung und Selbstrechtfertigung, sondern zu einem neuen Tun aus der Vergebung. Nur in dieser Freiheit wird sie die Kraft gewinnen, am Aufbau einer öffentlichen Meinung im Gegenüber zu neuen Göttern und Heilsbotschaften mitzuarbeiten. Nicht die Defensive, sondern die Offensive ist die Wendung, die die Kirche finden muss, weil ihre Botschaft offensiv ist. ...

6. Infolge ihrer fortwirkenden Bindung an das Rechtsdenken der Vergangenheit und des Westens kann unsere Kirche in ihren regierenden Repräsentanten auch kein neues, ideologiefreies Verhältnis zum Staat der DDR finden. Sie ist im Schema des Gegensatzes fixiert. Der Staat wird ihr nur sichtbar als Verweigerer ihrer Ansprüche. Die Kirche aber kann, als eine Institution, die nur Forderungen anzumelden hat, lediglich als die Karikatur vor Augen kommen, die der Kommunismus von der Vergangenheit her kennt. Auf diesem Wege kann das Evangelium als die Substanz der Kirche nicht einmal sichtbar, geschweige denn glaubwürdig werden. Kaum an einer Stelle ist die Kirche so festgefahren durch ihr offizielles Verhalten wie in ihrem Verhältnis zum Staat. Natürlich liegt die Versuchung nahe, einem Staat gegenüber, der sich zum Atheismus bekennt, als Vertreter einer soziologisch-ideologischen Größe, genannt Kirche, in das Gesetz des Gegensatzes zu verfallen. Gewiss sind Kämpfe und Auseinandersetzungen unausbleiblich, aber wir kämpfen im Namen Gottes, der für uns, für den Menschen, für den anderen ist, obwohl er gegen uns alle sein müsste. Darum kann nicht der Kampf die entscheidende Haltung sein, sondern der offene Wille zur Begegnung und zum Gespräch, bei dem der Christ immer noch eine Minute länger Ruhe und Zuversicht behält als die anderen. Warum? Weil er sich den Staat, diesen konkreten Staat der DDR nicht aus dessen Selbstverständnis geben lässt, weder aus seiner Genesis noch aus seiner Qualität, aber auch nicht aus den eigenen Theorien und Wünschen vom Staat oder aus den westlichen Forderungen der Verweigerung diplomatischer Beziehungen zu ihm, sondern aus Gottes Wort: „Du hättest keine Macht über mich, wenn sie dir nicht wäre von oben her gegeben" (Joh. 19,11). Es ist (nur) gegebene Macht, wir aber sind Kinder dessen, der die Macht vergibt. Die Stellung zum Staat wurzelt also in einem Glaubensurteil, nicht in einem Leitbild. ...
Letztlich kann (Hilfe) doch nur darin bestehen, dass wir uns dessen neu bewusst werden und freudig dazu bekennen, was die Freiheit des Evangeliums an dieser Stelle bedeutet und was Eph. 1, Vers 20f steht: „Christus, von den Toten aufer-

weckt, ist gesetzt zur Rechten Gottes im Himmel (über alle Fürstentümer, Gewalt, Macht, Herrschaft und alles, was genannt mag werden) nicht allein in dieser, sondern auch in der zukünftigen Welt." Wer nicht in diesem Bekenntnis auch unseren Staat letztlich unter die Herrschaft Christi gestellt sieht, wer nicht alle seine Beschränkungen im Glauben als Bürden Gottes annimmt, der kann nicht freiwerden ihm gegenüber und muss mit seinen alten Rechtsansprüchen und Leitbildern unter dem Hohnlachen dieses hybriden Staates in die Knie gehen und schlicht und ratlos verdorren.

IV.

Bisher hat uns nur die eine Linie der Verrechtlichung unserer Kirche vor Augen gestanden: die Rechtsargumentationen und ihre Folgen, mit denen sie die Annahme der Kündigung des konstantinischen Bündnisses verweigerte. Es gilt nun, auch noch einen Blick auf die andere Seite zu werfen: Die Verrechtlichung der Taufe als eines Beitrittsaktes zur Kirche, der ein Rechtsverhältnis begründet. Diese Seite erhält nämlich ihre besondere Bedeutung bei der Behandlung des Problems der Jugendweihe. Auf der Ebene des Rechtsdenkens stellt sich dies Problem vor allem als ein Rechtsproblem dar, in dessen Behandlung wir uns nun gründlich festgefahren haben. Folgende Argumentationen liegen vor:

1. Ausgangspunkt ist das – so eigentlich begründete – Elternrecht. Für christliche Eltern führt dies Recht zur Kindertaufe. Denn: Es ist Gottes Wille: die Kindertaufe! (So auf dem Superintendentenkonvent November 57) Mit ihr haben die Eltern ihren Anspruch auf kirchliche Unterweisung angemeldet, mit ihr hat aber die Kirche auch einen solchen Anspruch zugebilligt erhalten. Elternrecht und Kirchenrecht vereinigen sich zunächst also zur Sicherung der Unterweisung.
Dann folgt der 2. Schritt: Wer an der Unterweisung teilgenommen hat, gewinnt das Recht auf Konfirmation wie er der Kirche das Recht auf Konfirmation als Bestätigung der Gliedschaft in der Gemeinde zusteht. Wer an der Jugendweihe teilnimmt, verliert das Recht auf Konfirmation.
Dann der 3. Schritt: Wer an der Konfirmation teilgenommen hat, gewinnt das Recht des vollen Gemeindegliedes. Wer dieses Recht hat, gibt der Kirche den Anspruch auf volle Reglementierung, das Recht auf Inanspruchnahme von Zeit, Geld und Einsatz des Berechtigten. Wer aber als Konfirmierter zur Jugendweihe geht, der verliert alle ihm beigelegten Rechte.
Hier ist also – vom Verständnis der Kirche als Rechtskörper her – alle geistliche Relevanz der Gliedschaft in der Gemeinde, von der Taufe bis zum Abendmahl über das Bekenntnis, überfremdet und verfälscht durch das Argumentieren in rechtlichen Deduktionen. Und solange wir uns nicht aus diesem dornigen Gestrüpp befreit haben, solange wir nicht durchstoßen zu dem Bekenntnis der Freiheit des Evangeliums, wird es keine wirklich geistlich legitime Bewältigung des Problems der Jugendweihe geben. Die Gefahr, dass wir in den Dornen verbluten, ist um so größer, als wir ganz menschlich die Blamage fürchten, im Kampf der Rechtsauffassungen und im Gegenüber zum Diktat dieses Gegners, der uns den heilsamen Reinigungsprozess aufnötigt, massiv zu unterliegen. Ich will hier kein Programm anbieten, das sich anheischig machte, aus der Verwirrung und Ratlosigkeit herauszuführen. Aber wenn die Analyse der Gründe, die zu der Ratlosigkeit führten,

etwas mit der Wahrheit zu tun hat, dann stehen wir hier alle – nicht nur die Kirchenleitung – vor brennenden Aufgaben, die unser Gespräch und unseren gegenseitigen Beistand verlangen. Wie kommen wir hier frei von der babylonischen Gefangenschaft des reinen Rechtsdenkens, vom taktisch immer noch wirksamen Leitbild der Volkskirche und wie – in eins damit – lassen wir uns ziehen unter die Herrschaft des freien Evangeliums? ...

V.

Nun könnte man leicht der Ansicht sein, dass das Gewicht, das hier der Verrechtlichung und Vergesetzlichung der Kirche zugemessen wird, reichlich überschätzt ist. Aber so steht es nicht. Erstens hat ein reformatorisch denkender Christ alle Veranlassung, Gesetzlichkeit nie zu verharmlosen, sondern als den Urfeind des Evangeliums zu enthüllen. Zweitens enthält die Verrechtlichung der Kirche die Versuchung, sich von der eignen Verantwortung zu dispensieren und die „Bestimmungen" als Vorwand der eigenen Unzulänglichkeit zu missbrauchen. Drittens ist die Vergesetzlichung ein Signum unserer Zeit überhaupt und greift auch dann nach uns, wenn wir nicht auf der Ebene kirchlichen und kirchenbehördlichen Denkens in deren Bann gezogen werden. Die Ausführung dieser letzten These wäre ein Referat für sich, ich möchte hier nur ein paar Schlaglichter setzen:
1. Die Welt, die sich ihre wilde Freiheit zurückgenommen hat, kann darin nicht existieren. Sie wählt sich oder sie verfällt dem Dienst neuer Götter, die grausam schlagen, ausziehen und zur Schau tragen. Weder die Sartresche Selbstverwirklichung – „verdammt zur Freiheit" – noch die gottfern ausgehaltene, antennenlose Einsamkeit Gottfried Benns lassen sich wirklich durchstehen. Die „mündige Welt" ist eine Arbeitshypothese, keine Realität. Die Angst vor den Schwindel erregenden Horizonten menschlicher Freiheit treibt zu neuen bergenden Ufern; aber anstatt des Schatzes findet der Mensch nur neue Sklavenhalter. Darin wirkt sich die unentrinnbare Dialektik des gefallenen und seinen Fall trotzig bejahenden Menschen aus. Das Gesetz Mosis ist zwar zerbrochen, aber das Gesetz des eigenen, geängsteten oder trotzigen Herzens tritt an seine Stelle.
2. So kommt es zu der oft beschriebenen Tatsache, dass der Einzelne eine aussterbende Kategorie ist; jeder Mensch droht von überpersönlichen Institutionen, Organisationen, Interessengruppen und Vereinigungen verschluckt zu werden. Übergreifende Ordnungsmächte strecken die Hand nach ihm aus, bestimmen seine Funktion, verengen seinen Standort, reduzieren seinen Lebensbereich, verkümmern seine Relation zur Welt auf ein Minimum. Es entsteht eine neurotische Einengung seines Urteilsvermögens, Sehnsucht nach Anlehnung und Geborgenheit als Befreiung von eigener Entscheidung. Die vom Gesetz gepeitschte und im Gesetz sich bergende Masse wird geboren. Die Elite stirbt, Spontaneität und Verantwortungsbewusstsein erlöschen, an die Stelle des Wagnisses tritt das Kalkül.
3. Der konstantinische Bund schuf sich auch die geistig-ideologische Basis, die ihn tragen sollte. In ihm wurde nicht nur der christliche Gerechtigkeitsbegriff und das römische Rechtsdenken zu einem zementharten Mörtel verbunden, sondern christliches Weltverständnis und platonisch-aristotelisches Denken ins Fundament geschichtet. Nicht immer gelang es dabei, das griechische Logos-Denken unter die Hoheit des Wortes Gottes zu beugen und in Dienst zu nehmen. Indem die Welt heute ihre Freiheit zurückgenommen hat, hat das ungebundene Logos-Denken,

sich selbst Maßstab und Grenze, freien Raum gewonnen. Es ist sofort „gesetzlich" geworden. Logos ist nach griechisch-philosophischem Verständnis in erster Linie das allem Seienden zugrunde liegende Gesetz, die Ordnung, die erkennbar und darum erfüllbar ist. Logos und Nomos sind verwandt und bestimmen in gegenseitiger Durchdringung das ganze abendländische Denken und überdecken das christliche Denken. Es treibt sein Wesen in den lückenlos geschlossenen Ideologien, die keine Fenster nach draußen öffnen können. Die großen Weltanschauungs- und Machtsysteme, die in der Welt miteinander ringen, stellen sich dar im Zeichen eines Kampfes zwischen Gesetz und Gesetz. Entscheidend ist dabei, dass das Gesetz geltend gemacht wird zur Durchsetzung des Heils, eines Allgemeinwohls, das als das zu erstrebende Ziel der ganzen Menschheit proklamiert wird. Es geht um ein weltliches „Evangelium", das auf dem Wege des Gesetzes zu den Menschen gebracht werden soll. (H. Vogel, Junge Kirche 56/23, 24/596) ... Das Logos-Denken hat, unberührt von jedem Einspruch, sein Wesen bis heute auch im Wissenschaftsbegriff, nicht nur in der Naturwissenschaft, deren Wahrheiten nur gelten, wenn sie sich zählen, messen und berechnen lassen, und in der Technik, die einfach nur als Anwendung der „Gesetzlichkeit" der Natur verstanden werden kann, sondern es entfaltet seine Herrschaft auch in den so genannten geisteswissenschaftlichen Disziplinen, die immer mehr vertechnisieren und deren Logik und zahllosen Logismen die Vorentscheidung zugrunde liegt, dass sich ihre Gegenstände „gesetzlich" erfassen und in Gesetzen erschließen lassen. Dies Denken vollendet sich mit demonstrativer Pathetik zu dem Nachweis, dass ... Gott nicht vorfindlich ist unter den Gesetzen dieser Welt und mithin auch nicht sein kann. Denn Sein hat nur, was als Gesetz in Erscheinung tritt, was nach einem Gesetz behaftet werden kann. Die Logik und die Gesetze der Psychologie, Soziologie, Biologie, wer sie kenne, der habe den Stein des Weisen, den Schlüssel des „Sesam öffne dich" gefunden und das Leben bezwungen. So sieht man die ganze Welt in ihren Denkvoraussetzungen und deren Anwendung mehr und mehr in den Aberglauben einer sicheren Beherrschung aller Lebensfragen geraten, sieht sie auf dem Feld der Politik und der Reklame mit Meisterschaft die Bedürfnisse der Menschen lenken und nach Belieben erweitern oder begrenzen, so dass man mit Recht von einer globalen Versklavung unter die Vergesetzlichung des Daseins sprechen kann. Ein Triumph des alten Menschen, der unter den „stoicheia" (Elementen) dieser Welt in „gottlosen Bindungen" seufzt und erfahren muss, dass die Kirche und ihre Manager an diesem Trend partizipieren. Das Gefälle zu Psychologie, Soziologie, Marktforschungspraktiken und Massenbeherrschungsmethoden ist unverkennbar. Es ist ein einsames, bisher kaum verarbeitetes Phänomen, dass ausgerechnet im Bereich der gesetzlichsten aller Naturwissenschaften, in der Physik, die Fakten der Unberechenbarkeit und Spontaneität als Kategorien des wirklichen Lebens wieder Anerkennung finden und wir von daher neu ermutigt werden, den Satz von Barmen II zu wagen: Durch Jesus Christus „widerfährt uns frohe Befreiung aus den gottlosen Bindungen dieser Welt zu freiem, dankbaren Dienst an seinen Geschöpfen".

4. Einer der stärksten Gegensätze zum Glauben an die Freiheit des Evangeliums greift nach uns durch die heimliche Infiltration unseres Denkens durch geschichtsphilosophische Kategorien. Die Beschäftigung mit den angeblichen „Gesetzmäßigkeiten" des soziologischen und politischen Bereichs, das pausenlose Trommelfeuer

marxistischer Geschichtsdeutung, dem wir ausgesetzt sind; der Terror der Evolutionstheorien, die die rationalistische Konsumgesellschaft und die automatisierte Technik als unausweichliches Endstadium der Geschichte zur Zwangsvorstellung werden lassen, dies alles bringt uns in die Hörigkeit eines Geschichtsfatalismus und Kulturpessimismus, die der Freiheit des Wortes Gottes und seiner Herrschaftsgewalt keinen Spielraum mehr gönnen möchten. Unser Lebensgefühl wird bestimmt vom Mangel an freier Luft zum Atmen. ... Das Grundklima der Ausweglosigkeit, das unsere Romanliteratur beherrscht, schafft blendende Voraussetzungen, mit dem Grauen ein gutes Geschäft zu machen. Die Folgen dieses Denkens unentrinnbarer, apokalyptischer Gesetzlichkeit sind unabsehbar. ... Die Lianen eines unvermeidbaren Schicksals umschlingen die Welt, und über den dunklen Hainen des Daseins liegt der bleiche Schatten einer unnennbaren, stummen Trauer.

VI.

Das Gebet erlahmt, die Verkündigung kann sich im Kampf mit den Lianen dieses Dschungels nur mühsam ihrer Umstrickungen entwinden. Die Freiheit des Evangeliums wird zu einem Mythos, der sich dem Gesetz der Entmythologisierung zu stellen hat, anstatt die Kraft des Widerstandes zu sein. Lassen wir die Welt hier nicht völlig im Stich? Eine vergesetzlichte Kirche, ein Evangelium, dessen Mitte nicht mehr das Bekenntnis zum Christus Kyrios über alle Gewalten ist, hat keine hoffnungsträchtige, tröstende Botschaft mehr anzubieten. Sie erstarrt selbst im gebannten Blick auf die drohende Schlange. Das Gesetz, das sie de facto bekennt, muss sie töten. Der wilde Strudel der Vergesetzlichung der Welt hat die Kirche längst in Gestalt ihrer Ismen in seinen Sog gerissen. Einer bestimmten Form der Sehnsucht nach Erneuerung und Neugründung der Kirche liegt gerade die Hoffnung auf die Kraft des Gesetzes zu Grunde.

... Von der konfessionalistischen Begründung der Kirche auf ein formuliertes Bekenntnis als das gesetzlicher Wahrheit und doctrina wäre noch zu reden. Wo pura doctrina verwechselt wird mit Wahrheitsdoktrin, da wird das freie Evangelium verraten an das Gesetz, an eine Lehre. Das Gesetzesdenken kehrt uns auch wieder in purem Formalismus, mit dem etwa auf der Ebene der Gemeinde die Bestimmungen der Lebensordnung tatsächlich „gehandhabt" werden, und nicht zuletzt in dem Konformismus der Standpunkte und Meinungen, wie er in der Kirche als Ausweis ihrer Einheit und als Rücksichtnahme auf ihre Stellung in der Öffentlichkeit erwartet wird. Mit diesen Symptomen befindet sich die Kirche auf der Heimkehr zum konstantinischen Denken und zur Rekatholisierung. Mit ihnen versäumt sie die Aufgabe und die Chance, die befreiende Stimme des Evangeliums Jesu Christi zu sein, der sich nie an die Bohnenstangen der Gesetzlichkeit geklammert, sondern den Verheißungen des Vaters der Gnade überlassen hat. Die Begründung der Lebensäußerungen der Kirche auf Rechts- und Freiheitsansprüche kann man verstehen als eine Alterserscheinung. Wer von seinem Leben nichts Neues erwartet, der richtet sich auf einen möglichst ungestörten Lebensabend ein. Zum Kämpfen nicht mehr bereit, – außer um seine Ruhe – strebt er, die Verdienste einzuheimsen, die er sich in einem früheren Lebensabschnitt erworben hat, trägt die Ernte in die Scheuer und begehrt, bei ihrem Verzehr in Ruhe gelassen zu werden. ...
Mag unsere Kirche nun auch bedenkliche Züge des Alterns und der Rentenpsychose zeigen, so glauben wir doch nicht, dass sie tot ist. Vielmehr glauben wir,

dass unter der Asche ihres Rechtsdenkens und ihrer verfassten Sicherheit irgendwo die Wahrheit glüht, die es wieder freizulegen gilt, damit sie wieder aufleuchte. Wir glauben, dass Gott die Hinkehr zur Alleinherrschaft seiner Wahrheit von uns haben will. Darum ist es vor allem unsere Sache, dem Sog zum Rechts-, Sicherheits- und Anspruchsdenken, dem furchtbaren Trend zur Gesetzlichkeit, zu widerstehen. Aber niemand von uns ist im Zeitalter der großen abendländischen Skepsis und Resignation auf eigene Faust und allein kraft bloßen Entschlusses frei von dieser Bedrohung, weder als Verächter der Gesetzlichkeit, etwa als Antimoralist, noch als heimlicher Anhänger irgendeines Individualismus oder Libertinismus. Niemand ist gegen sich geschützt durch jene Formeln der Reformation oder der Orthodoxie von Gnade und Freiheit, den alten Feind in neuer Gestalt bekämpfen zu können. Die Formeln sind zwar zur Hand, aber sie knallen nur ins Leere, wirkungslos wie Platzpatronen. Es fehlt das Pulver, durch das sie scharf geladen werden. Wir brauchen gemeinsame Wachsamkeit, miteinander, füreinander, vielleicht auch übereinander. Niemand kann angesichts dieses gesetzlichen Gefälles zur Gesetzlichkeit einfach wohl sein. Es gibt eine Sünde der Indifferenz, die die Freiheit des Evangeliums dadurch leugnet, dass sie sich nicht für betroffen hält.

Ich bitte Sie alle herzlich darum, lassen Sie sich treffen. Stellen Sie sich dem Phänomen: Wie konnte es dahin kommen, dass unsere Kirche, die Kirche der Reformation, in diesen Sog geriet? Wie können wir uns ihm entziehen? Wie können wir in der Freiheit wirklich bestehen, zu der uns Christus befreit hat? Arbeiten und Wachen wir aus der Verantwortung unserer Generation für die Grundlagen unserer Kirche und ihre Sendung.

Dokument 9.1
Horst Berger, „Pfarrer und Pfarrerinnen brauchen Menschenkunde". Siegfried Ringhandts Wirken für eine pastoralpsychologische Seelsorge[30]

I. Ein neues Vorhaben des Ruheständlers
Als Propst Ringhandt 1971 aus seinem Dienst in der Evangelischen Kirche Berlin-Brandenburg (Ostregion) in den Ruhestand trat, stand ihm ein Ziel vor Augen. Er wollte in den kommenden Jahren seines Ruhestands erreichen, dass in jedem Kirchenkreis seiner Landeskirche mindestens ein Pfarrer oder eine Pfarrerin in besonderer Weise befähigt sein sollte, mit seelisch belasteten Menschen umzugehen. Darüber hinaus wollte er erreichen, dass noch zwei weitere im Kirchenkreis für ihre Seelsorgaufgaben besser als bisher ausgebildet wären. Wenn es gelänge, dass einige in der Landeskirche sich als Multiplikatoren für eine psychologisch reflektierte Seelsorgefortbildung qualifizierten, dann könnten sie an der Weiterbildung kirchlicher Mitarbeiter mitwirken. Dann hätte er sein Ziel erreicht.
In den zwanziger Jahren hatte er bei dem Berliner Psychoanalytiker Fritz Künkel (Charakterkunde 1928) Seminare besucht und seitdem immer daran gedacht, durch die Verbindung von Psychologie und praktischer Theologie eine Bereicherung der seelsorgerlichen Befähigungen bei kirchlichen Mitarbeitern, speziell Theologen, zu erreichen.

II. Pionierphase – Organisation einer pastoral-psychologischen Weiterbildung

Im Frühjahr 1972 hielt er in vielen Pfarrkonventen Ost-Berlins und Brandenburgs Vorträge über die Dringlichkeit, Seelsorge zu lernen und Fähigkeiten des Eingehens und Mitfühlens mit den Menschen in den Gemeinden zu erlernen. Er warb mit großer Energie im Konvent der Superintendenten und in den Pfarrkonventen der Landeskirche durch Vorträge und Seminare für eine zusätzliche Weiterbildung der Pfarrer und anderer kirchlicher Mitarbeiter in Diakonie und Kirchengemeinden. Ich erinnere mich, wie er im Kirchenkreis Berlin-Oberspree einen Vortrag über Seelsorge hielt. Dann sagte er: „Sie als Pfarrer und Pfarrerinnen brauchen nicht nur Gotteskunde, sondern auch Menschenkunde." Er gab einen Einblick in die Erkenntnisse der Humanwissenschaften, die in der neueren Seelsorgeweiterbildung in den Niederlanden und in Westdeutschland Eingang gefunden hatten. Er machte deutlich, dass viele Schwierigkeiten im Umgang mit Gemeindegliedern durch bessere Menschenkenntnis und durch ein besseres Erkennen der eigenen seelischen Eigenarten zu überwinden sind. Ziel sei, unsere Fähigkeiten zur seelsorgerlichen Begleitung anderer zu verbessern. Ihm lag daran, psychologische Modelle und Methoden theologisch zu reflektieren.

Im gleichen Jahr hatte er mit Bischof Schönherr und den Mitgliedern der Kirchenleitung in Berlin-Brandenburg (Ost) und im Konsistorium Gespräche geführt, um sie für seinen Plan zu gewinnen, eine berufsbegleitende pastoralpsychologische Weiterbildung für die Gemeindeseelsorge, aber auch für die diakonische Arbeit in der Kirche, einzuführen.

Darüber hinaus wandte er sich mit seinem Vorhaben an den Vorstand des Bundes der Evangelischen Kirchen in der DDR. So erreichte er es, dass dieser 1973 beschloss, eine pastoralpsychologische Weiterbildung für Mitarbeiter der Kirche im Seelsorgedienst im Rahmen des Bundes der Evangelischen Kirchen einzurichten. Er wurde beauftragt, zusammen mit Oberkirchenrat Konrad von Rabenau und anderen, diese Weiterbildung zu organisieren.

Diese sah eine dreistufige Ausbildung vor: In der ersten Stufe 1974–1975 sollten kirchliche Mitarbeiter eine fachliche und persönliche Qualifizierung für die seelsorgerliche Praxis in der Gemeindearbeit erhalten. In zwei weiteren Stufen sollten einige Teilnehmer zu Multiplikatoren und zu Mentoren in der Seelsorgeausbildung befähigt werden.

Wegen dieser weit gespannten Zielsetzung sollte der Weiterbildung eine zweitägige Zulassungstagung zur Eignungsüberprüfung vorgeschaltet werden. Nur wer erfolgreich an dieser Auswahltagung teilnahm, sollte die spätere Ausbildung mitmachen. Am 18. und 19. Oktober 1973 fand in den Räumen des Sekretariats des BEK in Berlin, Augustraße 80, eine Einführungstagung statt. Ursprünglich sollte es die Zulassungstagung sein. Die Ausbilder hatten aber kurzfristig abgesagt. Es gelang Ringhandt, vier andere Fachleute zu gewinnen, die für dieses Wochenende aus der Bundesrepublik anreisten. 30 Teilnehmer kamen aus den evangelischen Landeskirchen der DDR und aus der Herrnhuter Brüdergemeine zusammen.

Weil er als Rentner nach Westberlin und in die Bundesrepublik reisen konnte, hatte er Verhandlungen mit der EKD in Hannover wegen der Finanzierung von Fachleuten aus dem Westbereich erfolgreich geführt. Er hatte Niels Dollinger aus München, Klaus Hiller aus Kaiserswerth, Dietmar Bück und Martin Kießler aus dem Rheinland als Referenten und Seminarleiter gewinnen können. Diese arbeiteten mit uns über die Klinische Seelsorge-Ausbildung, die Analyse von Gesprächsprotokollen und über die theologische Reflexion seelsorgerlicher Konzepte. Das geschah mit Hilfe von Vorträgen und in Gruppengesprächen. Auf dieser Tagung konnten sich die Teilnehmer in Einzelgesprächen mit den Tagungsleitern darüber beraten, ob es für sie sinnvoll sein könnte, sich an einer über zwei Jahre laufenden Weiterbildung, insgesamt von sechs Wochen, zu beteiligen. Es brauchte ein halbes Jahr für Verhandlungen mit den Kirchenbehörden, bis die Finanzierung der Referenten aus dem Westen für den ersten tiefenpsychologisch fundierten Seelsorgekurs in Ostberlin gesichert war, Kursleiter gefunden waren und ein vorläufiges Kurskonzept entwickelt worden war. Der Kurs selbst fand in fünf einwöchigen Kursteilen 1973–1976 im „Haus der Kirche" der Stephanus-Stiftung statt. Ringhandt hatte die organisatorische Leitung. Die fachliche Leitung lag in den Händen von Professor Guido Groeger (Direktor des Zentralinstituts für Ehe- und Familienberatung in Westberlin), Pfarrer Peter Stock aus München und Pfarrer Rouel Kaptein aus den Niederlanden. Das Besondere war, dass er selbst als normaler Teilnehmer an der Weiterbildung intensiv teilnahm. Ihm lag sehr daran, zusammen mit den anderen auch selbst mit den Methoden und Inhalten der neuen Seelsorgefortbildung vertraut zu werden. Es nahmen daran 24 Pfarrer und Pfarrerinnen und eine Gemeindehelferin aus den Landeskirchen Anhalt, Berlin-Brandenburg, Mecklenburg, Pommern, Sachsen und der Brüdergemeine teil.

III. Initiative zu einer von Kirche und Diakonie verantworteten Fachaufsicht
Parallel zu den Kursteilen setzte sich Siegfried Ringhandt im Sekretariat des Bundes der Evangelischen Kirchen in der DDR dafür ein, dass in der Studienabteilung des Bundes ein Fachgremium für die Ausarbeitung von Aus- und Weiterbildungsstandards für die Seelsorgefortbildung geschaffen wurde. Er verhandelte auch mit der Leitung des Diakonischen Werkes in der DDR (Paul Toaspern, Wilfried Schulz u. a.) über dessen Mitwirkung auf diesem Feld. Im Ergebnis berief der Vorstand des Bundes 1977 in Zusammenarbeit mit dem Diakonischen Werk der DDR einen „Beirat für Seelsorge und Beratung". Unter Leitung von Oberkirchenrat Konrad von Rabenau und Pfarrerin Elisabeth Ihmels wurden Inhalte und Ausbildungsziele der pastoralpsychologischen Weiterbildung, der Eheberaterausbildung und der Psychiatriekurse festgelegt.
Die pastoralpsychologische Weiterbildung sah eine dreistufige Fortbildung vor mit Seelsorgegrundkursen, Aufbaukursen und Kursen für Ausbilder, so genannten Seelsorgeberatern. Ringhandt wurde auch in diesen Beirat berufen. Er sprach sich deutlich für eine fachlich fundierte, qualifizierte Ausbildung aus und warnte vor „Wildwuchs", denn in den 70er und 80er Jahren gab es eine Reihe von unreflektierten gruppendynamischen und esoterischen Initiativen, die auch bei kirchlichen Mitarbeitern Zuspruch fanden.
Ringhandt organisierte auch den weiterführenden Aufbaukurs. Wieder nahm er selbst an dieser zweiten Stufe der Seelsorgeweiterbildung teil. Der Aufbaukurs fand mit 16 Teilnehmern in Berlin in den Räumen des Stadtjugendpfarramts und des Missionarischen Dienstes in der Schönhauser Allee statt. Der Kurs wurde in fünf Wocheneinheiten über zwei Jahre fraktioniert von 1976 bis 1978 durchgeführt und von den Pfarrern Friedrich-Wilhelm Lindemann und Christian Hilbig geleitet.
Im Beirat für Seelsorge und Beratung in der DDR setzte er durch, dass auch die dritte Stufe der Weiterbildung geeigneter Kursabsolventen und -absolventinnen zu

Supervisoren (damals „Seelsorgeberater" genannt) möglich wurde. Im Einzelnen wurden dafür, zusammen mit den Ausbildern aus der Bundesrepublik, im Beirat Standards, Lernziele und eine Prüfungsordnung für die Weiterbildung erarbeitet, die den Erfordernissen der kirchlichen und diakonischen Arbeit in der DDR entsprachen. Ringhandt beteiligte sich im Beirat intensiv an der Ausarbeitung der Standards. Nach dem Besuch von Grund- und Aufbaukurs konnten von 1979–1981 zwei Gruppen von Pfarrern und Pfarrerinnen an einer Supervisoren-Weiterbildung (30 Tage in zweieinhalb Jahren) teilnehmen. In Berlin wurde dieser Kurs von Pfarrer Wolfgang Jähnig aus Westberlin geleitet. Von sieben Teilnehmern (drei aus Berlin-Brandenburg, einer aus Mecklenburg, drei aus der sächsischen Landeskirche) legten sechs die Abschlussprüfung ab. Ein zweiter Kurs mit elf Teilnehmern wurde im gleichen Zeitraum unter der Leitung von Professor Hans-Christoph Piper (Göttingen) und Pfarrer Reinhard Miethner (Frankfurt/M.) in Halle/S im neu gegründeten Seelsorgeinstitut der Evangelischen Kirche der Kirchenprovinz Sachsen durchgeführt.

IV. Die Gründung eines „Arbeitskreises für seelsorgerliche Praxis" – später „Arbeitsgemeinschaft für Seelsorge und Beratung im Bereich der DDR"

Ringhandt hatte erfahren, dass 1975 in Rüschlikon (Schweiz) eine erste internationale Tagung zum Thema Pastoralpsychologie stattgefunden hatte, an der aus den Kirchen der DDR die Pfarrer Günther Steinacker-Halle/S., der Psychiater Infried Tögel, Professor Heinrich Fink (Berlin), Professor Walter Saft (Eisenach) und Prediger Klaus Fuhrmann vom Bund Evangelisch-Freikirchlicher Gemeinden teilgenommen hatten. Daraufhin lud er zusammen mit Wilfried Schulz vom Diakonischen Werk, mit Walter Saft, Günther Steinacker, Klaus Fuhrmann und Edda Blauert zum 1. September 1976 in Berlin eine Reihe von Pionieren der kirchlichen Seelsorge- und Beratungsarbeit ein. Es ging um die Gründung einer ökumenischen „Arbeitsgruppe für Gesprächspraxis in der Seelsorge". Dieser umständliche Name war mit Rücksicht auf die katholischen Kollegen gewählt worden, um ihr besonderes Verständnis der Pastoral zu berücksichtigen. Diese Arbeitsgruppe lud unter Federführung von Professor Saft (Jena) 1977 zu einer Europäischen Konferenz für Seelsorge und Beratung nach Eisenach ein. Siegfried Ringhandt nahm dazu begleitend Verbindung zu den Teilnehmern aus der Bundesrepublik, den Niederlanden und der Schweiz auf, die für die weitere Förderung der pastoralpsychologischen Fort- und Weiterbildungen in den Kirchen der DDR von Interesse waren. Etwa 70 Teilnehmer aus Europa und Gäste aus den großen Seelsorge-Fachverbänden der Kirchen der USA sprachen über „Vertiefung der Seelsorge durch gemeinsames Lernen". Und: „Pastorale und prophetische Dimension der Seelsorge".

Ringhandts Interesse, die in den Kirchen der DDR vorhandenen Fachleute für Seelsorge in einer verbindlich arbeitenden Arbeitsgemeinschaft zusammenzuführen, fand in der „Arbeitsgruppe für Gesprächspraxis in der Seelsorge" breite Unterstützung. Nach weiteren vorbereitenden Treffen 1977 und 1978 lud diese Arbeitsgruppe zum 1. März 1979 zu einer ökumenischen Fachtagung für Seelsorge in das Stephanus-Stift in Berlin-Weißensee ein. Eheberater und Eheberaterinnen, Absolventen eines Psychiatriekurses, Dozentinnen des Burckhardthauses, die Gruppendynamikkurse geleitet hatten, die bisherigen Absolventinnen und Absolventen der Seelsorgeweiterbildungen, sowie Professoren der praktischen Theologie, Dozenten des Ausbildungsseminars der Baptisten und Psychologinnen der Caritas wurden eingeladen. Die Tagung stand unter dem Thema „Wahrnehmen von Körpersprache in der Seelsorge". Die vierzig Teilnehmer der Tagung beauftragten die Initiatoren, die Gründung einer ökumenischen Arbeitsgemeinschaft für Seelsorge und Beratung vorzubereiten. Hierbei war Siegfried Ringhandt mit großem Engagement an der Ausarbeitung einer Arbeitsordnung und an der institutionellen Anbindung dieser Vereinigung an die zuständigen kirchlichen Institutionen beteiligt.

Auf der nächsten Fachtagung am 8. April 1980 wurde die „Arbeitsgemeinschaft für Gesprächspraxis in der Seelsorge" gegründet. Katholische, Evangelisch-freikirchliche, Evangelisch-landeskirchliche und diakonische Fachleute aus verschiedenen Bereichen fanden sich hier zusammen. Als der neue Vorstand – der „geschäftsführende Ausschuss" – gewählt wurde, kandidierte Ringhandt nicht mehr. Er hatte sein Ziel erreicht. Später nannte sich die Gruppe „Arbeitsgemeinschaft Seelsorge und Beratung". Sie hatte zwischen 60 und 86 Mitglieder und entwickelte sich zum ökumenischen Fachverband für Fragen von Seelsorge und Beratung. Jährlich führte sie eine Fachtagung durch, zu der auch Pastoralpsychologen aus der Bundesrepublik eingeladen wurden. Mehrfach hielt Ringhandt interessante Vorträge über das Verhältnis von Theologie und Psychologie in der Seelsorge. Die Fragen der kirchlichen Weiterbildung für Ehe- und Familienberatung, der Gruppendynamik, der klinischen Seelsorgeausbildung und der tiefenpsychologisch orientierten Fortbildung wurden in der Arbeitsgemeinschaft bearbeitet, auch die Weiterentwicklung der Ausbildungsstandards vorbereitet. Nach der Wende 1989 löste sich die Arbeitsgemeinschaft auf.

V. Ringhandts Mitarbeit in pastoralpsychologischen Kursen und sein Wirken als Seelsorger

Von Anfang an arbeitete Siegfried Ringhandt an der seelsorgerlichen Weiterbildung an der Basis mit. Durch seine Reisemöglichkeit als Rentner nach West-Berlin und Westdeutschland gelang es ihm, drei Pastoralpsychologen für die Leitung eines weiteren Grundkurses zu gewinnen, an dessen Leitung sich nun schon drei Kollegen, die ihre Weiterbildung in Ost-Berlin erhalten hatten, beteiligten. Ein Westtrainer und ein Osttrainer arbeiteten in jeder der drei Seminargruppen zusammen. Er war auch einer der drei Ost-Berliner Co-Trainer. Von 1979 bis November 1981 leitete er einen Einführungs- und Zulassungskurs mit den festgelegten Standards. Die Kurse fanden in den Räumen des Pastoralkollegs in Templin statt. Zweiundzwanzig Teilnehmerinnen und Teilnehmer kamen zum großen Teil aus Berlin-Brandenburg. 1982 führte er mit Horst Berger zusammen einen 5-tägigen Einführungskurs mit 8 Teilnehmern durch. In den darauf folgenden Jahren leitete er mit Roswitha Wogen stein mindestens einen weiteren sechswöchigen fraktionierten Seelsorgegrundkurs. Seit 1978 kamen viele Ratsuchende in seine Privatwohnung. Einige kamen zu längerfristigen Gesprächsreihen. Andere kamen zu einer einmaligen Beratung. Auch Supervisoren baten um die notwendige Begleitung durch ihn. Speziell kam eine Supervisionsgruppe mit acht Teilnehmern bei ihm zusammen, die 4–6 wöchentlich schwierige Seelsorgefälle besprachen.

VI. Mitwirkung bei der Ausbildung ehrenamtlicher Mitarbeiter der kirchlichen Telefonseelsorge in Ostberlin

Als Pfarrer Horst Berger vom Missionarischen Dienst zusammen mit Diakon Uwe Müller und Diakon Wolf-Rüdiger Uth die Ausbildung ehrenamtlicher Mitarbeiter für Gesprächsführung in der Kirchlichen Telefonseelsorge organisierte, gestaltete Siegfried Ringhandt im Oktober 1987 einen Nachmittag zum Thema „Gespräche mit älteren Menschen". Er hatte sich lange Zeit gegen die Einrichtung einer kirchlichen Telefonseelsorge ausgesprochen, weil er wusste, dass die Telefone von der Staatssicherheit abgehört werden könnten. Er hatte Sorge, dass Menschen in großer innerer Not am Telefon Dinge preisgeben könnten, die dann gegen sie verwendet werden könnten. Weil wir diese Sorge mit ihm teilten, legten wir in der Ausbildung darauf Wert, dass ehrenamtliche Mitarbeiter am Telefon die Anrufer auf die Abhörmöglichkeit gelegentlich hinwiesen oder schwierige politische Gespräche auch abbrechen lernten.

VII. Zusammenfassung

Mit der Wende, also fast 20 Jahre nach Ringhandts ersten Initiativen für eine Seelsorgebewegung innerhalb der Kirchen in der DDR, war sein Ziel erreicht. In allen Kirchenkreisen der Landeskirche Berlin-Brandenburg waren im Ostbereich Pfarrer und Pfarrerinnen, Gemeindehelferinnen, Diakone oder Diakoninnen tätig, die eine pastoralpsychologische Weiterbildung absolviert hatten und in einer Fallbesprechungsgruppe fachliche Beratung und Supervision erhielten. Dazu gab es einen Stamm von Fachleuten, die Seelsorgekurse auf dem Gebiet der Fort- und Weiterbildung anboten. Ein Seelsorge-Weiterbildungsinstitut der Berlin-Brandenburgischen Kirche unter Leitung von Dr. Roswitha Wogenstein bot regelmäßig Kurse an. Dazu bestand eine seelsorgerliche Beratungsstelle am Berliner Dom, die für Lebensberatung, Krisenhilfe und seelsorgerlichen Beistand zur Verfügung stand.

Dokument 9.2
Aussprüche des Seelsorgers[31]

* Lebensmaximen kann man sich nur im Kontext seiner Biographie erarbeiten, sie dürfen nicht am Anfang stehen, dann hemmen sie und engen ein. Sie sind Frucht von Erfahrung.
* Irgendwann einmal muss ich meine Lebensentscheidung fällen: „Wer will ich sein?" Das heißt ich finde mich nicht vor, sondern ich wähle mich aus einer Vielzahl von Möglichkeiten. Ich bin ab einem bestimmten Alter nicht nur für mein Gesicht, sondern auch für die Gestalt meines Lebens verantwortlich.
* Was wir von Gott erfahren und anderen vermitteln, lautet: „Du darfst sein!"
* Jeder ist Kapitän auf seinem eigenen Lebensdampfer. Darum habe ich weder das Recht noch die Pflicht, in den Lebensweg eines Menschen verändernd einzugreifen. Die Grundhaltung des Seelsorgers wird geprägt von der Achtung vor dem je eigenen Weg eines Menschen, vor seinem Leid und seiner Schuld.
* Ein Mensch ist nur zu verstehen aus seinem sozialen Kontext, aus seinen unbewussten Motivationen, aus seinen Lebensentscheidungen. Nicht das Schicksal prägt ihn, sondern wie er mit seinem Schicksal umgeht, es in das Gesamt seines Lebens einordnet, ihm Sinn gibt. Darum können wir ihn nicht ernst genug nehmen.
* Das grundlegendste Bedürfnis eines jeden Menschen ist, geliebt zu werden um seiner selbst willen. Erst wenn dieses Bedürfnis auf die Dauer ungestillt bleibt, ent-

wickelt er das Bedürfnis nach Anerkennung für seine Leistung in Produktivität und Anpassung. Wem es nicht gelingt, genügend Anerkennung zu bekommen, wird geltungssüchtig und versucht, auf jede mögliche Weise auf sich aufmerksam zu machen. Wer sich nicht genug Geltung verschaffen kann, giert nach Macht über andere Menschen, bis zur Anwendung von psychischer und physischer Gewalt. Das ursprüngliche Bedürfnis nach Liebe ist darunter kaum zu erkennen. Ungestillt, beginnt es zu wuchern wie ein Myom und zerstört den Menschen von innen.
* Christus befreit uns von der Illusion und dem Druck, Götter zu sein. Er erlaubt uns, Menschen zu sein.
* Seelsorge heißt, einen Menschen zu verlocken, anzustiften zu einer Beziehung mit Gott.
* Theologie mit einem Attribut oder einem Genitiv ist Quatsch. Für uns kann es einzig und allein darum gehen, Christus als das Wort Gottes an die Welt vernehmbar zu machen.
* Wo die Institution siegt, stirbt die Kirche. Jede Struktur muss sich am Inhalt messen lassen. In jeder Gesellschaft wiederholt sich neu die Häresie, dass die Struktur der Institution Macht gewinnt über den Inhalt der Verkündigung.
* Das Evangelium ist jeder Gesellschaft ein kritisches Gegenüber.

Dokument 10.1
Gedenkstunde für den verstorbenen Mitarbeiter im Konsistorium O. J. H. am 30. Oktober 1968[32]

Liebe Mitarbeiter!
O.J.H., 32 Jahre alt, 14 Jahre im Betrieb, unser Kollege und Mitarbeiter, ist von uns gegangen. Sein Schreibtisch ist verwaist. Auf dem Flur steht er nicht mehr mit ein oder zwei Kollegen zusammen im Gespräch. Seine Stimme, zu Scherzen aufgelegt, hören wir nicht mehr. Kein Aktenstück wird mehr seinen Vermerk bekommen. Keine bohrende Anfrage, kein Rat, kein Beitrag, wohlüberlegt und geprüft, wird mehr zu unseren Aufgaben zu hören sein. Der Platz, den er einnahm, ist leer. Seit sehr langer Zeit ist ein aktiver Mitarbeiter von uns gegangen. Der kalte Hauch des Todes hat uns plötzlich angeweht. Spontan ist der Wunsch entstanden, seiner in einer kurzen Zeit der Stille zu gedenken. Seine Frau wünschte keine große Beerdigung.
Es ist nicht sein plötzlicher Tod allein, der uns traurig macht. Es sind die besonderen Umstände seines Todes, die die Trauer mit Bestürzung und Ratlosigkeit vergällen. Niemand hat es geahnt, niemand etwas bemerkt. Jeder kann nur sagen: Ich kann es nicht begreifen. Vergeblich versuchen unsere Gedanken, die so gern verstehen möchten, Ordnung in das Nachdenken zu bringen.
War er nicht ein intelligenter und verständiger Mitarbeiter, der zu den schönsten Hoffnungen berechtigte? Schon war davon die Rede, dass er das Zeug hätte, sich zum Konsistorialrat empor zu arbeiten. War sein Leben nicht, wie man so sagt, in bester Ordnung? Er war genau, gewissenhaft, verlässlich, oft weit über die Dienststunden hinaus über seiner Arbeit sitzend, um fertig zu werden. Zu Hause schien alles in Ordnung, 7 Jahre war er verheiratet mit einer klugen, studierten Frau. Er hatte seine Wohnung. Er hatte sein Hobby in der Blasmusik. Er hatte keinen sicht-

baren Anlass zu Sorgen. Vergeblich würde man nach irgendwelchen hintergründigen Taten oder Ereignissen suchen, nach manchen Zeichen oder Symptomen eines dunklen Doppellebens, in dem er gescheitert wäre und darum den Tod gewählt hätte. Es gibt so etwas nicht.

Dennoch gab es Schatten über seinem Leben. Nicht, dass wir jetzt spekulieren und in taktloser Vergewaltigung in sein Leben eindringen. Er hat einen Zettel hinterlassen, der zwei Gründe für seinen Tod nennt:

„Meine Krankheit", sagte er. Seit etwas mehr als einem Jahr hatte er Beschwerden am Hals. Eine Entzündung des Rachens, die weder durch harte ärztliche Behandlung noch durch eine Kur wich, setzte ihm zu. Zwar hatte man ihm versichert, dass es sich nicht um eine bösartige Erkrankung handle, nur um eine lästige. Zwar hatte man ihm ziemlich sicher in Aussicht gestellt, dass die Beschwerden nach etwa 2 Jahren abklingen würden. Er brauchte nicht einmal sein Hobby als Bläser aufzugeben. Aber er konnte es offenbar nicht glauben. Und nun setzt das ein, was solche Gewalt über ihn gewinnen konnte, dass er nur noch den Tod als Lösung sah: die verzweifelte Angst, nicht mehr zu genesen, vielleicht einem langen, schmerzhaften Siechtum entgegenzugehen. Liebe Freunde, in jedem von uns lauern die Schatten der Hoffnungslosigkeit. Wenn sie wachsen, wenn es vor Angst ganz dunkel wird, dann kommen die tiefen Depressionen, die nicht mehr vernünftig urteilen lassen. Dann wird man zu Taten getrieben, die man wachen Sinnes für unmöglich hält. Vielleicht wird es manchem von uns schwer, das zu verstehen. Wer aber je im Angesichte des Todes eines geliebten Menschen nach dem Sinn fragte, wer in der Düsternis eines einsamen Lebens die Liebe entbehrte, wer Stunden der Demütigung in Ohnmacht erlebte, wer sich nicht genug wehrte gegen die Angst, nutzlos und alt zu werden, der weiß, was diese Schatten vermögen. Wen sie berühren, der fühlt sich unwiderstehlich in die Tiefe gezogen, in die Nacht der Schwermut, aus der man aus eigener Kraft so schwer herausfindet. So kann es auch ihm gegangen sein.

Dazu kommt das Zweite: Wir haben in letzter Zeit in dem verantwortlichen Bestreben, uns keinen Illusionen hinzugeben, uns die finanziellen Perspektiven unserer Kirche vor Augen gehalten. Sie sind nicht sehr rosig. Es gibt Sachkenner, die glauben, ein ständiges, berechenbares Abnehmen der kirchlichen Einnahmen an Opfern und Steuern voraussagen zu können. Unser Mitarbeiter und Kollege H. hat von Zahlen viel gehalten und ist ihrem negativen Zauber erlegen. „Mein Beruf", so sagt er in seinem hinterlassenen Zettel, „hat keine Chancen, in wenigen Jahren ist es mit ihm zu Ende! Ich habe keine Aussichten". Wenn ein Gemüt deprimiert ist und solche Untersuchungsergebnisse hört – noch am Dienstag voriger Woche hat Herr H. einen solchen einschlägigen Vortrag gehört –, dann wiegt jedes pessimistische Wort um ein Vielfaches schwerer als es normalerweise der Fall ist. Dann fragt man nicht mehr nach der Wahrheit. Dann ist man auch nicht mehr für den Trost offen, dass nichts so heiß gegessen wird, wie man es kocht. Dann sieht man nur noch den Horizont schwarz und verschlossen. Die große, behände finstere Angst gewinnt eine unvernünftige Gewalt über uns. Ja, dann ist man nicht mehr klarer Herr über seine Entscheidungen, nicht mehr im vollem Besitz vernünftiger Überlegungen; getrieben von der dunklen Angst. Vom Zukunftsentsetzen gepackt tut man etwas, was nicht mehr revidierbar ist. Aus dem Land des Todes gibt es keine Rückkehr:

„Wohin soll ich gehen vor deinem Geist, und wohin soll ich fliehen vor deinem Angesicht? Führe ich gen Himmel, so bist du da; bette ich mich bei den Toten, siehe so bist du auch da. Nähme ich Flügel der Morgenröte und bliebe am äußersten Meer, so würde auch dort deine Hand mich führen und deine Rechte mich halten. Spräche ich: Finsternis möge mich decken und Nacht statt Licht um mich sein, so wäre auch Finsternis nicht finster bei dir, und die Nacht leuchtete wie der Tag. Finsternis ist wie das Licht" (Psalm 139, Vers 7–12). Mit diesen Worten übergeben wir ihn in Gottes Hand.

Und nun liebe Freunde bleiben wir verstört und ratlos zurück, denn es ist unter uns geschehen. Haben wir etwas bemerkt? Haben wir etwas versäumt? Sind wir Liebe und Beistand – ach nur jenes kleine Bisschen, das nötig ist, um wieder ein Licht im Dunkeln zu sehen, sind wir es schuldig geblieben? Müssen wir uns anklagen? Niemand, der mit ihm zu tun hatte, kann sich solchen Fragen entziehen. Und niemand kann sich einfach billig freisprechen, auch wenn er kein bestimmtes Versäumnis zu nennen wüsste. So steht es mit uns Menschen. Zum Beistand geboren, verzagen wir oft gerade in dem, wozu wir geschaffen und bestimmt sind. „Die Stunde kommt, wo du an Gräbern stehst und klagst". Vor Gottes Angesicht müssen wir wohl verstummen, die Augen senken und bekennen: Ich habe weniger getan, als mir zu tun möglich war.

In solcher Lage weiß ich keinen besseren Rat, als auf Gottes Wort zu hören und den Herren anzurufen, der tiefer sieht als wir alle und der auch in die dunkelsten Regungen eines schwermütigen Herzens sieht und versteht. Der auch die uns unbewusste Schuld unseres Lebens, auch unseres Zusammenlebens hier, kennt und erneuern will zu besserem Leben. Lasst uns einen Psalm lesen und danach die Hände falten.

Dokument 10.2
Resignation war nicht seine Sache. Nachruf auf Kurt Scharf in der Berliner St. Marien-Kirche vom 5. April 1990[33]

Liebe Frau Scharf, liebe Angehörige,
liebe Brüder und Schwestern und liebe Freunde
unseres heimgerufenen Bruders und Freundes Kurt Scharf!

Die meisten Menschen, die Kurt Scharf in den letzten 30 Jahren gekannt haben – nachdem er, zwangsweise ausgesperrt, in den Westen übersiedeln musste –, wissen um sein Wirken in der EKD, in der jungen Generation und in weltweiten Aktionen des Beistands für bedrohte Menschen, für Versöhnung, Frieden und Abrüstung. Bis vor das Auditorium der Vereinten Nationen hat ihn sein Engagement geführt. Das alles hat seinen Niederschlag „durch böse Gerüchte und gute Gerüchte" gefunden in Zeitungen, Zeitschriften und Büchern. Aber nur wenige Zeitgenossen wissen noch um den Kurt Scharf vor 1945 oder gar den aus den ersten Stunden und Tagen der Bekennenden Kirche, als er „unser Präses" in Brandenburg war. 1935 zugleich mit ihm verhaftet, 1936 nach Ausweisung aus meiner Gemeinde Mitarbeiter im Büro des Bruderrates, 1937 wieder zugleich mit ihm verhaftet, wurde ich einer seiner Gefährten in bewegten Tagen. Als solcher bin ich aufgefordert worden, das Wort zu seinem heutigen Gedenken zu nehmen. Und obwohl ich mir bewusst bin, weit hinter dem zurückzubleiben, was er an Würdigung verdient hat und diese Stunde erfordert, möchte ich es tun, indem ich drei Striche an seinem Bild zu zeichnen versuche, wie es mir und vielen anderen vor Augen steht. Nicht im Sinne eines objektiven Beitrags zu seiner Biographie – er hat selbst einmal solch Unterfangen als illegitim verworfen, nur Gott stehe ein Urteil über den Menschen zu –, aber im Sinne dankbaren Erinnerns daran, wie wir ihn erlebt und was ich von ihm empfangen habe.

Als meine Frau und ich am Mittwoch der vorigen Woche die Nachricht von seinem Ableben hörten, war meine erste spontane Reaktion die Bemerkung: Jetzt wird es wieder kälter auf der Erde werden. Darin schlug sich die in fast sechs Jahrzehnten bestätigte Erfahrung nieder, dass – und dies sei der erste Strich an seinem Bild – Kurt Scharf über eine ungewöhnliche Herzenswärme verfügte, die es ihm möglich machte, sich den Menschen, die mit ihren Anliegen zu ihm kamen, vorbehaltlos und mit voller Aufmerksamkeit zuzuwenden. „Zuwendung" ist ja heutzutage in der Fachsprache der Kinderpädagogik, Abteilung Sozialisation des Kleinkindes, und in der Psychotherapie eine Art Modewort geworden. Nur gibt es dabei das große nicht gelöste Rätsel, wo man die Kraft zu einer solchen vorbehaltlosen Zuwendung her bekommt. Echte Zuwendung ist keine Methode, die sich ohne weiteres erlernen ließe, sondern eine Herzenshaltung, die tief im Glauben wurzelt. Das Geheimnis Kurt Scharfs war: Er liebte die Menschen, weil er sich selbst als ein von Gott Geliebter verstand. So konnte er alles, was ihn gerade beschäftigte, beiseite legen, wenn jemand seine Aufmerksamkeit oder seine Hilfe suchte. Später, in seinem Propstamt, geschah es häufig, wenn tagsüber die Schar der Besucher sehr groß war, dass er nach Dienstschluss Berge von Akten mit nach Haus schleppte, um in Nachtstunden nachzuholen, was er um der Menschen willen hatte aufschieben müssen. Denn auch in den Akten ging es ja oft um Menschen: Er reagierte auf sie nicht nur mit Freundlichkeit und verbaler Solidaritätsbekundung, sondern er handelte entsprechend. Wie oft ging er in die Höhle des Löwen, zum Chef der Berliner Geheimen Staatspolizei, um für Verhaftete einzutreten, Besuchserlaubnis zu Gefangenen zu erwirken. Er gewährte oder vermittelte Unterschlupf für Verfolgte und tröstete hilflose Angehörige. Was Zuwendung konkret bedeutete, das konnte man bei ihm studieren, lange ehe dieser Begriff eine modische Karriere erlangte.

Ich versuche einen zweiten Strich am Bilde Kurt Scharfs zu zeichnen: Ich habe ihn erlebt als einen hilfreichen Wegweiser, ja Pfadfinder. Viele von uns Geistlichen hatten damals zwar das Gefühl, dass wir im Heraufkommen der Nazizeit und in der Diktatur der Deutschen Christen in der Kirche zu einer tief greifenden Wende herausgefordert waren – wie sollte man zum Beispiel in der gottesdienstlichen Fürbitte nach altem Brauch für eine Regierung beten, die doch die öffentliche Herrschaft von Terror und Lüge nicht bekämpfte, sondern duldete, ja schützte? Durfte man gegen sie beten? – Es schien nicht leicht, über Irritation und Krisengefühl hinauszukommen, zumal wenn man aus einem national gesinnten oder einem politikfernen Elternhaus herkam. Eine neue Möglichkeit, mit dem Problem umzugehen, dieser Nation anzugehören, ein Deutscher zu sein, den christlichen Standort im Nationalsozialismus zu finden, zeichnete sich nicht von selbst ab.

Da befreite uns Kurt Scharf: durch seine entschlossene Haltung zunächst des Neinsagens, der Abwehr, der Verweigerung, des Widerspruchs; dann aber durch seine Konzentration aller Aufmerksamkeit auf Weg und Aufgabe der Kirche. Für ihn war es vor allem klar, dass die Kirche, die auf die Herausforderung der Zeit eine ihrer

eigenen Sache entsprechende Antwort geben wollte, selber der Erneuerung bedurfte und ebenso einer neuen Positionsbestimmung in der Welt und in der Geschichte. Salz sollte sie sein, nicht, wie bei den Deutschen Christen, als Teilhaber an der Macht, sondern als Dienst, vornehmlich an Bedrohten und Verfolgten. So zeigte er uns den Weg, das reformatorisch verstandene Evangelium neu zu hören, die Bruderschaft als Organisationsform der Kirche zu erstreben und die Signale göttlichen Wirkens mitten in der Krise der Zeit wahrzunehmen. Dies empfand ich als eine hilfreiche Orientierung, der man trauen durfte. Darum schrieb ich damals einem Freund: „Meine wichtigste Erfahrung in der letzten Zeit ist die Begegnung mit diesem Mann, den kennen zu lernen zu den Privilegien in meinem Leben gehört." Dieser Eindruck hat sich bei mir verstärkt, weil Kurt Scharf bei allem, was er sagte und tat, in tiefem Einklang mit sich selber zu sein schien, was seine Glaubwürdigkeit besonders legitimierte. Und doch muss auch er manchmal einen Hauch von Unsicherheit verspürt haben. Denn als Barmen mit seiner Theologischen Erklärung 1934 beschlossen war, gab er einen Bericht an die Bekenntnisgemeinden Brandenburgs heraus, in dem er – gleichsam in einem tiefen Aufatmen nach langer Spannung – die Lage so interpretierte: „Es mutet uns, die wir heimatlos geworden waren in der Kirche unseres Vaterlandes, wie ein Wunder an: Wir haben auch kirchlich wieder eine irdische Heimat. Die Deutsche Evangelische Bekenntniskirche hat seit dem Mai dieses Jahres sichtbare Gestalt gewonnen …"
Das war es, was viele von uns bewegte: Wir wussten wieder, wo wir hingehörten, was unsere Heimat war. Dazu hat er Hoffnung gemacht und in Brandenburg einen entscheidenden Anteil am Weg dahin gestaltet, Wegweiser und Pfadfinder zugleich.
Den dritten Strich an seinem Bild will ich mit dem Stichwort „Lagebericht" erläutern. Wo wir Bekenntnispfarrer in Konventen, etwa im Haus des CVJM in der Wilhelmstraße oder in Synoden oder bei Gemeindetreffen unter seiner Leitung, zusammenkamen, warteten wir begierig auf Kurt Scharfs Lagebericht. Das war eine neuartige, bis dahin unbekannte Mischung aus aktueller Schriftauslegung, seelsorgerlicher Ermutigung, Information und Lageanalyse. Und dies nun nicht nach Kriterien politikwissenschaftlicher Systematik, sondern aus dem festen Glauben heraus, dass Gottes Reich im Kommen ist und Spuren davon auch in der Geschichte sichtbar werden. Gottes Spuren in der Geschichte unserer Zeit, sie wahrzunehmen war seine Einladung an uns. Eine ganz neue Kategorie pastoralen Handelns, die noch in keinem Lehrbuch pastoraler Tätigkeit verzeichnet war. Und wenn Kurt Scharf Menschen in Not Beistand leistete, dann entsprang das sicherlich auch dem Wunsch, diesem Wirken Gottes in der Geschichte dienstbar zu sein. Daraus ergab sich dann von selbst die Ausweitung seines Dienstes in die Welt hinein zur Versöhnung zwischen Ost und West, zur Sühnezeichenarbeit, in seinem Einsatz für Frieden und Abrüstung. Resignation war nicht seine Sache, weil er, ohne blind zu sein gegenüber beängstigender Realität, doch der erhaltenden Güte Gottes traute, der allein er mit seinem Zeugnis zu dienen trachtete.
Für uns in den dreißiger Jahren schien dies manchmal hart bis an den Rand schwärmerischer Prophetie zu gehen. Aber es übte eine große Faszination aus und verlieh uns das Bewusstsein, in einer außerordentlichen Geschichtsepoche zu leben und in ihr sinnvoll mitwirken zu dürfen. Und das entschädigte uns für Einbußen an Lebensqualität und für das Leiden, das uns und unseren Angehörigen auferlegt war. So also haben viele und auch ich ihn kennen und lieben gelernt: als warmherzig

zugewandten Mitmenschen, als Pfadfinder, der uns auf den Weg einer sich erneuernden Kirche holte, als Spurensucher, der uns auf Gottes Schritte in unserer Lebens- und Wirkenszeit zu lauschen lehrte.

Und nun ist die Begegnung mit ihm selber zu einer Spur Gottes in unserem Leben geworden. Wir haben allen Anlass, aus vollem Herzen unserem Herrn zu danken, dass er uns diesen Zeugen unseres Jahrhunderts zum Zeitgenossen, diesen Zeugen Jesu Christi zum Bruder und Glaubensgenossen gegeben hat. Amen.

Anmerkungen

1 Vgl. S. 34–36. Blätter zur Parkaue, Heft 2, 1933. In: ELAB NL Studium 1927–1934.

2 Vgl. S. 37f. In: Junge Kirche, 2. Jg., Göttingen 1934, S. 442–443.

3 Vgl. S. 61f. In: ELAB NL Netzbruch.

4 Es handelt sich um Pfarrer Theodor Risch, der anstelle des Ringhandt-Gegners, Pfarrer Fink, die Verwaltung der Gemeinde Netzbruch übernahm und dem Hilfsprediger Ringhandt sehr verbunden war.

5 Vgl. S. 70f. Mit 37 anderen Pfarrern saß Ringhandt im Potsdamer Gefängnis in Untersuchungshaft (daher: „U"(ntersuchungshäftling)). Er hat, was selten vorkommt, Tagebuch geführt und mit einer sehr kleinen Schrift gearbeitet. Einige Passagen sind von mir ausgelassen worden, wo es um sehr persönliche oder seelsorgerliche Fragen, besonders mit dem Zellengenossen, geht. Mit zunehmender Haftzeit werden die Eintragungen kürzer.

6 Rudolf Schwer, damals Vikar.

7 Eberhard Wagner, damals in Wriezen.

8 Johannes Wolff, damals in Wittbrietzen.

9 Evangelisches Gesangbuch (EG) 1931, Nr. 282, Strophe 1.7.9.

10 EG 1931, Nr. 254, Strophe 1.

11 Zeit seines Lebens blieb Ringhandt ein starker Raucher von Zigaretten.

12 Es handelt sich offenbar um einen Sohn von Superintendent Ernst Zitzlaff, Dahme, der Jura studiert hatte.

13 EG 1931, Nr. 243, Verse aus Strophen 2 und 4.

14 EG 1931, Nr. 347, Str. 1.2.7.

15 Wolfgang Iskraut sen. war Pfarrer in Frankfurt/O.

16 Vgl. S. 72. In: ELAB NL Illmersdorf.

17 Ebd.

18 Ebd.

19 Vgl. S. 88f. In: ELAB NL Illmersdorf.

20 Auf diesen Vorgang bin ich nicht weiter eingegangen, weil er eine Lappalie war.

21 Vgl. S. 88f. In: ELAB NL Illmersdorf.

22 Vgl. S. 95f. In: ELAB NL Vorträge. – Es liegt ein Entwurf des Vortrages vor, der anfangs nur handgeschrieben ist, dann aber in Maschinenschrift übergeht. Der mit der Hand geschriebene Teil ist fast kritzelig klein geschrieben, auch mit vielen Streichungen und Marginalien versehen. Der Schreibmaschinenteil ist besser lesbar, aber auch mit Streichungen versehen. Wegen der Länge und auch Breite des Referates wurde von mir die einwandfreie, nicht gestrichene Kurzform des Referates hier festgehalten. Einmal wurde eine Kürzung vorgenommen, wo es um schwere Beschuldigungen gegen drei Theologen geht. Bisher ist diese Rede, die nicht in den Berichtsband von der Synode 1945 aufgenommen wurde, nicht veröffentlicht worden.

23 Als der Präsident des Kirchenbundesrates und des Evangelischen Oberkirchenrates von Preußen, Hermann Kapler (1867–1941), zurücktrat, wurde im Juni 1934 von der Reichsregierung der fanatische Deutsche Christ August Jäger (1887–1949) zum Staatskommis-

sar für alle preußischen Kirchen eingesetzt. Das galt als erster kirchenfremder Eingriff des Staates in das kirchliche Leben. Dagegen protestierten viele kirchliche Gruppierungen.

24 Während der 4. Bekenntnissynode in Bad Oeynhausen wurden 1936 die Dahlemer Beschlüsse, nämlich einer Trennung der Bekennenden Kirche von den Landeskirchenleitungen, bekräftigt.

25 Dieser Antrag für eine Entschließung der Synode war nicht zu finden, dürfte sich aber klar aus den Darlegungen Ringhandts ergeben.

26 Vgl. S. 98. In: ELAB NL Seelow.

27 Vgl. S. 117. In: ELAB NL Vorträge. – Der einleitende Teil befand sich im Nachlass in handgeschriebener Form. Die dann folgenden Hauptteile stammen aus einem Manuskript, das mit Schreibmaschine geschrieben wurde. Bisher ist dieser Vortrag nicht gedruckt worden. – Von mir sind einzelne Teile durch Gliederungszahlen markiert worden. Einige Abschnitte wurden gekürzt.

28 Kaiser Konstantin I. führte nach 300 n.Chr. eine enge Verbindung zwischen Staat und Christentum herbei. Hier ist die enge Verbindung zwischen Kirche und Staat gemeint, wie sie auch in Deutschland bis 1919 bestand.

29 J. Ortega Y Gasset, Der Aufstand der Massen, 2. Aufl. 1963.

30 Vgl. S. 154. Horst Berger, vor 20 Jahren Leiter des „Missionarischen Dienstes" in der Ostregion, stellte mir diesen Beitrag als Schüler Siegfried Ringhandts zur Verfügung. In: ELAB NL Vorträge.

31 Siegfried Ringhandts Aussprüche wurden in einem Seelsorgekurs 1982/83 von Teilnehmern mitgeschrieben. In: ELAB NL Ruhestand.

32 Vgl. S. 140. Es handelt sich um einen verdienten jungen Beamten im Konsistorium, der sich das Leben nahm. In: ELAB NL Vorträge.

33 Vgl. S. 156. In: Wolfgang Brinkel (Hg.), Bruder Scharf 1902–1990. Ein Christ – sanft, kraftvoll und unbeirrbar im Glauben, Berlin 1990, S. 21–24.

Anhang

Abkürzungsverzeichnis

Apg	Apostelgeschichte
AOP	Archivierter Operativer Vorgang
ApU	Evangelische Kirche der altpreußischen Union
BDM	Bund Deutscher Mädchen
BEK	Bund Evangelischer Kirchen in der DDR
BK	Bekennende Kirche
B. K.	Bibelkreis für Höhere Schüler
BStU	Der Bundesbeauftragte für die Unterlagen des Staatssicherheits- dienstes der ehemaligen DDR
CA	Confessio Augustana 1530
CVJM	Christlicher Verein Junger Männer
DC	Deutsche Christen
DDR	Deutsche Demokratische Republik
EG	Evangelisches Gesangbuch von 1931
EKBO	Evangelische Kirche Berlin-Brandenburg-schlesische Oberlausitz
EKD	Evangelische Kirche in Deutschland
EKU	Evangelische Kirche der Union
ELAB	Evangelisches Landeskirchliches Archiv Berlin-Brandenburg-schle- sische Oberlausitz
EOK	Evangelischer Oberkirchenrat der ApU
EPD	Evangelischer Pressedienst
ESG	Evangelische Studentengemeinde
EZA	Evangelisches Zentralarchiv Berlin
FAD	Freiwilliger Arbeitsdienst des Johannesstiftes
FDJ	Freie Deutsche Jugend in der DDR
Gestapo (Stapo)	Geheime Staatspolizei
GI	Geheimer Informator des MfS (Bezeichnung bis 1968)
GM	Geheimer Mitarbeiter des MfS (Bezeichnung bis 1968)
Gretchen	Margarete Ringhandt
IM	Inoffizieller Mitarbeiter (ab 1968); im Volksmund Spitzel
JBBKG	Jahrbuch für Berlin-Brandenburgische Kirchengeschichte
Jg.	Jahrgang
JK	Junge Kirche, Zeitschrift um die Bekennende Kirche
Jur. W.	Juristische Wochenschrift
KidZ	Kirche in der Zeit. Informationsblatt nach 1945
Lic. theol.	Licentiat, Theologischer Doktortitel vor 1945
Luc.	Lukas
MfS	Ministerium für Staatssicherheit der DDR
NL	Nachlass
NSDAP	Nationalsozialistische Arbeiterpartei

OKR	Oberkonsistorialrat
OPK	Operative Personenkontrolle von Staatsfeinden in der DDR
OV	Operativer Vorgang, Vorbereitung von Verhaftung
o. S.	ohne Seitenzahl
P.	Pfarrer
Pgg oder PG	Parteigenosse der NSDAP
RAD	nationalsozialistischer Reichsarbeitsdienst
SA	NS-Sturmabteilung (braune Uniformen)
SED	Sozialistische Einheitspartei Deutschlands in der DDR
StGB	Strafgesetzbuch
StPO	Strafprozessordnung
SS	NS-Schutzstaffel (schwarze Uniformen)
U	Untersuchungshäftling
WAK	Weißenseer Arbeitskreis
ZdZ	Die Zeichen der Zeit
Ztr.	Zentner

Quellen und Literatur

Ungedruckte Quellen
1. Personalakte beim Evangelischen Konsistorium Berlin-Brandenburg.
2. Nachlass im Evangelischen Landeskirchlichen Archiv Berlin-Brandenburg-schlesische Oberlausitz (ELAB).
   a) Chronologisch geordnete Akten: Kindheit und Schulzeit (1912–1927); Theologische Ausbildung (1927–1934); Reichenow (1934/35); Netzbruch (1935/36); Buckow bei Beeskow/Rat der Bekennenden Kirche/Altes Lager (1936/37); Illmersdorf (1937–1946); Betsche (1939–1945); Wehrdienst (1941–1945); Ungeordnetes Material (1937–1945); Seelow (1946–1959); Evangelische Studentengemeinde (1959–1963); Propstamt (1963–1971); Ruhestand (1971–1991).
   b) Sachlich geordnete Akten: Fotos; Personalunterlagen; Predigten (1938–1945); Christlicher Verein Junger Männer; Weißenseer Arbeitskreis; Sprachenkonvikt; Vorträge (masch.).
3. Themen in der Akte „Vorträge" (siehe unter 2b):
   Tagebuch 1923–1925; Fragment einer Biographie 1925–1927; Geld allein macht nicht glücklich (Versuch einer Novelle ca. 1925); Tagebuch eines Vikars. Bericht über Tätigkeit beim Freiwilligen Arbeitsdienst, 1933; Tagebuch: Mit dem alten Adam und dem neuen im Gefängnis (1937); Zur Neuordnung der Kirche. Korreferat auf der Bekenntnissynode Brandenburg vom 23.10.1945; Bericht über einen Kirchenkreis an der Oder 1947; Ärztetagung der Evangelischen Akademie 1952: Die Angst und ihre Überwindung; Ärztetagung 1953: Die Heilung der Krankheit; Arbeitsmaterial für den Ausschuss „Familie und Gemeinde" der EKD-Synode 1953; Kleine Festschrift für Günter Jacob am 8.2.1956; Die Gemeinde in der veränderten Welt, Cottbus 1957; Über die Aufgaben des Kirchenkreises in unserer Zeit, 1958; Fragen der Konfirmation,

1958; Fußnote zu einer Auseinandersetzung, die noch nicht stattfindet (Atheismusfragen), 1959/60; Der Auftrag des Christen im atheistisch-materialistischen Staat, 1960; Probleme heutiger Taufpraxis im kommunistischen Machtbereich, 1960; Taugliche und untaugliche Kirche 1960, Status confessionis heute, 1962; Gemeindebildung und Individuation, 1963; Zum Thema: Zusammenleben der Generationen (Vorbereitung Nyborg IV), 1963; Referat in der Taufkommission der EKD mit Anlagen, 1968; Gedenkstunde für O.J.H. am 20.10.1968; Bedingungen des Alterns heute, 1988.

4. Vorgänge betr. Siegfried Ringhandt beim Evangelischen Oberkirchenrat (EOK) der ApU: EZA EO 3604–35; 914–36; 1410–36; Best. 7/Pom 719–I; 14, Nr. 20–108. In: ELAB NL.

5. Der Bundesbeauftragte für die Unterlagen des Staatssicherheitsdienstes der ehemaligen DDR (BStU): Handakten 2492/75, Bd. 1 (1959–1962); Bd. 2 (1962–1966); Bd. 3 (1966–1974); Handakte 20172/92 (1975ff.); Handakte 20110/92 (1960–1965); IM-Vorlauf 94/62 (1960–1962). – Auszüge der Ehefrau Christa Ringhandt bei Akteneinsicht 1994: In: OV „Gernegroß". BStU XV 266/62. – GI „Maier" 387/85, Bd. 1 und 2.

Gedruckte Quellen: Beiträge von Siegfried Ringhandt

Bericht über die Tätigkeit als Unterrichtsführer im Freiwilligen Arbeitsdienst. In: Blätter der Parkaue, H. 2 1933.

Die Ordination. Darstellung des Gesprächsganges zwischen Propst Eckert und vier Ordinanden am Mittwoch, dem 18. April 1934. In: JK 2. Jg., Göttingen 1934, S. 442–443.

Kirche für die Welt. Synode der EKU, 8.–13.2.1959. In: Zeichen der Zeit 1959, S. 122–125.

Drei Thesen zur Lage der Kirche. In: Friedrich-Wilhelm Marquardt, Kirche der Menschen. Unterwegs – Reihe Nr. 14, Berlin 1960, S. 4f.

Fußnoten zu einer Auseinandersetzung, die noch nicht stattfand. In: Jungenwacht Rundbriefe 1 und 2 1960, S. 8–14 und 13–15.

Resignation war nicht seine Sache. Nachruf auf Kurt Scharf am 5. April 1990 in der St.-Marien-Kirche Berlin. In: Wolfgang Brinkel (Hg.), Bruder Scharf 1902–1990. Ein Christ – sanft, kraftvoll und unbeirrbar im Glauben, Berlin (Sühnezeichen) 1990.

Berichte von Zeitzeugen (mit damaliger Funktion): Pfarrer Reinhard Becker; Pfarrer Horst Berger; Studenten Helga und Dieter Bräuer; Pastorin Dorothea Dressel; Pflegetochter Melitta Erdmann, verh. Schüler; Studentin Anneliese Funke; Pfarrer Hans-Otto Furian; Pfarrer Achim Giering; Landesjugendpfarrer Rolf-Dieter Günther; Konsistorialamtsrat Klaus Haase; Pfarrer Günter Knecht; Vikar und Pfarrer Robert Koll; Superintendent Roland Kühne; Pfarrer Paul-Gerhard Kunze; Pfarrer Gerhard Linn; Pfarrer Martin-Michael Passauer; Oberkonsistorialrat Ingemar Pettelkau; Studentin Sabine Rakow; Schüler und Pfarrer Andreas Schutzka; Schülerin und Studentin Annekathrin Seeber; Pfarrer Rudolf Weckerling; Konsistorialrat und Rechtsanwalt Reymar von Wedel; Pfarrerin Roswitha Wogenstein; Vikar und Pfarrer Klaus Zebe.

Literatur

Bekenntnissynode der Mark Brandenburg vom 22.–24. Oktober 1945 in Berlin-Spandau, Evangelisches Johannesstift, Berlin 1946.

Horst Berger, „Pfarrer und Pfarrerinnen brauchen Menschenkunde". Siegfried Ringhandts Wirken für eine pastoralpsychologische Seelsorge, Berlin 2007, in diesem Buch S. 211–216.

Gerhard Besier, Der SED-Staat und die Kirche. Der Weg in die Anpassung, Bd. 1, Gütersloh 1993.

Gerhard Besier / Eckhard Lessing, Die Geschichte der Evangelischen Kirche der Union, Bd. 3, Leipzig 1999.

Gerhard Besier / Stephan Wolf (Hg.), „Pfarrer, Christen und Katholiken." Das Ministerium für Staatssicherheit der ehemaligen DDR und die Kirchen, 2. Aufl. (Historisch-Theologische Studien zum 19. und 20. Jahrhundert, Bd. 1), Neukirchen-Vluyn 1992.

Otto Dibelius, Obrigkeit? Eine Frage an den 60jährigen Landesbischof, Berlin 1959.

Ders., Offener Brief an Otto Grotewohl. In: KJ 1960, S. 88–90.

Dokumente zur Frage der Obrigkeit. „Violett-Buch" zur Obrigkeitsschrift von Bischof D. Dibelius, Darmstadt 1960.

Walter Dressler, Personalakte Evangelisches Konsistorium Berlin-Brandenburg-schlesische Oberlausitz.

Hagen Findeis / Detlev Pollack (Hg.), Selbstbewahrung oder Selbstverlust. Bischöfe und Repräsentanten der evangelischen Kirchen in der DDR über ihr Leben – 17 Interviews (Forschungen zur DDR-Gesellschaft), Berlin 1999.

Gottfried Forck (Hg.), Wie soll es weitergehen? Zwölf Gemeindebriefe, Berlin 1970.

Hans-Otto Furian, Vom Kirchenkampf zum Christuskampf. Kirchliches Leben in der östlichen Neumark 1933–1945, Berlin 2. Aufl. 2006.

Heinrich Grüber, Erinnerungen aus sieben Jahrzehnten, Köln/Berlin 1968.

Ernst Gürtler, Vergangenheitsbewältigung? In: Berlin-Brandenburgisches Sonntags-blatt vom 10.5.1992. In: Pressearchiv ELAB, Ringhandt.

Christian Halbrock, Evangelische Pfarrer der Kirche Berlin-Brandenburg 1945–1961. Amtsautonomie im vormundschaftlichen Staat, Berlin 2004.

Johannes Hamel, Christ in der DDR, Berlin 1957.

Frederic Hartweg / Joachim Heise / Horst Dohle, Bd. 1 und 2, SED und Kirche. Eine Dokumentation ihrer Beziehungen (Historisch-Theologische Studien zum 19. und 20. Jahrhundert, Bd. 2,1 und 2), Neukirchen-Vluyn 1995.

Gerd Heinrich (Hg.), Tausend Jahre Kirche in Berlin-Brandenburg, Berlin 1999.

Günter Heidtmann, Begegnung in der DDR (Treffen der Bruderschaften). In: KidZ 1959, S. 148–150.

Ders., Tagung der Leiterkonferenz Kirchlicher Bruderschaften, KidZ 1959, S. 249–250.

Heinrich Hellstern, Evangelische Existenz in einer unsicheren Welt. Aus dem Bericht über das Jahr 1958 des Hilfswerks der Evangelischen Kirche der Schweiz. In: JK 1958, S. 488–491.

Jürgen Henkys, Freigabe der Erwachsenentaufe? Das Gespräch der Lutherischen Arbeitsgemeinschaft mit dem Weißenseer Arbeitskreis. In: JK 1960, S. 30–33.

Renate Maria Heydenreich, Die Synode der EKD Berlin 1958. In: JK 1958, S. 233–241.

Almuth Heym, Kirchenkampf in Seelow. Mit Erinnerungen und Dokumenten von Johannes Pecina, Rudolf und Mechthild Kehr (masch.), Berlin o.J.

Manfred Koloska, Die Gründung der Christlichen Gemeinschaft Köpenick 1909, Köpenick 1949.

Peter Kraske, Wir sind doch Brüder. Ein Leben als Pastor im geteilten Berlin mit Erinnerungen an Synoden, Gemeinden und Bischöfe, Berlin 2005.

Johannes Langhoff, Brückenbau und Gemeinschaft. Die Geschichte des Nordisch-Deutschen Kirchenkonvents 1949–1999, Leipzig 1999.

Dietmar Linke, Theologiestudenten der Humboldt-Universität. Zwischen Hörsaal und Anklagebank. Darstellung der parteipolitischen Einflussnahme auf eine Theologische Fakultät in der DDR anhand von Dokumenten (Historisch-Theologische Studien zum 19. und 20. Jahrhundert), Bd. 3, Neukirchen-Vluyn 1994.

Hartmut Ludwig, Die Entstehung der Bekennenden Kirche in Berlin. In: Günther Wirth (Hg.), Beiträge zur Berliner Kirchengeschichte, Berlin 1987, S. 264–304.

Rudolf Mau, Der Protestantismus im Osten Deutschlands (1945–1990) (Kirchengeschichte in Einzeldarstellungen IV/3), Berlin 2005.

Ingeborg Mayer, Christsein ist gelebte Antwort auf Gottes Anrede in Christus. Treffen zum 80. Geburtstag von D. Ringhandt. In: Die Kirche vom 29.6.1986.

Kurt Meier, Der Evangelische Kirchenkampf. Gesamtdarstellung in drei Bänden, Bd. 1–3, 2. Aufl., Halle 1984.

Hans-Georg Rieger, Kirchen im Oderbruch, Frankfurt/Oder 1992.

Kurt Scharf, Brücken und Breschen. Biographische Skizzen, Berlin 1977.

Albrecht Schönherr, ... aber die Zeit war nicht verloren. Erinnerungen eines Altbischofs, Berlin 1993.

Erich Schuppan (Hg.), Bekenntnis in Not. Die Evangelische Kirche in Berlin-Brandenburg im Konflikt mit dem totalen Staat (1933–1945). In: Zur Geschichte des Kirchenkampfes, Berlin 2000.

Erich Schuppan (Hg.), Stunde des Gerichts. Der Kampf um kirchliche Autonomie in Berlin-Brandenburg zwischen 1933 und 1945. In: Zur Geschichte des Kirchenkampfes 3/2, Berlin 2005.

Verhandlungen der Berlin-Brandenburgischen Provinzialsynode vom 4.–8.10.1948 und vom 13.–15.12. 1948, 2 Bde., Berlin 1948 und 1950.

Reymar von Wedel, Als Kirchenmann durch die Mauer. Erinnerungen eines Zeitzeugen, Berlin 1994.

Friedrich Winter, Robert Havemanns Beerdigung – aus kirchlicher Sicht. Eine theologisch-kirchenpolitische Studie. In: epd-Dokumentation Nr. 21/96, 13.5.1996.

Ders., Die politischen Beziehungen des „Sprachenkonvikts" in Berlin. Abhängigkeit und Freiheit. In: JBBKG 1999, S. 201–226.

Ders., Die Evangelische Kirche der Union und die Deutsche Demokratische Republik. Beziehungen und Wirkungen (Unio und Confessio Bd. 22), Bielefeld 2001.

Roswitha Wogenstein, Siegfried Ringhandt (1906–1991) – Seelsorger und Wegweiser. In: Berlin-Brandenburgisches Sonntagsblatt vom 12.4.1992, S. 3.

Wolf-Dieter Zimmermann, Gerechtigkeit für die Väter. Einsichten und Erfahrungen, Berlin 1983.

Ders., Kurt Scharf. Ein Leben zwischen Vision und Wirklichkeit, Göttingen 1992.

Personenregister

Andler, Erich 45, 46, 53, 92, 121, 134, 150, 165, 168, 173
Arnim, Hans von 68, 77, 80, 81
Asmussen, Hans 70, 78

Barth, Karl 30, 34, 103, 155, 197
Bassarak, Gerhard 125
Becker, Reinhard 14, 122, 150, 226
Behm, Jürgen 149, 152
Benjamin, Hilde 202
Berg, Bengt 173
Berger, Horst 11, 159, 211, 215, 223, 226, 227
Besier, Gerhard 78, 79, 125, 133, 227
Besser, Lieselotte 117, 124
Bismarck, Oberst von 86, 93
Blauert, Edda 214
Blumenthal, Walter 86
Bodelschwingh, Friedrich von 27
Boelke, Richard 81
Böhmer, Heinrich 30, 40
Bräuer, Dieter 41, 94, 133, 226
Bräuer, Helga 41, 133, 226
Brill, Lehrer 58
Brinkel, Wolfgang 160, 223, 226
Bück, Dietmar 212
Bunke, Hartmut 151

Clauder, Jurist der BK 72, 77, 178
Cullberg, John 99

Deike, Richter 178
Dibelius, Otto 9, 36, 41, 60, 74, 86, 93, 95, 109, 111, 112, 114, 115, 116, 121, 123, 125, 131, 184, 185, 191, 227
Dietze, Margarethe von 71, 78
Dirksen, Wilhelm 81, 85
Dohle, Horst 227
Dollinger, Niels 212
Dönitz, Paul 23, 29
Dressel, Dorothea 123, 226
Dressler, Walter 124, 227

Ebert, Friedrich 11, 16, 202
Eckardtstein, Julius Freiherr von 43, 48, 50

Eckert, Otto 9, 37, 38, 162, 163, 226
Eggerath, Werner 113, 124
Erdmann, verh. Schüler, Melitta 103, 123, 226

Figur, Fritz 148
Findeis, Hagen 151, 227
Fink, Heinrich 214
Fink, Paul 58, 59, 60, 61, 62, 64, 76, 77, 222
Flex, Walter 26
Forck, Gottfried 13, 125, 126, 158, 227
Frisch, Max 158
Fuchs, Jürgen 156
Führ, Fritz 126
Fuhrmann, Klaus 214
Funke, Anneliese 133, 226
Furchheim, Ortsgruppenleiter 62, 77, 164
Furian, Hans-Otto 14, 226, 227

Gageike, Emma 77
Gasset, Ortega y 204, 223
Gebauer, Hermann 81
Geyer, Fritz 113, 124
Giering, Achim 226
Goethe, Johann Wolfgang von 25
Gogol, Nikolai 171
Göritz, August 75
Gramlow, Georg 55, 77
Grauel, Hermann 99, 102, 122
Grell, Brigitte 119, 125
Grell, Johannes 81, 119
Groeger, Guido 153, 159, 213
Grotewohl, Otto 112, 123, 227
Grüber, Heinrich 40, 127, 227
Gruehn, Werner 29, 30
Günther, Rolf-Dieter 150, 151, 214, 226
Gürtler, Horst 151, 227

Haase, Klaus 150, 226
Hagemeyer, Werner 136, 140
Halbrock, Christian 124, 227
Haller, Gotthard von 21, 27, 29

Texte zur Ermutigung

Ernst
Lange
Lesebuch

Von der Utopie einer verbesserlichen Welt

Texte

herausgegeben
von Georg Friedrich Pfäfflin
und Helmut Ruppel

wichern

Georg Friedrich Pfäfflin, Helmut Ruppel (Hg.)
Ernst-Lange-Lesebuch
Von der Utopie einer verbesserlichen Welt
264 Seiten, kartoniert,
14,80 Euro; 25,70 sFr; 15,20 Euro(A)
ISBN 978-3-88981-217-9

Ernst Langes Predigten und Bibelarbeiten, politischen und kirchenpolitischen Texte sind heute noch Horizontöffner für eine mutige Theologie, die das eigene Zerbrechen nicht ausschließt. zeitzeichen, Berlin

wichern

Vom Buchhändler zum Präsidenten

Johannes Rau der Versöhner
Ein Porträt von Uwe Birnstein

wichern

Uwe Birnstein
Johannes Rau – der Versöhner
Ein Porträt. 132 Seiten, kartoniert,
9,– Euro; 16,90 sFr; 9,30 Euro(A)
ISBN 978-3-88981-203-2

In der bemerkenswerten Chronologie über die vielfältigen Lebensaktivitäten vom Verlagsbuchhändler, diverse politische Ämter, Mitglied der Synode der Evangelischen Kirche im Rheinland bis hin zum Bundespräsidenten würdigt Birnstein den rastlos um Versöhnung bemühten Menschen Johannes Rau posthum und bringt sein Lebenswerk dem Leser nahe.

Die Brücke, Bremen

wichern